Créer un site Web avec WordPress

pour les nuls

Lisa Sabin-Wilson

Créer un site Web avec WordPress pour les nuls

FIRST
INTERACTIVE

Créer un site Web avec WordPress pour les Nuls

Titre de l'édition originale : *WordPress For Dummies, 9th edition*

Éditions First, un département d'Édi8
92 avenue de France
75013 Paris - France
Tél. : 01 44 16 09 00
Courriel : firstinfo@efirst.com
Site Internet : lisez.com

ISBN : 978-2-412-10731-7
Code éditeur : S10731/01
Dépôt légal : avril 2026

Imprimé en Italie par Grafica Veneta en mars 2026

Traduction de l'anglais : Patrick Beuzit
Mise en page : Enredos e Legendas Unip. Lda

Sommaire

Avant-propos

Introduction 3

À propos de ce livre 4
Quelques hypothèses 4
Icônes utilisées dans ce livre 5
Et maintenant ? 5

Première partie – Introduction à WordPress

Chapitre 1 Que peut vous apporter WordPress ? 9

Avantages de WordPress 9
Facilité d'installation et d'utilisation 11
Étendre les capacités de WordPress 11
Bienvenue dans un WordPress moderne 13
Participer à la communauté 14
Choisir une plateforme WordPress 15
Choisir la version hébergée de WordPress.com 17
La version autohébergée de WordPress.org 18

Chapitre 2 Les bases de WordPress 21

WordPress sous le feu des projecteurs 22
Plonger dans le monde WordPress 23
Archiver l'historique de vos publications 24
Interagir avec les internautes *via* les commentaires 25
Les flux RSS 26
Les rétroliens 28
Lutter contre les commentaires et rétroliens indésirables 29
Utiliser WordPress comme un CMS 30
Différence entre blog et site Web 30
Exemples de blogs et de sites Web 31
Se lancer dans la publication 32

Deuxième partie – Configurer WordPress

Chapitre 3 Configurer un site WordPress 37

Choisir un nom de domaine 38

Comprendre les extensions d'un nom de domaine 38

Le coût d'un nom de domaine 39

Enregistrer un nom de domaine 39

Choisir un hébergeur 41

Installer WordPress en un clic 42

Espace disque et bande passante 43

Comprendre les concepts de FTP/SFTP 45

Installer WordPress 54

Installer WordPress automatiquement 55

Installer WordPress manuellement 61

Accéder à la base de données MySQL 61

Transférer les fichiers WordPress 63

Ultime étape : lancer le script d'installation 65

Résoudre les erreurs WordPress 70

S'entraîner sur WordPress sans risque 73

Chapitre 4 Découvrir le panneau d'administration de WordPress 75

Se connecter au panneau d'administration 76

Parcourir le panneau d'administration 77

Module Bienvenue sur WordPress ! 79

Module État de santé du site 80

Module D'un coup d'œil 81

Module Activité 82

Module Brouillon rapide 83

Module Évènements et nouveautés WordPress 84

Adapter le panneau d'administration à votre travail 84

Trouver l'aide en ligne 86

Définir des options du panneau d'administration 89

Configurer les réglages 89

Général 90

Écriture 94

Lecture 96

Commentaires 97

Médias 105

Permaliens 106

Confidentialité 107

Personnaliser son profil 108

Définir les caractéristiques de votre site 111

Articles 112

Médias 112

Pages ... 113
Commentaires ... 113
Apparence ... 114
Extensions ... 116
Comptes ... 116
Outils ... 117

Chapitre 5 **Gérer son site au quotidien** ... 119

Définir des catégorie et des étiquettes ... 119
Créer de nouvelles catégories ... 121
Renommer une catégorie ... 124
Créer des étiquettes ... 125
Comprendre la notion de permaliens ... 125
Rendre les permaliens plus lisibles ... 127
Personnaliser la structure des permaliens ... 129
S'assurer du bon fonctionnement des permaliens ... 130
Découvrir les options des flux RSS ... 132
Écrire votre premier article ... 134
Utiliser l'éditeur de blocs ... 135
Découvrir les blocs disponibles ... 135
Insérer de nouveaux blocs ... 147
Paramétrer les options des blocs ... 149
Affiner les options de vos articles ... 175
Publier un article ... 179
Être son propre éditeur ... 180
Qui discute sur votre site ? ... 182
Gérer les commentaires et les rétroliens ... 182
Modérer les commentaires et les rétroliens ... 183
Lutter contre les spams avec Akismet ... 184

Troisième partie – Étendre les fonctionnalités de WordPress

Chapitre 6 **Créer des contenus riches et personnaliser l'apparence d'un site** ... 187

Insérer des images ... 188
Télécharger une image depuis un ordinateur ... 188
Insérer une image à partir de la médiathèque ... 190
Utiliser des colonnes pour insérer plusieurs images ... 192
Insérer une bannière à vos articles ... 193
Insérer une galerie de photos ... 197

Insérer des fichiers vidéo 201
Ajouter un lien vers une vidéo du Web 202
Ajouter une vidéo depuis votre ordinateur 203
Ajouter une vidéo à l'aide d'un contenu embarqué 206
Insérer des fichiers audio 208
Insérer des fichiers audio dans vos articles 209
Les podcasts avec WordPress 210
Comprendre les principes de l'édition intégrale du site 211
Personnaliser l'en-tête de votre site 213
Créer des menus personnalisés 216
Créer un menu personnalisé avec un thème non FSE 216
Créer un menu personnalisé avec un thème FSE 222
Gestion avancée des menus dans WordPress 226
Installer une police de caractères Google Fonts 230
Installer une police Google Fonts 231
Désinstaller une police Google Fonts 234
Ajouter des formulaires de contact 235

Chapitre 7 Tirer le meilleur parti des extensions WordPress 243
Découvrir ce que sont les extensions 244
Étendre les fonctionnalités de WordPress grâce aux extensions 245
Distinguer les extensions des thèmes 246
Explorer la page des extensions installées 248
Explorer les extensions de base 251
Akismet 252
Hello Dolly 255
Mettre à jour une extension en un clic 255
Installer une extension 258
Installer une extension *via* FTP 260
Trouver et télécharger les fichiers 260
Installer une extension *via* le fichier zip 264
Modifier les options des extensions 265
Désinstaller des extensions 266
Enrichir les contenus *via* les shortcodes 267
Comprendre l'environnement open source 269
Trouver des extensions en dehors de WordPress.org 270
Comparer les extensions gratuites et payantes 272

Chapitre 8 Trouver et installer des thèmes WordPress 275
S'initier aux thèmes gratuits 276
Trouver des thèmes gratuits 278
Éviter les thèmes non sûrs 278
Prévisualiser les thèmes 281
Installer un thème 282

Activer un nouveau thème 285
Supprimer un thème 287
Choisir les thèmes premium 288
Examen du thème par défaut : Twenty Twenty-Five 292
Découvrir la disposition et la structure du thème 292
Définir l'identité visuelle globale du site 294
Construire et gérer la structure de navigation 298
Créer et gérer le contenu des pages 299
Contrôler la structure et l'affichage du site 300
Utiliser des compositions prêtes à l'emploi 304
Modifier le gabarit d'un modèle 307
Créer un nouveau modèle 311
Créer ou dupliquer une composition 314
Comprendre le rôle du fichier *theme.json* 317
Pourquoi WordPress a introduit le fichier *theme.json* ? 317
Le rôle du fichier *theme.json* 318
Comprendre la structure d'un fichier *theme.json* 318
Personnaliser son thème sans modifier *theme.json* 321
Examen minutieux d'un thème WordPress classique 322
Comprendre la structure d'un thème classique 324
Comprendre la structure d'un site WordPress 325

Quatrième partie – Personnalisation avancée, gestion et maintenance de WordPress

Chapitre 9 **Optimiser un site WordPress** 331
Comprendre les techniques de base de HTML 332
Comprendre les attributs HTML 333
Insérer des images 334
Insérer des liens hypertexte 335
Insérer des listes 335
S'initier au CSS 338
Modifier la couleur des caractères 339
Modifier la taille des caractères 340
Ajouter des bordures 341
Styliser avec CSS : les bases 342
Les sélecteurs CSS 342
Les propriétés et les valeurs CSS 347
Le dernier mot en matière de styles 348
Gérer les images avec CSS 348
Explorer des ressources visuelles gratuites et payantes 349
Comprendre les formats d'images pour le Web 351
Positionner, répéter et faire défiler les images 351

Améliorer votre thème avec CSS 353
Optimiser votre site WordPress 357
Implanter des mots-clés dans votre site 359
Optimiser les titres pour le référencement 359
Écrire du contenu en pensant aux lecteurs 360
Structurer les catégories pour booster le référencement 361
Utiliser l'attribut alt pour les images 362
Se conformer au RGPD 363
Définir la politique de confidentialité 364
Exporter les données d'un utilisateur 365
Supprimer les données d'un utilisateur 367
Consentement à l'enregistrement des données sur les formulaires 369
Obtenir un consentement à l'utilisation des cookies 369

Chapitre 10 Comprendre les thèmes parents et enfants 371
Créer un thème enfant 373
Découvrir Create Block Theme 377
Créer un thème enfant avec Create Block Theme 379
Maîtriser l'extension Create Block Theme 382
Où placer son CSS personnalisé ? 384
Maîtriser la priorité des règles CSS dans un thème enfant 385

Chapitre 11 Hébergement de plusieurs sites avec WordPress 387
Déterminer quand utiliser la fonctionnalité multisite 388
Comprendre la différence entre sites et blogs 390
Les services d'hébergement Web 391
Activer les fonctionnalités réseau 392
DNS (*Domain Name Server*) 394
Apache et réécriture des URL 395
Virtual Host 396
PHP 398
Installer le réseau sur votre site 398
Explorer le menu du tableau de bord de l'administrateur réseau 401
Gérer le réseau de sites 403
Réglages 404
Réglages des téléversements 408
Sites 409
Comptes 412
Thèmes 414
Extensions 415
Stopper les spams et les splogs 416

Chapitre 12 Mise à jour, révisions, sauvegarde et migration .... 41[illegible]

Notification de mise à jour 420
Sauvegarder votre instance WordPress .... 42[illegible]
Mettre à jour WordPress 423
Déplacer votre site WordPress vers un autre hébergeur 425
  Déplacer un site manuellement .... 42[illegible]
Migrer un site non WordPress vers WordPress 428
  Explorer d'autres ressources d'importation .... 43[illegible]
Vérifier l'état de santé du site 432
Restaurer des versions précédentes de vos contenus 433

Cinquième partie – Les Dix Commandements

Chapitre 13 Dix extensions populaires pour WordPress 439

Elementor 440
Imagify Image Optimization 440
JetFormBuilder 441
Jetpack 442
Loco Translate 444
All-In-One Security (AIOS) 444
MailPoet 445
Rank Math SEO 445
TablePress 445
WooCommerce 447

Chapitre 14 Dix thèmes gratuits pour WordPress 449

Astra 450
Frost 452
Jadro 453
Kanso 454
Neve FSE 455
Ollie 456
Prime FSE 457
Raft 459
Spectra One 460
Vermeer 461

Index 463

Avant-propos

Microsoft FrontPage était autrefois la première interface visuelle qui permettait de créer des sites Web. Ce programme fonctionnait comme Microsoft Word et Publisher, c'est-à-dire qu'avec très peu de connaissances, je pouvais créer le pire site Web du monde en quelques heures sans me soucier de ce qui se passait sous le capot.

Des années plus tard, quand je regarde ces sites Web, je grince des dents, mais à l'époque, c'était incroyablement stimulant. Le logiciel, bien que rudimentaire, m'a aidé à publier du contenu que n'importe qui pouvait voir dans le monde entier. Cela a ouvert des perspectives que je n'avais jamais imaginées auparavant.

Aujourd'hui, en utilisant un logiciel comme WordPress, vous pouvez disposer d'un blog ou d'un site Web à des années-lumière de mon premier site, en termes de fonctionnalités et d'esthétique. Tout comme ma première expérience sur le Web a stimulé mon appétit, j'espère que votre expérience vous incitera à explorer les milliers d'extensions gratuites, de thèmes et de personnalisations possibles avec WordPress, dont beaucoup sont expliqués dans ce livre.

WordPress est plus qu'un simple logiciel, c'est aussi une communauté, un écosystème en évolution rapide et un ensemble de philosophies et d'opinions sur la façon de créer la meilleure expérience Web. Quand vous l'adopterez, vous aurez fait le bon choix. De « vieux » médias tels que CNN, le *New York Times* et le *Wall Street Journal* font partie des utilisateurs de WordPress ainsi que des millions de blogueurs anonymes, pour qui un blog WordPress est un moyen d'expression.

Matt Mullenweg,
cofondateur de WordPress

Introduction

C'est en 2003 que j'ai découvert le logiciel de blogs WordPress. À l'époque (et en années « Internet », cela représente beaucoup de temps), j'utilisais Movable Type comme plateforme de blogs. Mon amie Chelle m'a présenté le logiciel WordPress et m'a dit : « *Essaie, tu vas vraiment aimer !* »

Avec mes habitudes bien ancrées, je me sentais réticente à faire ce changement. Mais je suis allée de l'avant et je suis une grande utilisatrice de WordPress depuis !

WordPress s'est fait connaître comme outil de blogging. Les auteurs, les étudiants, les parents, les entrepreneurs, les universitaires, les journalistes utilisent des blogs. Au cours de la dernière décennie, WordPress est devenu le premier système de gestion de contenu (CMS en anglais pour *Content Management System*) disponible sur Internet. Le logiciel WordPress alimente actuellement 43 % des sites Web que vous voyez (On estime qu'il y a entre 475 et 590 millions de sites WordPress actifs dans le monde). WordPress est considéré comme la plateforme de publication de blog la plus populaire, que ce soit pour les blogs personnels, de commerce ou d'entreprise.

Le recours au mot « blog » est d'ailleurs péjoratif. On pourrait penser que WordPress n'a d'intérêt que pour la création de blogs personnels. En réalité, de plus en plus de sites Web, et pas uniquement des blogs, sont développés sous le CMS WordPress.

WordPress présente quelques aspects qui peuvent paraître intimidants. Toutefois, à y regarder de près, vous constaterez combien ce logiciel est intuitif, convivial et extensible.

Ce livre présente un aperçu de WordPress et couvre la gestion et la maintenance de votre site WordPress *via* l'utilisation d'extensions, de thèmes, et en utilisant l'intuitif panneau d'administration pour gérer votre contenu. Si vous êtes intéressé par l'outil de création de sites Web qu'est WordPress, vous avez le bon livre entre vos mains !

À propos de ce livre

Ce livre traite tous les aspects importants de WordPress que tout nouvel utilisateur doit connaître avant d'utiliser le logiciel pour son propre site. Je couvre tous les aspects du logiciel, disponible sur **https://wordpress.org**, tels que :

» **installer et configurer le logiciel de WordPress ;**

» **parcourir l'interface d'administration de WordPress ;**

» **utiliser l'éditeur de blocs pour créer vos pages et articles ;**

» **trouver et installer des thèmes gratuits pour votre site WordPress ;**

» **installer, activer et gérer des extensions WordPress ;**

» **utiliser l'option Multisite pour héberger un réseau de plusieurs sites Web sur votre domaine ;**

» **migrer votre site Web existant vers WordPress (si vous utilisez une autre plateforme telle que Drupal, par exemple).**

Grâce à WordPress, vous pouvez réellement créer un site Web sur mesure qui corresponde à vos goûts et à vos besoins. Tous les outils sont là. Certains sont préinstallés dans le package du logiciel WordPress tandis que d'autres sont des extensions et des compléments créés par les membres de la communauté des utilisateurs de WordPress.

Quelques hypothèses

Je ne saurai jamais quelles suppositions vous avez me concernant, mais je peux vous parler de choses auxquelles je pense à votre sujet :

- Vous savez ce qu'est un ordinateur. Vous savez l'allumer et l'éteindre et êtes conscient que si vous renversez du café sur votre clavier, il faudra le remplacer !
- Vous savez vous connecter à Internet et utiliser de manière basique un navigateur Web pour surfer sur les sites.
- Vous connaissez les bases sur les blogs et avez envie d'en créer un avec WordPress ou avez déjà créé un blog et souhaitez mieux comprendre le logiciel afin de faire des choses encore plus évoluées et arrêter ainsi d'embêter votre ami geek lorsque vous avez des questions sur WordPress.
- Vous savez ce que sont un message électronique et une adresse électronique. Vous avez votre propre adresse électronique et envoyez et recevez régulièrement des messages.

Icônes utilisées dans ce livre

Les icônes sont les petites images dans la marge qui soulignent une information à retenir, qui vous avertissent d'un danger ou toute autre information qui me semble utile.

ASTUCE

Cette icône accompagne de petites informations utiles.

ATTENTION

J'utilise cette icône pour signaler des situations dangereuses ou complexes.

NOTE TECHNIQUE

Toutes les astuces « geek » sont ici. J'utilise assez peu cette icône. Je l'emploie à certains moments lorsque j'aborde un aspect technique qu'il faut que vous compreniez.

N'OUBLIEZ PAS

Lorsque vous rencontrez cette icône, lisez le texte deux ou trois fois afin de bien graver son contenu dans votre mémoire !

Et maintenant ?

Ce livre est une véritable source d'informations, d'idées, de concepts, d'outils, de ressources et d'instructions sur WordPress. Certains d'entre vous appliqueront directement dans leur site WordPress ce qu'ils liront ; d'autres testeront des techniques plus poussées tandis qu'une partie d'entre vous sauteront ces pages.

Par exemple, si vous avez déjà installé WordPress sur votre serveur Web, vous pouvez passer le Chapitre 3. Si vous n'êtes pas intéressé par le code source d'un modèle WordPress, et ne voulez pas savoir comment utiliser les CSS ou le HTML, vous pouvez sauter les Chapitres 9 à 10. Si vous ne souhaitez pas utiliser plus d'un site Web avec WordPress, vous pouvez ignorer le Chapitre 11 qui traite de la partie multisite.

Je n'ai pas l'intention de vous demander de lire ce livre du début jusqu'à la fin. Au contraire, parcourez la table des matières et l'index pour trouver l'information dont vous avez besoin.

En résumé : prenez ce dont vous avez besoin et mettez le reste de côté !

Première partie

Introduction à WordPress

Dans cette partie...

- » Découvrez les avantages de WordPress.
- » Appréhendez les concepts de base de la publication d'un site.
- » Choisissez parmi les deux versions de WordPress celle qui correspond le mieux à votre usage.
- » Soyez prêt à publier du contenu sur WordPress.

DANS CE CHAPITRE :

Découvrir les avantages de WordPress.

•

Participer à la communauté WordPress.

•

Connaître les deux versions de WordPress.

Chapitre 1

Que peut vous apporter WordPress ?

Dans un monde où les technologies évoluent en un clin d'œil, WordPress rend la publication de site Web facile et gratuite ! Comment bénéficier d'une audience de millions de personnes et ce, sans dépenser un seul centime ? Bien que rien ne soit gratuit dans ce monde, soyez convaincus que WordPress répond à cette demande.

Outre sa gratuité, ce logiciel est facile d'emploi et la vitesse avec laquelle vous pourrez créer et lancer votre site est l'une des raisons d'utiliser WordPress à des fins personnelles ou commerciales. Mais la principale raison de le choisir demeure son incroyable communauté d'entraide et de passionnés. Dans ce chapitre, je vous fais une courte présentation de WordPress, outil de création de blogs et de sites Web.

Avantages de WordPress

Par mon travail, je suis en contact constant avec des blogueurs néophytes qui ont des idées et veulent les publier sur Internet. La question la plus fréquente que l'on me pose est : « Comment créer un site Web si je ne connais absolument rien en programmation et en design ? »

Avec WordPress, vous n'avez pas à vous soucier du code, car le logiciel s'en charge à votre place. Lorsque vous vous connectez à l'interface d'administration de votre site, il suffit de deux choses pour publier :

❶ Écrire votre texte.

❷ Cliquer sur un bouton pour le publier.

C'est tout !

WordPress offre les avantages suivants qui en font le système de gestion de contenu (CMS en anglais) le plus populaire du moment :

» **Choix de la plateforme :** les deux versions disponibles de WordPress correspondent à deux types d'utilisateurs :

- Wordpress.com : une solution hébergée clés en main utilisée principalement pour la réalisation de blogs.
- Wordpress.org : site Web à partir duquel télécharger une version à installer sur le serveur Web de votre choix, utilisée prioritairement pour la mise en place d'un blog ou d'un site Web ; je vous présente chacune de ces versions dans la section « Choisir une plateforme WordPress », plus loin dans ce chapitre.

» **Facilité d'emploi :** l'installation et l'utilisation du logiciel sont simples et rapides.

» **Extensibilité :** WordPress est très extensible, autrement dit vous pouvez aisément installer des extensions (ou *plugins*) qui vous permettront de personnaliser votre site.

» **Communauté d'utilisateurs :** WordPress a une très grande communauté d'entraide entre membres, avec des forums publics, des listes de diffusion, des blogs dédiés à l'utilisation de WordPress, *etc.*

Les sections suivantes présentent en détail ces fonctionnalités et vous indiquent où vous reporter dans le livre pour obtenir de plus amples informations.

Facilité d'installation et d'utilisation

WordPress peut se vanter d'être installé en cinq minutes chrono ! Les deux versions de WordPress nécessitent approximativement le même temps de mise en place.

NOTE TECHNIQUE

Attention, 5 minutes est une *durée moyenne* qui ne tient pas compte du délai requis pour l'obtention d'un nom de domaine, d'un hébergement Web ou encore pour paramétrer les options du panneau d'administration.

Une fois l'installation terminée, le monde de WordPress s'ouvre à vous. Le panneau d'administration est intuitif, bien structuré, tout est clair et logique, ce qui permet à tout nouvel utilisateur de facilement trouver les paramètres et options.

WordPress comprend suffisamment d'options pour satisfaire les attentes d'un développeur expérimenté, tout en restant convivial pour un novice. À chaque utilisation, vous ferez de nouvelles découvertes fascinantes !

Étendre les capacités de WordPress

Pour ma part, la particularité de WordPress qui m'a paru la plus fascinante est sa grande flexibilité. Des centaines d'extensions et de thèmes sont disponibles, qui vous permettent de créer un site qui *vous* ressemble.

N'OUBLIEZ PAS

Si vous considérez votre site Web comme un appareil ménager, un aspirateur par exemple, les extensions sont les accessoires. Les accessoires ne fonctionnent pas seuls. Et lorsque vous les branchez à votre aspirateur, vous l'équipez d'une fonctionnalité qui améliore les performances de votre appareil ménager.

Les sites WordPress sont quasiment tous identiques, aussi en installant des extensions, vous démarquez réellement votre site et apportez des fonctionnalités et des outils supplémentaires, pour votre plus grand plaisir et celui de vos lecteurs. Si vous visitez un site WordPress complètement différent qui présente une fonction intéressante, il y a 99 % de chance pour que vous puissiez la reprendre à votre compte à l'aide d'une extension WordPress existante. Si vous n'arrivez pas à déterminer l'extension WordPress utilisée, n'hésitez pas à envoyer un courriel à son auteur ou à laisser un commentaire. Les webmasters partagent avec joie les outils qu'ils découvrent et utilisent.

La plupart des extensions sont gratuites. Reportez-vous au Chapitre 7 pour savoir où et comment installer des extensions WordPress, ainsi qu'au Chapitre 13 dans lequel je dresse une liste des extensions les plus populaires.

Outre les extensions, vous pouvez également embellir votre site grâce aux modèles et thèmes WordPress. WordPress contient un très joli thème installé par défaut. La Figure 1.1 représente le thème Twenty Twenty-Five créé par l'équipe WordPress, qui s'affiche par défaut une fois que votre site est installé et configuré.

Figure 1.1 Le thème par défaut de WordPress, Twenty Twenty-Five.

Le style du thème par défaut est minimal, mais une application intégrée aux préférences vous permet de changer les couleurs, mettre une image d'arrière-plan ou créer des menus (vous en saurez plus sur la modification des thèmes WordPress dans les Chapitres 8 à 10).

NOTE TECHNIQUE

Le thème Twenty Twenty-Five (voir Figure 1.1) inclut tous les éléments de base dont vous avez besoin pour découvrir l'ensemble des fonctionnalités de WordPress. Vous pouvez développer votre site de centaines de façons différentes grâce aux extensions et améliorer le design en changeant de thème.

En utilisant certains thèmes et extensions parmi ceux disponibles, vous pouvez vraiment gérer différents types de contenu sur votre site Web. WordPress n'est pas seulement destiné à la création de blogs, bien qu'il excelle toujours dans ce domaine ! Il est effectivement connu comme étant une plateforme de blogs, mais vous pouvez l'utiliser pour créer de vrais sites Web diversifiés et dynamiques, comme développer un site de commerce électronique (vendre des produits en ligne), créer un site avec une partie réservée aux seuls membres inscrits, ou concevoir un site pour de grandes entreprises.

Bienvenue dans un WordPress moderne

Si vous ouvrez ce livre, c'est que vous avez fait le choix de l'outil de création Web le plus puissant au monde. Mais au moment de vous lancer, vous pourriez être surpris : le monde de WordPress est actuellement à la croisée des chemins.

En explorant ce livre et le monde WordPress, vous entendrez parler de deux types de thèmes (que je détaillerai au Chapitre 8) :

» **Les thèmes classiques :** ils ont dominé le Web pendant quinze ans. Ils sont solides, mais fonctionnent avec des menus rigides et des zones verrouillées.

» **Les thèmes FSE (*Full Site Editing*) :** c'est la nouvelle génération de WordPress. Elle transforme l'intégralité de votre site en un jeu de construction intuitif.

Vous trouverez sans doute des milliers de tutoriels sur les thèmes classiques. Cependant, pour cet ouvrage, j'ai pris le parti de vous orienter principalement vers le FSE que je développe en détail au Chapitre 6.

Ce choix peut sembler audacieux, mais il est guidé par une volonté simple : votre autonomie.

» **Apprenez une fois, maîtrisez tout :** avec le FSE, si vous savez manipuler un bloc de texte, vous savez modifier votre en-tête, votre pied de page et votre mise en page globale.

» **Ne dépendez plus du code :** auparavant, modifier la structure d'un site demandait des compétences techniques. Aujourd'hui, tout est visuel.

» **Un site pérenne :** en apprenant la méthode moderne aujourd'hui, votre site restera à jour techniquement pour les années à venir, là où les anciens thèmes deviendront progressivement obsolètes.

N'OUBLIEZ PAS

Si, au fil de vos découvertes, vous installez un thème et que les menus ne correspondent pas exactement à mes captures d'écran, c'est probablement que vous utilisez un thème classique. Pas de panique, bien que ce livre soit résolument tourné vers l'avenir, j'ai pris soin de vous expliquer comment réaliser les mêmes opérations avec un thème traditionnel. Cependant, gardez à l'esprit que mon conseil est sans appel : pour construire un site flexible, léger et durable, c'est vers le FSE que vous devez vous orienter dès aujourd'hui !

Participer à la communauté

Permettez-moi de vous présenter les farouches et loyaux anonymes qui forment les utilisateurs de base, mieux connus sous le nom de la vaste communauté WordPress. Cette bande de joyeux lurons vient des quatre coins de la planète, de la Californie au Caire en passant par la Floride et Florence.

En mars 2005, Matt Mullenweg a fièrement annoncé que le nombre de téléchargements de WordPress avait atteint 900 000, une étape importante dans l'histoire du logiciel. Mais l'excitation réelle s'est produite en août 2006, lorsque WordPress a enregistré plus d'un million de téléchargements, et en 2007, lorsque le logiciel a eu plus de 3 millions de téléchargements. Le nombre de téléchargements WordPress a dépassé le plafond depuis 2007 (plus de 127 millions de téléchargements depuis la sortie de la version 6.0), et le nombre d'utilisateurs de WordPress a atteint des dizaines de millions et augmente chaque jour.

WordPress est le CMS le plus populaire disponible sur le Web aujourd'hui. Il alimente actuellement plus de 43 % de tous les sites Web que vous voyez sur Internet.

Ne soyez pas impressionné par le nombre d'utilisateurs, WordPress peut se vanter de posséder la plus grande communauté d'aide à la publication de blogs dans le monde. Vous rencontrerez des utilisateurs qui s'aident mutuellement sur les forums de support comme **https://wordpress.com/support/** ou sur sa version française **https://wordpress.com/fr/support/**. Vous trouverez également des utilisateurs qui contribuent au très utile Codex de WordPress (un ensemble de documents qui expliquent « comment faire ») sur **https://codex.wordpress.org/fr:Accueil** pour la version française et sur **https://codex.wordpress.org/Main_Page** pour la version originale. Enfin, vous trouverez de nombreux sites dédiés à WordPress, avec des utilisateurs qui partagent leur expérience et leurs récits d'anciens combattants dans l'espoir d'aider tout nouveau membre un peu perdu.

Vous pouvez aussi vous abonner à de nombreuses listes de diffusion. Ces listes vous offrent l'opportunité de vous impliquer dans divers aspects de la communauté WordPress ou dans le développement du logiciel.

Rejoindre la communauté WordPress est facile : il vous suffit de créer un site en utilisant l'une des deux options du logiciel, à savoir *WordPress.org* ou *WordPress.com*. Si vous publiez déjà sur une plateforme différente, telle que Blogger ou Movable Type, WordPress vous permet de migrer facilement vos données actuelles de cette plateforme vers une nouvelle configuration WordPress (voir le

Chapitre 12 pour plus d'informations sur la migration de votre site Web existant vers WordPress).

Choisir une plateforme WordPress

L'une des premières choses à faire est de choisir entre WordPress.com et WordPress.org. Votre choix se fera en fonction de vos propres besoins. Vous devez vous assurer que la plateforme pour laquelle vous opterez inclut toutes les options que vous recherchez. WordPress est la seule plateforme qui propose deux « versions » de son logiciel, ou plus précisément deux façons d'héberger WordPress :

- **La version hébergée de WordPress.com :** vous ne vous préoccupez pas de l'hébergement du site, le logiciel est hébergé et maintenu par l'équipe Automattic, pas de configuration requise, vous vous concentrez uniquement sur la création de contenu : https://wordpress.com/fr/ ;
- **La version communément appelée « autohébergée » :** vous achetez un nom de domaine et un hébergement et installez vous-même WordPress. Vous êtes libre de tout personnaliser (cet ouvrage s'intéresse tout particulièrement à cette version).

Ces deux versions, hébergée et autohébergée, ont certaines fonctionnalités communes dans la configuration d'un site WordPress. Ces fonctionnalités comprennent notamment les éléments suivants :

- une installation et une configuration faciles et rapides ;
- une offre complète permettant de publier un contenu sur le Web *via* une interface Web facile d'emploi ;
- un classement de vos articles par catégories ;
- un archivage mensuel de vos articles avec la possibilité de fournir un listing de ces archives pour faciliter la navigation dans votre site.
- des outils de commentaires et des rétroliens ;
- une protection contre les spams automatiques *via* Akismet ;
- la création de galeries pour présenter des images et des photos ;
- un gestionnaire de médias pour les fichiers audio et vidéo ;

» le support de la communauté ;

» un nombre illimité de pages statiques vous permettant de sortir du cadre du blog et accéder ainsi à l'univers d'un site Web pleinement fonctionnel ;

» la possibilité de créer des flux RSS, avec la prise en charge des flux RSS 2.0, RSS 1.0 et Atom ;

» des outils pour importer du contenu à partir d'autres systèmes de blog, tels que Blogger, Movable Type et LiveJournal.

Le Tableau 1.1 présente la comparaison de ces deux versions.

Tableau 1.1 Comparaison des deux versions de WordPress.

Fonctionnalité	WordPress.org	WordPress.com
Prix	Gratuit	Gratuit avec option payante
Téléchargement du logiciel	Oui	Non
Installation du logiciel	Oui	Non
Hébergement Web requis	Oui	Non
Ajout de vidéos	Oui	À partir de 48 € par an
Revenus publicitaires	Oui	À partir de 48 € par an
Accès au Thèmes premium	Oui	À partir de 48 € par an
Widgets	Oui	Oui
Syndication flux RSS	Oui	Oui
Accès au code	Oui	Non
Possibilité d'installer des extensions (*plugins*)	Oui	À partir de 48 € par an
Possibilité d'installer des thèmes WordPress*	Oui	À partir de 300 € par an
Accès SFTP, SSH et base de données	Oui	À partir de 300 € par an
Prise en charge multiauteur	Oui	Oui
Nombre illimité de configurations de sites avec un seul compte	Oui	Oui
Forums de support de la communauté	Oui	Oui

* Choix limité pour WordPress.com

Choisir la version hébergée de WordPress.com

WordPress.com est un service gratuit. Si, pour vous, télécharger, installer et utiliser un logiciel sur un serveur s'apparentent à du chinois, alors la version hébergée de WordPress.com est faite pour vous.

WordPress.com est une solution dite « hébergée ». Autrement dit, vous n'avez aucun logiciel requis, ni téléchargement, ni installation, ni aucune configuration de serveur à faire. Tout se passe dans les coulisses, derrière votre écran. Vous n'avez pas non plus à vous soucier de la procédure d'installation. Elle est très rapide, et avant même que vous ne le compreniez, vous aurez créé votre premier site avec la solution WordPress.com.

WordPress.com présente toutefois quelques limitations. Vous ne pourrez pas installer d'extensions en dehors de celles proposées et serez limité en nombre de thèmes disponibles ; vous ne pourrez pas non plus personnaliser le code source de base ni supprimer la publicité, vendre de la publicité ou monétiser votre site.

WordPress.com offre la possibilité de souscrire à une offre payante (de 48 à 540 euros par an) pour lever les restrictions de l'offre gratuite.

En outre, WordPress.com affiche des publicités sur vos articles et pages aux utilisateurs qui ne sont pas connectés au réseau WordPress.com (**https://wordpress.com/fr/support/pas-de-publicites/**). WordPress.com s'avère néanmoins un excellent point de départ pour tout néophyte en publication de blogs un peu effrayé à l'idée de configurer le logiciel autohébergé de WordPress.org.

Si vous ne voulez pas ou n'avez pas besoin de créer un site Web complet pour votre entreprise ou service et que vous vouliez simplement créer un journal en ligne, vous utiliserez généralement WordPress.com, car il vous permet de créer un site simple et opérationnel rapidement.

Comme mentionné précédemment, si vous souhaitez utiliser les milliers d'extensions et de thèmes disponibles pour WordPress – ou si vous souhaitez personnaliser votre propre thème pour votre site Web – vous êtes limité à seulement quelques thèmes sur WordPress.com, et vous ne pourrez pas non plus installer vos propres extensions.

Mais, fort heureusement, si votre site WordPress devient trop gros, vous pourrez très bien le migrer vers une configuration autohébergée WordPress.org. Vous pourrez même importer très facilement tout le contenu de votre blog hébergé dans une nouvelle installation du logiciel WordPress.org. Bref, vous ne serez pas limité.

En résumé, WordPress.com convient parfaitement aux blogs ou sites personnels, surtout si vous ne souhaitez pas dépenser d'argent. En revanche, ce type de sites ne convient pas aux associations, TPE ou PME.

La version autohébergée de WordPress.org

WordPress.org (et non .com) est le site officiel sur lequel télécharger les fichiers nécessaires à l'installation d'un site WordPress. Un site WordPress « autohébergé » signifie que votre site est hébergé sur votre propre serveur.

La version autohébergée de WordPress.org (présentée en détail dans la troisième partie) nécessite que vous téléchargiez le logiciel depuis le site Web WordPress.org et que vous l'installiez sur un serveur Web. À moins que vous disposiez de votre propre serveur, vous devrez en louer un ou louer un hébergement chez un prestataire.

L'utilisation d'un serveur Web requiert de trouver un *hébergeur Web* : si vous ne connaissez personne, vous devrez payer ce service. Mais vous ne dépenserez pas une fortune ! Vous pouvez bénéficier de bons services d'hébergement à partir de 5 à 10 euros par mois (reportez-vous au Chapitre 3 pour de plus amples informations sur la location d'un service d'hébergement). Assurez-vous néanmoins que le service d'hébergement que vous avez choisi est compatible avec les prérequis WordPress. En général, la configuration logicielle minimale requise de WordPress nécessite :

» **un support de HTTPS ;**

» **une version PHP 8.3 ou ultérieure;**

» **MySQL version 8.0 (ou supérieure) ou MariaDB version 10.6 (ou supérieure).**

ATTENTION

Certains fournisseurs d'hébergement Web n'ont pas encore mis à niveau la dernière version de PHP. Si votre hébergeur Web a des versions plus anciennes de PHP ou MySQL, le logiciel WordPress fonctionnera avec PHP 7.4 et MySQL 5.0. Ces versions plus anciennes sont considérées comme étant en fin de vie, ce qui signifie abandonnées dans le monde du logiciel. Les anciennes versions de PHP et MySQL fonctionnent toujours, mais ne sont plus supportées et, par conséquent, sont vulnérables aux failles de sécurité.

Une fois WordPress installé sur un serveur Web (reportez-vous aux instructions du Chapitre 3), vous pourrez l'utiliser immédiatement après. Vous pourrez installer des extensions qui permettent d'étendre les fonctionnalités de WordPress comme vous l'explique le Chapitre 7.

Vous avez également le contrôle des fichiers source et du code source WordPress. Si vous avez des rudiments de PHP et MySQL, vous pourrez apporter, directement dans le code de WordPress, les modifications que vous jugerez intéressantes pour votre site. Vous trouverez des informations sur PHP et MySQL au Chapitre 2.

Inutile de vous pencher sur le design de votre site, les membres de la communauté WordPress mettent à disposition de nombreux thèmes, gratuits ou payants, que vous pouvez télécharger sans limitation, contrairement à WordPress.com (voir Chapitre 8). De plus, si vous avez un esprit créatif et que vous connaissiez les feuilles de styles (CSS), vous disposerez d'un accès total au système de modèles de WordPress et pourrez ainsi laisser courir votre imagination pour concevoir vos propres thèmes (voir la quatrième partie).

En résumé, héberger soi-même son site WordPress requiert certaines compétences qui ne sont pas nécessairement à la portée d'un utilisateur néophyte et engage des frais inéluctables.

Toutefois, de nombreux hébergeurs professionnels, tels que OVH et Ionos pour ne citer qu'eux, proposent une formule « tout en un » qui vous permet d'installer une instance WordPress en un clic de souris ! Vous disposerez alors d'un véritable site WordPress, dit « autohébergé », avec le nom de domaine de votre choix et sans aucune limitation, contrairement à la solution WordPress.com.

N'OUBLIEZ PAS

Le logiciel WordPress.org autohébergé vous permet d'exécuter un nombre illimité de sites Web sur une seule et unique instance de la plateforme logicielle. Lorsque vous configurez les options réseau dans WordPress pour activer une interface multisite, vous devenez administrateur d'un réseau de sites. Toutes les options restent les mêmes, mais avec les options réseau configurées, vous pouvez avoir des sites Web et des domaines supplémentaires, et permettre aux utilisateurs enregistrés de votre site Web d'héberger leurs propres sites Web au sein de votre réseau. Vous en saurez plus sur la fonctionnalité WordPress multisite au Chapitre 11.

ASTUCE

Le quotidien *Le Monde* (**https://www.lemonde.fr/**) est un exemple de site conçu sous WordPress. *Le Monde* fait partie des titres de presse les plus connus en France, avec une forte dimension d'actualité nationale et internationale.

DANS CE CHAPITRE :

Choisir un type de site.

Découvrir ce que WordPress peut faire pour vous.

Dessiner les grandes lignes de votre projet.

Chapitre 2

Les bases de WordPress

Il se passe beaucoup de choses en coulisses avant la création d'un site WordPress. C'est en cela qu'éclate la beauté d WordPress : vous n'avez pas à vous occuper de tout ce qui est technique pour gérer et maintenir un site WordPress, sauf si vous en éprouvez un désir irrépressible. Dans ce chapitre, vous allez néanmoins plonger un petit peu dans la technologie de la plateforme WordPress, ainsi que jeter un œil sur PHP et MySQL, les deux composants logiciels requis pour exécuter WordPress.

Ce chapitre traite également de diverses technologies qui vous permettent de lancer un site avec succès, comme l'utilisation des commentaires et de la technologie de flux RSS, sans oublier les techniques pour lutter contre les spams.

WordPress sous le feu des projecteurs

La publication d'un site WordPress est un processus évolutif. J'ai même l'étrange impression que les blogs sont passés du simple journal intime à des outils de journalisme, de commerce et d'édition.

Un blog ou un site Web est un fabuleux outil de publication de vos pensées et idées personnelles. Toutefois, ils peuvent être d'excellents outils de commerce, des éditoriaux pour la presse, des sites d'actualités et de divertissement. Différentes raisons conduisent les personnes à créer et maintenir un site Web :

- **Personnelle :** le webmaster crée un site comme un journal intime. Vous appartenez à cette catégorie de personnes si vous utilisez principalement votre site pour discuter de sujets personnels qui ont trait à votre vie privée, à votre famille, à votre chat, à vos enfants ou encore à vos centres d'intérêt (comme la politique, les technologies, le sport, l'art ou la photographie).

- **Commerciale :** le webmaster utilise la puissance d'un site Web pour faire la promotion des produits et services de son entreprise. Les sites Web s'avèrent de redoutables outils de promotion et de marketing. Ils proposent souvent des informations très utiles aux lecteurs et aux consommateurs, telles que des trucs et astuces ou des critiques de produits, par exemple. Ils donnent également aux lecteurs la possibilité de livrer leurs impressions et leurs idées, ce qui permet à l'entreprise d'améliorer ses services. Les moteurs de recherche comme Google ou Bing apprécient les sites Web qui sont mis régulièrement à jour et dont le contenu et les informations sont faciles à trouver. Du coup, vous pouvez augmenter votre placement dans les moteurs de recherche en fournissant un contenu régulièrement mis à jour.

- **Média/presse :** de plus en plus de médias intègrent des blogs à leurs sites Web pour donner des informations sur les événements, la politique et les actualités, que ce soit au niveau régional, national ou international. Ces nouvelles organisations ont souvent des éditorialistes.

- **Le journalisme citoyen :** j'aurais pu ranger ces webmasters dans la catégorie des sites privés. Ce type de sites Web offre réellement l'opportunité aux citoyens ordinaires de peser sur l'analyse et la diffusion des informations et de l'actualité, autant sur le plan national qu'international.

  En raison de la popularité des sites Web et des millions de blogueurs qui ont envahi Internet, les médias traditionnels ont senti le vent tourner. Les citoyens ordinaires, se servant de la puissance de leur voix sur le Web, ont changé la donne grâce à tous ces blogueurs qui vérifient l'information et soulignent les incohérences, toujours dans le but de vérifier le contenu des informations.

» **Professionnelle :** cette catégorie de webmasters ne cesse d'augmenter chaque jour. Le business de ces professionnels est de créer et de publier des sites au nom des entreprises. Les réseaux de blogs engagent des blogueurs pour écrire sur certains sujets. De plus, plusieurs services associent publicitaires et blogueurs pour poster des messages sur leurs produits. Peut-on gagner de l'argent en tant que blogueur ? Oui, et cela devient monnaie courante de nos jours.

Plonger dans le monde WordPress

Le logiciel WordPress est un système de publication personnel qui utilise la plate-forme PHP et MySQL, laquelle vous fournit tout ce dont vous avez besoin pour créer votre propre site Web et publier le contenu de manière dynamique sans savoir comment programmer la moindre de ces pages. Bref, tout votre contenu est stocké dans une base de données, appelée MySQL, sur votre serveur Web.

ATTENTION

PHP (*HyperText Preprocessor*) est un langage de script côté serveur dédié à la création de pages Web dynamiques. Lorsqu'un visiteur ouvre une page en PHP, le serveur traite les commandes PHP, puis envoie les résultats au navigateur du visiteur. MySQL est un système de gestion de bases de données relationnelles (SGBD) *open source* qui utilise SQL (*Structured Query Language*), le langage le plus populaire pour ajouter, accéder et traiter les données d'une base de données. Si tout cela vous paraît être du chinois, contentez-vous de considérer MySQL comme un immense classeur dans lequel vous rangez tout le contenu de votre site.

ATTENTION

Les systèmes de gestion de base de données MySQL (et MariaDB) reposent sur le même noyau logiciel. MariaDB est un dérivé de MySQL, mais a évolué au fil du temps pour devenir un système de gestion de base de données autonome. WordPress est compatible avec ces deux systèmes de gestion de base de données, toutefois ce livre ne traite que du très populaire MySQL.

Chaque fois qu'un visiteur consulte votre blog, il effectue une requête qui est envoyée à votre serveur. Le langage de programmation PHP reçoit cette requête, trouve l'information demandée dans la base de données MySQL, puis présente l'information demandée au visiteur *via* son navigateur Web.

Lorsque j'emploie le mot *contenu* pour les données qui sont stockées dans la base de données MySQL, je fais référence aux articles, commentaires et options que vous avez définis dans le panneau d'administration de WordPress. Le thème (le *design*) que vous choisissez, que ce soit le thème par défaut ou le thème que vous avez créé vous-même ou encore celui d'une tierce personne, n'est pas compris dans le contenu dans ce cas. Ces fichiers font partie du système de fichiers et ne sont pas stockés dans la base de données. Aussi, je ne peux que vous conseiller vivement de faire une sauvegarde de tous les thèmes que vous utilisez. Reportez-vous à la quatrième partie de ce livre pour de plus amples informations sur la gestion des thèmes WordPress.

N'OUBLIEZ PAS

Pour trouver un service d'hébergement, recherchez des sociétés qui proposent des sauvegardes quotidiennes de votre site. Ainsi, tout le contenu, toutes les données ne seront pas perdus en cas de problème. Les fournisseurs d'hébergement Web qui proposent un service de sauvegarde quotidienne peuvent vous sauver la mise en restaurant votre site à sa forme originelle. Vous trouverez plus d'informations sur le choix d'un d'hébergeur au Chapitre 3.

Archiver l'historique de vos publications

Est incluse dans le logiciel WordPress une option automatique pour tenir à jour des archives chronologiques et catégorisées. WordPress utilise PHP et MySQL pour trier et organiser tout ce que vous publiez afin que vous et vos lecteurs puissiez y accéder par date et par catégorie. La procédure d'archivage se fait automatiquement dès que vous publiez un article sur votre site.

Lorsque vous rédigez un article, vous pouvez le classer dans une catégorie que vous spécifiez. Cette fonctionnalité rend pratique le système d'archivage dans lequel vous et vos lecteurs pouvez trouver facilement les articles que vous avez classés dans cette catégorie.

La page des archives sur mon site Web professionnel (**https://webdevstudios.com/category/wordpress/**) liste l'ensemble des articles associés à la catégorie *WordPress*.

Figure 2.1 La page d'archives des catégories de mon blog professionnel.

WordPress vous permet de créer autant de catégories que vous voulez pour classer vos articles par sujets. On rencontre des sites qui n'affichent qu'une seule catégorie ; d'autres qui en proposent plus de 1 800 ! WordPress vous permet de faire un choix personnel et d'organiser votre contenu comme bon vous semble. D'un autre côté, l'utilisation des catégories est une question personnelle. Si vous n'en voyez pas l'utilité, ignorez cette fonctionnalité.

Interagir avec les internautes *via* les commentaires

L'un des aspects les plus agréables de la publication de sites *via* WordPress est de voir les commentaires de vos lecteurs au moment où vous postez un article. Les commentaires constituent en quelque sorte un livre d'or. Les internautes notent leurs impressions et réactions par rapport à ce qui est publié sur votre site. Vous pouvez leur répondre et engager ainsi une conversation sur le sujet de l'article (voir la Figure 2.2). Cette fonctionnalité crée l'opportunité de développer les pensées et idées que vous avez présentées dans votre article en donnant l'occasion à vos lecteurs d'ajouter leurs opinions.

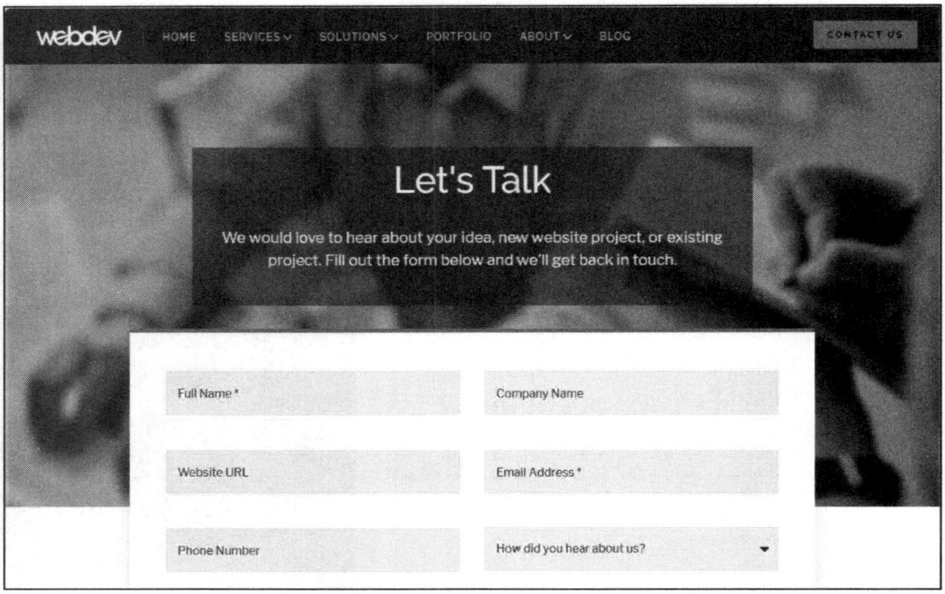

Figure 2.2 Les lecteurs passent par ce formulaire pour laisser leurs commentaires.

Dans le panneau d'administration WordPress, vous avez le contrôle absolu du contenu qui peut faire l'objet ou non de commentaires. De plus, si une personne laisse un commentaire dont le contenu est douteux, vous pouvez le modifier ou le supprimer. Vous êtes libre de choisir de ne pas autoriser de commentaires sur votre site. Le Chapitre 5 vous délivre toutes les informations nécessaires pour paramétrer les commentaires de votre site.

N'OUBLIEZ PAS

Certains webmasters prétendent qu'un blog sans commentaires n'est pas un blog. Ce point de vue est très courant dans la communauté. Car la réaction des visiteurs, *via* leurs commentaires, est ce qui a fait en partie le succès de la publication de blogs. C'est un choix personnel. Publier un blog ou un site sans possibilité de commentaires le rend passif. Autoriser les commentaires invite les visiteurs à s'impliquer davantage par une discussion et un dialogue. D'un côté comme de l'autre, les lecteurs estiment que déposer un commentaire sur un site est une expérience positive, car ils ont l'impression de participer à la discussion. Autoriser les commentaires est un choix personnel ; cependant, et vous n'êtes pas tenu de les autoriser si vous ne le souhaitez pas.

Les flux RSS

RSS est l'abréviation de *Really Simple Syndication*. Un *flux RSS* est une fonctionnalité standard que les lecteurs sont en droit d'attendre. Qu'est-ce au juste ?

Wikipédia définit un flux RSS comme « un contenu qui est produit automatiquement (sauf cas exceptionnels) en fonction des mises à jour d'un site Web ».

Les flux RSS constituent un moyen simple et pratique d'être alerté en permanence sur l'actualité qui vous intéresse. Les flux RSS s'actualisent automatiquement sans que vous soyez obligé de vous connecter sur vos sites d'informations préférés. Ils permettent donc d'apporter du contenu à votre site Web, sur un sujet de votre choix, mais également d'apporter aux internautes du contenu issu de votre propre site Web. Le Tableau 2.1 répertorie des lecteurs de flux les plus populaires sur le marché.

Tableau 2.1 Lecteurs de flux RSS populaires.

Lecteur	URL	Description
Mailchimp	**https://mailchimp.com/fr/**	Mailchimp est un service de newsletter par e-mail. Mailchimp propose la fonctionnalité RSS-to-Email qui permet de connecter un flux RSS (blog, site, *etc.*) et d'envoyer automatiquement des e-mails à vos abonnés selon une certaine fréquence (quotidienne, hebdomadaire, mensuelle).
NewsBlur	**https://www.newsblur.com/**	NewsBlur est un lecteur RSS (Web, iOS, Android) qui centralise vos sources pour lire les articles, avec une fonction « d'entraînement » permettant de mettre en avant ce qui vous intéresse et de filtrer le reste.
Feedly	**https://feedly.com**	Feedly vous permet de suivre vos sites Web préférés qui ont du contenu RSS. Vous n'avez aucun logiciel à télécharger ou à installer pour utiliser ce service, mais des applications optionnelles sont disponibles pour vos besoins.

Pour disposer du contenu le plus à jour publié sur votre site, vos lecteurs et visiteurs de votre site Web peuvent s'abonner à votre flux RSS. La plupart des plateformes permettent la découverte automatique des flux RSS, autrement dit, le lecteur n'a besoin de connaître que l'URL de votre site pour que ces services trouvent automatiquement votre flux RSS.

WordPress dispose d'un générateur de flux RSS dans plusieurs formats. Comme les flux sont embarqués dans la plateforme logicielle, vous n'avez aucune procédure à suivre pour proposer un flux RSS à vos lecteurs. Reportez-vous au Chapitre 5 pour de plus amples informations sur l'utilisation des flux RSS dans le programme WordPress.

Les rétroliens

La meilleure façon de comprendre ce que sont les rétroliens est de les considérer comme des commentaires, à l'exception près que les rétroliens sont des commentaires laissés sur votre site par d'autres sites, et non par des personnes réelles. Suis-je claire ?

Un rétrolien se produit lorsque vous créez un article sur votre site, et que dans le contenu de cet article, vous fournissez un lien vers un article réalisé par un auteur d'un autre site. Lorsque vous publiez cet article, votre site envoie une sorte de mémo électronique au site auquel vous faites référence. Ce site reçoit le mémo et publie un accusé de réception sous la forme d'un commentaire à l'article que vous avez lié sur le site. Les informations contenues dans le rétrolien comprennent un lien vers l'article de votre site, avec la date et l'heure, ainsi qu'un court extrait de votre article.

Les rétroliens sont affichés dans la section des commentaires des articles.

Ce mémo est envoyé par votre site au site auquel vous vous liez. Cette procédure fonctionne tant que les deux blogs prennent en charge le protocole des rétroliens. WordPress le fait, tout comme la plupart des plateformes de publication de blogs.

Envoyer un rétrolien vers un site est une façon sympathique d'indiquer au webmaster que vous appréciez les informations qu'il publie sur son site. Les webmasters apprécient généralement de recevoir des rétroliens dans leurs articles venant d'autres sites.

Les rétroliens ne sont plus aussi populaires qu'ils l'étaient il y a quelques années, mais ils existent toujours et sont des outils dont certaines personnes aiment tirer parti. Une option dans WordPress vous permet de stopper les rétroliens si vous le souhaitez ; vous trouverez plus d'informations au Chapitre 5.

Faut-il encore les utiliser en 2026 ? Bien que l'idée de départ soit excellente pour créer des liens et générer du trafic (SEO), la réalité est plus nuancée :

» **Le problème du spam : malheureusement, les rétroliens sont devenus la cible préférée des robots spammeurs. Ils s'en servent pour placer des liens publicitaires douteux dans vos commentaires.**

» **La tendance actuelle :** la plupart des professionnels de WordPress recommandent aujourd'hui de désactiver les rétroliens et les pings. Il est préférable d'utiliser des outils de surveillance de mentions (comme Google Alerts, https://www.google.fr/alerts) pour savoir qui parle de vous.

NOTE TECHNIQUE

Comment les désactiver ? Allez dans votre tableau de bord WordPress en sélectionnant Réglages –> Commentaires et décochez la case Autoriser les notifications de lien en provenance d'autres blogs (pings et rétroliens) sur les nouvelles publications.

Lutter contre les commentaires et rétroliens indésirables

Les commentaires et les rétroliens indésirables constituent le fléau auquel sont constamment confrontés les webmasters. Lorsqu'un site devient très populaire sur Internet, les spammeurs saisissent l'opportunité de l'envahir. Si vous avez déjà reçu des spams dans votre messagerie électronique, sachez que le principe est le même et tout aussi frustrant.

Avant l'émergence des sites Web, vous avez dû voir les spammeurs remplir les livres d'or par leurs liens publicitaires sans laisser réellement de mot pertinent. La raison est simple : les sites Web obtiennent un placement plus élevé dans les moteurs de recherche s'ils ont plusieurs liens entrants vers d'autres sites. L'arrivée de logiciels de publication de sites Web couplés aux technologies de commentaires et de rétroliens s'est avérée être une aubaine pour des millions de spammeurs.

Comme les commentaires et les rétroliens sont publiés sur votre site, avec généralement un lien vers le site du commentateur, les spammeurs ont récupéré les liens envoyés sur des millions de sites en créant des programmes qui recherchent automatiquement des sites Web intégrant un système de commentaires, puis ont inondé ces systèmes de tonnes de commentaires qui contiennent des liens vers leurs propres sites.

Aucun webmaster n'aime les spams. En fait, les services de publication de sites comme WordPress ont passé un nombre incalculable d'heures à tenter de bloquer ces spammeurs et, dans la plupart des cas, ils ont réussi. Toutefois, les spammeurs parviennent à contourner la sécurité, car bon nombre d'entre eux sont offensifs, ce qui est d'autant plus frustrant qu'ils ne contribuent nullement au débat et à la discussion qu'offre le blog.

WordPress offre une excellente extension, appelée Akismet, qui permet de lutter contre les spams. Reportez-vous au Chapitre 7 de ce livre pour obtenir de plus amples informations sur Akismet, conçu par Automattic, le créateur de WordPress.com.

Utiliser WordPress comme un CMS

Vous avez dû entendre plusieurs fois cette remarque si vous parcourez des sites sur WordPress : « WordPress est plus qu'une plateforme de blogs, c'est un véritable système de gestion de contenu. » Un système de gestion de contenu (ou *Content Management System*, CMS en anglais) est une plateforme qui vous offre la possibilité de créer un site Web complet. Cela signifie que WordPress vous permet de créer et publier toute sorte de contenu, y compris des pages, des articles de blog, des sites d'e-commerce, des vidéos et des fichiers audio.

Différence entre blog et site Web

Un site Web et un blog sont vraiment deux choses différentes. Un site Web peut contenir un blog alors qu'un blog ne peut pas contenir un site Web. Je sais que cela semble confus, mais après avoir lu cette section et compris les différences entre les blogs et les sites Web, vous en aurez une meilleure compréhension.

Un blog est un affichage chronologique du contenu, le plus souvent des articles ou des pages écrits par l'auteur du blog. Ces articles sont publiés et, en général, classés en thèmes et archivés par dates. Les articles d'un blog peuvent recevoir des commentaires, ce qui signifie que les lecteurs d'un article peuvent laisser leurs impressions et l'auteur peut y répondre, créant ainsi un dialogue permanent entre l'auteur et les internautes.

Un site Web est plutôt constitué d'un ensemble de pages qui offrent au visiteur une information plus ou moins intemporelle, pas nécessairement liée à la date de publication. Un site Web peut inclure les fonctionnalités suivantes :

- » **Galerie photos :** cette zone de votre site Web contient des albums et des galeries de photos téléchargées, permettant à vos visiteurs de parcourir et de commenter les photos que vous affichez.
- » **Magasins d'e-commerce :** ce type de sites propose un panier intégré dans lequel placer des produits à vendre. Vos visiteurs peuvent acheter vos produits *via* votre boutique en ligne.

» **Forums de discussion :** cette fonctionnalité permet aux visiteurs de se rejoindre, de créer des fils de discussion et de répondre à des questions posées par les internautes.

» **Communauté :** cette section d'un site Web permet aux visiteurs de devenir membres, de créer des profils, de devenir amis avec d'autres membres.

» **Portfolio :** si vous êtes un photographe ou réalisez des sites Web (webmaster) par exemple, vous pouvez afficher votre travail dans une section spécifique de votre site, appelée Portfolio.

» **Contacts :** vous pouvez proposer sur votre site Web une page avec un formulaire de contact que les visiteurs peuvent remplir pour vous contacter.

» **Pages statiques :** ce peut être une FAQ (foire aux questions) ou une page Services qui décrit l'activité d'une entreprise. Ces pages ne changent pas aussi souvent qu'un article de blog. Les articles sont modifiés chaque fois que vous publiez un nouveau *post*, tandis que les pages statiques ont un contenu qui change plus rarement.

Exemples de blogs et de sites Web

» J'inclus quelques exemples dans cette section pour illustrer la différence entre un blog et un site Web. La Figure 2.3 montre à quoi ressemblait la page d'accueil de mon blog professionnel (https://webdevstudios.com/blog) au moment de la rédaction de ce livre. Visitez ce site et vous remarquerez que ce dernier affiche une liste chronologique des articles les plus récents.

Figure 2.3 Mon blog professionnel utilise WordPress comme outil de blog.

» Mon site Web professionnel (https://webdevstudios.com) utilise également WordPress pour alimenter l'ensemble du site, pas seulement le blog. Ce site complet comprend une première page d'information statique qui agit comme un portail vers le reste du site, sur lequel vous trouvez un blog, un portfolio, un formulaire de contact et diverses pages, y compris des pages qui fournissent des informations sur les différents services que nous proposons (https://webdevstudios.com/services). Consultez la Figure 2.4 pour un aperçu de ce site Web qui est assez différent de la section blog du site.

Figure 2.4
Mon site Web professionnel utilise WordPress en tant que CMS.

L'utilisation de WordPress en tant que CMS signifie que vous l'utilisez pour créer non seulement un blog, mais également un site Web complet rempli de sections et de fonctionnalités offrant une expérience différente à vos visiteurs.

Se lancer dans la publication

Avant de vous lancer dans l'aventure de la publication d'un site Web, prenez le temps de considérer le plan de ce dernier. Un conseil : organisez un plan d'attaque avant de commencer. Quel type d'informations souhaitez-vous publier ? Comment allez-vous les présenter et les structurer ? Quels types de services et d'interaction envisagez-vous de proposer aux internautes ?

Posez ces questions à haute voix : « De quoi vais-je parler ? » et « Vais-je associer un blog à mon site Web ? ». Allez-y, posez-vous ces questions. Avez-vous les réponses ? Vous les avez peut-être ou peut-être pas, mais de toute façon, tout va bien. Il n'y a pas de règles claires à suivre absolument. Avoir une idée de ce que vous allez écrire dans votre blog rend la planification de votre projet un peu plus facile. Vous souhaitez écrire sur votre vie privée, vous allez alors sans doute penser à partager quelques photos accompagnées de petites légendes. Si vous êtes chef d'entreprise, maintenir un site vous permettra d'informer vos clients sur les services et les nouveautés de votre entreprise.

Avoir une idée du sujet que vous allez traiter vous aide à déterminer comment vous allez fournir cette information. Mon blog de design, par exemple, me permet d'écrire sur des projets de webdesign, des études de cas de clients et des nouveautés relatives au design. Vous n'y verrez pas de photos de mon chat, vous les trouverez sur mon blog personnel ! Je tiens deux blogs distincts et je fais la différence entre vie privée et vie professionnelle, quel que soit le domaine d'activité.

Lorsque vous aurez une idée précise du sujet de votre site, il sera temps de passer à la configuration de votre site WordPress !

Deuxième partie

Configurer WordPress

Dans cette partie...

- » Découvrez tout ce que vous devez savoir sur la version du logiciel WordPress disponible sur https://wordpress.org.
- » Mettez en route votre site en enregistrant un domaine et en louant un hébergement destiné à accueillir WordPress.
- » Installez WordPress sur votre propre serveur et commencez à configurer les paramètres et les options afin de personnaliser le site à votre image.
- » Rédigez votre premier article en exploitant les fonctionnalités avancées de l'éditeur de blocs Gutenberg.

DANS CE CHAPITRE :

- Trouver et acheter un nom de domaine.
- Trouver un hébergeur Web.
- Réviser les bases de SFTP.
- Installer WordPress.

Chapitre 3

Configurer un site WordPress

Avant de commencer à publier un site sous WordPress, vous devez vous poser quelques questions préalables. L'installation de WordPress nécessite bien plus que de télécharger et d'installer le logiciel en tant que tel. Vous devrez mettre en place un domaine (une adresse Web) et choisir un service d'hébergement (l'endroit qui héberge votre site). Même si vous avez téléchargé initialement WordPress sur votre disque dur, le service d'hébergement est l'endroit où vous l'installerez sur Internet.

Obtenir un serveur Web et y installer un logiciel s'avèrent bien plus contraignants que de créer un compte sur la version hébergée WordPress.com. Vous devez tenir compte de plusieurs critères pour concrétiser ce projet, tout comme vous devrez apprendre à connaître de nombreuses technologies avec lesquelles vous ne vous sentez pas nécessairement à l'aise.

Ce chapitre reprend toutes les bases de ces technologies afin que vous réussissiez à installer WordPress sur un serveur Web avec le nom de domaine de votre choix.

Choisir un nom de domaine

Vous avez lu tout le battage médiatique sur WordPress et avez connaissance de toutes les rumeurs à son sujet. Vous avez vu nombre de sites Web *flashy* sur le Web propulsés par WordPress. Mais par où commencer ?

La toute première étape d'installation et de configuration d'un site WordPress consiste à choisir un nom de domaine, puis réserver ce nom auprès d'un bureau d'enregistrement de noms de domaine (aussi appelé *registrar*). Un nom de domaine est l'adresse Web *unique* (URL) que vous entrez dans la barre d'adresse de votre navigateur pour visiter un site Web. *WordPress.org* ou *Google.com* sont des exemples de noms de domaine.

N'OUBLIEZ PAS

J'ai mis en italique le mot « unique », car il ne peut pas y avoir deux noms de domaine identiques. Si une personne a déjà enregistré le nom de domaine que vous voulez, vous ne pourrez pas l'utiliser. C'est pourquoi le choix d'un nom de domaine peut prendre un peu plus de temps que prévu, car vous devrez vérifier que le nom auquel vous pensez est disponible.

Comprendre les extensions d'un nom de domaine

Lorsque vous enregistrez un nom de domaine, portez une attention particulière à son extension. Les extensions comme *.com*, *.net*, *.org*, *.info* ou *.biz* que l'on trouve à la fin d'un nom de domaine sont des extensions dites *de premier niveau*. Réfléchissez bien à l'extension que vous souhaitez accoler à votre nom de domaine au moment de son enregistrement.

Dans un nom de domaine (par exemple, **www.afnic.fr**), l'extension, ou *top-level domain*, est la partie la plus à droite de l'adresse, soit « .fr » dans cet exemple.

NOTE TECHNIQUE

Une précision s'impose ici : ce n'est pas parce que vous avez enregistré votre nom de domaine en *.com* que son nom sera disponible en *.net*. Si vous avez enregistré le nom de domaine *monchienadespuces.com* et qu'il devienne le site incontournable pour tous les propriétaires de chiens qui ont des puces, une personne peut très bien enregistrer *monchienadespuces.net* et faire un site quasi identique au vôtre dans l'espoir de bénéficier de votre trafic et de votre popularité.

Vous pouvez enregistrer un nom de domaine avec toutes les extensions disponibles pour éviter ce type de problème. Néanmoins, cela semble peu réaliste, car il existe aujourd'hui beaucoup trop d'extensions disponibles (*.asia, .mobi, .travel, .job, .bzh, etc.*). *A minima*, il est recommandé de déposer le nom de domaine choisi dans l'extension nationale du pays visé (un nom de domaine en *.fr* pour la France) et en *.com* (extension générique).

Noms de domaine : êtes-vous propriétaire ou locataire ?

En réalité, lorsque vous « achetez » un nom de domaine, vous n'en êtes pas vraiment propriétaire. En fait, vous achetez le droit d'utiliser ce nom de domaine pour une période donnée. Vous pouvez enregistrer un nom de domaine pour un an ou dix ans.

Mais attention, si vous ne renouvelez pas un nom de domaine qui arrive à expiration, vous le perdez et prenez le risque qu'il soit récupéré par des personnes qui espèrent en tirer profit en vous le revendant plus cher, ou qui espèrent jouir de la popularité du nom de domaine que vous avez oublié de renouveler.

Le coût d'un nom de domaine

L'enregistrement d'un nom de domaine varie entre 3 et 30 euros HT par an, tout dépend des options que vous avez choisies (type d'extension, les options de confidentialité, les services de soumission aux moteurs de recherche, *etc.*)

NOTE TECHNIQUE

Au moment de l'achat, vous payez l'enregistrement de votre nom de domaine, mais vous devrez repayer dans un, deux ou cinq ans au moment de la date d'expiration du domaine (voir l'encadré « Noms de domaine : êtes-vous propriétaire ou locataire ? »). La plupart des *registrars* (bureaux d'enregistrement des noms de domaine) vous proposent un service de renouvellement automatique. Ce service renouvelle automatiquement votre nom de domaine et débite votre carte bancaire du montant du renouvellement. Ils vous envoient quelque temps auparavant un e-mail pour vous rappeler que la date de renouvellement du contrat approche. Si vous n'avez pas opté pour cette tacite reconduction, vous devrez penser à renouveler votre nom de domaine par vous-même.

Enregistrer un nom de domaine

Les *registrars* sont des bureaux d'enregistrement auprès desquels enregistrer votre nom de domaine. Les *registrars* sont certifiés et approuvés par l'*Internet Corporation for Assigned Names and Numbers* (ICANN), organisme qui coordonne les noms de domaine à l'échelle internationale.

Pour déposer un nom de domaine, il faut donc passer par un de ces bureaux. Des centaines de bureaux d'enregistrement de domaines existent aujourd'hui ; ceux de la liste suivante sont populaires en raison de leur longévité dans l'industrie, de leurs prix compétitifs et de la variété des services qu'ils offrent en plus des noms de domaine :

» OVHcloud : https://www.ovhcloud.com/fr/

» Amen.fr : https://www.amen.fr/

» Gandi : https://www.gandi.net/fr

» LWS : https://www.lws.fr/

Quel que soit le bureau d'enregistrement que vous aurez choisi, suivez les étapes ci-après pour déposer un nom de domaine :

1. **Choisissez un nom de domaine.**

   Prenez le temps de la réflexion. Bon nombre de personnes considèrent le nom de domaine comme une marque, celle du site Web. Songez à tous les noms possibles avant d'arrêter votre choix.

2. **Vérifiez la disponibilité du nom de domaine.**

   Depuis votre navigateur Web, saisissez l'URL du bureau d'enregistrement que vous avez choisi (par exemple, https://www.ovhcloud.com/fr/domains/). Recherchez la section du site qui vous permet d'entrer le nom de domaine pour vérifier sa disponibilité. Si le nom de domaine n'est pas disponible en *.com*, essayez *.fr* ou *.net*.

3. **Achetez le nom de domaine.**

   Suivez les instructions du bureau d'enregistrement pour acheter votre nom de domaine. Une fois la procédure terminée, vous recevrez un message électronique de confirmation de votre achat. Vérifiez que vous avez saisi correctement votre adresse électronique lors de la procédure d'enregistrement.

NOTE TECHNIQUE

La plupart des *registrars* proposent d'acquérir, en même temps que le nom de domaine, l'hébergement associé. C'est sur cet hébergement que vous installez WordPress (voir section suivante). Vous n'êtes pas tenu d'associer à votre nom de domaine un hébergement Web, vous pourriez décider de le prendre ailleurs. Toutefois, il est généralement beaucoup plus simple de choisir nom de domaine et hébergement en même temps.

Choisir un hébergeur

Nous l'avons vu précédemment, après avoir enregistré votre domaine, vous devez trouver un hébergement, c'est-à-dire un « endroit » sur Internet où placer les fichiers WordPress. L'hébergement est la deuxième pièce du puzzle dont vous avez besoin avant de commencer à travailler avec WordPress.

On peut définir un hébergeur comme étant une société spécialisée dans l'hébergement de sites Web sur ses serveurs. En général, les services d'hébergement font payer un abonnement, mensuel ou annuel, à moins que vous ayez la chance de connaître une personne qui vous rende ce service à titre gracieux. Le tarif varie d'un hébergement à l'autre, comptez approximativement 50 euros par an pour un service d'hébergement Web mutualisé de qualité.

Les services d'hébergement Web considèrent WordPress comme une *application tierce*. Autrement dit, l'hébergeur ne fournit pas de support à l'utilisation de WordPress (ou toute autre application logicielle), et la prise en charge n'est pas incluse dans le package de l'hébergeur.

Pour savoir si l'hébergeur retenu supporte WordPress, demandez-lui au préalable. En tant qu'utilisateur WordPress, vous pouvez trouver un support WordPress sur **https://fr.wordpress.org/support/**

NOTE TECHNIQUE

De plus en plus d'hébergeurs, tels que OVH ou Amen.fr par exemple, proposent un module qui vous permet d'installer WordPress en un clic de souris ! L'installation de WordPress ne nécessite, de fait, aucune connaissance technique particulière ! Pour des raisons évidentes de simplicité, je vous invite à installer WordPress de cette façon (voir section suivante).

Les hébergeurs fournissent en général les services suivants :

- **de l'espace disque pour y stocker votre site WordPress ;**
- **de la bande passante ;**
- **des adresses e-mail associées à votre nom de domaine ;**
- **un accès FTP/SFTP (Secure File Transfer Protocol) pour transférer vos fichiers sur votre hébergement Web ;**
- **des statistiques d'accès à votre site ;**

- des bases de données MySQL ;
- PHP.

Étant donné que vous projetez d'installer WordPress sur votre hébergement Web, vous devez vous assurer que votre hébergeur propose *a minima* les prérequis suivants :

- PHP en version 8.3 (ou ultérieure) ;
- MySQL version 8.0 (ou supérieure) ou MariaDB version 10.6 (ou supérieure).
- prise en charge du HTTPS (HTTP sécurisé).

N'OUBLIEZ PAS

La meilleure façon de trouver les réponses à vos questions sur un service d'hébergement Web reste de consulter la FAQ (foire aux questions) du site Web de l'hébergeur, s'il en a une. Sinon, envoyez un mail depuis la page contact de leur site Web ou utilisez le chat en direct et demandez-leur des informations sur ce que l'hébergeur prend exactement en charge.

Installer WordPress en un clic

La popularité de WordPress a donné naissance à des services d'hébergement adaptés au logiciel. Nombre de ces hébergeurs offrent une gamme complète de fonctionnalités et de services autour de WordPress, comme une installation automatique de la toute dernière version de WordPress associée à un nom de domaine, un espace disque, des adresses mail, une base de données MySQL et un trafic mensuel souvent illimité.

Si vous débutez avec WordPress et que ces questions d'hébergement et de nom de domaine vous dépassent, je vous conseille vivement de recourir à ce type de services qui vous simplifieront grandement l'existence.

Voici une liste non exhaustive de ces hébergeurs :

- OVH : https://www.ovhcloud.com/fr/
- Ionos : https://www.ionos.fr/
- WPServeur : https://www.wpserveur.net/
- Amen : https://www.amen.fr/

» 1 Hébergement : https://www.1hebergement.com/

Je vous invite à parcourir les différentes formules d'hébergement WordPress proposées par OVH. (https://www.ovhcloud.com/fr/web-hosting/uc-wordpress-website/). OVH vous garantit d'héberger votre site WordPress sur une plateforme optimisée, vous n'avez plus à vous préoccuper d'installations et de mises à jour techniques pour créer votre site WordPress.

ASTUCE

Certains hébergeurs proposent l'enregistrement de noms de domaine gratuitement si vous souscrivez à leur service d'hébergement. Si vous vous abonnez à leurs services, lisez bien les conditions d'utilisation, car ce type d'offre est généralement soumis à certaines conditions. Bon nombre de mes clients ont choisi cette solution, mais ils s'en sont mordu les doigts lorsqu'ils ont essayé de changer d'hébergeur au bout de quelques mois. Le service d'hébergement Web avait les pleins pouvoirs sur leur nom de domaine et il leur était quasiment impossible de changer le serveur de leur nom de domaine pendant une certaine période (un ou deux ans), voire pour toujours. Il vaut mieux avoir le contrôle de son hébergement au lieu de le déléguer à un tiers. C'est pourquoi je vous conseille vivement d'enregistrer votre nom de domaine dans l'un des bureaux d'enregistrement que nous avons cités précédemment.

Espace disque et bande passante

Les services d'hébergement fournissent deux services importants :

» **L'espace disque :** désigne la quantité d'espace dont vous disposez, généralement, mesurée en mégaoctets (Mo) ou en gigaoctets (Go).

» **La bande passante :** la quantité maximale de données qui peuvent être transférées depuis votre site. En règle générale, le trafic est mesuré en gigaoctets.

Considérez un hébergeur comme un parking que vous payez pour garer votre voiture. Le parking vous donne une place pour garer (stocker) votre voiture (l'espace disque). Il met à votre disposition la voie qui mène au garage (la bande passante) pour entrer ou sortir votre voiture du garage. Mais il ne réparera pas la stéréo de votre autoradio (WordPress ou toute autre application logicielle tierce) que vous avez installée, à moins que vous ne lui payiez un extra.

Gérer l'espace disque

L'*espace disque* est équivalent au disque dur de votre ordinateur. Chaque ordinateur a une capacité (ou un espace) de stockage d'une certaine quantité de fichiers. Un disque dur de 500 Go (gigaoctets) peut contenir 500 Go de données (pas plus). Il en va de même pour le service d'hébergement Web qui vous fournit une quantité limitée d'espace disque. Si votre service d'hébergement Web vous fournit 100 Go, vous serez autorisé à stocker un certain nombre de fichiers. Vous devrez donc être attentif à la taille de vos fichiers. Si vous souhaitez disposer de davantage d'espace disque, vous devrez mettre à niveau votre espace disque. La plupart des hébergeurs Web proposent des options pour augmenter ce dernier.

La création d'un site WordPress consomme assez peu d'espace disque. Un espace disque de 10 à 20 Go est tout à fait satisfaisant pour commencer. Si vous constatez au fil du temps que vous avez besoin de plus d'espace disque, contactez votre hébergeur.

NOTE TECHNIQUE

Plus votre site Web est gros, plus vous aurez besoin d'espace. En outre, plus vous aurez de visiteurs, plus vous aurez besoin d'une bande passante suffisante (voir section suivante).

Dimensionner la bande passante

La *bande passante* correspond à la capacité totale d'une ligne à transporter des données informatiques. À titre d'exemple, la bande passante est une autoroute sur laquelle les voitures représentent les données. Plus la route est large, plus les voitures peuvent passer plus vite ou en plus grand nombre. Plus il y a de voitures qui passent, plus ça ralentit.

Le même concept s'applique à la bande passante de votre hébergeur. Chaque fournisseur d'hébergement Web offre une variété de bandes passantes. Lorsque j'accède à votre site depuis la fenêtre de mon navigateur, la bande passante est essentiellement le « tuyau » qui permet à vos données de passer de votre hébergeur à mon ordinateur et d'apparaître sur mon écran. La limite de bande passante est un peu comme une canalisation reliée à un robinet : elle ne peut contenir qu'une certaine quantité d'eau et ne peut dépasser un certain débit qui dépend de la taille des canalisations.

Chaque hébergeur limite la bande passante qui vous est accordée. Une bande passante limitée à 50 Go permettra de faire passer deux fois moins d'informations qu'une bande passante à 100 Go.

Les hébergeurs sont assez généreux en bande passante, elle est d'ailleurs souvent illimitée. Tout comme l'espace disque, la bande passante est mesurée en gigaoctets (Go). Une bande passante de 10 à 50 Go est généralement une quantité suffisante pour un site WordPress.

NOTE TECHNIQUE

Les sites Web qui exécutent de lourds fichiers – audio, vidéo, photo – doivent bénéficier d'un espace disque plus grand que ceux qui n'ont pas de gros fichiers. Tenez-en compte lorsque vous souscrirez à un abonnement auprès d'un hébergeur Web. Vous vous épargnerez ainsi d'importants problèmes.

ASTUCE

Méfiez-vous des hébergeurs qui offrent des services tels que de la bande passante illimitée, des domaines et beaucoup d'espace disque. Ces offres sont alléchantes, mais ce que ces fournisseurs ne vous disent pas (lisez bien les petites lignes de votre contrat d'hébergement), c'est qu'ils limitent l'utilisation du processeur (CPU) de votre site.

Le CPU (qui signifie « unité centrale de traitement » en français) est la partie d'un ordinateur (ou serveur Web dans ce cas) qui gère toutes les demandes de traitement des données envoyées à votre serveur Web chaque fois que quelqu'un visite votre site. Même si vous disposez d'une bande passante illimitée, en cas de forte augmentation du trafic sur votre site, l'augmentation de l'utilisation du processeur constituera un goulot d'étranglement.

Qu'est-ce que je veux dire par goulot d'étranglement ? Cela se traduira par des forts ralentissements ou des coupures de votre site de quelques minutes à une heure. L'hébergeur fait cela pour tuer toutes les connexions à votre serveur Web qui causent le pic d'utilisation du processeur.

N'OUBLIEZ PAS

Lorsque vous recherchez un fournisseur d'hébergement Web, renseignez-vous sur leur politique en matière d'utilisation du processeur et sur ce qu'ils font en cas de pics d'utilisation. Il est préférable de savoir à l'avance ce qu'il risque de se passer sur votre site dans de tels cas.

Comprendre les concepts de FTP/SFTP

Cette section vous présente les bases de FTP/SFTP (*Secure File Transfer Protocol*). SFTP correspond à FTP en mode sécurisé. SFTP fournit une couche de sécurité supplémentaire car il utilise SSH (*Secure Shell*) et chiffre les informations sensibles, les données et les mots de passe qui sont habituellement transférés en clair. Le cryptage des données garantit que quiconque surveille le réseau ne soit pas en mesure d'intercepter les données et, par conséquent, ne puisse obtenir certaines informations, telles que les mots de passe et les noms d'utilisateur, qui doivent être sécurisées.

SFTP est une méthode qui permet de déplacer des fichiers d'un emplacement à un autre :

» **Upload :** opération qui consiste à transférer les fichiers de votre ordinateur vers votre hébergeur Web.

» **Download :** opération inverse, qui consiste à transférer les fichiers de votre hébergeur Web vers votre ordinateur.

SFTP permet également d'effectuer différentes opérations sur les fichiers :

» **Visualiser les fichiers :** après vous être connecté *via* SFTP, vous pourrez voir tous les fichiers de votre serveur.

» **Voir la date de modification :** vous pouvez voir la date de la dernière modification d'un fichier, ce qui peut être utile pour résoudre d'éventuels problèmes.

» **Voir la taille des fichiers :** vous pouvez voir la taille de chaque fichier sur votre serveur Web, ce qui est utile si vous devez gérer l'espace disque de votre compte.

» **Modifier des fichiers :** presque tous les clients SFTP vous permettent d'ouvrir et de modifier des fichiers à travers l'interface graphique, ce qui est très pratique.

» **Changer les permissions :** communément appelée CHMOD, cette commande modifie le type d'autorisations de lecture/écriture/exécution à appliquer sur les fichiers de votre serveur Web.

N'OUBLIEZ PAS

Je recommande fortement l'utilisation de SFTP en lieu et place de FTP, car il s'agit d'une connexion sécurisée. Si votre fournisseur d'hébergement Web ne fournit pas de connexions SFTP, envisagez fortement d'en changer. Presque tous les fournisseurs d'hébergement de nos jours fournissent SFTP comme le protocole standard pour le transfert de fichiers.

Transférer des fichiers avec SFTP

Pour transférer des fichiers avec SFTP, vous devez disposer d'un programme appelé un *client FTP* ou *client SFTP*. Quel que soit le nom que vous utiliserez, un client SFTP est un logiciel qui permet de se connecter à un serveur Web pour afficher, ouvrir, modifier et transférer des fichiers vers et depuis le serveur. Voici une liste de quelques clients SFTP, disponibles gratuitement sur Internet :

» FileZilla (PC ou Mac) : **https://filezilla-project.org/**

» SmartFTP (PC) : **https://www.smartftp.com/fr-fr/download**

» Cyberduck (Mac) : **https://cyberduck.io/**

Pour les besoins de ce chapitre, j'utilise le client SFTP FileZilla (**https://filezilla-project.org/**) car il est très facile à utiliser et gratuit de surcroît (ou plutôt *open source* devrais-je dire !).

La Figure 3.1 représente un client SFTP non connecté à un compte d'hébergement Web. Le répertoire de gauche correspond à la liste des fichiers de l'ordinateur ; le répertoire de droite correspond à la liste des fichiers du serveur Web, vide en l'occurrence, car le client SFTP n'est pas connecté à votre hébergement.

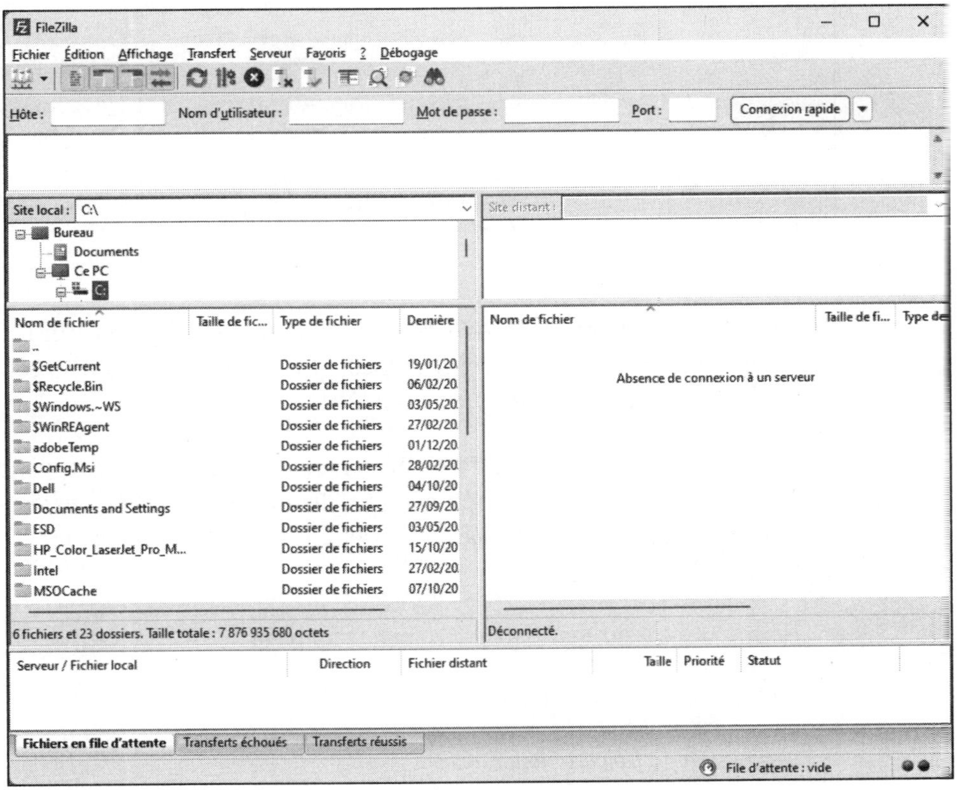

Figure 3.1 L'utilisation d'un client FTP non connecté.

La Figure 3.2 représente un client SFTP connecté à un compte d'hébergement Web. Cette fois-ci, la fenêtre de droite contient la liste des fichiers du serveur Web.

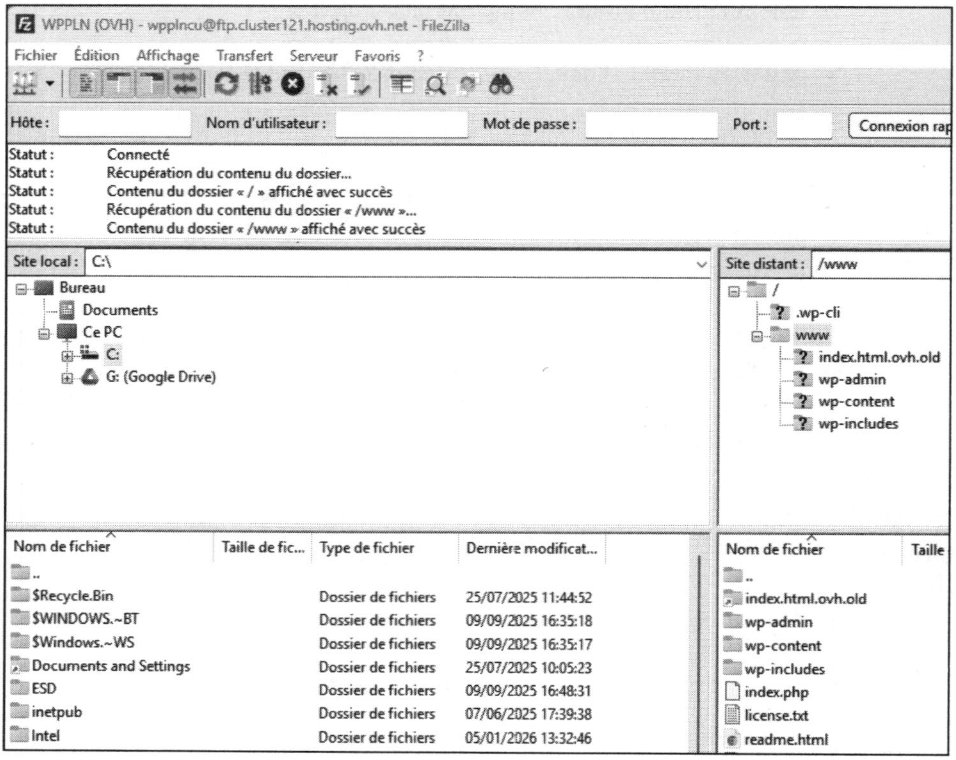

Figure 3.2 L'utilisation d'un client FTP connecté au serveur Web.

ASTUCE

Si vous utilisez un autre client SFTP que FileZilla, les étapes et l'interface utilisateur du logiciel seront différentes, vous aurez alors besoin d'adapter la procédure ci-dessus au logiciel retenu.

La connexion à un serveur SFTP est un processus assez simple. Il vous suffit de récupérer les paramètres de connexion SFTP qui vous ont été envoyés *via* e-mail par votre hébergeur. Vous devriez disposer des informations suivantes, à adapter selon votre hébergeur :

» **Nom d'utilisateur :** *utilisateur@votredomaine.com*

» **Mot de passe :** *votre_mot_de_passe*

» **Serveur FTP :** *ftp.votredomaine.com*

» Port du serveur SFTP : 22

» Quota : illimité

Pour vous connecter à votre serveur Web *via* le client SFTP FileZilla, procédez comme suit :

1. Ouvrez le client SFTP sur votre ordinateur.

   Localisez le programme sur votre ordinateur et cliquez dessus (ou double-cliquez !).

2. Cliquez sur le menu Fichier puis sur Gestionnaire de site.

   L'utilitaire Gestionnaire de site s'affiche à l'écran (voir Figure 3.3).

3. Cliquez sur le bouton Nouveau site.

   Tapez un nom qui vous aide à identifier le site. Vous pouvez inscrire ce que vous voulez, car il ne fait pas partie des données de connexion (dans l'exemple de la Figure 3.3, le nom du site est *WPPLN (OVH)*).

4. Entrez le nom du serveur FTP dans le champ Hôte.

   L'hôte correspond au nom du serveur FTP qui vous a été fourni par votre hébergeur Web. Dans l'exemple, le serveur FTP est *ftp.cluster121.hosting.ovh.net*.

5. Entrez le port FTP dans le champ Port.

   Dans la plupart des environnements, FTP utilise le port 22. Vous pouvez donc laisser ce champ vide, sauf si votre hébergeur a spécifié un port différent.

6. Sélectionnez le type de serveur.

   FileZilla vous demande de sélectionner un type de serveur (comme la plupart des clients SFTP). Sélectionnez *FTP – Protocole de transfert de données* ou *SFTP-SSH file Transfer protocole* selon le cas (voir Figure 3.3).

7. Sélectionnez le type d'ouverture de session.

   FileZilla vous offre plusieurs types d'ouverture de session. Choisissez *Normale* dans la liste déroulante.

8. Entrez votre nom d'utilisateur dans le champ Utilisateur.

   C'est le nom d'utilisateur qui vous est donné dans les paramètres SFTP. Dans cet exemple, le nom d'utilisateur est *wpplncu*.

9. Tapez votre mot de passe dans le champ Mot de passe.

   C'est le mot de passe FTP ou SFTP qui vous a été communiqué.

10. Cliquez sur le bouton Connexion.

   Cette étape permet de connecter votre ordinateur à votre serveur Web. Les dossiers et les fichiers de votre ordinateur local s'affichent dans la partie gauche de la fenêtre du client SFTP FileZilla et les dossiers et fichiers de votre serveur Web s'affichent dans la partie droite, comme illustré à la Figure 3.2.

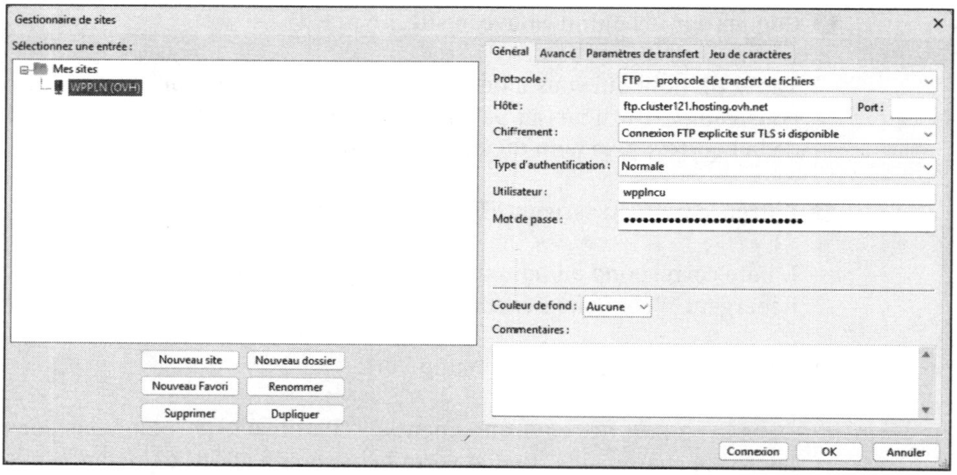

Figure 3.3 Configuration d'un client FTP.

Transférer les fichiers d'un point A à un point B

Maintenant que votre ordinateur est connecté à votre serveur Web, le transfert de fichiers entre les deux est on ne peut plus facile ! Dans le client SFTP, vous pouvez parcourir les répertoires et dossiers de votre ordinateur local sur le côté gauche et parcourir les répertoires et dossiers de votre serveur Web sur le côté droit.

Le transfert de fichiers d'un ordinateur à un serveur est très facile grâce à la méthode du glisser-déposer. Il existe deux méthodes de transfert :

» **Uploader :** opération qui consiste à transférer les fichiers de votre ordinateur vers votre hébergeur Web. Il suffit de cliquer sur le nom d'un fichier listé sur l'ordinateur, puis de le glisser vers le répertoire du serveur Web en maintenant le bouton de la souris enfoncé et, enfin, de relâcher le bouton de la souris.

» **Downloader :** opération inverse, qui consiste à transférer les fichiers de votre hébergeur Web vers votre ordinateur. Sélectionnez le ou les fichiers du serveur et glissez-les vers votre ordinateur.

N'OUBLIEZ PAS

Le téléchargement des fichiers de votre serveur Web vers votre ordinateur est une façon simple et efficace de sauvegarder les fichiers de votre site WordPress. C'est toujours une bonne idée de conserver vos fichiers en sécurité, en particulier les fichiers de thèmes et d'extensions, qui sont traités dans la quatrième partie de ce livre.

Éditer les fichiers avec SFTP

Dans certaines situations, vous devrez modifier les fichiers de votre serveur Web Vous pourrez utiliser les méthodes décrites dans la section précédente, c'est-à-dire récupérer un fichier de votre serveur, l'ouvrir sur votre ordinateur, le modifier, l'enregistrer et le replacer sur votre serveur Web.

Une autre façon est de recourir à la fonctionnalité d'édition intégrée qui existe dans la plupart des logiciels clients SFTP, en suivant ces étapes :

1. Connectez le client SFTP à votre serveur Web.

2. Recherchez le fichier que vous souhaitez modifier.

3. Ouvrez le fichier à l'aide de l'éditeur SFTP interne.

   Cliquez avec le bouton droit sur le fichier et choisissez Afficher/Éditer. Rappelez-vous que je travaille avec FileZilla : FileZilla, comme la plupart des clients SFTP, utilise un programme pour éditer les fichiers texte (par exemple, le Bloc-notes Windows, Notepad++ ou TextEdit pour Mac). Dans certains cas, votre client SFTP aura son propre éditeur de texte interne.

4. Modifiez le fichier à votre convenance.

5. Enregistrez les modifications apportées au fichier.

   Cliquez sur l'icône Enregistrer.

6. Téléchargez le fichier sur votre serveur Web.

   Après avoir enregistré le fichier, FileZilla vous avertit que le fichier a changé et vous demande si vous voulez le télécharger sur le serveur. Cliquez sur Oui. Le fichier nouvellement modifié remplace l'ancien.

C'est tout ce qu'il y a à dire ! N'hésitez pas à utiliser la fonction d'édition SFTP pour modifier, enregistrer et télécharger vos fichiers si nécessaire.

ASTUCE

Lorsque vous modifiez des fichiers directement depuis le serveur, comme indiqué précédemment, vous modifiez les fichiers « en direct », ce qui signifie que lorsque vous enregistrez les modifications et téléchargez le fichier, celles-ci prennent effet et affectent votre site Web immédiatement. Pour cette raison, je recommande vivement de télécharger une copie de votre site Web sur votre ordinateur avant d'apporter des modifications. De cette façon, si vous faites une faute de frappe sur le fichier enregistré et que votre site « plante », vous aurez une copie de secours sur votre ordinateur.

ATTENTION

Les programmeurs et développeurs sont généralement des personnes qui utilisent des technologies plus avancées qu'un utilisateur moyen. Généralement, ces personnes n'emploient pas SFTP pour éditer ou transférer des fichiers. Ils utilisent un logiciel de gestion de versions décentralisé appelé Git. Git gère les fichiers de votre serveur Web *via* un système de gestion des versions disposant d'un ensemble complexe de règles de déploiement pour le transfert des fichiers mis à jour depuis/vers votre serveur. La plupart des débutants ne se servent pas d'un tel système à cette fin, mais Git est un service qu'ils peuvent utiliser. Si c'est votre intention, vous trouverez de la documentation sur OpenClassRooms (https://openclassrooms.com/fr/courses/1233741-gerez-vos-codes-source-avec-git).

Modifier les permissions des fichiers

Chaque fichier et dossier d'un serveur Linux dispose d'un ensemble d'attributs, appelés *permissions*, qui indiquent au serveur Web trois choses à propos du dossier ou du fichier en question. De manière très simpliste, ces autorisations portent sur les droits suivants :

» **Lire (*read*) :** ce paramètre détermine si le fichier/dossier est lisible par le serveur Web.

» **Écrire (*write*) :** ce paramètre détermine si le fichier/dossier peut être écrit par le serveur Web.

» **Exécuter (*execute*) : ce paramètre détermine si le fichier/dossier est exécutable par le serveur Web.**

Chaque fichier et chaque dossier possèdent une liste de droits représentés par un code numérique. Il y a beaucoup de combinaisons possibles. Voici les plus courantes, que vous rencontrez lors de l'exécution d'un site WordPress :

» **644 : les fichiers dont les permissions sont définies sur 644 sont lisibles par tous et ne peuvent être écrits que par le propriétaire du fichier/dossier.**

» **755 : les fichiers avec les autorisations définies sur 755 sont lisibles et exécutables par tous, mais ils ne peuvent être écrits que par le propriétaire du fichier/dossier.**

» **777 : les fichiers dont les permissions sont définies sur 777 sont lisibles, écrits et peuvent être exécutés par n'importe qui. Pour des raisons de sécurité, vous ne devez pas utiliser cet ensemble d'autorisations sur votre serveur Web, sauf si cela est absolument nécessaire.**

En règle générale, les dossiers et fichiers de votre serveur Web disposent des autorisations 644 ou 755. Vous verrez donc des fichiers PHP (fichiers qui se terminent par l'extension `.php`) avec les permissions définies sur 644.

N'OUBLIEZ PAS

Il s'agit d'un aperçu très rudimentaire des autorisations sur les fichiers. *A priori*, vous n'aurez pas besoin de vous plonger dans ces notions d'autorisations sur votre serveur Web. Si vous souhaitez toutefois en savoir plus à ce sujet, consultez cet article : **https://fr.wikipedia.org/wiki/Permissions_UNIX**

Certaines situations demandent que vous modifiiez les autorisations sur un fichier particulier de votre serveur Web. C'est le cas généralement lorsque vous utilisez des extensions ou des thèmes qui nécessitent que les fichiers ou dossiers soient accessibles en écriture par le serveur Web. Cette pratique est appelée CHMOD, un sigle pour *Change Mode*. Si quelqu'un dit « Vous devez faire un CHMOD 755 sur ce fichier », vous saurez de quoi il parle.

Voici quelques étapes utiles pour modifier les permissions d'un fichier depuis un client FTP :

1. **Connectez le client FTP à votre serveur Web.**
2. **Recherchez le fichier à modifier.**

❸ Ouvrez les attributs du fichier.

Cliquez avec le bouton droit sur le fichier sur votre serveur Web et choisissez Droits d'accès au fichier (si votre client n'est pas FileZilla, il peut utiliser une terminologie différente). La fenêtre Modification des attributs de fichier s'affiche, comme illustré à la Figure 3.4.

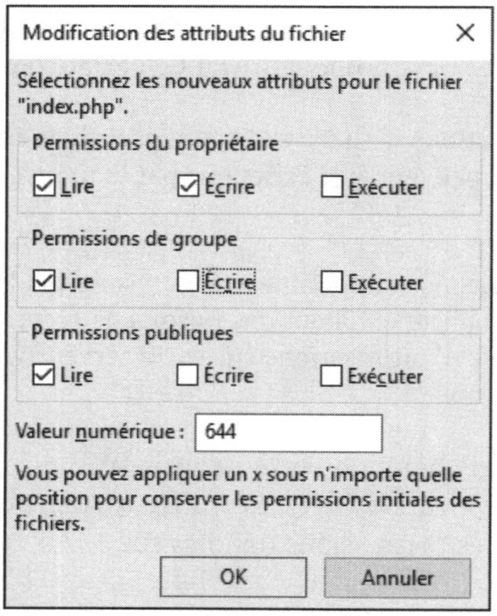

Figure 3.4 Modification des permissions d'un fichier.

❹ **Cochez les permissions requises ou tapez directement la valeur de la permission dans le champ Valeur numérique.**

Il s'agit du numéro attribué aux autorisations que vous souhaitez donner au fichier. Les développeurs d'extensions ou de thèmes vous indiquent le nombre à attribuer au fichier ou au dossier ; généralement, ce sera 644 ou 755 (les autorisations de la Figure 3.4 sont 644).

❺ **Cliquez sur OK pour valider.**

Installer WordPress

Si vous êtes prêt à installer WordPress, vous devriez avoir réalisé les actions suivantes :

» achat d'un nom de domaine ;

» achat d'un service d'hébergement ;

» réception par e-mail de votre compte utilisateur SFTP, du mot de passe et de l'adresse du serveur SFTP ;

» réception par e-mail de votre compte de base de données MySQL et du mot de passe associé (nous y reviendrons plus loin dans ce chapitre) ;

» téléchargement et configuration d'un client FTP tel que FileZilla, pour le transfert des fichiers sur votre hébergement Web.

Si vous avez manqué l'une de ces cinq étapes, relisez bien les précédentes sections et recommencez.

N'OUBLIEZ PAS

Certains hébergeurs Web vous proposent d'installer WordPress « en un clic de souris » (voir ci-après). Vérifiez dès à présent si votre hébergeur ne propose pas ce type de service.

Installer WordPress automatiquement

Le logiciel WordPress est devenu un outil de publication si populaire que presque tous les hébergeurs vous fournissent WordPress de deux façons :

» **WordPress s'installe automatiquement sur votre hébergement après votre inscription et réservation du nom de domaine de votre choix. C'est cette solution que je vous présente un peu plus loin.**

» **Vous disposez déjà d'un hébergement, un utilitaire est accessible depuis un tableau de bord de votre hébergeur vous permettant d'installer WordPress** *a posteriori.*

N'OUBLIEZ PAS

Si votre hébergeur ne vous donne pas accès à un utilitaire d'installation de WordPress, passez à la section « Installer WordPress manuellement », plus loin dans ce chapitre, pour connaître les étapes d'installation de WordPress *via* FTP ou SFTP.

L'un des hébergeurs les plus populaires, OVH pour ne pas le nommer, propose l'installation de WordPress dès la commande : choisissez votre hébergement, réservez votre nom de domaine et l'installation de WordPress sera automatique.

Vous n'utilisez peut-être pas OVH, de fait votre hébergeur peut avoir un mode de fonctionnement légèrement différent, mais le concept est le même. Pour accéder au tableau de bord du compte OVH, procédez comme suit :

❶ Rendez-vous sur le site de OVH.

Dirigez-vous vers https://www.ovhcloud.com/fr/ et cliquez sur le menu Domaine Hébergements E-mail et VoIP dans le menu du haut, puis sélectionnez le sous-menu Hébergements web (voir Figure 3.5).

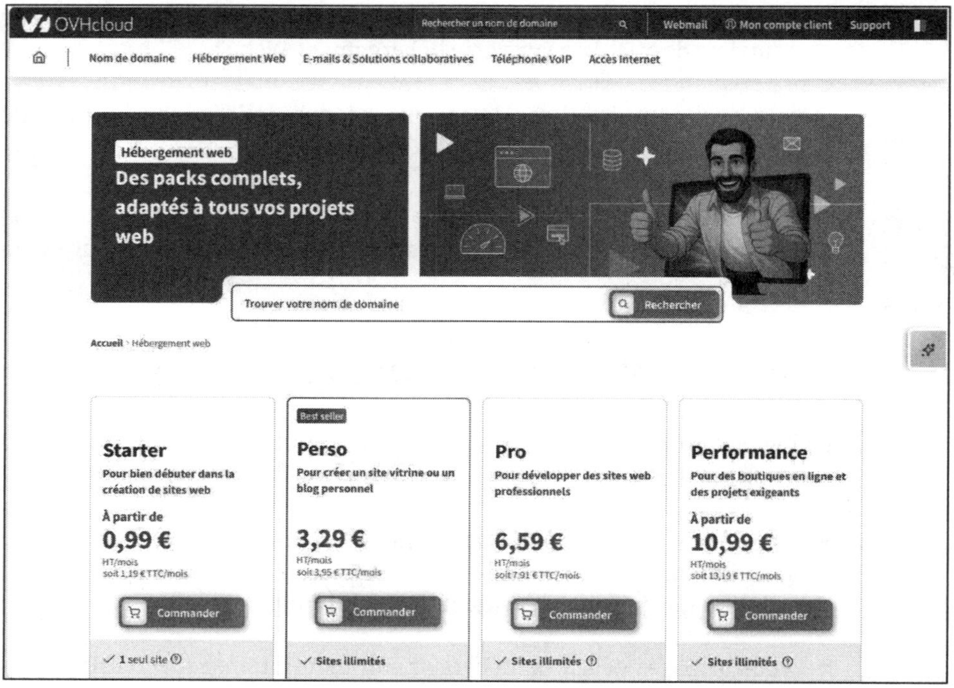

Figure 3.5 Le menu Hébergements web.

❷ Choisissiez l'hébergement qui correspond à vos besoins.

L'hébergement de base, nommé Starter, inclut un nom de domaine offert la première année et 1 Go d'espace disque. Cette formule est généralement suffisante pour un petit site WordPress personnel. Cliquez ensuite sur Commander.

❸ Choisissez le nom de domaine associé à votre hébergement.

Dans le champ de recherche, saisissez le nom de domaine que vous souhaitez acheter. Notez qu'il peut être déjà pris.
Choisissez également l'extension souhaitée : *.com, .fr, .net, etc.* (voir Figure 3.6).

Figure 3.6 Choix du nom de domaine et de l'extension associée.

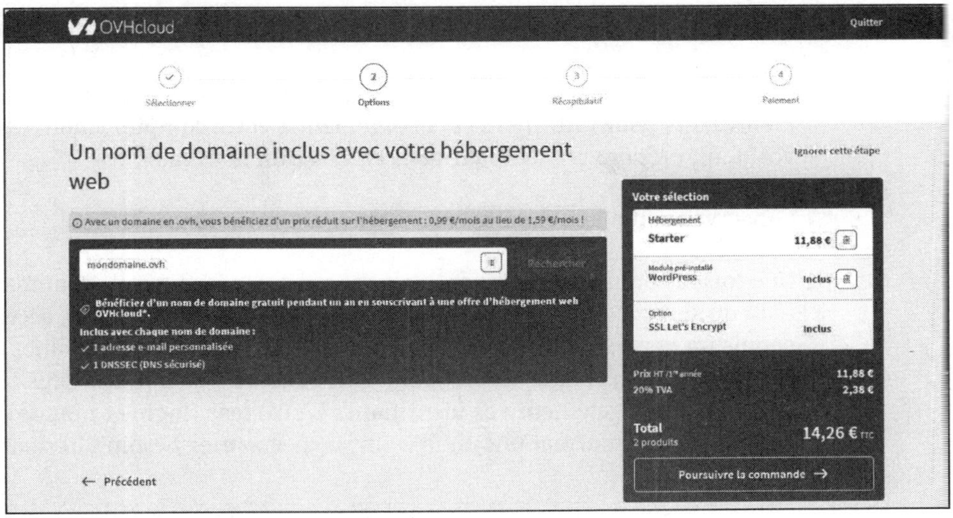

❹ Vérifiez l'option WordPress pré-installé.

Dans la colonne de droite, repérez l'option Module WordPress pré-installé. Laissez-la activée : elle permet d'installer automatiquement WordPress sans manipulation supplémentaire (voir Figure 3.7).

Figure 3.7 L'option WordPress est proposée par défaut.

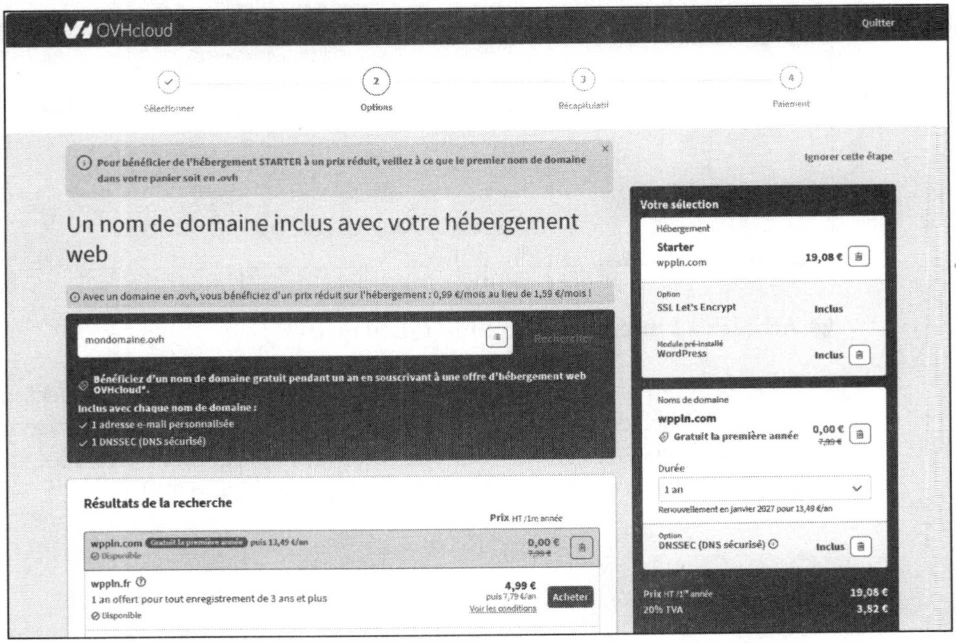

5. Finalisez la commande.

   Si vous disposez déjà d'un compte OVH, vous pouvez alors saisir vos identifiants pour rattacher cet hébergement à votre compte. Sinon, inscrivez vos nom, prénom et mail pour vous en créer un nouveau.

6. Conservez le mail de finalisation de votre commande.

   Une fois la commande achevée, vous recevrez plusieurs mails contenant le nom du serveur FTP, l'identifiant FTP et le mot de passe associé, accessible depuis un lien éphémère (voir Figure 3.8). Notez dès à présent le mot de passe avant qu'il ne devienne obsolète. Quelques dizaines de minutes plus tard, vous recevrez également vos identifiants WordPress (login et mot de passe). Conservez ces informations en lieu sûr, vous en aurez besoin ultérieurement !

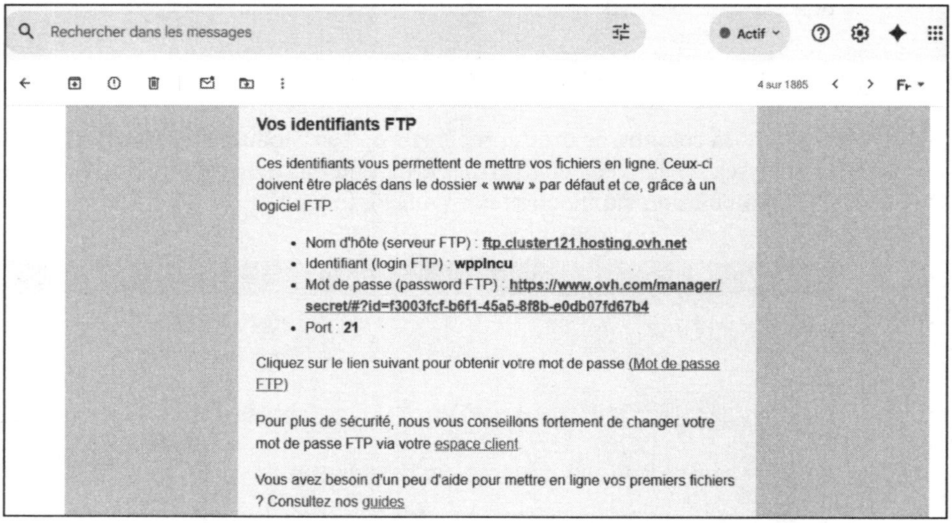

Figure 3.8 Identifiant et mot de passe FTP.

7. Accédez à l'interface d'administration de OVH.

   Si vous avez perdu ou oublié votre mot de passe WordPress, connectez-vous à votre espace client OVH : https://www.ovh.com/manager/. Dans la section Hébergement Web, cliquez sur votre nouvel hébergement. Dans cet exemple, il s'agit de *wpplncu.cluster121.hosting.ovh.net* (voir Figure 3.9).

Figure 3.9

Paramétrage de l'hébergement Web.

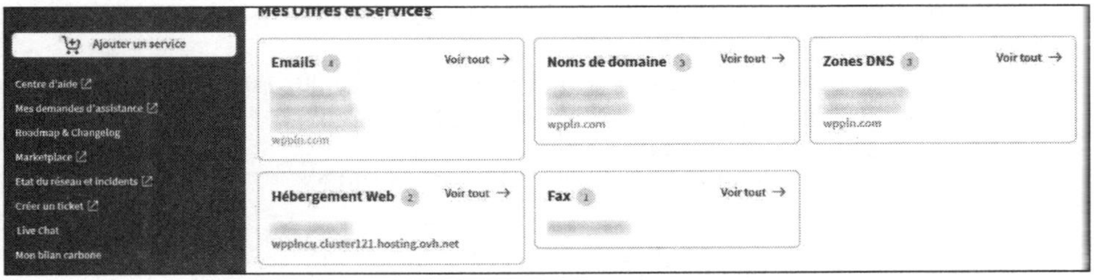

❽ Ouvrez l'onglet Module en 1 clic.

Dans cet onglet, vous trouverez votre **identifiant WordPress**, également appelé *login* (dans cet exemple : *admin4734*). Cliquez ensuite sur le menu à trois points horizontaux pour (voir Figure 3.10) :

- accéder au site WordPress ;
- ouvrir l'interface d'administration PhpmyAdmin ;
- supprimer le module WordPress (dangereux !).

Figure 3.10

Paramétrage de l'hébergement Web.

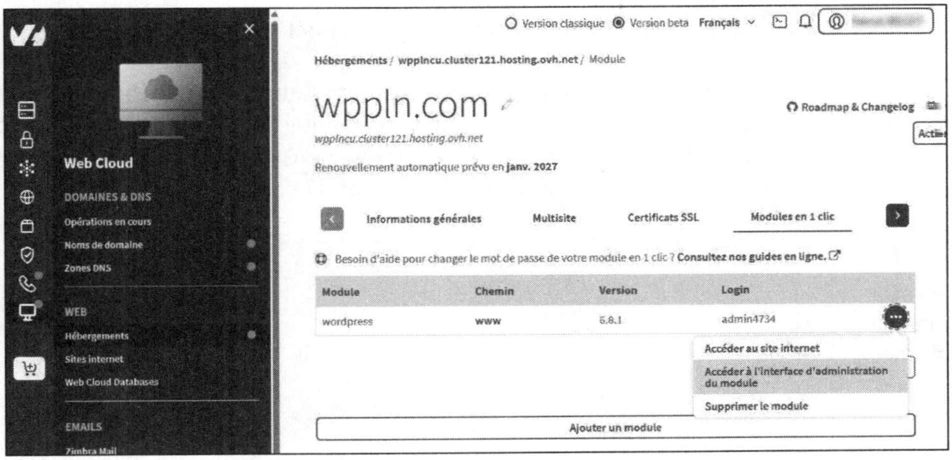

❾ Ouvrez l'interface d'administration de WordPress.

Sélectionnez la deuxième option (*Accéder à l'interface d'administration du module*). Vous pouvez également y accéder directement en saisissant votre nom de domaine suivi de /wp-admin dans votre navigateur (dans cet exemple : https://wppln.com/wp-admin).

⑩ Procédez à un rappel de mot de passe.

Sur la page de connexion WordPress, cliquez sur Lost your password (ou « Mot de passe oublié » en français) (voir Figure 3.11).

Figure 3.11 Fonction de rappel de mot de passe.

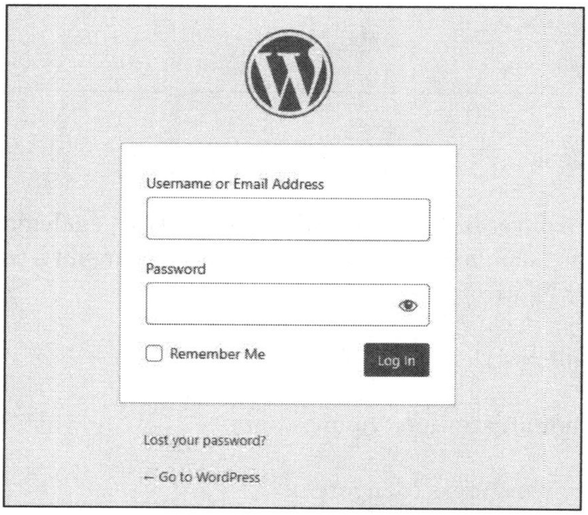

⑪ Saisissez votre login ou votre mail personnel.

Saisissez l'adresse mail utilisée pour commander votre hébergement ou saisissez le login WordPress qui était indiqué précédemment (dans cet exemple, il s'agissait de *admin4734*). Vous recevrez ensuite un mail vous permettant d'initialiser ou de réinitialiser votre mot de passe WordPress.

Figure 3.12 Indiquez votre adresse mail ou login WordPress.

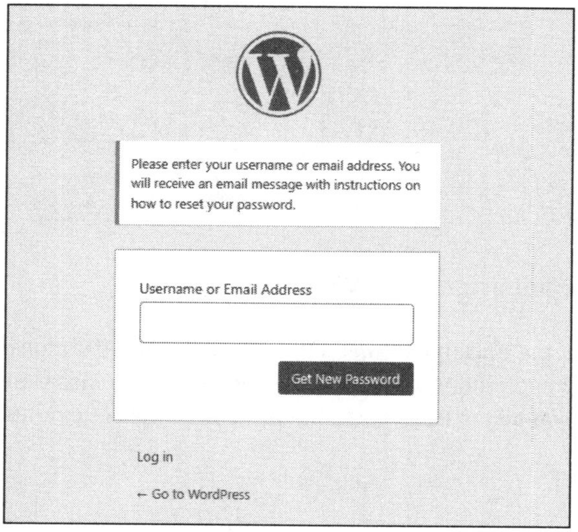

ASTUCE

Dirigez-vous vers le support en ligne de OVH pour en savoir davantage sur l'installation de WordPress en un clic : **https://docs.ovh.com/fr/hosting/modules-en-1-clic/**

Installer WordPress manuellement

Si votre hébergeur ne propose pas de module d'installation automatique de WordPress, ce n'est pas un problème. Vous pouvez parfaitement procéder à une installation manuelle, et cela ne vous prendra pas plus de cinq minutes. Lancez un chronomètre et voyez si vous parvenez à relever ce défi !

N'OUBLIEZ PAS

Ces fameuses cinq minutes d'installation ne concernent évidemment que l'installation du logiciel WordPress ! Elles ne comprennent pas l'enregistrement du nom de domaine, l'achat et la configuration d'un compte sur un service d'hébergement Web, ni le temps de téléchargement, d'installation et d'utilisation d'un client FTP !

Sans plus attendre, téléchargez la dernière version de WordPress à cette adresse : **https://fr.wordpress.org/download/**

Téléchargez le fichier sur votre ordinateur, décompressez-le (ou dézippez-le) dans un dossier de votre disque dur. Ces étapes constituent la première partie de l'installation de WordPress. Vous devez ensuite transférer le logiciel sur votre serveur Web (celui que vous avez obtenu dans la section « Choisir un hébergeur »). Mais avant d'installer WordPress sur votre serveur Web, vous allez vérifier que vous avez bien une base de données MySQL configurée pour permettre l'installation de WordPress. La partie suivante vous en dit plus sur MySQL.

Accéder à la base de données MySQL

Le logiciel WordPress est un système de publication qui utilise une plateforme PHP et MySQL. Cette dernière vous fournit tout ce dont vous avez besoin pour créer un site et publier un contenu dynamique, sans avoir à connaître une once de programmation. En résumé, tout le contenu (options, articles, commentaires et autres données pertinentes) est stocké dans la base de données MySQL sur le compte du serveur Web.

Chaque fois que les visiteurs accèdent à votre site pour lire du contenu, ils font une requête qui est envoyée à votre serveur Web. Le langage de programmation reçoit cette requête, récupère l'information demandée dans la base de données MySQL et la présente à vos visiteurs dans leur navigateur Web.

Chaque hébergeur Web a sa propre interface d'accès à la configuration et à la gestion de la base de données MySQL. Une interface d'administration très prisée actuellement est PhpMyAdmin. Si votre hébergeur propose une autre interface d'administration, sachez que les principales étapes restent les mêmes, seule l'interface est différente.

Pour accéder à la base de données MySQL de votre site WordPress, effectuez les étapes suivantes :

1 Connectez-vous à l'interface d'administration de votre hébergeur.

Concernant OVH (https://www.ovh.com/manager/), il faut cliquer sur le menu Web Cloud, puis Hébergements et, enfin, cliquer sur votre nom de domaine, *wpplncu.cluster121.hosting.ovh.net* dans cet exemple. Ouvrez l'onglet Bases de données (voir Figure 3.13).

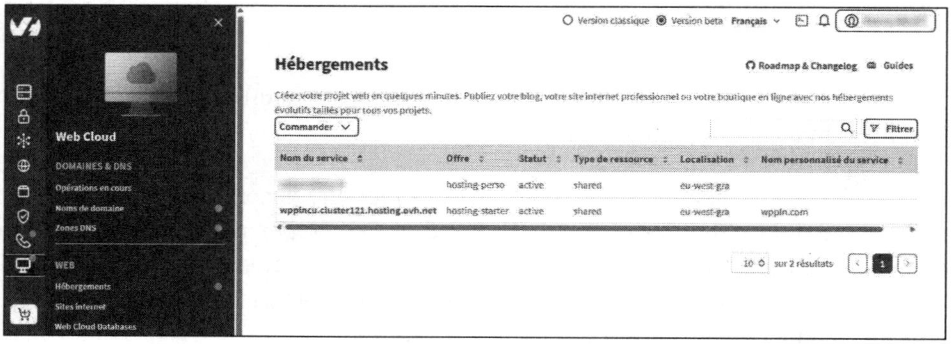

Figure 3.13
Accès à l'interface d'administration de OVH.

2 Ouvrez l'interface d'administration de phpMyAdmin.

Cliquez sur le menu en forme de pointillés (tout à droite) pour ouvrir un sous-menu spécifique. Vous verrez alors apparaître le nom d'utilisateur de la base de données (dans cet exemple, *wpplncu854*), le nom de la base de données (*wpplncu584*) et l'adresse du serveur de la base de données (*wpplncu584.mysql.db*).

Le menu Changer le mot de passe vous permettra de définir un mot de passe de votre choix pour la base de données au cas où vous ne le connaîtriez pas ou que vous l'auriez perdu. Si nécessaire, vous pourrez alors vous connecter à la base de données *via* le menu Accéder à phpMyAdmin (voir Figure 3.14).

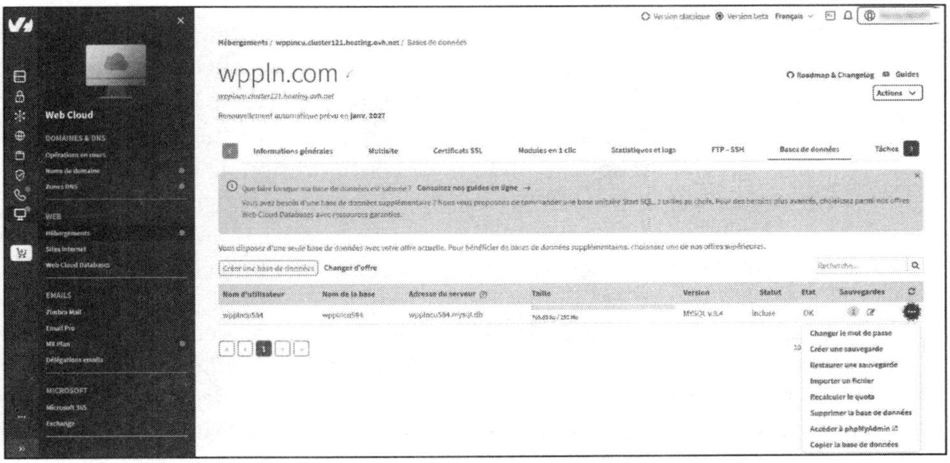

Figure 3.14 Accès à l'interface d'administration de phpMyAdmin.

Transférer les fichiers WordPress

Pour transférer les fichiers WordPress de votre ordinateur vers votre hébergeur, revenez au dossier installé sur votre ordinateur, dans lequel vous avez décompressé le logiciel WordPress après son téléchargement (voir Figure 3.15).

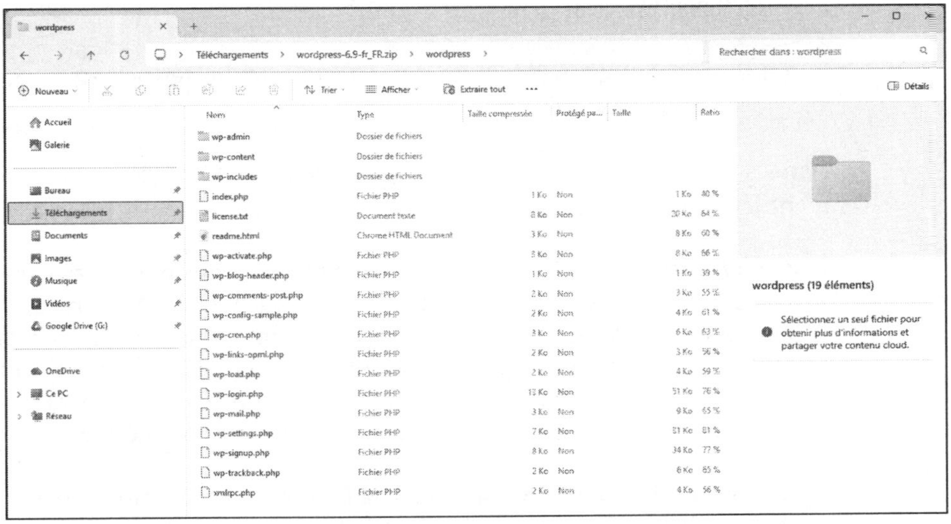

Figure 3.15 Les fichiers WordPress décompressés sur votre ordinateur.

Avec le client FTP, connectez-vous au serveur Web et chargez tous les fichiers dans le répertoire racine (/root) de votre compte serveur.

N'OUBLIEZ PAS

Si vous ne savez pas où se trouve le répertoire racine, contactez votre hébergeur pour le lui demander. La configuration de chaque hébergeur est différente. Sur mon serveur Web, le répertoire racine se trouve dans le dossier www ; quelques-uns de mes clients ont trouvé leur répertoire racine dans un dossier nommé public_html. Tout dépend du type de configuration de votre hébergeur. En cas de doute, renseignez-vous.

Tenez compte des éléments suivants au moment du chargement des fichiers :

» Chargez le *contenu* du dossier /wordpress sur le serveur et non le dossier lui-même : la plupart des clients SFTP vous permettent de sélectionner tous les fichiers contenus dans le dossier et de les glisser-déplacer sur le serveur Web. Dans d'autres programmes, vous sélectionnez tous les fichiers en les mettant en surbrillance, puis vous cliquez sur le bouton Transférer.

» Sélectionnez le bon mode de transfert : le transfert de fichiers *via* SFTP peut prendre deux formes : ASCII et binaire. La plupart des clients SFTP sont configurés pour détecter automatiquement le mode de transfert. Il est important de comprendre la différence entre ces deux modes pour la suite de l'installation de WordPress : cela pourra vous épargner de gros problèmes :

- **Le mode de transfert ASCII** s'applique à tous les fichiers texte (JavaScript, .txt, .php, .css, .sql, *etc.*).
- **Le mode de transfert binaire** concerne tous les autres fichiers (.jpg, .gif, .bmp, .png, .mp3, .mp4, .pdf, *etc.*).

Dans la plupart des cas, mieux vaut laisser le client SFTP détecter automatiquement le mode de transfert.

» **Vous pouvez choisir un autre répertoire racine** : vous n'êtes pas obligé de transférer tous les fichiers dans le répertoire racine de votre serveur Web. Vous pouvez lancer WordPress dans un sous-domaine ou dans un autre répertoire de votre compte. Si vous souhaitez que votre adresse Web soit sous le format http://votrenomdomaine.com/blog/, vous transférerez alors les fichiers WordPress dans un répertoire que vous aurez préalablement créé et nommé /blog.

» **Choisissez les bonnes permissions de fichiers** : prenez garde aux permissions de fichiers lors du transfert des données sur le serveur Web. Les *permissions de fichiers* indiquent au serveur comment traiter les fichiers sur le serveur, par exemple si les fichiers peuvent être modifiés ou non. En règle générale, les fichiers PHP doivent avoir une permission (chmod) de 644, tandis que les dossiers de fichiers auront une permission de 755.

ATTENTION

Certains hébergeurs exécutent PHP dans un format plus sécurisé appelé *Safe mode*. Si c'est le cas de votre hébergeur, vous devez définir les fichiers PHP sur 644. Si vous n'êtes pas sûr, demandez-lui quelles sont les autorisations que vous devez définir pour les fichiers PHP.

Ultime étape : lancer le script d'installation

La dernière étape de l'installation de WordPress consiste à connecter le logiciel à la base de données MySQL. Pour cela, effectuez les étapes suivantes :

1. **Saisissez l'URL suivante dans la barre d'adresse de votre navigateur Web, en remplaçant *votrenomdomaine*.com par le nom de votre domaine.**

```
http://votrenomdomaine.com/
```

Si vous avez choisi d'installer WordPress dans un autre répertoire racine, indiquez-le dans l'URL du script d'installation. Si vous avez transféré les fichiers WordPress dans le répertoire /blog, par exemple, vous devez saisir l'URL suivante : http://votrenomdomaine.com/blog/

En supposant que vous ayez suivi scrupuleusement la procédure (pour les problèmes d'installation les plus courants, reportez-vous au Tableau 3.1), vous devez voir apparaître la page représentée à la Figure 3.16.

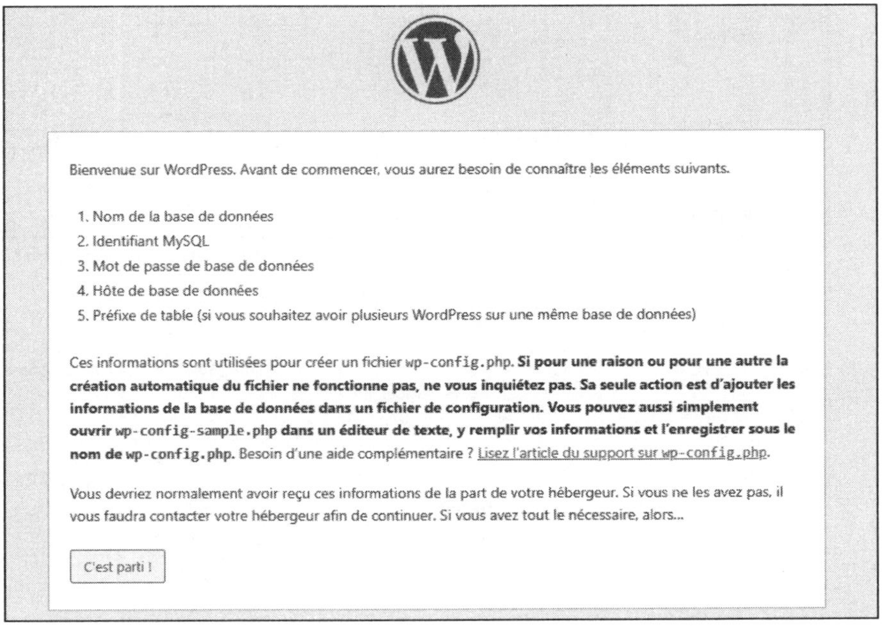

Figure 3.16 Lancement du programme d'installation de WordPress.

❷ Cliquez sur le bouton C'est parti.

La page qui s'ouvre est un message de bienvenue qui vous donne les informations nécessaires pour poursuivre l'installation.

❸ Saisissez le nom de la base de données MySQL, ainsi que le nom d'utilisateur et le mot de passe. Vous allez les utiliser pour remplir les champs suivants (voir Figure 3.17) :

- *Nom de la base de données :* saisissez le nom de la base de données MySQL qui vous a été préalablement communiqué.
- *Identifiant :* saisissez ici le nom d'utilisateur de la base de données MySQL.
- *Mot de passe :* saisissez ici le mot de passe de la base de données MySQL.

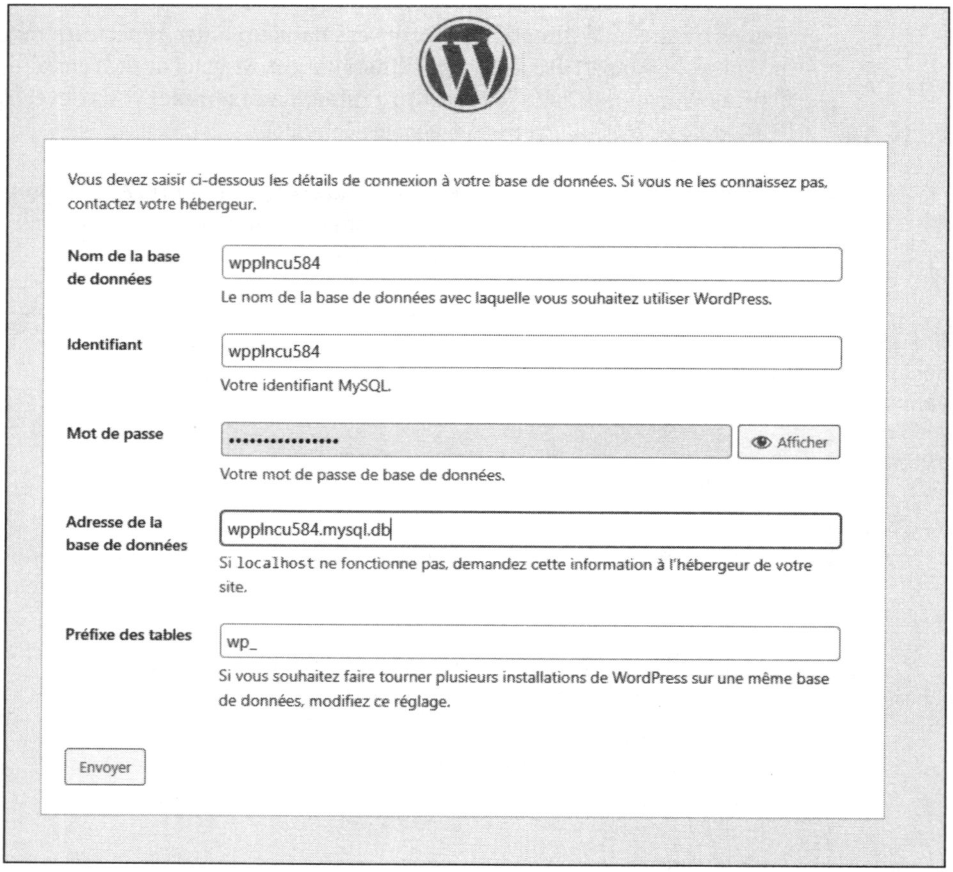

Figure 3.17 À cette étape de l'installation, entrez le nom de la base de données, le nom d'utilisateur et le mot de passe.

- *Adresse de la base de données* : laissez la valeur par défaut, à savoir *localhost*.
- *Préfixe des tables* : laissez ce paramètre à wp_. Il est néanmoins conseillé de modifier ce champ pour des questions de sécurité. Vous pouvez, par exemple saisir monwp_ au lieu de wp_.

❹ Lorsque vous avez rempli tous les champs, cliquez sur le bouton Valider.

Vous verrez apparaître le message suivant : « C'est parfait ! Vous avez passé la première partie de l'installation. WordPress peut désormais communiquer avec votre base de données. Préparez-vous, il est maintenant temps de… ».

❺ Cliquez sur le bouton Lancer l'installation.

Un autre message de bienvenue apparaît avec la fameuse procédure d'installation en cinq minutes.

❻ Saisissez ou modifiez les informations suivantes (voir Figure 3.18) :

- *Titre du site* : saisissez ici le titre du site Web. Ce titre n'est pas éternel et vous pourrez le changer plus tard.
- *Identifiant* : choisissez un identifiant qui vous permettra de vous connecter à l'interface d'administration de WordPress. Évitez d'utiliser *admin* ou *root* qui sont bien trop communs.
- *Mot de passe* : retenez le mot de passe de connexion à l'interface d'administration de WordPress. Notez-le sur un bout de papier !
- *Votre adresse e-mail* : saisissez ici votre adresse électronique afin d'être informé sur votre site. Vous pourrez également changer cette adresse plus tard.
- *Visibilité pour les moteurs de recherche* : par défaut, cette option n'est pas cochée. Elle permet de ne pas indexer le contenu de votre site dans les moteurs de recherche (Google, Yahoo!, *etc.*). Voir le Chapitre 9 pour plus d'informations sur l'optimisation du site pour les moteurs de recherche.

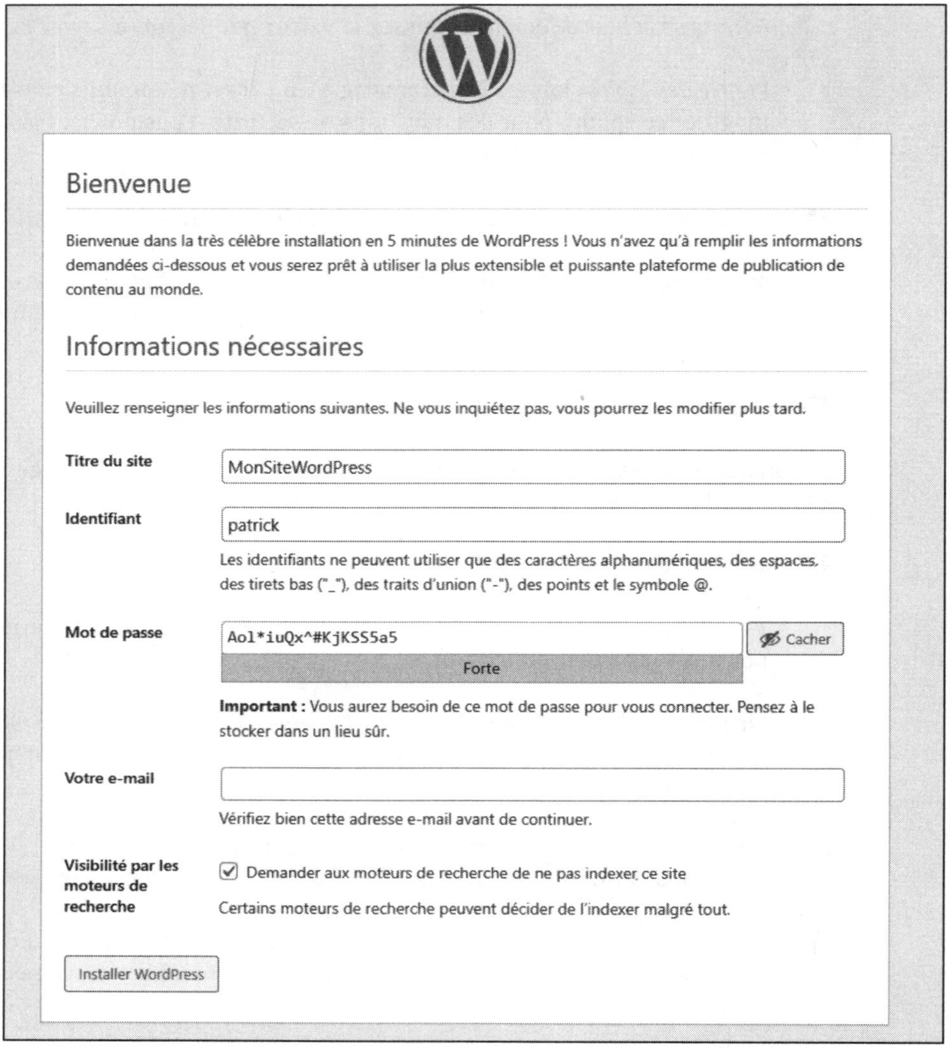

Figure 3.18 Ultime étape avant l'installation de WordPress.

❼ Cliquez sur le bouton Installer WordPress.

La magie de WordPress s'opère et crée toutes les tables dans la base de données qui contiennent les données par défaut de votre site. WordPress vous rappelle les informations dont vous avez besoin pour accéder au panneau d'administration (Figure 3.19).

Figure 3.19
L'installation de WordPress est terminée !

8. Cliquez sur Se connecter pour vous connecter à WordPress.

N'OUBLIEZ PAS

Si vous avez fermé cette page trop vite, vous pourrez vous connecter à l'interface d'administration de WordPress depuis l'URL http://votrenomdomaine.com/wp-admin.

Vous terminez l'installation de WordPress dès que vous atteignez la page de connexion, représentée à la Figure 3.20. Reportez-vous au Tableau 3.1 qui liste les problèmes les plus courants lors de l'installation.

Figure 3.20
L'affichage de cette page vous indique que vous avez réussi à installer WordPress. Bravo !

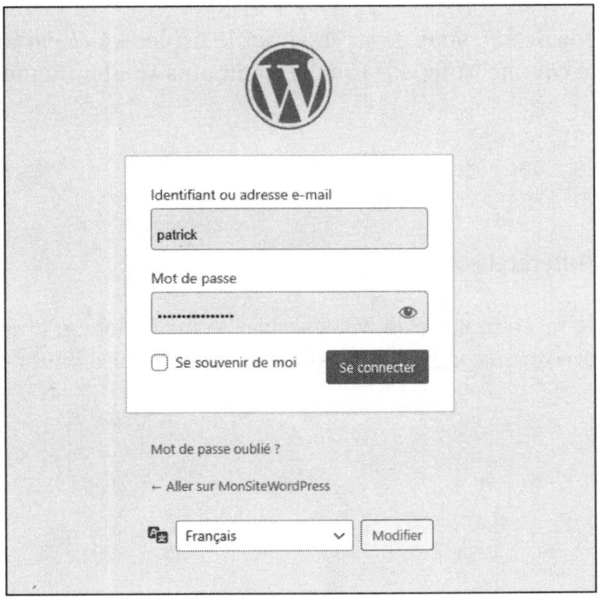

Alors ? Combien de temps avez-vous mis pour installer WordPress ? Cinq minutes ? Vous avez réussi, c'est parfait ! Il faut encore un peu de patience et de travail...

Résoudre les erreurs WordPress

Lors de l'installation d'un site WordPress, d'une extension ou d'un thème, il arrive parfois que tout ne fonctionne pas comme prévu. Pour résoudre ces problèmes, il est essentiel de savoir déboguer WordPress. Je vous explique tout, étape par étape.

WordPress intègre un système de débogage appelé le *mode debug*. Il vous permet de visualiser ou d'enregistrer toutes les erreurs PHP, ce qui est indispensable pour comprendre ce qui ne va pas sur votre site. Le mode debug ne doit pas être activé en permanence sur un site public, car il peut afficher des informations sensibles. Il s'active à travers le fichier **wp-config.php** de votre instance WordPress :

❶ Faites une copie du fichier **wp-config.php**.

Connectez-vous au serveur *via* un client FTP (voir précédemment). Localisez le fichier **wp-config.php** qui se situe à la racine du site et copiez-le sur votre ordinateur.

❷ Activez le mode debug.

Pour activer le mode debug, vous devez modifier le fichier **wp-config.php** dans un éditeur de texte comme Notepad++ ou TextEdit puis ajouter ou modifier les lignes suivantes :

```
define( 'WP_DEBUG', true );
define( 'WP_DEBUG_LOG', true );
define( 'WP_DEBUG_DISPLAY', true );
```

❸ Je vous explique l'intérêt de chaque ligne :

- *WP_DEBUG :* en le mettant sur *true*, vous activez le mode debug. Il ne doit pas être activé en permanence sur un site public. Sa valeur par défaut doit être *false*.

- *WP_DEBUG_LOG :* en le mettant sur *true*, WordPress enregistre les erreurs dans un fichier texte caché (/wp-content/debug.log). Sa valeur par défaut doit être *false*.

- *WP_DEBUG_DISPLAY :* en le mettant sur *false*, vous empêchez les visiteurs de voir vos erreurs de code, tout en continuant à les enregistrer dans le fichier debug.log. Pour déboguer votre site WordPress, vous pouvez temporairement le mettre sur *true*. Sa valeur par défaut doit être *false*.

4. Recopiez le fichier modifié sur votre site.

   Une fois vos modifications enregistrées, il ne vous reste plus qu'à renvoyer le fichier modifié sur le serveur à l'aide de FTP, en remplaçant l'ancien fichier présent à la racine.

5. Analysez la hiérarchie des erreurs.

   Toutes les erreurs ne se valent pas. Je vous explique la différence pour vous aider à prioriser vos réparations:

   - *Notice :* erreur de faible gravité, il s'agit d'une simple remarque. Le site fonctionne.

   - *Warning :* un avertissement sérieux. Quelque chose cloche, mais le site s'affiche encore.

   - *Fatal Error :* erreur critique ! Le site s'arrête net. C'est souvent l'origine de l'écran blanc.

N'OUBLIEZ PAS

Le mode maintenance permet de masquer un site en travaux aux yeux des visiteurs tout en laissant les administrateurs y travailler, ce qui s'avère idéal pour mettre à jour des éléments, modifier le design ou corriger des bugs en toute discrétion. L'extension WP Maintenance (**https://fr.wordpress.org/plugins/wp-maintenance/**), créée par Florent Maillefaud, est un outil conçu pour mettre un site WordPress en attente de manière esthétique. Elle est particulièrement utile lors de la création d'un site ou pendant des opérations de maintenance technique.

Tableau 3.1 Problèmes d'installation de WordPress les plus courants.

Message d'erreur	Cause	Solutions
Error Connecting to the Database	Saisie incorrecte du nom de la base de données, du nom d'utilisateur, du mot de passe ou de l'hôte.	Consulter la base de données MySQL pour récupérer le nom de la base de données, le nom d'utilisateur ou le mot de passe et resaisir ces informations.
Headers Already Sent Error Messages	Une erreur de syntaxe s'est produite dans le fichier wp-config.php.	Ouvrir le fichier wp-config.php dans un éditeur de texte. La première ligne ne doit contenir que <?php et la dernière, ?>. Vérifier que ces lignes ne contiennent rien d'autre, pas même des espaces. Enregistrer le fichier modifié.
500 : Internal Server Error	Définitions incorrectes des permissions sur les fichiers PHP.	Essayer de paramétrer les permissions (chmod) sur les fichiers PHP à 666. Si cette modification ne fonctionne pas, les mettre à 644. Tous les serveurs Web ont des paramètres différents pour l'exécution des fichiers PHP sur leurs serveurs.
404 : Page Not Found	L'URL de la page de connexion n'est pas correcte.	Vérifier que l'URL utilisée pour accéder à la page de connexion est bien la même que celle où est installé WordPress (de type **http://votrenomdomaine.com/wp-login.php**).
403 : Forbidden Access	Il y a un fichier .html ou index.htm dans le répertoire d'installation de WordPress.	WordPress est une application PHP. Par défaut, sa page d'accueil est index.php. Le rechercher dans le répertoire d'installation de WordPress sur le serveur Web. S'il y a un fichier .html ou index.htm, le supprimer.

Alors, dites-moi combien de temps il vous a fallu pour l'installation de WordPress ? Était-ce cinq minutes ? Écrivez-moi (en anglais de préférence !) sur Twitter (@LisaSabinWilson) et dites-moi si WordPress a résisté à sa fameuse réputation de cinq minutes d'installation. Je suis curieuse de nature !

La bonne nouvelle est que vous avez terminé ! WordPress n'est pas si sophistiqué que cela. Permettez-moi d'être la première personne à vous féliciter pour votre nouveau site WordPress. Il est temps désormais de découvrir le panneau d'administration : c'est ce que nous ferons dans le Chapitre 4.

S'entraîner sur WordPress sans risque

Et si vous pouviez découvrir WordPress, tester un thème ou essayer une extension sans rien installer, sans serveur, sans le moindre risque et gratuitement de surcroît ? Aujourd'hui, il est possible de lancer un site WordPress en quelques secondes, directement depuis votre navigateur avec WordPress Playground : **https://wordpress.org/playground/**.

WordPress Playground est un outil qui permet d'utiliser WordPress sans l'installer. Concrètement, WordPress s'exécute directement dans le navigateur, comme une application Web. Il n'y a rien à télécharger, rien à configurer, et aucun serveur à mettre en place. Vous testez, vous explorez, vous apprenez, vous expérimentez sans les contraintes habituelles de l'installation.

Lorsqu'on ouvre Playground, un site WordPress complet est créé automatiquement : une base de données, des fichiers, un tableau de bord d'administration. Tout est prêt à l'emploi, exactement comme sur un hébergement classique, mais de manière temporaire et depuis votre navigateur :

» **Pour un débutant, c'est un moyen simple de découvrir l'interface de WordPress, de créer des pages ou de modifier un thème sans crainte de «casser» quoi que ce soit.**

» **Pour un utilisateur plus avancé, il permet de tester rapidement une extension, une mise à jour ou un réglage précis.**

» **Pour un formateur ou un démonstrateur, c'est un excellent support pour montrer WordPress en situation réelle, sans préparation technique.**

Le site existe tant que la session est conservée par le navigateur ou tant que vous n'avez pas exporté votre travail.

La documentation de WordPress Playground est disponible ici : **https://wordpress.github.io/wordpress-playground/**

NOTE TECHNIQUE

Peut-on garder son travail ? Oui, mais il faut comprendre une chose importante : Playground n'est pas un hébergement. Vous pouvez exporter l'instance complète (fichiers + base de données) dans une archive puis la réimporter dans un autre Playground ou dans un WordPress classique (local ou hébergé). En revanche, si vous ne sauvegardez rien, le site disparaît à la fermeture de votre navigateur. Playground est donc idéal pour démarrer un projet, tester des idées ou apprendre, avant de passer éventuellement à une installation WordPress classique.

DANS CE CHAPITRE :

- Se connecter au panneau d'administration.
- Naviguer dans le panneau d'administration et le personnaliser.
- Appliquer ses propres paramètres.
- Personnaliser son profil.
- Choisir le look de son site.

Chapitre 4
Découvrir le panneau d'administration de WordPress

Une fois WordPress installé, vous êtes prêt à explorer ce nouveau logiciel de publication de sites Web. Ce chapitre vous guide dans les premières étapes de configuration de votre nouveau site WordPress.

Vous serez amené à parcourir de nombreuses fois le panneau d'administration, qui permet de paramétrer les options et les paramètres comme bon vous semble (si vous n'avez pas encore installé et configuré WordPress, consultez le Chapitre 3).

Une bonne connaissance du panneau d'administration facilitera votre entrée dans le monde de la publication de sites WordPress. Vous y définirez les paramètres WordPress de multiples fois tout au long de votre vie de webmaster. Dans ce chapitre, lorsque je vous présente les divers paramètres, sections, options et configurations, vous devez comprendre que rien n'est figé. Vous pouvez définir une option un jour et la modifier le lendemain.

Se connecter au panneau d'administration

À mon avis, l'approche directe (plus connue sous l'expression « se jeter à l'eau ») reste la meilleure façon de découvrir un nouveau logiciel. Pour cela, effectuez les étapes suivantes pour vous connecter à WordPress et plongez dans les entrailles du panneau d'administration :

1. **Ouvrez votre navigateur Web et saisissez l'adresse de la page de connexion (ou URL) dans le champ d'adresse.**

   L'adresse de la page de connexion ressemble à ce qui suit :

   `http://www.`*`votrenomdomaine`*`.com/wp-admin`

   N'OUBLIEZ PAS

   Si vous avez installé WordPress dans un répertoire propre, incluez le nom de ce répertoire dans l'URL de connexion. Par exemple, si vous avez installé WordPress dans un répertoire nommé `wordpress`, l'URL de connexion sera :

   `http://www.`*`votrenomdomaine`*`.com/wordpress/wp-admin`

2. **Entrez le nom d'utilisateur dans le champ Identifiant et le mot de passe dans le champ Mot de passe.**

   NOTE TECHNIQUE

   Si vous avez oublié votre mot de passe, WordPress peut vous aider à le retrouver. Cliquez sur le lien Mot de passe oublié ? (situé en bas de la page), saisissez votre nom d'utilisateur ou votre adresse électronique, puis cliquez sur le bouton Générer un mot de passe. WordPress réinitialise le mot de passe et vous l'envoie à votre adresse électronique.

   Vous recevrez alors deux messages électroniques. Le premier contient un lien sur lequel vous cliquerez pour vérifier que vous avez bien demandé un mot de passe. Cette vérification faite, vous recevrez le second message qui contient votre nouveau mot de passe.

3. **Cochez la case Se souvenir de moi si vous souhaitez placer un cookie dans votre navigateur.**

   Le cookie indique à WordPress de se souvenir de votre identifiant à la prochaine connexion. Ce cookie, installé par WordPress, est inoffensif et stocke vos identifiants WordPress sur votre ordinateur. Grâce au cookie, WordPress se souviendra de vous lors de votre prochaine visite.

Note : Avant de cocher cette option, vérifiez que votre navigateur est bien paramétré pour autoriser les cookies (dans le doute, consultez l'aide du navigateur Internet que vous utilisez).

❹ Cliquez sur le bouton Se connecter.

Une fois connecté au panneau d'administration WordPress, vous verrez apparaître la page Tableau de bord.

Parcourir le panneau d'administration

Considérez le panneau d'administration comme un poste de contrôle, car il offre plusieurs liens rapides et plusieurs sections qui fournissent des informations sur votre site, en commençant par la page Tableau de bord représentée à la Figure 4.1.

Figure 4.1 La page du tableau de bord de WordPress.

Vous pouvez modifier l'affichage du tableau de bord WordPress, au moins l'ordre dans lequel apparaissent les modules. Vous déployez (ouvrir) ou réduisez (fermer) les modules séparément en cliquant sur leur titre. Cette fonctionnalité est très pratique pour n'afficher que les modules du tableau de bord que vous utilisez régulièrement.

Le principe est simple : laissez ouverts seulement les modules que vous utilisez tout le temps et fermez ceux dont vous ne vous servez qu'occasionnellement. Vous ne les ouvrirez qu'au moment où vous en aurez réellement besoin. Vous gagnez ainsi de l'espace et personnalisez le tableau de bord en fonction de vos besoins.

Lorsque vous visualisez pour la première fois le tableau de bord, tous ses modules sont déployés (ouverts) par défaut (Figure 4.1).

Découvrir la barre d'outils

La barre d'outils est le menu que vous voyez en haut du tableau de bord (voir Figure 4.1). La barre d'outils apparaît en haut de chaque page de votre site et apparaît en haut de chaque page du tableau de bord si vous l'avez définie dans vos paramètres de profil.

Vous êtes la seule personne à pouvoir voir la barre d'outils, car elle s'affiche uniquement lorsque vous êtes connecté au panneau d'administration de WordPress. La barre d'outils contient des raccourcis qui vous mènent aux zones les plus fréquemment vues de votre tableau de bord WordPress, de la gauche vers la droite :

» **L'icône W (WordPress) :** ce raccourci fournit des liens vers différents sites WordPress.org.

» **Le nom de votre site Web :** *MonSiteWordPress* dans cet exemple. Ce raccourci vous amène à la première page de votre site Web.

» **Icône des mises à jour :** icône représentant deux flèches inversées ; indique que des mises à jour sont disponibles pour les extensions.

» **Icône de commentaires :** icône en forme de bulle ; cliquez dessus pour visiter la page Commentaires de votre tableau de bord.

» **+ Créer :** passez votre souris sur ce raccourci, et vous verrez des liens intitulés Article, Fichier Média, Page et Utilisateur. Cliquez sur ces liens pour accéder respectivement aux pages Ajouter un nouveau message, Télécharger un nouveau média, Ajouter une nouvelle page et Ajouter un nouvel utilisateur.

» **Votre photo et votre nom :** passez le pointeur de votre souris sur ce raccourci situé tout à droite, pour ouvrir un menu déroulant avec des liens vers deux zones de votre tableau de bord : *Modifier votre profil* et *Se déconnecter*.

Je rappelle que la barre d'outils d'administration est visible en haut de votre site et uniquement pour vous, quelle que soit la page sur laquelle vous vous trouvez, et tant que vous êtes connecté à votre site WordPress.

N'OUBLIEZ PAS

Le menu de navigation du tableau de bord de WordPress apparaît dans le coin gauche de la fenêtre de votre navigateur. Si vous souhaitez revenir au tableau de bord depuis n'importe quelle page, cliquez sur le lien Tableau de bord en haut du menu de navigation.

Dans les sections suivantes, je vous présente la page Tableau de bord telle qu'elle est affichée lors de votre première connexion au panneau d'administration de WordPress. Plus loin dans ce chapitre, nous verrons comment configurer l'affichage du tableau de bord afin qu'il corresponde au mieux à vos habitudes d'utilisation.

Module Bienvenue sur WordPress !

Ce module, illustré à la Figure 4.2, apparaît en haut de l'écran de votre tableau de bord la première fois que vous vous connectez à votre nouvelle installation WordPress. Il peut rester là sauf si vous décidez de cliquer sur le petit lien Fermer situé à droite.

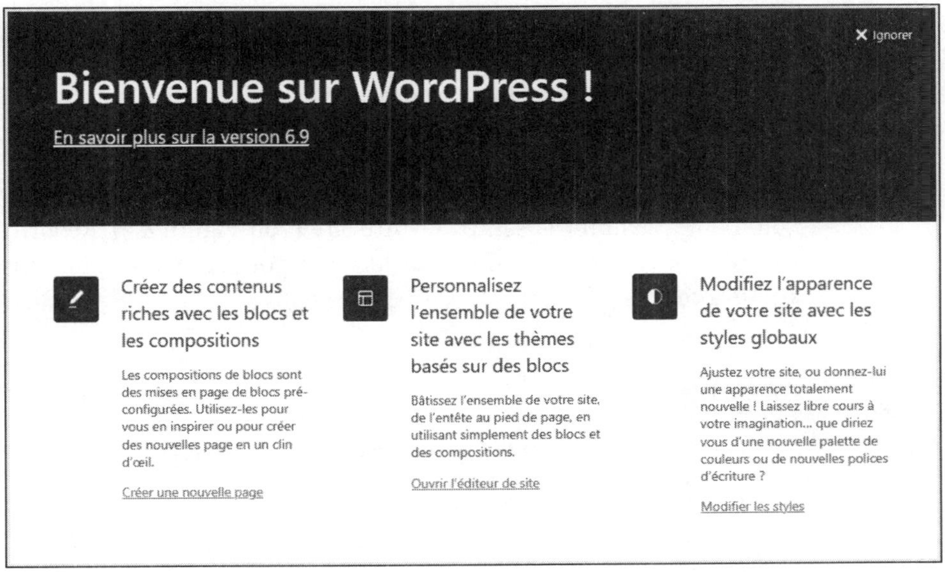

Figure 4.2 Le module Bienvenue sur WordPress fournit des liens utiles pour vous aider à démarrer.

» **Créez des contenus riches avec les blocs et les compositions :** cette section contient un lien qui permet de créer une nouvelle page.

» **Personnalisez l'ensemble de votre site avec les thèmes basés sur des blocs :** cette section contient un lien qui, lorsque l'on clique dessus, ouvre la section qui permet de personnaliser le thème actif.

» **Modifiez l'apparence de votre site avec les styles globaux :** cette section contient un lien qui vous permet de modifier l'apparence du site.

Module État de santé du site

Le module État de santé du site montre des informations critiques sur votre configuration WordPress et les éléments qui nécessitent votre attention. Si vous avez une toute nouvelle installation, vous ne verrez rien du tout répertorié dans ce module (reportez-vous à la Figure 4.3). Au fil du temps, cependant, vous devriez voir des avis sur les paramètres ou les configurations qui nécessitent votre attention, tels que :

» les extensions inactives ou obsolètes qui doivent être supprimées ou mises à jour ;

» les thèmes inactifs ou obsolètes qui doivent être supprimés ou mis à jour ;

» des notifications indiquant que votre site ne peut pas être indexé par les moteurs de recherche.

Cliquez sur le lien État de santé du site pour voir les informations dont vous aurez besoin pour améliorer la santé de votre site (voir Figure 4.3). Reportez-vous au Chapitre 12 « Vérifier l'état de santé du site » pour obtenir de plus amples informations à ce sujet.

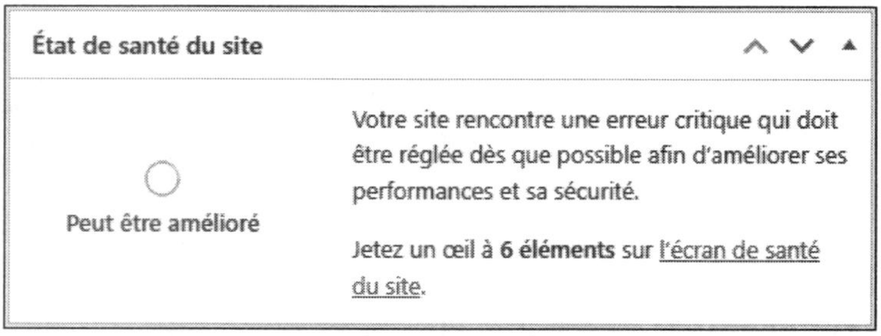

Figure 4.3 Le module État de santé du site.

Module D'un coup d'œil

Le module D'un coup d'œil affiche tout ce qui se passe sur votre site, maintenant, à l'instant présent ! La Figure 4.4 représente ce module D'un coup d'œil déployé sur votre tout nouveau site WordPress.

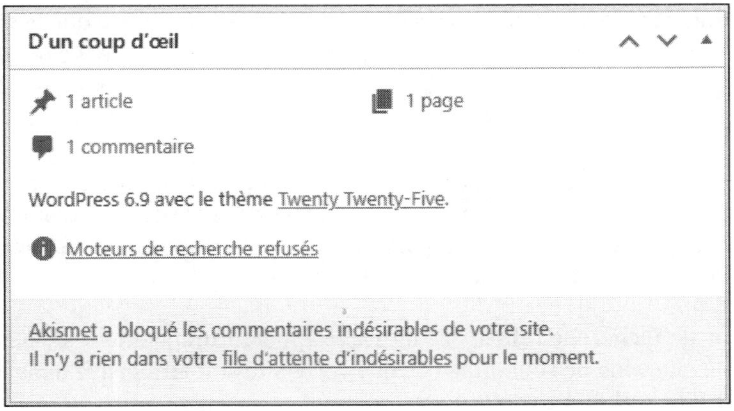

Figure 4.4
Le module D'un coup d'œil vous permet de voir les fonctionnalités disponibles.

Le module D'un coup d'œil affiche les informations suivantes :

» **Le nombre d'articles :** ce nombre correspond au nombre total d'articles que vous avez actuellement sur votre site WordPress. Dans cet exemple, il n'y a qu'un seul article (il s'agit d'un exemple fourni par WordPress pour illustrer ce qu'est un article). Le nombre est en bleu et, si vous cliquez sur ce lien, vous accédez directement à la page Modifier des articles, où vous pourrez modifier les articles de votre site. Nous reviendrons sur la modification des articles au Chapitre 5.

» **Le nombre de pages :** il s'agit du nombre actuel de pages que compte votre site. Ce nombre varie selon que vous ajoutez ou supprimez des pages (*pages*, dans ce contexte, désigne les pages statiques que vous avez créées sur votre site). La Figure 4.4 montre qu'il n'y a qu'une seule page.

  Un clic sur ce lien vous redirige vers la page Modifier les pages, dans laquelle vous pouvez visualiser, modifier et supprimer les pages actuelles (reportez-vous au Chapitre 5 pour connaître la différence entre articles et pages WordPress).

» **Le nombre de commentaires :** il s'agit du nombre actuel de commentaires sur votre site. La Figure 4.4 montre qu'il n'y a qu'un seul commentaire, il s'agit d'un exemple fourni par WordPress pour illustrer ce qu'est un commentaire.

Un clic sur ce lien vous redirige vers la page Commentaires, dans laquelle vous pouvez gérer les commentaires de votre site (voir un peu plus loin dans ce chapitre).

La dernière section du module D'un coup d'œil affiche les informations suivantes :

» **Le thème WordPress que vous utilisez :** la Figure 4.4 montre que le thème WordPress par défaut, à savoir *Twenty Twenty-Five*, est utilisé. Le nom du thème est un lien vers la page Gérer les thèmes, dans laquelle vous pouvez visualiser et activer les thèmes de votre site.

» **La version de WordPress que vous utilisez :** la Figure 4.4 montre que la version 6.9 est utilisée. Cette version évoluera dans le futur. Lorsque WordPress est mis à jour, cette option vous indique que la version utilisée est dépassée et vous encourage à installer la version la plus récente.

» **Moteur de recherche refusé :** ce message apparaît uniquement si vous avez indiqué que vous ne souhaitez pas que votre site soit enregistré dans les moteurs de recherche (nous en reparlerons un peu plus loin).

Module Activité

Le module suivant est appelé Activité. Dans ce module, vous trouverez (voir Figure 4.5) :

» **Les articles récemment publiés :** WordPress affiche au plus les cinq derniers articles dans cet encadré. Le lien de chaque article est cliquable et vous amène à l'écran Modifier l'article, où vous pourrez afficher et modifier le message.

» **Les commentaires récemment publiés :** WordPress affiche au maximum cinq commentaires dans cet encadré.

» **L'auteur de chaque commentaire :** le nom de la personne qui a laissé un commentaire apparaît juste au-dessous. Cette section affiche également l'avatar (ou photo) de l'auteur s'il en a un(e).

» **Un lien vers l'article sur lequel on a laissé un commentaire :** le titre de l'article apparaît à droite du nom du commentateur. Un clic sur ce lien vous permet d'afficher cet article dans le panneau d'administration.

» **Un extrait du commentaire :** il s'agit d'un petit aperçu du commentaire laissé sur votre site.

» **Des liens de gestion des commentaires :** lorsque vous placez le curseur de la souris sur le commentaire, six liens apparaissent sous le commentaire, qui vous permettent de le gérer directement depuis le tableau de bord : Désapprouver (ce lien n'apparaît que si vous avez activé la modération de commentaires), Répondre, Modifier, Indésirable, Corbeille et Afficher.

» **Les liens :** ces liens – Tous, En attente, Approuvé, Indésirable et Mis à la Corbeille – apparaissent en bas du module.

Vous en apprendrez davantage sur la gestion des commentaires dans la section « Commentaires », plus loin dans ce chapitre.

Figure 4.5 Le module Activité.

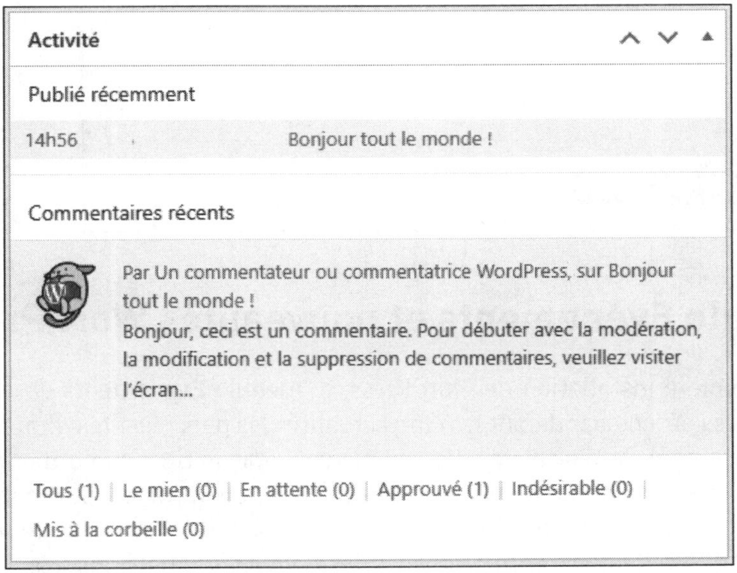

Module Brouillon rapide

Le module Brouillon rapide (Figure 4.6) vous permet d'écrire un article très rapidement à partir du tableau de bord et liste les articles récents. Si vous venez tout juste de créer votre site, ou s'il s'agit d'une nouvelle installation, ce module n'affichera aucun brouillon. Toutefois, au fil du temps, lorsque vous écrirez des articles, peut-être en enregistrerez-vous quelques-uns comme des brouillons afin de les modifier et de les publier un peu plus tard. Ces brouillons seront alors affichés dans le module Brouillon rapide.

WordPress affiche jusqu'à cinq brouillons, en incluant le titre de l'article, la date du dernier enregistrement et un court extrait. Cliquez sur le lien relatif à un article donné pour visualiser, modifier et gérer les articles de votre site. Reportez-vous au Chapitre 5 pour obtenir de plus amples informations.

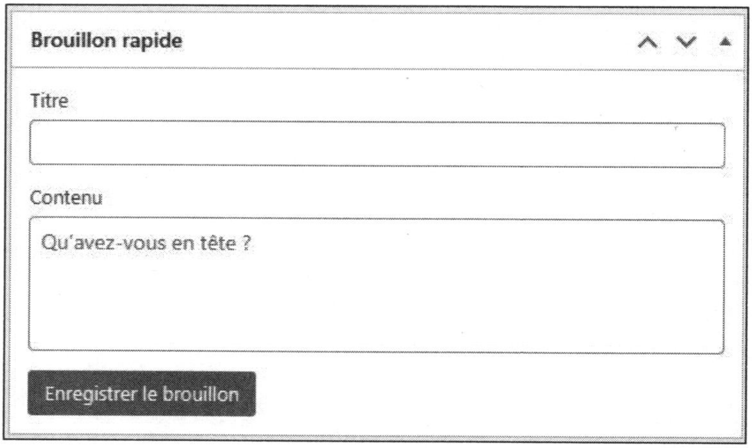

Figure 4.6 Le module Brouillon rapide.

Module Évènements et nouveautés WordPress

À la première installation de WordPress, le module Évènements et nouveautés WordPress affiche par défaut les cinq actualités les plus récentes d'un Blog sur le développement de WordPress. Vous pourrez y voir le titre du dernier article, sa date de publication, ainsi qu'un court extrait. Cliquez sur un titre pour accéder directement à l'article sur le Blog de développement de WordPress. Je trouve très souvent d'excellentes informations sur les nouvelles extensions, les thèmes, les problèmes rencontrés et le support.

Adapter le panneau d'administration à votre travail

Vous avez la possibilité d'adapter l'ordre des modules du panneau d'administration. WordPress met l'accent sur l'expérience utilisateur et une grande partie de cet effort s'illustre dans la possibilité de créer un panneau d'administration personnalisé. Changer l'affichage des modules et leur ordre est très facile.

Voici comment déplacer le module Brouillon rapide dans le coin gauche de la page Tableau de bord :

1. Placez le curseur de la souris sur la barre de titre du module Brouillon rapide.

   Lorsque vous placez le curseur de la souris sur le titre, le curseur se transforme en croix de déplacement (une croix fléchée sur un PC ou une main sur un Mac).

2. Cliquez et maintenez enfoncé le bouton de la souris, et déplacez le module vers la droite ou la gauche de l'écran.

   Des lignes pointillées indiquent les emplacements où placer le module (Figure 4.7).

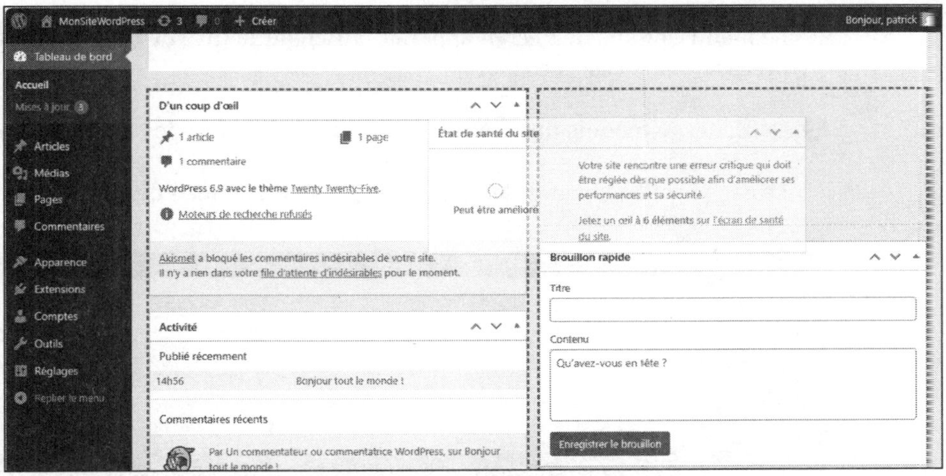

Figure 4.7 Une ligne gris clair apparaît comme un guide lorsque vous faites glisser des modules dans le tableau de bord WordPress.

3. Relâchez le bouton de la souris une fois le module placé à l'endroit désiré.

   Le module est maintenant bien placé à droite de la page Tableau de bord.

   Les autres modules de la partie gauche du tableau de bord ont maintenant changé de place.

4. (Facultatif) Cliquez une fois sur la barre de titre du module Brouillon rapide.

   Le module se déroule. Recliquez sur la barre de titre pour fermer le menu du module. Vous pouvez ouvrir ou fermer le menu du module comme bon vous semble.

Répétez ces étapes pour tous les modules que vous souhaitez glisser-déplacer afin qu'ils apparaissent dans l'ordre de votre choix.

NOTE TECHNIQUE

Lorsque vous parcourez le tableau de bord, WordPress enregistre les modifications que vous avez faites. Quand vous vous reconnecterez, vous verrez apparaître le même tableau de bord personnalisé et vous n'aurez pas besoin de reproduire la personnalisation.

Si vous estimez que le tableau de bord contient des modules que vous n'utiliserez pas, vous pouvez vous en débarrasser en effectuant les étapes suivantes :

1. **Cliquez sur le bouton** Options de l'écran **en haut du tableau de bord (voir** Figure 4.8).

   Le menu Options de l'écran **apparaît, affichant le titre de chaque module précédé d'une case à cocher.**

2. **Décochez le module que vous souhaitez masquer dans le tableau de bord.**

   La coche est **supprimée, le module disparaît du tableau de bord.**

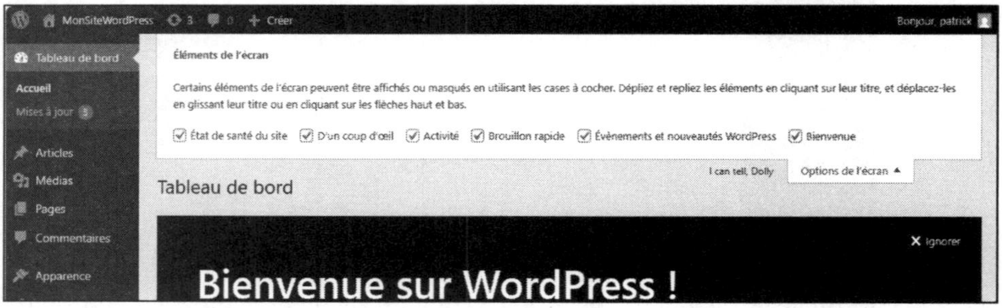

Figure 4.8 Menu Options de l'écran.

N'OUBLIEZ PAS

Pour réactiver un module que vous avez masqué, il suffit de cocher ce module dans le menu Options de l'écran.

Trouver l'aide en ligne

Une chose que j'apprécie vraiment avec WordPress est le temps passé et l'effort fourni par les développeurs pour offrir aux utilisateurs une documentation riche de plusieurs trucs et astuces au sein même du tableau de bord. Vous trouverez généralement de la documentation en ligne sur à peu près toutes les fonctionnalités WordPress.

La documentation en ligne correspond aux petites phrases que vous voyez à côté ou au-dessous d'une fonctionnalité WordPress (voir Figure 4.9). Elle donne une courte mais très utile explication sur une fonctionnalité donnée.

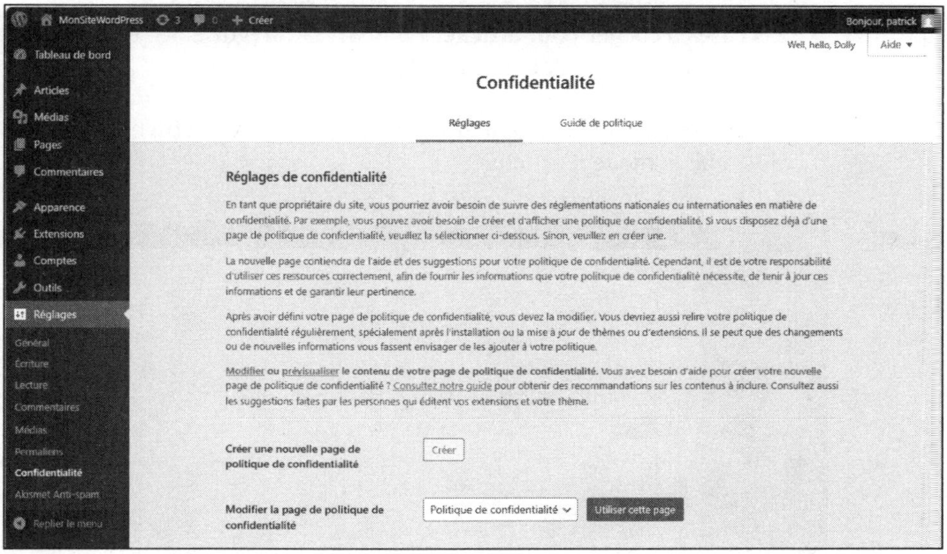

Figure 4.9 Exemple de documentation en ligne dans l'écran Réglages de WordPress.

En plus de la documentation en ligne dispersée un peu partout au sein du tableau de bord, vous trouverez un onglet utile dans le coin supérieur droit de l'écran appelé « Aide ». Cliquez sur ce menu pour afficher un panneau déroulant qui contient de la documentation contextuelle, relative à la page sur laquelle vous êtes actuellement.

Par exemple, si vous consultez la page Réglages, l'onglet Aide affiche la documentation relative à cette page Réglages. De même, si vous ajoutez un nouvel article, en cliquant sur le menu Aide, vous obtiendrez la documentation relative aux fonctionnalités d'ajout d'articles.

Cliquez de nouveau sur le menu Aide pour fermer le panneau contextuel lorsque vous avez terminé.

La documentation en ligne que vous trouverez sous l'onglet Aide vous guide dans la compréhension et l'utilisation de WordPress. Vous trouverez également de l'aide sur les forums WordPress à l'adresse **https://fr.wordpress.org/support/**

Vous personnalisez les différentes pages de votre tableau de bord WordPress comme indiqué précédemment, à l'aide d'un glisser-déplacer.

La Figure 4.10 représente la page Articles qui permet de composer de nouveaux articles (la création d'articles sera étudiée en détail au Chapitre 5). Sur cette figure, le menu Options de l'écran affiche les options de personnalisations suivantes :

» **des cases à cocher pour afficher l'auteur, la catégorie, les étiquettes, les commentaires et la date des articles affichés ;**

» **un champ texte pour indiquer le nombre d'articles à afficher sur cette page ainsi que le mode d'affichage.**

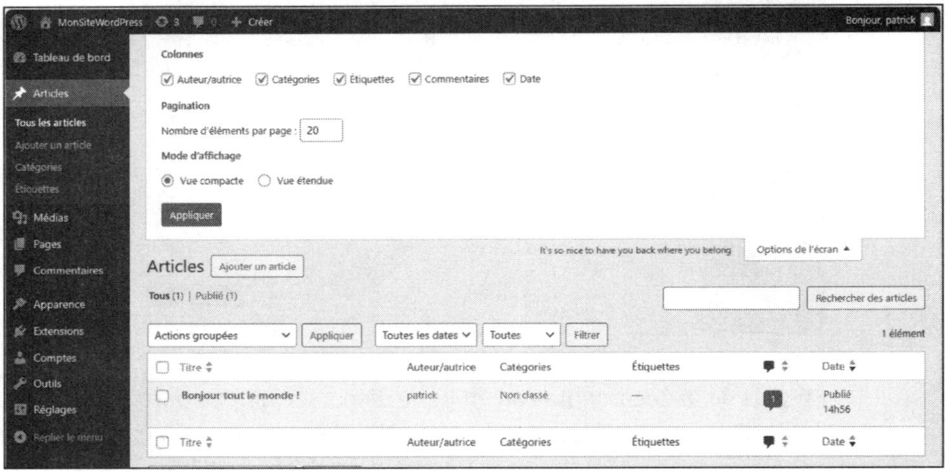

Figure 4.10

Les options de l'écran de la page Articles.

La Figure 4.11 représente l'aide contextuelle qui est affichée lorsque l'on clique sur le menu Aide de la page des articles. Les liens hypertextes sur le côté droit, qui vous mènent vers des ressources complémentaires sur Internet, sont une autre caractéristique de ce menu.

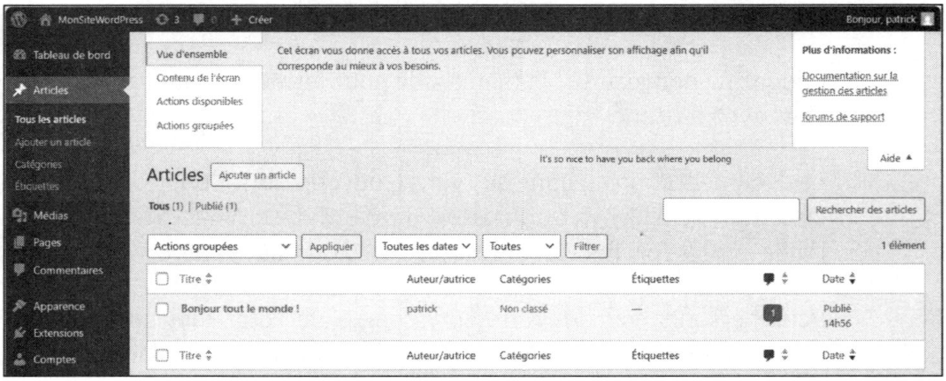

Figure 4.11

Liens vers des ressources en ligne sur Internet.

Définir des options du panneau d'administration

Le menu de navigation se situe dans la partie gauche de chaque page du panneau d'administration de WordPress. Vous le retrouverez partout, où que vous soyez, tel un ami fidèle, toujours là quand vous avez besoin de lui !

Le menu de navigation est composé de neuf sous-menus (sans compter le menu Tableau de bord vu précédemment). Placez le curseur de la souris sur un menu pour faire apparaître un sous-menu. Les sous-menus vous redirigent vers des pages du panneau d'administration pour effectuer certaines tâches, comme publier un nouvel article, ajouter un lien ou encore gérer les commentaires.

Les paramètres qui vous permettent de personnaliser votre site sont présentés dans la section suivante. Certains de ces menus, comme la création et la publication de nouveaux articles, seront abordés plus en détail dans d'autres chapitres, mais je les mentionne malgré tout (chaque section comporte une note vous indiquant où vous pourrez trouver davantage d'informations sur le sujet en question dans ce livre).

Configurer les réglages

Tout en bas du menu de navigation se situe le menu Réglages. Cliquez sur le lien Réglages pour afficher un sous-menu déroulant qui contient les sept liens suivants :

» **Général ;**

» **Écriture ;**

» **Lecture ;**

» **Commentaires ;**

» **Médias ;**

» **Permaliens ;**

» **Confidentialité.**

Général

Après avoir installé WordPress et vous être connecté à l'interface d'administration, vous pouvez personnaliser votre site en lui donnant un titre et une description, en indiquant votre adresse électronique et en vous identifiant comme étant l'auteur de ce site. Tout cela, vous le faites dans la page Réglages généraux.

NOTE TECHNIQUE

Cliquez sur le bouton Enregistrer les modifications au bas de n'importe quelle page lorsque vous définissez de nouvelles options. Si vous ne cliquez pas sur Enregistrer les modifications, vos paramètres ne sont pas enregistrés et WordPress revient aux options précédentes. Chaque fois que vous cliquez sur le bouton Enregistrer les modifications, WordPress recharge l'écran actuel, affichant les nouvelles options que vous venez de définir.

Pour personnaliser votre site, commencez par remplir les paramètres généraux en suivant ces étapes :

1. **Cliquez sur le lien Réglages puis sur Général.**

   La page Réglages généraux apparaît (Figure 4.12).

2. **Saisissez le nom de votre site dans le champ Titre du site.**

   Le titre que vous saisissez ici est celui que vous avez donné à votre site. À la Figure 4.12, le site porte le nom de « MonSiteWordPress », titre qui apparaît sur le site ainsi que dans la barre de titre du navigateur Web.

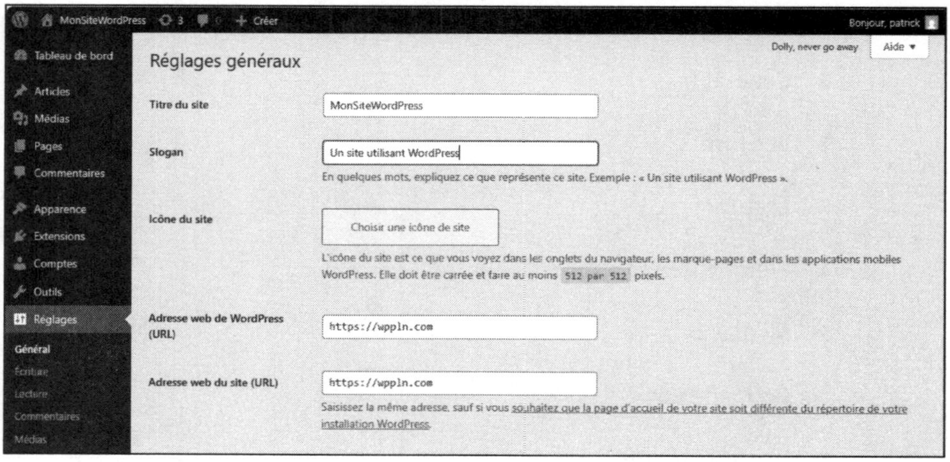

Figure 4.12 Personnalisez les paramètres de votre site WordPress dans la page Réglages généraux.

N'OUBLIEZ PAS

Donnez un nom percutant et identifiable à votre site. Vous pouvez le nommer *Beignets de tomates vertes* par exemple, si vous consacrez votre site à ce sujet, au livre ou au film, ou toute autre chose qui se rapporte à la délicieuse cuisine du sud des États-Unis.

3. Dans le champ Slogan, saisissez une phrase de cinq à dix mots qui décrit votre site.

   Comme vous pouvez le voir à la Figure 4.12, le slogan est ici « Un site utilisant WordPress ».

NOTE TECHNIQUE

Le public surfant sur Internet peut visualiser le titre de votre site et son slogan dans divers moteurs de recherche (comme Google, Yahoo! Ou Bing). Aussi, gardez bien ce fait à l'esprit lorsque vous choisirez les mots de votre slogan.

4. Dans le champ Adresse Web de WordPress, saisissez l'emplacement où vous avez installé WordPress.

   N'oubliez pas de bien inclure la partie http:// (ou https://) de l'URL ainsi que le chemin complet vers l'installation de WordPress, par exemple http://www.monsite.com. Si vous avez installé WordPress dans un dossier – un dossier appelé wordpress –, vous devrez l'inclure. Dans ce cas, l'adresse Web de WordPress serait http://www.monsite.com/wordpress/.

5. Dans le champ Adresse Web du site, saisissez l'adresse Web où les internautes peuvent trouver votre site avec leur navigateur Web.

   En règle générale, vous entrez ici la même chose que votre nom de domaine, c'est-à-dire http://www.monsite.com. Si vous souhaitez que l'adresse de la page d'accueil de votre site soit différente du répertoire où vous avez installé WordPress, saisissez cette adresse ici.

6. Dans le champ Adresse de messagerie, saisissez votre adresse électronique.

   WordPress envoie des messages concernant votre site à cette adresse. Par exemple, lorsqu'un nouvel utilisateur s'enregistre, WordPress vous envoie un message d'avertissement.

7. Cochez l'option Inscription.

   Cochez l'option Tout le monde peut s'enregistrer si vous souhaitez que tout le monde puisse s'enregistrer en tant que membre de votre site (voir Figure 4.13). Laissez la case décochée, si vous ne souhaitez pas que l'on s'y enregistre. Si vous avez un doute, ne cochez pas cette option pour le moment.

Figure 4.13

Paramètre du menu Général.

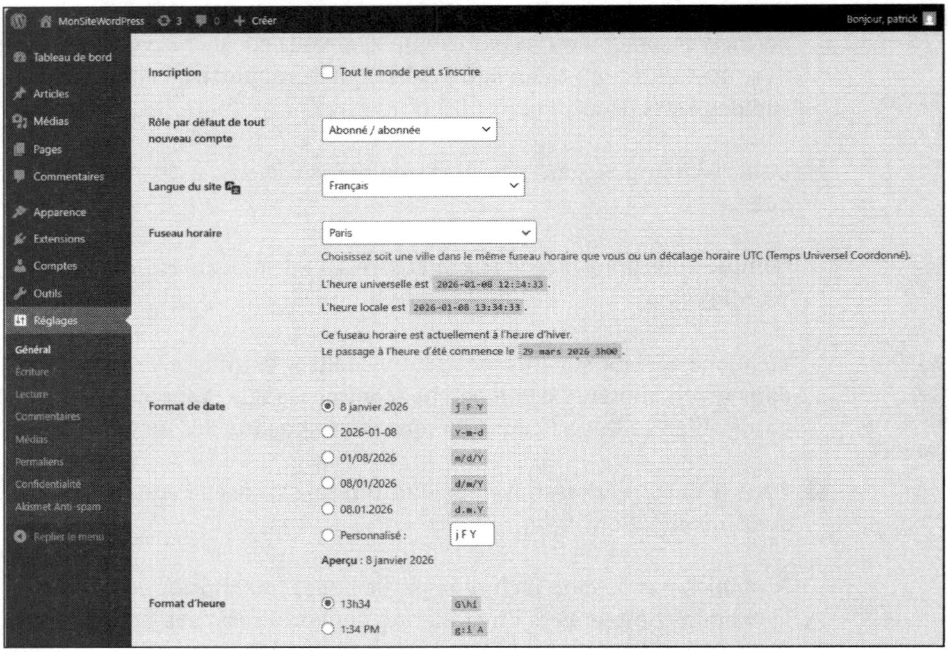

❽ Dans le menu déroulant Rôle par défaut de tout nouveau compte, sélectionnez le rôle que doit avoir tout nouvel utilisateur enregistré sur votre site.

Il existe des différences entre chaque rôle que vous devez connaître avant de faire votre choix, car à chaque rôle d'utilisateur est attribué un niveau d'accès au site :

- *Abonné :* il s'agit du rôle par défaut. Le mieux est de garder ce rôle par défaut, notamment si vous ne savez pas qui s'enregistre. Les abonnés ont accès à la page Tableau de bord et peuvent visualiser et modifier les options de leur profil dans la page Modifier mon profil (ils n'ont pas accès à votre propre compte et à vos options, mais uniquement aux leurs). Chaque utilisateur peut modifier son identifiant, son adresse électronique, son mot de passe, sa biographie et autres éléments du profil utilisateur. Les informations du profil des abonnés sont stockées dans la base de données WordPress et votre site enregistre chaque visite. Ainsi, ils n'auront pas à compléter leur profil chaque fois qu'ils laisseront des commentaires.

- *Contributeur :* en plus des droits d'accès du rôle Abonné, le Contributeur peut charger des fichiers, écrire, modifier et gérer ses propres articles. Il peut écrire des articles, mais n'a pas l'autorisation de les publier. L'Administrateur relit tous les articles des Contributeurs et décide de leur publication. Cette option est un moyen pratique de modérer le contenu écrit par de nouveaux auteurs.

- *Auteur :* en plus des droits d'accès du rôle Contributeur, l'Auteur peut publier et modifier ses propres articles.

- *Éditeur :* en plus des droits d'accès du rôle Auteur, l'Éditeur peut modérer les commentaires, gérer les catégories, les liens, modifier les pages et les articles des autres Auteurs.

- *Administrateur* : l'Administrateur peut modifier tous les paramètres et options du site WordPress. En d'autres termes, les administrateurs ont accès à tout, alors soyez prudent lorsque vous attribuez l'accès administrateur à un utilisateur de votre site Web.

9. Dans la section Langue du site, précisez la langue dans laquelle le site est développé.

   Le menu déroulant Langue du site vous offre plusieurs options de langue pour votre site. Le réglage par défaut est le français, mais le logiciel WordPress est disponible dans plus d'une centaine de langues. Si votre site doit être en espagnol, utilisez le menu déroulant pour passer de Français à Espagnol.

10. Dans la section Fuseau horaire, sélectionnez le temps universel de votre choix dans le menu déroulant.

    Cette option fait référence à la différence du nombre d'heures entre l'heure locale et le temps universel (UTC, *Coordinated Universal Time*). Cela vous garantit que les articles et commentaires laissés sur votre site sont à la bonne heure.

    N'OUBLIEZ PAS

    Si vous ne connaissez pas le temps universel qui vous concerne, vous le trouverez sur le site Web Greenwich Mean Time (https://greenwichmeantime.com/). GMT est en général le même que UTC.

11. Dans la section Format de date, cochez le format dans lequel vous souhaitez afficher une date sur votre site.

    Cette option définit le format de la date. Le format par défaut est déjà sélectionné et affiché : j F Y (j = le jour sur deux chiffres, F = le mois, Y = l'année sur quatre chiffres). La date par défaut s'affiche ainsi : par exemple, 1 janvier 2026.

    Cochez le bouton radio du format qui vous plaît. Vous pouvez également personnaliser l'affichage de la date en cochant l'option Personnalisé et en saisissant le format de votre choix dans le champ prévu à cet effet. Vous saurez comment personnaliser cet affichage en vous connectant à https://codex.wordpress.org/fr:Modifier_Date_et_Heure

12. Dans la section Format d'heure, cochez le format dans lequel vous souhaitez afficher l'heure sur votre site.

    Cette option est identique à celle de l'affichage d'une horloge électronique. Le format par défaut est déjà coché : *G \h i \m\i\n* où G = l'heure sur deux chiffres, h = les deux chiffres des minutes. Ce qui donne 16 h 02 min.

    Cochez le bouton radio du format qui vous plaît. Vous pouvez également personnaliser le format d'heure en cochant l'option Personnalisé et en saisissant le format de votre choix dans le champ prévu à cet effet.

    N'OUBLIEZ PAS

    Vous pouvez définir le format de l'heure et de la date de différentes manières. Consultez le site Web de PHP, https://www.php.net/manual/fr/function.date.php, pour voir les formats possibles.

13. Dans le menu déroulant La semaine débute le, sélectionnez le premier jour de la semaine de votre calendrier.

    L'affichage du calendrier dans la colonne latérale est facultatif. Si vous souhaitez l'afficher, sélectionnez alors le premier jour de la semaine du calendrier.

Écriture

Cliquez sur le menu Réglages puis sur Écriture (Figure 4.14).

La page Réglages d'écriture qui apparaît vous permet de définir les options de base pour écrire vos articles. Le Tableau 4.1 vous donne quelques informations sur l'aspect des articles et la manière dont WordPress traite les cas spécifiques.

Une fois ces options définies, cliquez bien sur le bouton Enregistrer les modifications ; sinon, elles ne seront pas validées.

Figure 4.14 La page Réglages d'écriture.

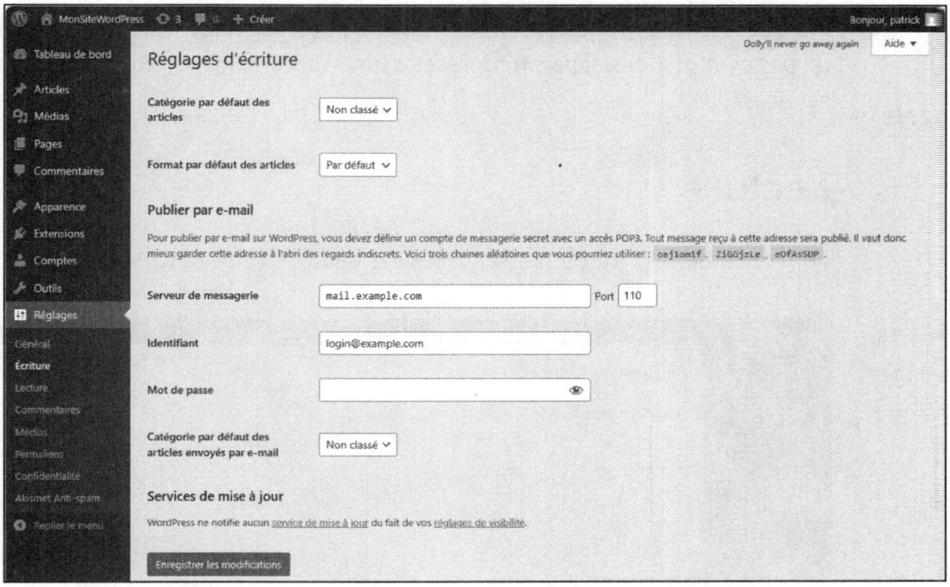

Tableau 4.1 Les options d'écriture.

Options	Fonction	Valeur par défaut
Catégorie par défaut des articles	Vous permet de sélectionner la catégorie par défaut à utiliser au cas où vous auriez oublié de sélectionner une catégorie au moment de la publication d'un article.	Non classé
Format par défaut des articles	Vous permettait de sélectionner le format par défaut d'un article. Devenus obsolètes, les formats d'articles sont de moins en moins supportés par les thèmes WordPress récents.	Par défaut
Publier par e-mail	Vous permet de publier des articles depuis votre messagerie électronique. Pour cela, saisissez une adresse électronique et renseignez les champs relatifs à la connexion à votre serveur POP3.	Vous définissez le serveur de messagerie, le nom de connexion et le mot de passe puis vous sélectionnez la catégorie par défaut des articles envoyés par e-mail.
Services de mise à jour	Vous permet d'indiquer le service *ping* à utiliser pour notifier au monde entier que vous avez fait des mises à jour ou publié de nouveaux articles.	**http://rpc.pingomatic.com**

N'OUBLIEZ PAS

Pour obtenir de plus amples informations sur les services de mise à jour, consultez la page **https://developer.wordpress.org/advanced-administration/wordpress/update-services/**.

Lecture

Le troisième lien du menu Réglages est Lecture (Figure 4.15).

Figure 4.15

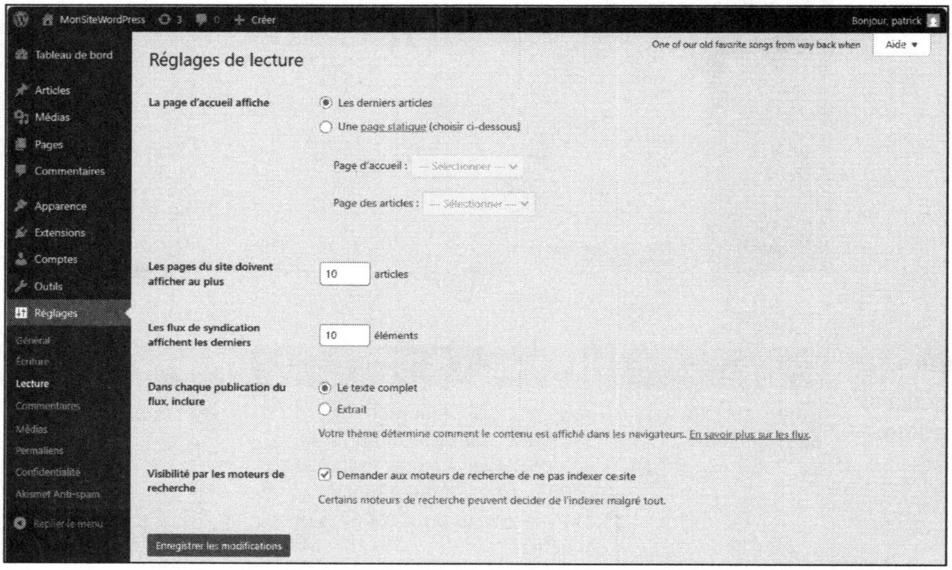

La page Réglages de lecture.

Dans la page Réglages de lecture, vous définissez les options suivantes :

» **La page d'accueil affiche :** choisissez ce que vous voulez afficher en page d'accueil : les tout derniers articles ou une page statique. Ce réglage est important car c'est ici que vous indiquez à WordPress quelle sera la page d'accueil du site et quelle sera la page de votre blog (si tant est que vous souhaitiez installer un blog au sein de votre site web).

- *Les derniers articles :* votre site est un blog, vous affichez donc les derniers articles.
- *Une page statique :* votre site est un site Web qui peut éventuellement contenir un blog. Indiquez quelle est la page principale du site et quelle est la page principale du blog. Vous devez avoir préalablement créé ces pages pour être en mesure de les indiquer ici.

» **Les pages du site doivent afficher au plus :** saisissez le nombre maximal d'articles que vous souhaitez afficher sur chaque page de votre site. La valeur par défaut est 10.

» **Les flux de syndication affichent les derniers** : saisissez le nombre maximal d'articles que vous souhaitez afficher dans un flux RSS. La valeur par défaut est 10.

» **Dans chaque publication du flux, inclure :** l'option Le texte complet affiche l'article dans son intégralité, tandis que L'extrait n'en publie qu'une partie. La valeur par défaut est *texte complet* (reportez-vous au Chapitre 5 pour de plus amples informations sur les flux RSS de WordPress).

» **Visibilité pour les moteurs de recherche :** si vous ne souhaitez pas enregistrer votre site dans les moteurs de recherche, cochez cette option.

N'OUBLIEZ PAS

Vous voulez généralement que les moteurs de recherche puissent trouver et indexer votre site Web. Cependant, dans certaines circonstances, il n'est pas souhaitable que votre site soit connu des moteurs de recherche. Dans le tableau de bord principal, dans le module D'un coup d'œil, figure une note indiquant « Moteurs de recherche refusés ». Cette note n'existe que lorsque vous avez défini vos paramètres de confidentialité pour bloquer les moteurs de recherche

NOTE TECHNIQUE

Cliquez sur le bouton Enregistrer les modifications lorsque vous avez défini ces options afin qu'elles puissent être sauvegardées.

Commentaires

Commentaires est le quatrième lien du menu Réglages. Cliquez dessus pour ouvrir la page Réglages des commentaires (Figure 4.16). Les sections de cette page vous permettent de définir les options relatives aux commentaires et aux articles de votre site.

Réglages de publication par défaut

Dans la section Réglages de publication par défaut, vous indiquez à WordPress comment gérer les notifications des articles. Voici les options proposées (voir Figure 4.16) :

Figure 4.16 Les Réglages de la page Commentaires.

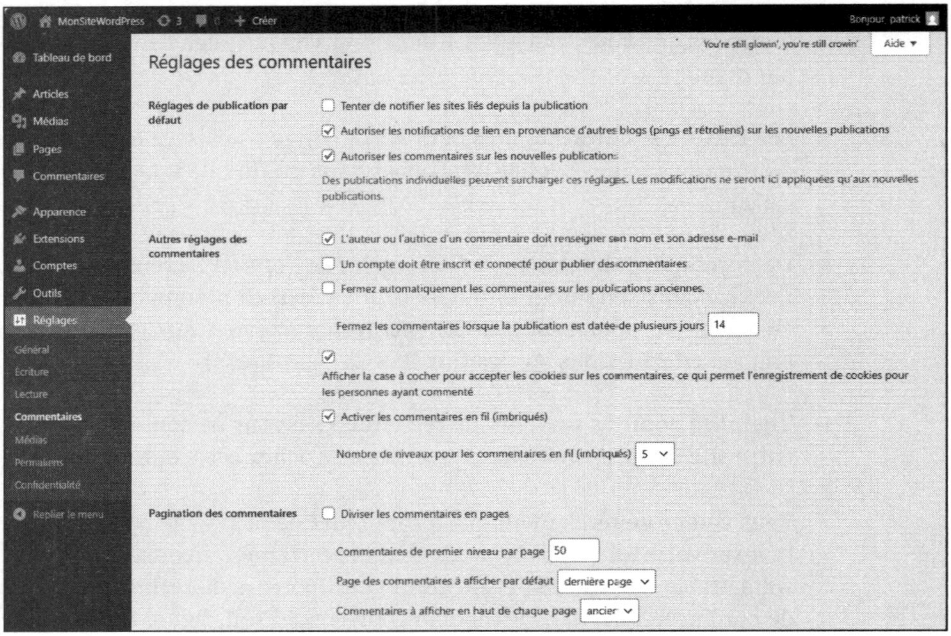

- **Tenter de notifier les sites liés depuis la publication :** si vous cochez cette case, votre site enverra une notification (ou un *ping*) à tout site auquel votre site est lié. Cette notification est communément appelée *rétrolien* (que nous avons vu au Chapitre 2). Désactivez cette option si vous ne souhaitez pas envoyer de notification.

- **Autoriser les notifications de lien en provenance d'autres blogs (pings et rétroliens) sur les nouvelles publications :** par défaut, cette case est cochée. Votre site est prêt à accepter des notifications *via* un ping ou rétrolien d'un autre blog auquel il est lié. Tous les rétroliens ou pings envoyés à votre blog sont listés sur votre site dans la section Commentaires de l'article. Si vous décochez cette case, votre blog refusera tout rétrolien ou ping venant d'autres blogs.

- **Autoriser les commentaires sur les nouvelles publications :** par défaut, cette option est activée. Elle permet aux visiteurs de laisser des commentaires sur votre site. Si vous décochez cette case, plus personne ne pourra laisser de commentaires (vous pouvez passer outre ces paramètres pour un article donné, consultez le Chapitre 5 pour plus amples informations).

Autres réglages des commentaires

La section Autres réglages des commentaires indique à WordPress comment gérer les commentaires :

Figure 4.17 Les autres Réglages de la page Commentaires.

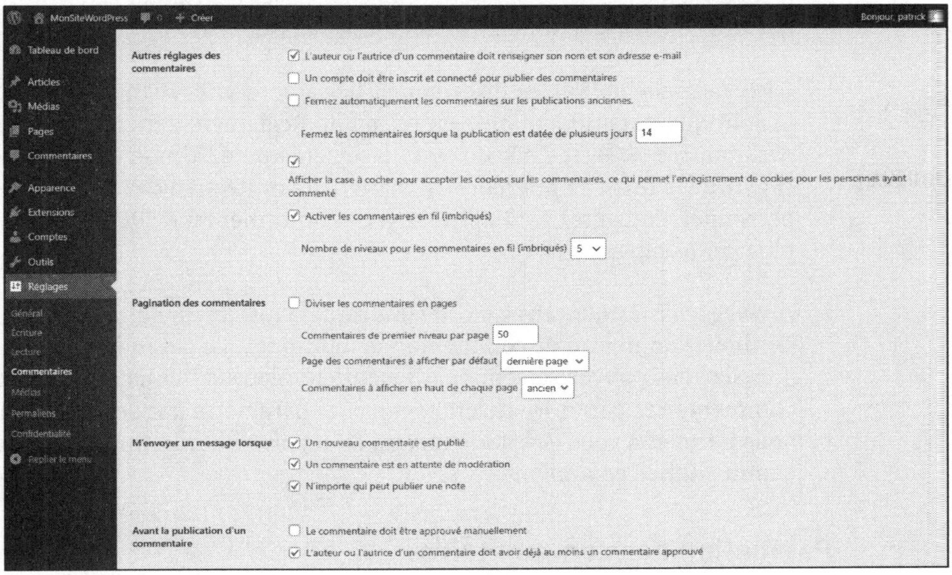

» **L'auteur ou l'autrice d'un commentaire doit renseigner son nom et son adresse e-mail :** activée par défaut, cette option nécessite que les commentateurs remplissent les champs Nom et Email lorsqu'ils laissent un commentaire. Cette option est très utile pour contrer les commentaires indésirables (voir les Chapitres 2 et 7 pour en savoir plus).

» **Un compte doit être inscrit et connecté pour publier des commentaires :** désactivée par défaut, cette option vous permet de n'accepter que des commentaires faits par des personnes qui sont enregistrées et qui se connectent en tant qu'utilisateurs à votre site. Si le visiteur n'est pas connecté, il verra apparaître un message lui indiquant qu'il doit être enregistré pour laisser un commentaire.

» **Fermer automatiquement les commentaires pour les publications datant de plus de X jours :** cochez cette option pour indiquer à WordPress de fermer automatiquement les commentaires des vieux articles. Renseignez ensuite le champ par un nombre de jours.

NOTE TECHNIQUE

Cette technique antispam est très efficace. Bon nombre de blogueurs l'utilisent pour écarter les commentaires et rétroliens indésirables.

» **Afficher la case à cocher pour accepter les cookies sur les commentaires, ce qui permet l'enregistrement de cookies pour les personnes ayant commenté :** cette option est cochée par défaut. Elle laisse les utilisateurs choisir d'accepter que des cookies soient installés lorsqu'ils laissent des commentaires

NOTE TECHNIQUE

Cette nouvelle option est directement liée aux récents changements apportés à la politique de confidentialité en raison du Règlement général sur la protection des données (RGPD). Le RGPD est un règlement de l'Union européenne qui constitue le texte de référence en matière de protection des données à caractère personnel. Consultez le Chapitre 9 « Se conformer au RGPD » pour en savoir plus sur le sujet.

» **Activer les commentaires en fil (imbriqués) :** ce menu déroulant vous permet de choisir un niveau de commentaires imbriqués. Le paramètre par défaut est 5, mais vous pouvez sélectionner jusqu'à 10 niveaux. Au lieu d'afficher tous les commentaires par ordre chronologique (le paramètre par défaut), les imbriquer vous permet, à vous et à vos lecteurs, de répondre aux commentaires dans les commentaires eux-mêmes.

Pagination des commentaires

Lorsque vos articles ou pages génèrent un grand nombre de commentaires, il est possible de les paginer. Vous définissez alors le nombre de commentaires de premier niveau affichés par page ; les réponses imbriquées ne sont ni comptabilisées ni réparties sur plusieurs pages. Vous pouvez également déterminer si la première ou la dernière page de commentaires s'affiche par défaut lors de la première consultation par un visiteur (voir Figure 4.17).

» **Diviser les commentaires en pages :** quand cette option est activée, WordPress répartit les commentaires sur plusieurs pages, au lieu de tous les afficher sur une seule page.

» **Commentaires de premier niveau par page :** sélectionnez le nombre de commentaires de premier niveau par page.

» **Page des commentaires à afficher par défaut (*dernière/première*) :** renseignez le champ avec le nombre de commentaires que vous souhaitez afficher sur une page. Cette option est très utile pour les blogs qui reçoivent beaucoup de commentaires. Elle permet de décomposer une longue chaîne de commentaires en plusieurs pages, ce qui facilite la lecture et accélère le temps du chargement du site, car la page ne charge plus un grand nombre de commentaires en une seule fois. Si vous souhaitez afficher la dernière (la plus récente) ou la première page de commentaires, choisissez Dernière ou Première dans le menu déroulant.

- **Commentaires à afficher en haut de chaque page (*Ancien/Récent*) :** l'option *Ancien* affiche les commentaires du plus ancien au plus récent ; l'option *Récent* fait le contraire, elle affiche les commentaires du plus récent au plus ancien.

M'envoyer un e-mail lorsque

Les deux options de la section M'envoyer un e-mail lorsque sont cochées par défaut (voir Figure 4.17) :

- **Un nouveau commentaire est publié :** cette option vous permet de recevoir une notification *via* un message électronique si on laisse un commentaire sur votre site. Décochez cette case si vous ne souhaitez pas recevoir de notification à votre adresse électronique.
- **Un commentaire est en attente de modération :** cette option vous permet de recevoir une notification *via* un message électronique lorsqu'un commentaire est en attente d'approbation dans la file de modération des commentaires (reportez-vous au Chapitre 5 pour de plus amples informations sur la file de modération de commentaires). Décochez cette option si vous ne souhaitez pas recevoir ce type de notifications dans votre messagerie électronique.
- **N'importe qui peut publier une note :** cette option signifie que tout visiteur du site peut attribuer une note, y compris sans être connecté.

Avant la publication d'un commentaire

Les deux options de la section Avant la publication d'un commentaire indiquent à WordPress comment gérer les commentaires avant leur publication sur votre blog (voir Figure 4.17).

- **Le commentaire doit être approuvé manuellement :** désactivée par défaut, cette option garde tout commentaire laissé sur votre site dans la file de modération jusqu'à ce que vous vous connectiez et l'approuviez. Cochez cette case pour activer cette option.
- **L'auteur ou l'autrice d'un commentaire doit avoir déjà au moins un commentaire approuvé :** activée par défaut, cette option nécessite que les commentaires envoyés par les tout premiers commentateurs soient dans la file de modération en vue de l'approbation de l'administrateur. Si les commentaires

ont été approuvés une fois, les commentaires suivants de leurs auteurs seront automatiquement approuvés. WordPress stocke leur adresse électronique dans la base de données et tout commentaire à venir qui correspond à une adresse électronique stockée sera automatiquement approuvé. Cette fonctionnalité intégrée de WordPress est une autre mesure pour contrer les commentaires indésirables.

Modération de commentaires

Dans la section Modération de commentaires, vous pouvez définir des options pour spécifier quels types de commentaires doivent être mis en attente dans la file de modération.

Pour éviter une invasion de spams avec une tonne de liens, renseignez la zone de texte Garder un commentaire dans la file s'il contient plus de X liens. Le nombre de liens par défaut est 2. Laissez-le tel quel et testez-le. Si vous constatez que vous recevez régulièrement des commentaires légitimes contenant plusieurs liens, retournez à cette page et augmentez ce nombre. Tout commentaire qui présente un nombre très élevé de liens sera automatiquement mis en attente d'approbation.

La zone de texte de la section Modération de commentaires vous permet de saisir des mots-clés, URL, adresses électroniques et IP dans les commentaires que vous souhaitez mettre en attente dans la file de modération (voir Figure 4.18).

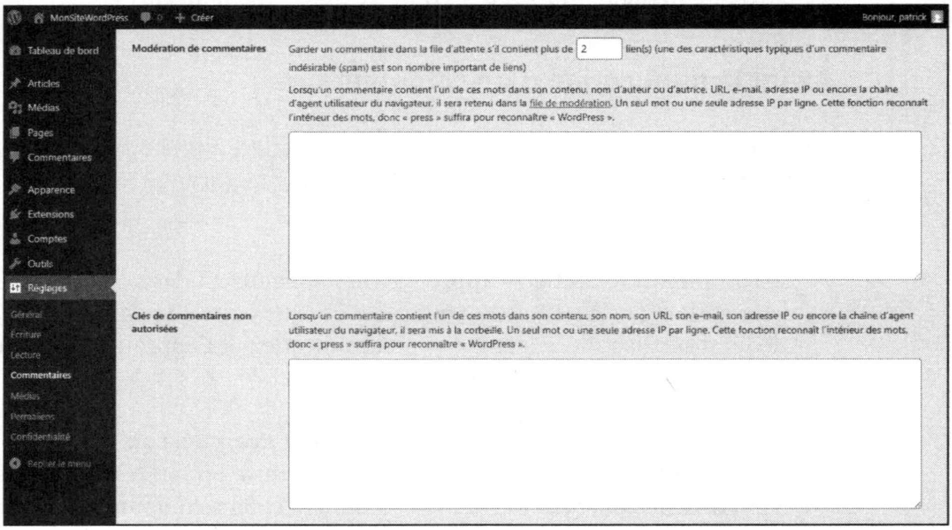

Figure 4.18 Modération des commentaires.

Clés de commentaires non autorisées

Dans la section Clés de commentaires non autorisées, saisissez une liste de mots, d'adresses Web, électroniques et/ou IP que vous voulez bannir de votre site. Les éléments saisis ici n'apparaîtront pas dans la file de modération. WordPress les filtre comme étant indésirables. Permettez-moi de vous dire que les mots que j'ai placés dans cette liste ne sont pas adaptés aux familles et n'ont pas leur place dans un beau livre comme celui-ci (voir Figure 4.18).

Avatars

La dernière section de la page Discussion est Avatars (voir Figure 4.19). Dans cette section, vous pouvez sélectionner différents paramètres pour utiliser et afficher des avatars sur votre site.

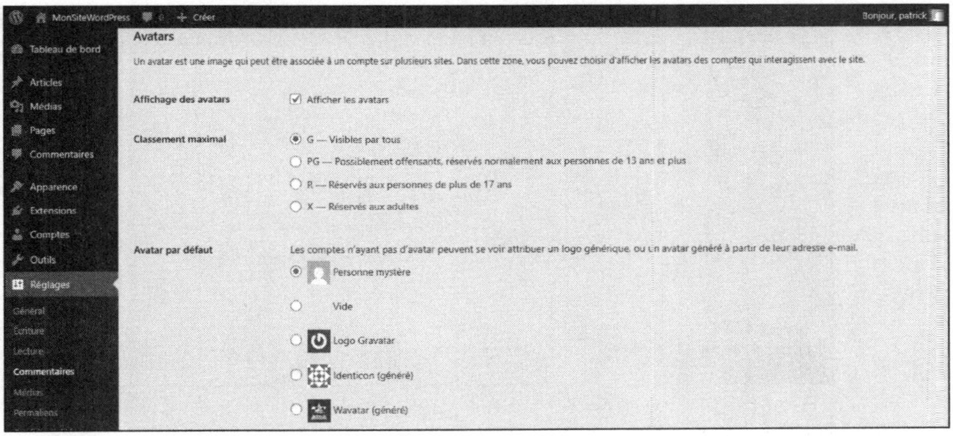

Figure 4.19
Les avatars par défaut que vous pouvez afficher sur votre site.

1 **Dans la section Affichage des avatars, choisissez si vous affichez ou non les avatars sur votre site.**

2 **Dans la section Classement maximal, définissez le classement des avatars qui peuvent être affichés sur votre site.**

Cette fonctionnalité est similaire au système de contrôle parental des films aux États-Unis. Vous avez le choix entre les classements G, PG, R et X. Si votre blog s'adresse à vos amis et à votre famille, vous ne cocherez certainement pas R ou X (public adulte averti !).

❸ Choisissez un avatar dans la section **Avatar par défaut** :

- **Personne mystère, Vide, Logo Gravatar, Identicon (Généré), Wavatar (Généré), MonsterID (Généré), Rétro (Généré), RoboHash (généré), Initiales (généré) et Couleur (générée).**

❹ Cliquez sur le bouton **Enregistrer les modifications**.

Les avatars apparaissent à deux endroits :

» **Sur la page Commentaires du panneau d'administration : la Figure 4.20 montre l'avatar du commentateur, affiché à côté de son nom.**

» **Sur les commentaires des articles : la Figure 4.21 montre un commentaire sur un site.**

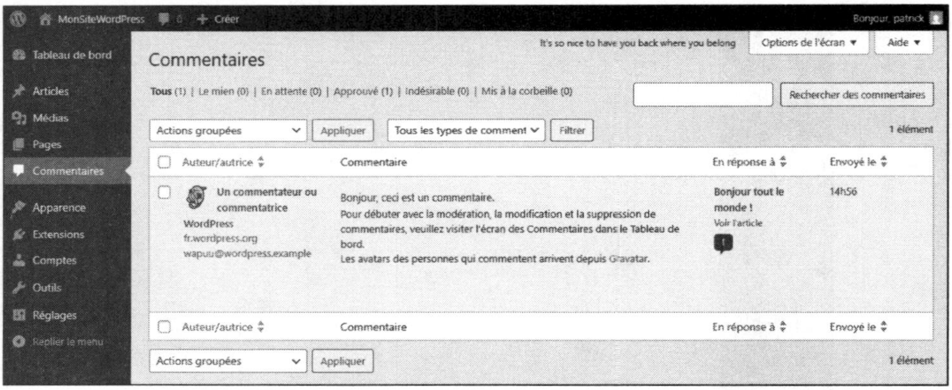

Figure 4.20 Les avatars des auteurs de commentaires apparaissent dans la page Commentaires du panneau d'administration WordPress.

Figure 4.21 Commentaires sur un article affichant les avatars des auteurs.

Quid des *avatars* et des *gravatars* ?

Un *avatar* est la petite représentation graphique d'une personne. C'est une petite icône que les gens utilisent pour se représenter visuellement sur le Web lorsqu'ils participent à des forums de discussion ou laissent des commentaires sur un site. Les *gravatars* ressemblent aux avatars. Ce sont en fait des avatars que vous pouvez emmener partout avec vous. Ils apparaissent à côté des commentaires, des articles et dans les forums de discussion, bref sur tous les sites qui acceptent l'interaction avec Gravatar.

En octobre 2007, Automattic, le groupe qui gère la plateforme WordPress, a acheté le service Gravatar et l'a intégré dans WordPress afin que tout le monde puisse en bénéficier.

Gravatar n'est pas automatique. Vous devez vous créer un compte sur Gravatar et choisir votre avatar que vous recevrez *via* votre adresse électronique. Consultez le site **https://fr.gravatar.com/** pour en savoir plus.

Médias

Le lien suivant du menu Réglages est Médias. Cliquez sur ce lien pour ouvrir la page Réglages des médias (Figure 4.22).

Figure 4.22 La page Réglages des médias.

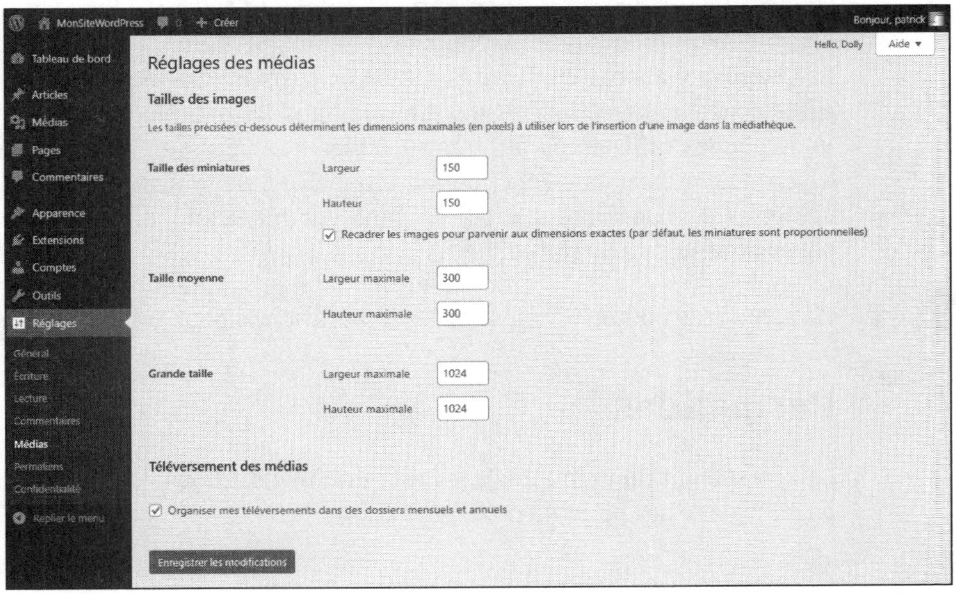

La page Médias est relative aux images. WordPress redéfinit automatiquement la dimension des images en trois tailles différentes. La dimension est exprimée en pixels, par la largeur puis la hauteur (par exemple, 50 x 100 signifie « 50 pixels de largeur sur 100 pixels de hauteur »).

» **Taille des miniatures :** la taille par défaut est de 150 x 150. Entrez la largeur et la hauteur de votre choix. Cochez Recadrer les images pour parvenir aux dimensions exactes (normalement, les miniatures sont proportionnées) pour redéfinir la dimension de la miniature exactement à la largeur et la hauteur que vous avez spécifiées. Décochez l'option pour que WordPress redéfinisse la dimension de l'image proportionnellement.

» **Taille moyenne :** la taille par défaut est 300 x 300. Saisissez la largeur et la hauteur de votre choix.

» **Grande taille :** la taille par défaut est 1 024 x 1 024. Saisissez la largeur et la hauteur de votre choix.

Enfin, la dernière option est relative au téléchargement de fichiers. Par défaut, l'option Organiser mes téléversements dans des dossiers mensuels et annuels est cochée. WordPress organise les dossiers de vos téléchargements par mois et par année. Par exemple, un fichier téléchargé en juin 2026 sera organisé en dossiers et sous-dossiers : `/wp-contents/uploads/2026/06`. Décochez cette option si vous ne souhaitez pas que WordPress organise les fichiers par mois et année.

Le Chapitre 9 aborde en détail la notion de thèmes et de modèles, nous verrons également comment insérer des images dans les articles et pages WordPress. Vous pouvez utiliser ces différentes tailles d'images sur votre site Web, mais également utiliser une fonctionnalité appelée **Image à la une** pour créer des vignettes d'images qui s'affichent dans vos publications, pages d'archives et pages de résultats de recherche.

NOTE TECHNIQUE

Cliquez sur le bouton Enregistrer les modifications pour valider vos réglages.

Permaliens

Le lien suivant du menu Réglages est Permaliens. Cliquez dessus pour ouvrir la page Réglage des permaliens (Figure 4.23).

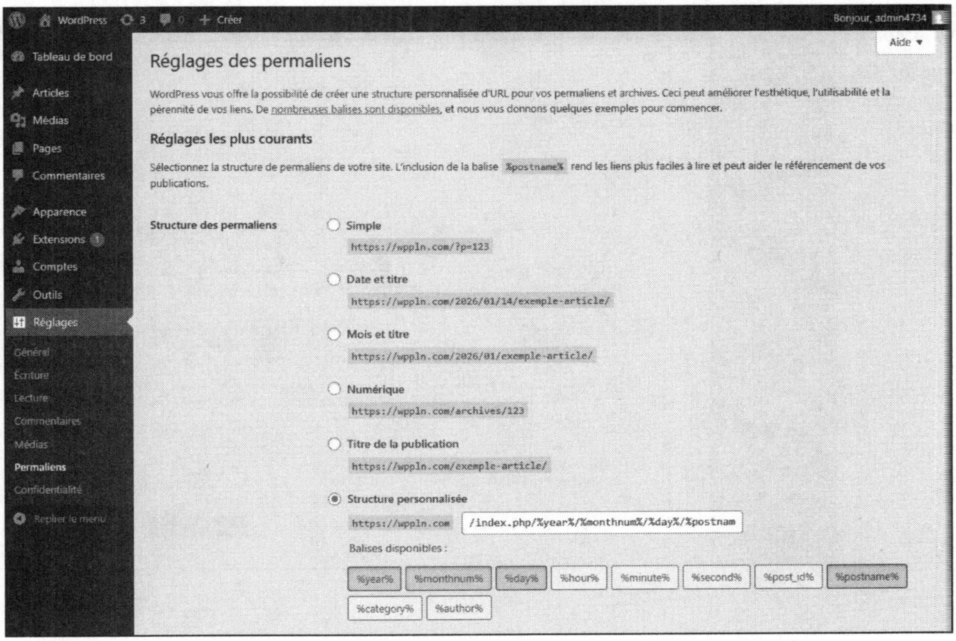

Figure 4.23

La page des Réglages des permaliens.

Chaque article que vous créez sur votre site a une adresse unique appelée *permalien* qui correspond à l'URL de tous les articles, pages et archives. Reportez-vous au Chapitre 5 pour en savoir plus à ce sujet, notamment comment les utiliser et définir les différentes options de cette page.

Confidentialité

Le dernier lien du menu Réglages est le menu Confidentialité. Cliquez dessus pour ouvrir la page relative aux réglages de la confidentialité du site (Figure 4.24).

Le 25 mai 2018, l'Union européenne (UE) a adopté une loi appelée Règlement général sur la protection des données (RGPD en abrégé). Le RGPD est un ensemble de règles conçues pour donner aux citoyens européens plus de contrôle sur leurs données personnelles stockées sur les sites Web lorsqu'ils naviguent sur Internet. En tant que propriétaire d'un site Web, vous êtes tenu de respecter ces lois pour protéger la confidentialité des données de vos visiteurs. Une section de cette loi vous oblige à publier une page de confidentialité sur votre site Web qui énonce votre politique de confidentialité.

Je vous invite à parcourir le Chapitre 9 « Se conformer au RGPD » pour en savoir plus à ce sujet.

Figure 4.24 La page des Réglages de confidentialité.

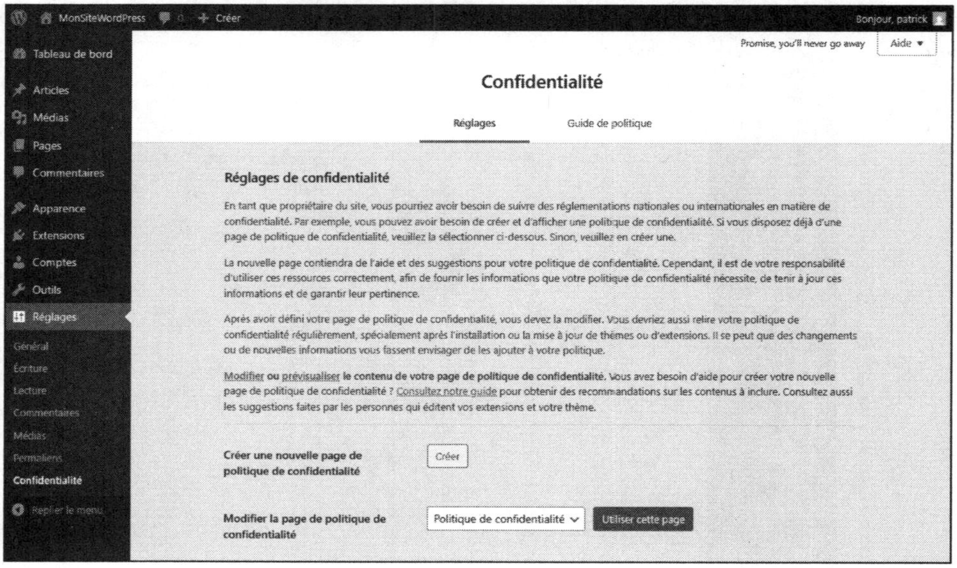

Personnaliser son profil

Pour accéder à la page de votre profil, placez le curseur de la souris là où figure le mot *Bonjour, <votre nom>* (en haut à droite de l'écran). Cliquez ensuite sur votre nom dans le sous-menu. La page Profil apparaît (Figure 4.25).

Voici les options de cette page :

» **Options personnelles :** cette section vous permet de choisir vos préférences :

- *Édition de code :* permet de ne pas afficher la syntaxe colorée lorsque du code est édité dans l'interface d'administration de WordPress.
- *Jeu de couleurs de l'administration :* ces options définissent les couleurs de votre panneau d'administration. Le jeu de couleurs par défaut est automatiquement sélectionné dans une nouvelle installation, mais vous avez d'autres options de couleur, notamment Lumineux, Moderne, Bleu, Café, Ectoplasme, Minuit, Océan et Lever du soleil.
- *Raccourcis clavier* : cette option vous permet d'utiliser des raccourcis clavier pour modérer les commentaires. Pour plus de détails sur ces raccourcis clavier, cliquez sur le lien En savoir plus qui vous redirige vers une aide en ligne (https://codex.wordpress.org/fr:Raccourcis_Clavier) du codex de WordPress dont les informations sont très utiles.

Figure 4.25

Définir les détails de votre profil.

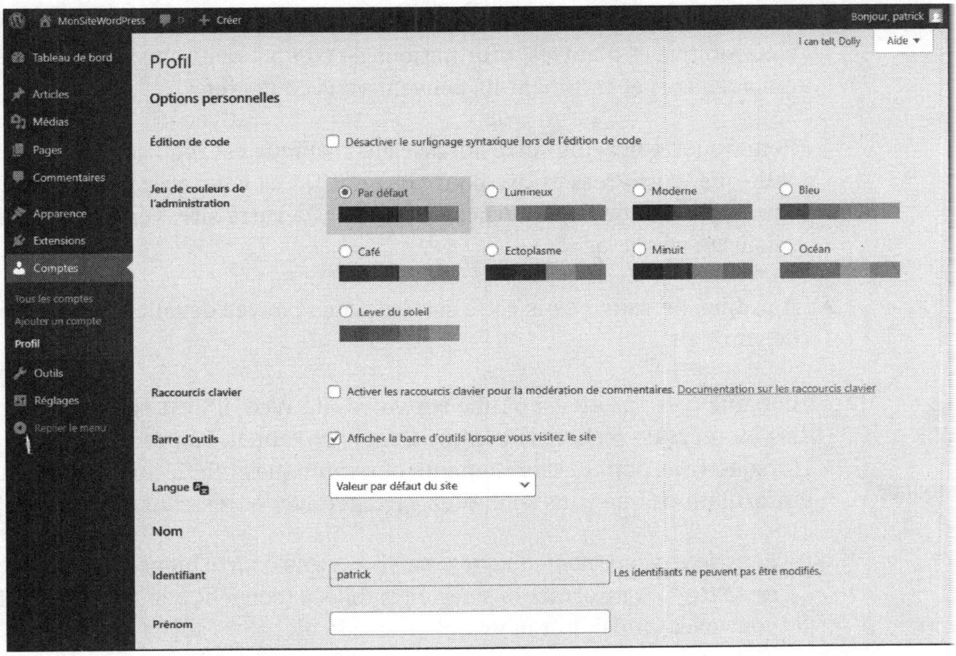

- *Barre d'outils :* cette option vous permet d'afficher la barre d'outils lorsque vous visitez votre site et êtes connecté à WordPress. La barre d'outils d'administration s'affiche en haut de chaque page de votre site lorsque vous la consultez dans votre navigateur. Il est important de comprendre que la barre d'outils d'administration n'apparaît qu'aux utilisateurs connectés. Les visiteurs réguliers qui ne sont pas connectés à votre site ne peuvent pas voir la barre d'outils.

- *Langue :* permet de définir la langue de l'interface d'administration pour l'utilisateur. Ce réglage est personnel, n'affecte que le tableau de bord et les menus WordPress, et n'a aucun impact sur la langue du site visible par les visiteurs. Si aucune langue n'est sélectionnée, celle du site est utilisée par défaut.

» **Prénom et Nom :** cette section vous permet de spécifier des informations personnelles, comme votre nom de famille, vos prénom et surnom, et de préciser le nom que vous souhaitez afficher. Remplissez les champs par les informations demandées.

Ces options sont partiellement illustrées à la Figure 4.25 ; vous devez faire défiler la fenêtre vers le bas pour les voir.

- **Informations de contact** : dans cette section, vous donnez votre adresse électronique et d'autres informations de contact pour que vos visiteurs sachent qui vous êtes et comment ils peuvent vous contacter.

  Remarquez que seule votre adresse électronique est requise. Cette adresse est celle que WordPress utilise pour vous notifier si vous avez reçu de nouveaux commentaires ou de nouvelles inscriptions à votre site. Vérifiez que l'adresse saisie est correcte.

- **À propos de vous :** dans cette section, vous pouvez dévoiler quelques éléments de votre vie.

  NOTE TECHNIQUE

  Lorsque votre profil est publié sur votre site Web, il l'est également dans les moteurs de recherche comme Google et Yahoo!. La prudence est de mise lorsque vous donnez des éléments biographiques ! Réfléchissez bien aux informations que vous souhaitez partager avec le reste du monde.

  - *Renseignements biographiques :* saisissez une courte biographie dans cette zone de texte. Ces informations seront publiées (souvent à la fin des articles) si vous avez choisi un thème qui affiche la bio, alors soyez créatif !

  - *Illustration du profil :* affichez la photo actuelle que vous avez définie dans votre compte Gravatar. Vous pouvez créer une photo de profil ou modifier votre photo existante dans votre compte Gravatar sur https://fr.gravatar.com/ !

- **Gestion de compte :** dans cette section, vous pouvez modifier votre mot de passe de connexion à l'interface d'administration de WordPress.

  - *Nouveau mot de passe :* si vous souhaitez changer de mot de passe, cliquez sur ce bouton.

    Un petit assistant de mot de passe vous aide à créer un mot de passe sécurisé. WordPress vous prévient si le mot de passe que vous avez choisi est trop court ou pas assez sécurisé (Très faible, Faible ou Moyen, Fort). Lorsque vous créez un nouveau mot de passe, utilisez une combinaison de lettres, de chiffres et de symboles pour le rendre difficile à deviner (par exemple, tOXrI$070&#K6n0OX#Q8*Ui1).

    ASTUCE

    Changez régulièrement votre mot de passe. Je ne peux que vous le conseiller fortement. Quelques internautes malveillants gagnent leur vie à tenter de pirater les sites. Si vous changez le mot de passe tous les mois, vous réduisez le risque d'être piraté.

- *Session :* si vous avez ouvert des sessions WordPress à partir d'autres ordinateurs et que vous souhaitiez vous assurer que vous êtes déconnecté de partout, cliquez sur ce bouton. Cette option vous laisse connecté à votre emplacement actuel, mais vous déconnecte de tout autre endroit où vous êtes connecté. Si vous n'êtes connecté nulle part ailleurs, le bouton est inactif et un message vous indique que *Vous n'*êtes connecté qu'à cet endroit.

Une fois que vous avez défini toutes les options, cliquez sur le bouton Mettre à jour le profil pour enregistrer les modifications.

Définir les caractéristiques de votre site

Outre la personnalisation des réglages, le tableau de bord vous permet de gérer votre site au quotidien. Dans cette section, vous allez parcourir les liens Articles Médias, Pages, Commentaires, Apparence, Extensions, Comptes et Outils du menu de navigation.

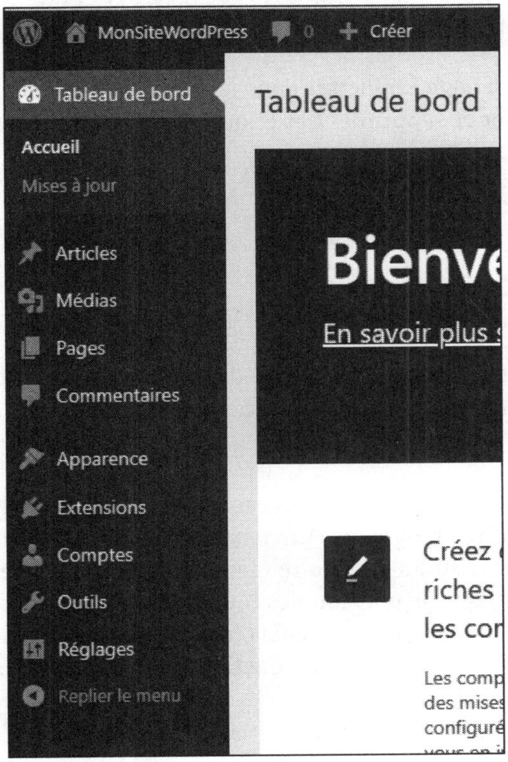

Figure 4.26 Les menus du tableau de bord.

Articles

Cliquez sur le menu Articles pour faire apparaître un sous-menu comportant quatre liens : Tous les articles, Ajouter, Catégories et Étiquettes. Chacun de ces liens vous fournit les outils dont vous avez besoin pour publier du contenu sur votre site.

» **Tous les articles :** ce lien ouvre une page où figure la liste de tous les articles que vous avez écrits sur votre site. Depuis cette page, vous pouvez rechercher des articles par dates ou par catégories. Vous pouvez afficher tous les articles, seuls les articles publiés ou uniquement les articles qui ont été enregistrés mais pas encore publiés (brouillons). Vous pouvez également modifier et supprimer des articles de cette page.

» **Ajouter :** ce lien ouvre la page Ajouter un nouvel article. Dans cette page, vous rédigez un article, définissez les options de chaque article (comme lui attribuer une catégorie, lui définir sa visibilité publique ou privée) et le publiez sur votre site.

» **Catégories :** ce lien ouvre la page Catégories dans laquelle vous pouvez visualiser, ajouter et supprimer des catégories. Vous trouverez plus d'information à ce sujet au Chapitre 5.

» **Étiquettes :** ce lien ouvre la page Étiquettes dans laquelle vous pouvez visualiser, ajouter, modifier et supprimer des étiquettes. Vous trouverez plus d'informations à ce sujet au Chapitre 5.

Médias

Cliquez sur le menu Médias pour faire apparaître les liens de son sous-menu :

» **Bibliothèque :** ce lien ouvre la page Bibliothèque de médias. Depuis cette page, vous pouvez visualiser, rechercher et gérer tous les fichiers multimédias que vous avez téléchargés sur WordPress.

» **Ajouter :** ce lien ouvre la page Envoi d'un nouveau média dans laquelle vous pouvez utiliser l'outil de mise en ligne intégré pour transférer des fichiers multimédias de votre ordinateur au répertoire média de WordPress. Reportez-vous au Chapitre 7 pour obtenir de plus amples informations sur le chargement des fichiers image, vidéo, audio et autres médias (comme les documents Word et PowerPoint de Microsoft) à l'aide de cette fonctionnalité WordPress.

N'OUBLIEZ PAS

Vous pouvez également accéder à l'écran de téléchargement de fichiers multimédias en cliquant sur le bouton Ajouter du menu Médias ou en cliquant directement sur le lien + Créer depuis la barre d'outils et en sélectionnant ensuite Fichier Média.

Pages

On utilise généralement cette fonctionnalité pour créer des pages dites « statiques », comme *À propos de l'auteur* ou *Contact*. Cliquez sur le menu Pages pour faire apparaître les liens de son sous-menu :

» **Toutes les pages :** ce lien ouvre la page Pages qui permet de rechercher, visualiser, modifier et supprimer des pages de votre site WordPress.

» **Ajouter :** ce lien ouvre la page Ajouter une nouvelle page dans laquelle vous pouvez rédiger, enregistrer et publier une nouvelle page. Le Tableau 4.2 vous présente les différences entre un article et une page. C'est assez subtil, pourtant la différence entre les deux est réelle !

Vous pouvez également Ajouter une nouvelle page en cliquant directement sur le lien + Créer de la barre d'outils et en sélectionnant ensuite Page.

Tableau 4.2 Différences entre un article et une page.

Options WordPress	Page	Article
Apparaît dans les listes des articles du site	Non	Oui
Apparaît sous la forme d'une page statique	Oui	Non
Apparaît dans les archives des catégories	Non	Oui
Apparaît dans les archives mensuelles	Non	Oui
Apparaît dans la liste des articles les plus récents	Non	Oui
Apparaît dans les flux RSS	Non	Oui
Apparaît dans les résultats de recherche	Oui	Oui

Commentaires

Le menu Commentaires ne dispose pas de sous-menus. Cliquez simplement sur le menu Commentaires pour ouvrir la page relative aux commentaires et faire apparaître les options suivantes :

» **Tous :** affiche tous les commentaires qui existent actuellement sur votre site. Cela inclut les commentaires approuvés, en attente et indésirables.

» **Le mien :** affiche vos propres commentaires que vous auriez déposés sur votre site.

» **En attente :** affiche tous les commentaires qui ne sont pas encore approuvés par vos soins, mais qui sont dans la file de modération.

» **Approuvés :** affiche tous les commentaires approuvés.

» **Indésirable :** affiche tous les commentaires marqués comme indésirables.

» **Mis à la corbeille :** affiche tous les commentaires supprimés.

Reportez-vous au Chapitre 2 pour une présentation générale des commentaires et au Chapitre 5 pour plus de détails sur leur gestion.

Apparence

Cliquez sur le menu Apparence pour faire apparaître un sous-menu composé de ces liens :

» **Thèmes :** cliquez sur ce lien pour ouvrir la page Thèmes dans laquelle vous pouvez gérer les thèmes de votre instance WordPress. Reportez-vous au Chapitre 8 pour obtenir de plus amples informations sur l'utilisation des thèmes WordPress et leur gestion.

  Les quatre thèmes Twenty Twenty installés par défaut dans toute nouvelle instance WordPress ne proposent que le sous-menu **Thèmes**, car ils sont compatibles avec l'édition intégrale du site (ou FSE, *Full Site Editing*). Consultez le Chapitre 8 pour tout comprendre sur la notion de FSE. Si vous installez un thème non compatible FSE, comme de nombreux thèmes disponibles dans le répertoire WordPress, des options supplémentaires apparaissent, parmi lesquelles :

» **Personnaliser :** certains thèmes ont une page Personnaliser qui vous permet de configurer différents paramètres. C'est le cas du thème *Twenty Twenty-One*. Le lien Personnaliser apparaît sous le menu Apparence uniquement si le thème que vous utilisez dispose d'options à configurer, sinon ce lien n'apparaît pas.

» **Widgets :** ce lien ouvre la page Widgets dans laquelle vous pouvez ajouter, supprimer, modifier et gérer les widgets que vous utilisez sur votre site.

» **Menus :** ce lien ouvre la page Menus dans laquelle vous pouvez configurer des menus de navigation pour votre site. Reportez-vous au Chapitre 9 pour obtenir de plus amples informations sur les menus.

» **En-tête :** ce lien ouvre une page de personnalisation de l'en-tête. Néanmoins, cet élément de menu et cette page ne s'affichent que si vous avez activé un thème qui supporte la personnalisation de l'en-tête. Si vous ne voyez pas apparaître cet élément de menu et cette page, c'est que le thème que vous avez choisi ne propose pas cette option de personnalisation.

» **Arrière-plan :** ce lien ouvre une page de personnalisation de l'image d'arrière-plan. Tout comme l'en-tête, cet élément de menu et cette page ne s'affichent que si vous avez activé un thème qui supporte la personnalisation de l'arrière-plan. Tous les thèmes WordPress ne proposent pas nécessairement cette option de personnalisation.

» **Éditeur de fichiers des thèmes :** ce lien ouvre la page Modifier les thèmes dans laquelle vous pouvez modifier le modèle de votre thème. Reportez-vous aux Chapitres 8 à 10 pour en savoir plus sur les thèmes et les modèles. Notez que ce menu peut ne pas apparaître si la configuration de votre instance WordPress interdit la modification du code source (`define('DISALLOW_FILE_EDIT', true)`).

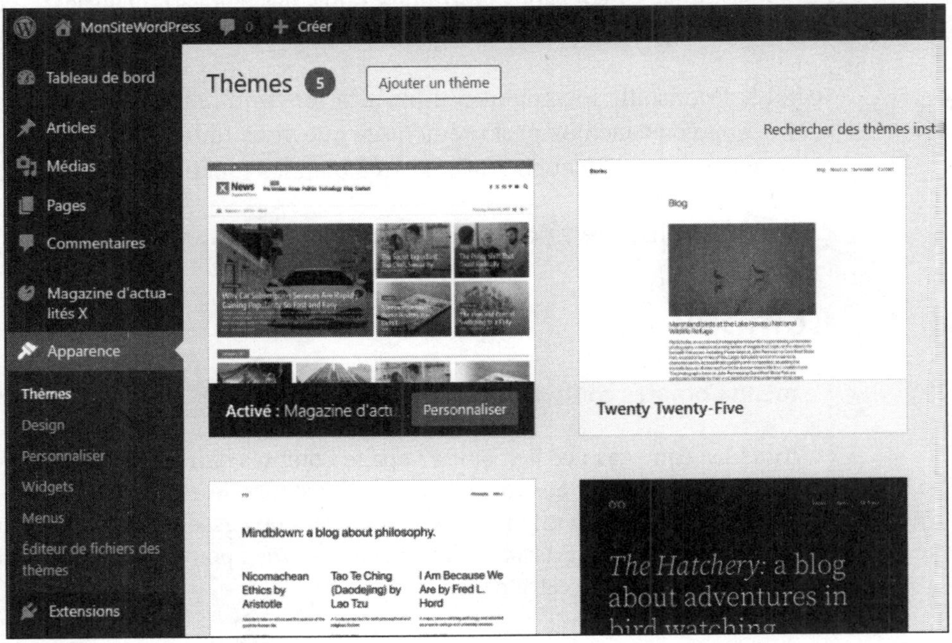

Figure 4.27 Les options du menu Apparence d'un site non compatible FSE.

N'OUBLIEZ PAS

Le téléchargement d'images d'en-tête et la personnalisation de l'arrière-plan de votre site vous permettent de créer un site Web à votre goût. Vous trouverez plus d'informations sur la modification et la personnalisation de votre thème WordPress au Chapitre 8. Le Chapitre 9 vous livre beaucoup d'informations sur l'utilisation des thèmes WordPress (y compris où les trouver, les installer et les activer sur votre site WordPress), ainsi que des informations sur l'utilisation de widgets pour afficher le contenu que vous voulez.

Extensions

Cliquez sur le menu Extensions pour faire apparaître le sous-menu composé de ces liens :

» **Extensions installées :** ce lien ouvre la page Extensions dans laquelle vous pouvez visualiser toutes les extensions installées actuellement sur votre site. Dans cette page, vous pouvez également activer, désactiver ou supprimer des extensions.

» **Ajouter :** ce lien ouvre la page Ajouter des extensions dans laquelle vous pouvez rechercher des extensions par mots-clés ou par auteurs sur le très officiel Répertoire des extensions WordPress (https://wordpress.org/plugins/). Vous pouvez installer directement sur votre site une extension de cet annuaire.

ASTUCE

Je vous déconseille fortement d'utiliser la fonctionnalité Éditeur d'extension, à moins que vous sachiez parfaitement ce que vous faites (c'est-à-dire que vous sachiez coder en PHP et connaissiez très bien les fonctions WordPress).

Consultez le Chapitre 7 pour en savoir plus sur les extensions.

Comptes

Le menu Comptes contient trois liens :

» **Tous les comptes :** ce lien ouvre la page Comptes dans laquelle vous pouvez visualiser, modifier et supprimer des utilisateurs de votre instance WordPress. Chaque utilisateur a un identifiant et un mot de passe uniques, ainsi qu'une adresse électronique associée à son compte. Vous pouvez visualiser et modifier les informations de cette page.

» **Ajouter :** ce lien ouvre la page Ajouter un utilisateur dans laquelle vous pouvez ajouter et créer le profil d'un nouvel utilisateur. Tapez simplement le nom d'utilisateur, le prénom, le nom de famille, le courriel (requis), le site Web et un mot de passe dans les champs fournis, puis cliquez sur le bouton Ajouter un utilisateur. Vous pouvez également envoyer les informations de connexion au nouvel utilisateur par courrier électronique. Si vous le souhaitez, attribuez un nouveau rôle au nouvel utilisateur. Reportez-vous à la section « Général », précédemment dans ce chapitre, pour plus d'informations sur les rôles utilisateur.

» **Profil :** ce lien ouvre la page Profil. Reportez-vous à la section « Personnaliser son profil », précédemment dans ce chapitre, pour en savoir plus à ce sujet.

Outils

Le dernier élément du menu de navigation (et donc de ce chapitre !) est Outils. Cliquez sur le menu Outils pour faire apparaître le sous-menu suivant :

» **Outils disponibles :** ce lien ouvre un *convertisseur de catégories et étiquettes*. Les catégories disposent d'une hiérarchie, ce qui signifie que vous pouvez leur donner des sous-catégories. Les étiquettes n'ont pas de hiérarchie et ne peuvent être imbriquées. Le convertisseur permet de passer de l'un à l'autre.

» **Importer :** WordPress vous offre la possibilité d'importer des articles et des blogs d'autres plateformes de publication. Reportez-vous au Chapitre 12 pour de plus amples informations sur cette fonctionnalité.

» **Exporter :** WordPress vous offre la possibilité d'exporter le contenu de votre site WordPress vers une autre plateforme ou un autre site WordPress.

» **Santé du site :** cette fonctionnalité permet d'obtenir un grand nombre d'informations utiles sur la configuration de votre site. Deux onglets sont disponibles. Le premier, État, permet d'obtenir un bilan de santé général de son site grâce à un ensemble de contrôles lancés automatiquement. Le deuxième onglet, Info, permet d'obtenir des informations techniques de votre site. Consultez le Chapitre 12 « Vérifier l'état de santé du site » pour en savoir plus sur le sujet.

» **Exporter les données :** le RGPD indique que les internautes doivent avoir connaissance des données personnelles que vous détenez. Cet outil permet d'envoyer aux internautes les données dont vous disposez les concernant. Consultez le Chapitre 9 « Se conformer au RGPD » pour en savoir plus sur le sujet.

» **Effacer les données :** le RGPD précise également que les internautes peuvent « également exiger un effacement de leurs données ».

Les quatre thèmes Twenty Twenty installés par défaut dans toute nouvelle instance WordPress proposent les options suivantes :

» **Éditeur de fichiers des thèmes :** ce lien ouvre la page Modifier les thèmes dans laquelle vous pouvez modifier le modèle de votre thème. Reportez-vous aux Chapitres 8 à 10 pour en savoir plus sur les thèmes et les modèles. Notez que ce menu peut ne pas apparaître si la configuration de votre instance WordPress interdit la modification du code source (`define('DISALLOW_FILE_EDIT ', true)`).

» **Éditeur de fichiers des extensions :** ce lien ouvre la page Modifier les extensions dans laquelle vous pouvez modifier les fichiers source des extensions dans un éditeur texte. Notez que ce menu peut ne pas apparaître si la configuration de votre instance WordPress interdit la modification du code source (`define('DISALLOW_FILE_EDIT', true)`).

NOTE TECHNIQUE

Le sigle RGPD signifie « Règlement général sur la protection des données ». Le RGPD encadre le traitement des données personnelles sur le territoire de l'Union européenne. Ce nouveau règlement européen s'inscrit dans la continuité de la loi française Informatique et Libertés de 1978 et renforce le contrôle par les citoyens de l'utilisation qui peut être faite des données les concernant.

DANS CE CHAPITRE :

Définir la taxonomie à l'aide des catégories et des étiquettes.

•

Découvrir et personnaliser les permaliens.

•

Comprendre et utiliser les flux RSS.

•

Écrire et modifier des articles et des pages, publier des contenus.

•

Utiliser l'éditeur de blocs.

•

Paramétrer les blocs Paragraphe, Image, Média & Texte et Boucle de requête.

•

Gérer et modérer les commentaires.

Chapitre 5

Gérer son site au quotidien

WordPress est un puissant outil de publication, en particulier si vous utilisez toute sa palette d'options. Une fois les réglages élémentaires configurés (ce que vous avez fait au Chapitre 4), il est temps de vous lancer ! Vous pouvez passer directement à la section « Écrire votre premier article » si vous êtes pressé d'en découdre avec WordPress. Mais vous pouvez également lire ce qui suit afin de découvrir d'autres options pour mieux organiser votre site.

N'OUBLIEZ PAS

Un site peut vite devenir une sorte de fourre-tout déstructuré vous contraignant à revoir quelques fonctionnalités pour mieux le contrôler. Aussi, pourquoi ne pas commencer par planifier un peu les choses ? Ce ne sera pas long ! Promis ! Et vous me remercierez plus tard !

Définir des catégorie et des étiquettes

Dans WordPress, une *catégorie* correspond à une classification principale. Elle sert à organiser le contenu à un niveau global. On peut la comparer à un grand dossier dans lequel on range les articles et les pages du sites. Chaque article doit, en principe, appartenir à au moins une catégorie, car c'est elle qui donne le contexte général du contenu.

Les catégories sont hiérarchiques. Cela signifie qu'on peut créer des catégories parentes et des sous-catégories. Par exemple, une catégorie « Tutoriels » peut contenir une sous-catégorie « WordPress », elle-même contenant « Thèmes » ou « Extensions ».

Cette hiérarchie permet de construire une arborescence logique et structurée. En voici un exemple :

» Sports collectifs (catégorie principale)

» Football (sous-catégorie)

» Basketball (sous-catégorie)

» Rugby (sous-catégorie)

» Sports individuels (catégorie principale)

» Tennis (sous-catégorie)

» Athlétisme (sous-catégorie)

Les visiteurs cliquent ainsi sur les catégories qui les intéressent pour afficher les articles que vous avez écrits à leur sujet. Les catégories peuvent s'afficher à différents emplacements de votre site :

» **Le corps de l'article** : dans la plupart des thèmes WordPress, vous verrez un titre d'un article suivi par un énoncé tel que « Classé dans Catégorie 1 », « Classé dans Catégorie 2 », « Non classé », *etc.* Le lecteur peut cliquer sur le nom de la catégorie, c'est-à-dire Catégorie 1 ou Catégorie 2, pour accéder à la page qui répertorie tous les articles de cette catégorie. Vous pouvez attribuer à un article une ou plusieurs catégories.

» **Les menus** : les menus font partie des éléments incontournables d'un site web et servent de point d'accès principal pour la navigation. Ils offrent aux visiteurs la possibilité de se déplacer facilement entre les différentes sections du site. Dans WordPress, il est possible d'y ajouter des liens vers des catégories afin de regrouper les articles par thématiques et de permettre aux utilisateurs de consulter plus aisément les contenus liés à un même sujet.

» **La colonne latérale du thème de votre site** : la colonne latérale de votre thème peut accueillir l'affichage de toutes les catégories. L'utilisateur a alors la possibilité d'en choisir une afin d'accéder à une page présentant l'ensemble des articles correspondants.

Vous pourrez créer autant de niveaux de catégories que vous le souhaitez. Vous n'êtes pas limité au nombre de niveaux de catégories.

Créer de nouvelles catégories

Les catégories jouent un rôle essentiel dans l'organisation et l'archivage des articles d'un site WordPress. Au fil du temps, à mesure que votre site évolue et que de nouveaux contenus sont publiés, vous serez amené à créer de nouvelles catégories ou à ajuster celles qui existent déjà. WordPress ne limite ni le nombre de catégories ni celui des sous-catégories, ce qui offre une grande souplesse de structuration.

Toutes les opérations liées aux catégories se réalisent depuis le même écran. Pour y accéder, cliquez sur le menu Articles, puis sur Catégories. La page Catégories s'ouvre et affiche, d'un côté, la liste des catégories existantes et, de l'autre, les outils nécessaires pour en créer de nouvelles ou les modifier (voir Figure 5.1).

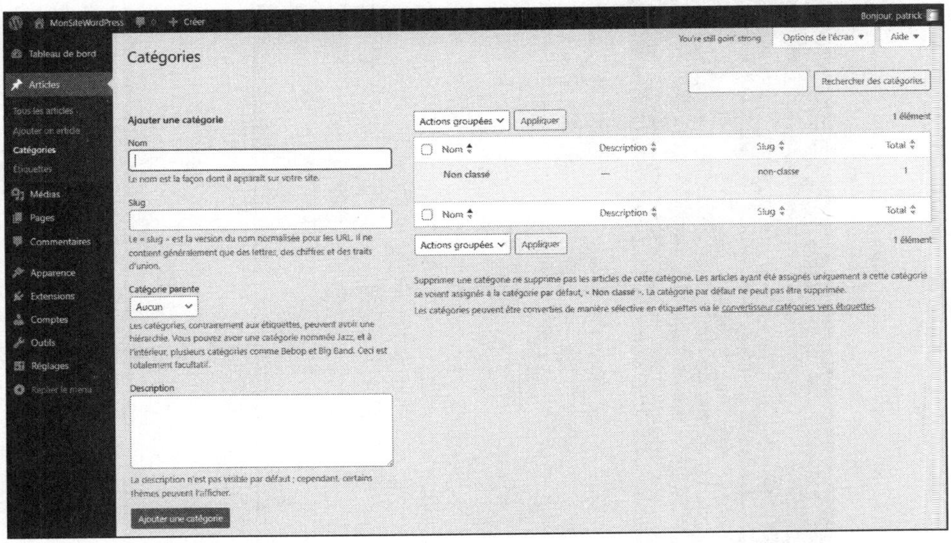

Figure 5.1 La page Catégories d'un tout nouveau site affichant la catégorie par défaut « Non classé ».

Créer une nouvelle catégorie se fait en quelques étapes simples :

1. **Utilisez la section Ajouter une nouvelle catégorie.**

   Pour ajouter une catégorie, utilisez la section Ajouter une nouvelle catégorie, située dans la partie gauche de la page. Commencez par saisir le nom de la catégorie dans le champ Nom. Par exemple, si vous souhaitez regrouper vos articles consacrés à vos lectures, vous pouvez indiquer *Livres que j'aime* (voir Figure 5.2).

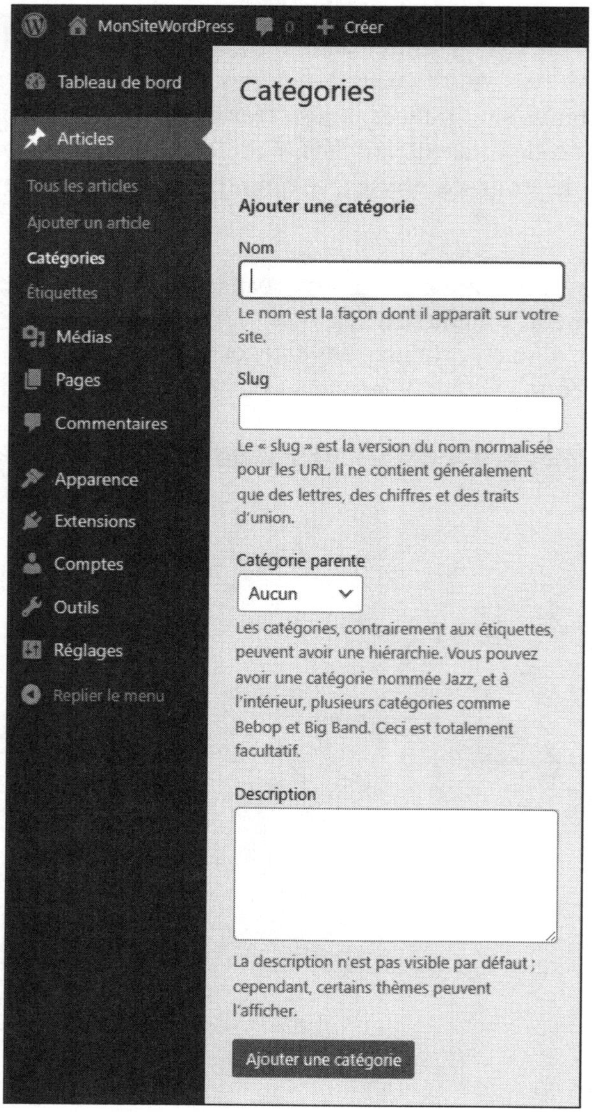

Figure 5.2 Création d'une nouvelle catégorie.

2. Saisissez un nom dans le champ Slug.

   Le champ Slug correspond à l'identifiant utilisé dans l'URL de la catégorie. Si vous le laissez vide, WordPress le génère automatiquement à partir du nom. Ainsi, *Livres que j'aime* produira une adresse de type .../category/livres-que-j-aime. Vous pouvez toutefois choisir un *slug* plus court et plus lisible, comme livres, afin d'obtenir une URL simplifiée.

3. Sélectionnez le parent de la catégorie.

   Vous pouvez ensuite définir si cette catégorie est une catégorie principale ou une sous-catégorie. Pour une catégorie principale, sélectionnez Aucun dans le menu Parent. Si elle dépend d'une autre catégorie, choisissez alors la catégorie parente appropriée.

4. (Facultatif) Saisissez une description de la nouvelle catégorie dans la zone de texte Description.

   Une description peut être ajoutée de manière facultative dans le champ Description. Celle-ci sert à préciser le contenu de la catégorie et peut être affichée par certains thèmes WordPress, ce qui apporte un contexte supplémentaire aux visiteurs.

5. Cliquez sur le bouton Ajouter une nouvelle catégorie.

   Une fois les champs complétés, cliquez sur Ajouter une nouvelle catégorie. La catégorie est immédiatement créée et disponible pour classer vos articles.

Pour supprimer une catégorie, placez votre souris sur le titre de la catégorie que vous souhaitez supprimer puis cliquez sur le lien Supprimer qui apparaît sous le titre.

ATTENTION

La suppression d'une catégorie ne supprime pas les articles et les liens de cette catégorie. En fait, les articles de la catégorie supprimée seront attribués à la catégorie par défaut « Non classé », sauf si vous l'avez renommée autrement.

ASTUCE

Si vous avez construit un site WordPress avec des catégories déjà créées, vous pouvez en convertir quelques-unes, voire toutes, en étiquettes. Pour cela, cliquez sur le lien Convertisseur catégories vers étiquettes qui se trouve à droite de la page Catégories (voir Figure 5.1).

Renommer une catégorie

Lors de l'installation, WordPress vous fournit une catégorie par défaut appelée « Non classé » (Figure 5.1). Ce titre étant assez générique, vous allez le changer en un nom plus précis (sur mon site Web, je l'ai changé en *Vie en général*. Bien que ce nom soit encore un peu générique, il l'est moins que le premier !).

NOTE TECHNIQUE

La catégorie par défaut sert également de solution « fourre-tout ». Si vous publiez un article auquel vous n'attribuez pas de catégorie, celui-ci sera automatiquement attribué à la catégorie par défaut, quel que soit le nom que vous lui aurez donné.

Comment changer le nom de la catégorie par défaut ? Connectez-vous au tableau de bord WordPress et effectuez les étapes suivantes :

1. **Cliquez sur le menu Articles, puis sur Catégories.**

   Pour modifier une catégorie, repérez-la dans la liste affichée sur la page Catégories, puis cliquez sur son nom. Si vous souhaitez renommer la catégorie par défaut de WordPress, cliquez sur *Non classé* pour accéder à l'écran de modification.

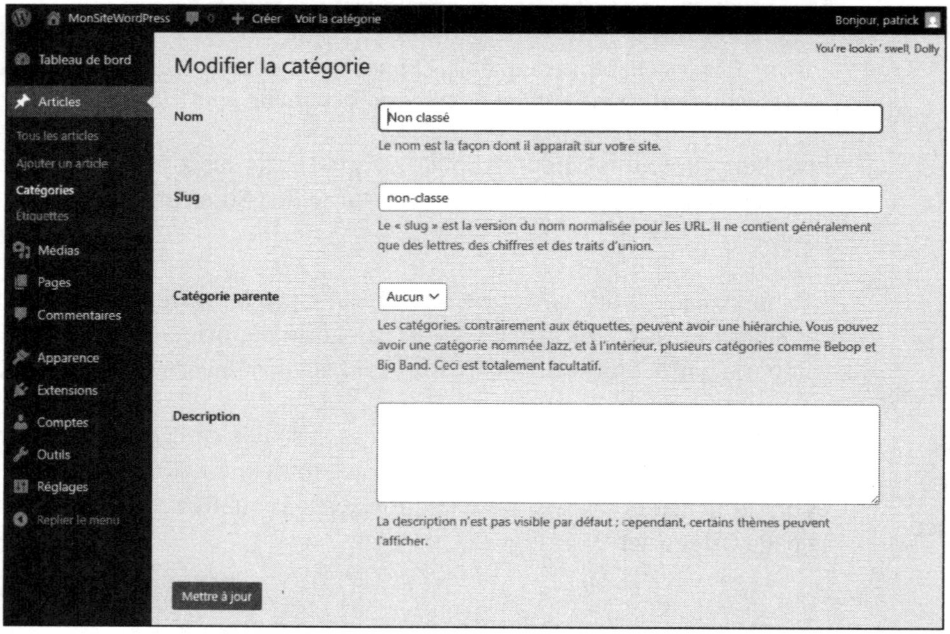

Figure 5.3 Modification d'une catégorie de WordPress.

❷ **Saisissez le nouveau nom de la catégorie dans le champ Nom.**

Changez le Nom de la catégorie, ajustez son *slug*, modifiez sa catégorie parente, et mettez à jour sa Description si nécessaire. Le *slug* fonctionne de la même manière que lors de la création : il détermine l'adresse Web de la catégorie, WordPress insérant automatiquement des tirets entre les mots.

❸ **Cliquez sur le bouton Mettre à jour.**

Une fois les modifications effectuées, cliquez sur Mettre à jour afin de les enregistrer. La page se recharge et affiche immédiatement les changements.

N'OUBLIEZ PAS

Enfin, si vous souhaitez uniquement modifier rapidement le nom d'une catégorie, vous pouvez utiliser le lien *Modification rapide* qui apparaît lorsque vous survolez la catégorie avec la souris. Cette option permet de renommer une catégorie sans ouvrir l'écran complet de modification.

Créer des étiquettes

Dans WordPress, catégories et étiquettes servent toutes les deux à classer le contenu, mais elles n'ont ni le même rôle, ni la même logique d'utilisation.

Les étiquettes servent à décrire le contenu d'un article de manière précise et transversale. Elles ne structurent pas le site comme les catégories, mais ajoutent des indications complémentaires sur les sujets abordés. On peut les comparer à des mots-clés que l'on associe à un article.

Contrairement aux catégories, les étiquettes ne sont pas hiérarchiques. Il n'existe ni étiquette parente, ni sous-étiquette. Chaque étiquette est indépendante et se situe au même niveau que les autres.

Prenons un exemple concret : sur un site de cuisine, un article classé dans la catégorie « Plats » et la sous-catégorie « Végétariens » peut avoir comme étiquettes « rapide », « sans gluten », « épices », « recette d'hiver ».

La création d'une étiquette ne demande que quelques actions rapides :

❶ **Cliquez le menu Articles, puis Étiquettes.**

La page dédiée aux étiquettes s'ouvre alors et affiche, dans la partie gauche de l'écran, la section Ajouter une nouvelle étiquette.

❷ Saisissez le nom de la nouvelle étiquette.

Renseignez ensuite le nom de l'étiquette que vous souhaitez créer, ainsi que son *slug*. À l'image des catégories, le *slug* correspond à une version simplifiée et optimisée du nom, utilisée dans l'adresse Web de l'étiquette. Par exemple, pour une étiquette nommée *Sans gluten*, WordPress génère le slug *sans gluten*, ce qui permet de créer une URL claire et cohérente regroupant l'ensemble des contenus associés à cette étiquette.

Ne confondez pas, comme le font la plupart des gens, étiquettes et catégories ! Les catégories servent à structurer le site en grandes thématiques et définissent le contexte principal d'un contenu. Les étiquettes, quant à elles, apportent des précisions supplémentaires sur les sujets abordés et créent des liens transversaux entre les articles. Bien utilisées, elles se complètent sans jamais se remplacer.

Une autre raison d'utiliser les étiquettes est bien sûr votre visibilité dans les moteurs de recherche. Cela simplifie le travail des robots et les internautes vous trouvent plus facilement.

Qu'est-ce qu'une taxonomie ?

Dans WordPress, les catégories et les étiquettes sont ce que l'on appelle des *taxonomies*. Une taxonomie désigne un système de classification qui permet d'organiser et de structurer les contenus. Les catégories et les étiquettes sont les taxonomies natives les plus courantes, mais il est également possible d'en créer des personnalisées selon les besoins du site. Les catégories correspondent à une taxonomie hiérarchique, utilisée pour définir les grandes thématiques d'un site et leurs sous-thèmes. Les étiquettes, quant à elles, relèvent d'une taxonomie non hiérarchique et servent à décrire plus finement les sujets abordés dans un contenu. Ensemble, elles permettent de classer les contenus de façon claire et cohérente.

Comprendre la notion de permaliens

Chaque article et chaque page WordPress disposent de leur propre adresse Web, appelée « permalien ». Ce lien correspond à l'URL unique permettant d'accéder directement à un contenu. Le permalien correspond à l'URL utilisée par WordPress lorsque le visiteur clique sur le titre d'un article, sur un lien de commentaire ou sur un article affiché dans une liste d'articles récents.

Comme leur nom l'indique, les permaliens sont conçus pour être permanents. Une fois un article publié, son URL ne devrait idéalement plus être modifiée. WordPress génère automatiquement ce lien au moment de la publication.

Par défaut, le permalien d'un article dans WordPress ressemble à ce qui suit :

```
http://votrenomdomaine.com/?p=100/
```

Le paramètre *p* fait référence à un article (*post*) et le nombre correspond à son identifiant unique dans la base de données (chaque article a un identifiant unique).

Cependant, WordPress permet de personnaliser la structure des permaliens afin de les rendre plus lisibles, plus explicites et mieux adaptés au référencement. Il est ainsi possible d'utiliser des URL basées sur le titre de l'article ou sur sa catégorie, offrant une navigation plus claire pour les visiteurs comme pour les moteurs de recherche. Ne saviez-vous pas que les permaliens pouvaient être « beaux » ? Laissez-moi vous expliquer !

Rendre les permaliens plus lisibles

Un permalien efficace ne se limite pas à être plus agréable à lire : il est aussi plus compréhensible pour les moteurs de recherche. Contrairement aux URL techniques générées par défaut, les permaliens dits « lisibles » apportent immédiatement une indication sur le contenu de la page, aussi bien aux visiteurs qu'aux robots d'indexation. Un exemple de permalien structuré peut ressembler à ceci :

```
http://votrenomdomaine.com/2026/04/15/beaux-permaliens/
```

Dans cette adresse, on distingue clairement la date de publication (année, mois, jour) ainsi que le sujet de l'article, intégré directement dans l'URL.

WordPress permet de modifier facilement la structure des permaliens. Pour cela, rendez-vous dans le menu Réglages, puis cliquez sur Permaliens. La page dédiée aux réglages des permaliens propose plusieurs modèles prédéfinis (Figure 5.4) :

Figure 5.4 Embellissez vos permaliens.

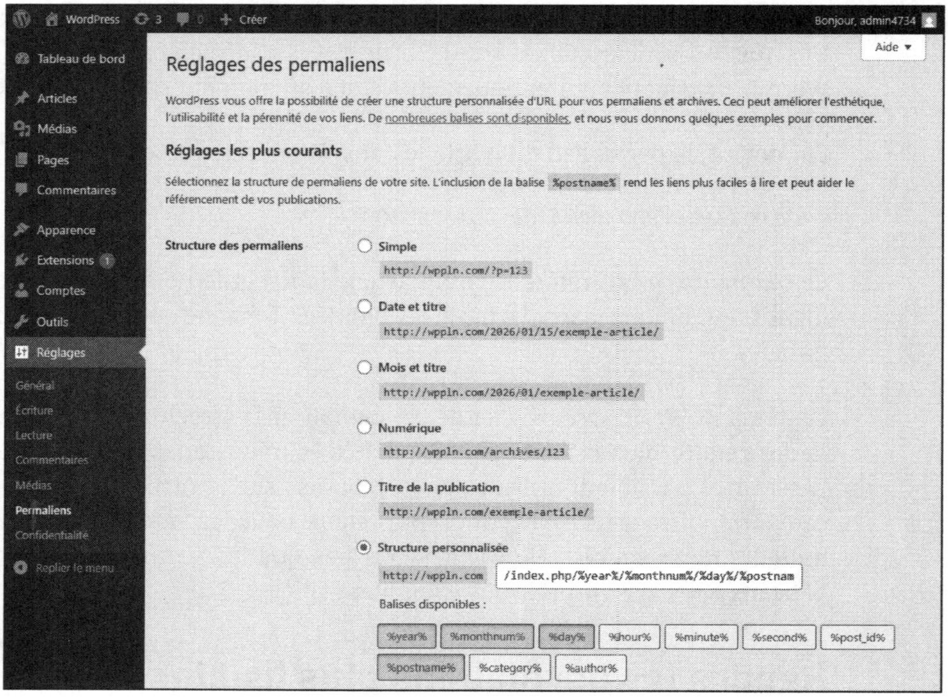

Cette page propose plusieurs options de création de permaliens :

» **Simple** (permaliens moches !) : l'URL repose uniquement sur l'identifiant interne de l'article, par exemple : https://votrenomdomaine.com/?p=100

» **Date et titre** : l'adresse inclut l'année, le mois, le jour et le titre de l'article, comme : https://votrenomdomaine.com/2026/01/15/exemple-article/

» **Mois et titre** : seuls l'année et le mois sont conservés avant le titre : https://votrenomdomaine.com/2026/01/exemple-article/

» **Numérique** (pas si moche !) : WordPress génère une URL basée sur une valeur numérique : https://votrenomdomaine.com/archives/123

» **Titre de la publication** (conseillé !) : l'URL reprend uniquement le titre de la page ou de l'article, ce qui donne une adresse courte et explicite : https://votrenomdomaine.com/wordpress-est-genial

» **Structure personnalisée** : cette option permet de définir soi-même le format du permalien à l'aide de balises et de variables.

Dans la pratique, la structure Titre de la publication est la plus couramment utilisée et la plus recommandée. Elle offre des URL claires, durables et adaptées au référencement. À l'inverse, les structures intégrant la date sont généralement déconseillées, car elles peuvent donner l'impression que les contenus deviennent rapidement obsolètes. Pour appliquer ce réglage, sélectionnez Titre de la publication, puis cliquez sur Enregistrer les modifications en bas de la page.

Personnaliser la structure des permaliens

WordPress permet de créer des permaliens sur mesure en utilisant des balises spécifiques. Ces balises servent à inclure dans l'URL différents éléments de l'article, comme sa date, sa catégorie ou le nom de l'auteur. Voici les principales balises disponibles (voir Tableau 5.1) :

Tableau 5.1 Permaliens personnalisés.

Balise	Résultat
%year%	Année sur 4 chiffres (par exemple, 2026).
%monthnum%	Le numéro du mois de publication (par exemple, 04).
%day%	Jour sur 2 chiffres (par exemple, 15).
%hour%	L'heure de publication (par exemple, 15).
%minute%	La minute de publication (par exemple, 43).
%second%	La seconde de publication (par exemple, 33).
%post_id%	L'identifiant unique (ID) de l'article (par exemple, 423).
%postname%	Une version simplifiée du titre de l'article, avec des mots séparés par des traits d'union (exemple : beaux-permaliens).
%category%	Une version simplifiée du nom de la catégorie (comme *livres-que-j-aime*).
%author%	Le nom de l'auteur de l'article (comme *lisa-sabin-wilson*).

ASTUCE

Une fonctionnalité pratique de WordPress est qu'il crée automatiquement des redirections depuis les anciennes URL vers les nouvelles lorsque vous modifiez la structure des permaliens. Concrètement, lorsqu'un visiteur tente d'accéder à l'ancienne URL, WordPress détecte que cette URL correspond à un article existant dont l'adresse a été modifiée, et le redirige immédiatement vers la nouvelle URL.

Pour créer un permalien incluant l'année, le mois, le jour, la catégorie et le nom de l'auteur, sélectionnez Structure personnalisée et saisissez la chaîne suivante :

```
/%year%/%monthnum%/%day%/%category%/%author%/
```

Avec ce format, un article publié le 15 avril 2026, intitulé *WordPress pour les Nuls* et classé dans la catégorie « Livres que j'aime », aurait pour URL :

```
http://votrenomdomaine.com/2026/04/15/livres-que-j-aime/wordpress-
pour-les-nuls/
```

N'OUBLIEZ PAS

Il est important de placer les barres obliques (/) devant, entre et à la fin des balises. Cela garantit que WordPress génère correctement les permaliens en utilisant les règles de réécriture définies dans le fichier **.htaccess** de votre site (reportez-vous à la section suivante pour de plus amples informations sur la règle **rewrite** et le fichier **.htaccess**).

ATTENTION

Modifier la structure de vos permaliens affecte l'URL de tous vos articles, anciens comme nouveaux et cela change les adresses déjà indexées par les moteurs de recherche. WordPress crée généralement des redirections automatiques depuis les anciennes URL vers les nouvelles, mais ces changements peuvent néanmoins influencer votre référencement et la manière dont les moteurs de recherche affichent vos pages dans leurs résultats.

N'oubliez pas de cliquer sur le bouton Enregistrer les modifications en bas de la page Options des permaliens. Sinon, toutes vos modifications ne seront pas sauvegardées !

S'assurer du bon fonctionnement des permaliens

Une fois la structure des permaliens définie dans WordPress, le système écrit automatiquement des règles spécifiques dans le fichier **.htaccess** de votre serveur. Ce fichier informe le serveur Web de la manière dont il doit traiter les permaliens selon la structure choisie.

Pour que cela fonctionne correctement, deux conditions doivent être remplies :

- **Votre serveur Web doit vous donner accès au fichier .htaccess.**
- **Le serveur doit tourner sous Apache avec le module mod_rewrite activé.**

Si vous n'êtes pas sûr de ces points, contactez votre hébergeur avant de continuer. Si vous connaissez les réponses, passez à la section suivante. Sinon, parcourez l'encadré « Travailler avec des serveurs qui n'utilisent pas le module **mod_rewrite** d'Apache », plus loin dans ce chapitre.

Vous devez créer le fichier **.htaccess** pour utiliser une structure personnalisée de vos permaliens. Pour cela, effectuez les étapes suivantes :

1. **Cliquez sur le bouton Enregistrer les modifications en bas de la page.**

   WordPress insère dans le fichier .htaccess les règles spécifiques requises pour créer des permaliens fonctionnels dans votre site. Notez que le nom du fichier commence par un point !

2. **S'il n'existe pas, créez-le.**

   Ouvrez un éditeur de texte (Bloc-notes, TextEdit, *etc.*) et créez un fichier vide nommé htaccess.txt. Transférez-le sur votre serveur *via* SFTP. Renommez-le en .htaccess et vérifiez ses permissions (644 ou 755) pour que WordPress puisse y écrire.

3. **Créez la structure personnalisée du permalien dans la page Réglage des permaliens du panneau d'administration de WordPress.**

   Dans le panneau d'administration de WordPress, allez sur Réglages -> Permaliens. Créez votre structure personnalisée selon vos besoins. Cliquez sur Enregistrer les modifications.

Si vous avez suivi correctement ces étapes, WordPress écrit alors automatiquement dans **.htaccess** les règles *rewrite* nécessaires pour que les permaliens fonctionnent correctement. Si tout est configuré, vos permaliens personnalisés sont opérationnels et les visiteurs comme les moteurs de recherche peuvent accéder aux articles sans erreur. Félicitations !

Si vous ouvrez le fichier **.htaccess**, vous verrez du code similaire à ceci :

```
<IfModule mod_rewrite.c>
RewriteEngine On
RewriteRule .* - [E=HTTP_AUTHORIZATION:%{HTTP:Authorization}]
RewriteBase /
RewriteRule ^index\.php$ - [L]
RewriteCond %{REQUEST_FILENAME} !-f
RewriteCond %{REQUEST_FILENAME} !-d
RewriteRule . /index.php [L]
</IfModule>
```

ASTUCE

J'aurais pu vous expliquer dans les moindres détails tout ce que vous pouvez faire avec ce fichier, mais j'ai limité cette section à l'application des structures personnalisées de permaliens de WordPress. Si vous souhaitez percer ces mystères, rendez-vous à la page **https://wpmarmite.com/htaccess-wordpress/**.

Travailler avec des serveurs qui n'utilisent pas le module *mod_rewrite* d'Apache

Si votre serveur n'utilise pas **mod_rewrite** ou si vous êtes sur un serveur Windows, les permaliens personnalisés ne fonctionneront pas normalement. Dans ce cas, il faut ajouter **index.php** devant les balises de votre structure personnalisée, par exemple :

```
/index.php/%year%/%month%/
%date%/%postname%/
```

Ce format crée le permalien suivant :

```
http://votrenomdomaine.com/
index.php/2026/01/15/wordpress-
pour-les-nuls
```

Avec cette méthode, aucun fichier **.htaccess** n'est nécessaire, mais l'URL contient **index.php** pour assurer le bon fonctionnement des permaliens.

Découvrir les options des flux RSS

Les flux RSS permettent à vos lecteurs de rester informés des derniers contenus publiés sur votre site, sans avoir à revenir constamment. WordPress crée automatiquement ces flux, qui sont compatibles avec tous les lecteurs modernes (applications Web, mobiles ou extensions de navigateur).

Chaque site WordPress dispose d'un flux principal pour les articles et, si vous le souhaitez, de flux spécifiques pour les commentaires ou les catégories. Par exemple :

» **http://votrenomdomaine.com/feed/**, le flux RSS principal ;

» **http://votrenomdomaine.com/comments/feed/**, le flux RSS des commentaires ;

» **http://votrenomdomaine.com/category/nom-categorie/name feed/**, flux d'une catégorie spécifique.

Ces flux peuvent être intégrés dans des lecteurs comme *Feedly*, *Inoreader* ou même dans des newsletters, permettant à vos abonnés de recevoir vos contenus dès leur publication. WordPress s'occupe de tout en arrière-plan, vous n'avez rien à configurer manuellement.

Le Tableau 5.2 vous donne une liste d'adresses Web de flux RSS pour les différentes sections de votre site.

N'OUBLIEZ PAS

Si vous utilisez des permaliens personnalisés (voir la section « Embellir les liens de vos articles »), il vous suffit d'ajouter **/feed** à la fin de chaque adresse Web pour trouver le flux RSS. Quelques-uns de vos liens peuvent présenter les formats suivants :

Tableau 5.2 URL des flux intégrés à WordPress.

Type de flux	Exemples d'adresses Web du flux
RDF/RSS 1.0	**http://votredomaine.com/wp-rdf.php** ou **http://votrenomdomaine.com/?feed=rdf**
RSS 2.0	**http://votredomaine.com/wp-rss2.php** ou **http://votrenomdomaine.com/?feed=rss2**
Atom	**http://votrenomdomaine.com/?feed=atom**
Flux RSS des articles	**http://votrenomdomaine.com/?feed=rss2&p=50** *p* est pour *post* (article), *50* est l'identifiant de l'article. Pour connaître l'identifiant d'un article dans le panneau d'administration, laissez le curseur de la souris sur le nom de l'article, sans cliquer. L'identifiant apparaît alors dans la barre de statut du navigateur.
Flux RSS des catégories	**http://votrenomdomaine.com/wp-rss2.php?cat=50** *cat* est pour *catégorie*, *50* est l'identifiant de la catégorie. Pour trouver l'identifiant d'une catégorie dans le panneau d'administration, laissez le curseur de la souris sur le nom de la catégorie, sans cliquer. L'identifiant apparaît alors dans la barre de statut du navigateur.

Testez cette technique avec n'importe quelle URL de votre site. Ajoutez **/feed** à la fin et vous aurez le flux RSS de la page.

Les flux RSS constituent une part importante de la diffusion du contenu de votre site. Ils sont actuellement très attendus. WordPress se charge des flux à votre place, est compatible avec tous les formats de flux RSS et propose de nombreux flux internes, ce qui en fait un logiciel très performant par rapport aux autres plateformes de publication de blogs.

Écrire votre premier article

Il est temps de rédiger votre tout premier article sur WordPress ! Le choix du sujet et votre style d'écriture vous appartiennent, mais l'interface rend cette étape très intuitive.

Rédiger un article dans WordPress fonctionne un peu comme envoyer un e-mail : vous donnez un titre, saisissez votre texte, puis publiez votre contenu.

Pour créer un article simple, procédez ainsi :

1. **Cliquez sur le menu Articles puis sur Ajouter.**

   La page Ajouter un nouvel article s'ouvre, comme représentée à la Figure 5.5.

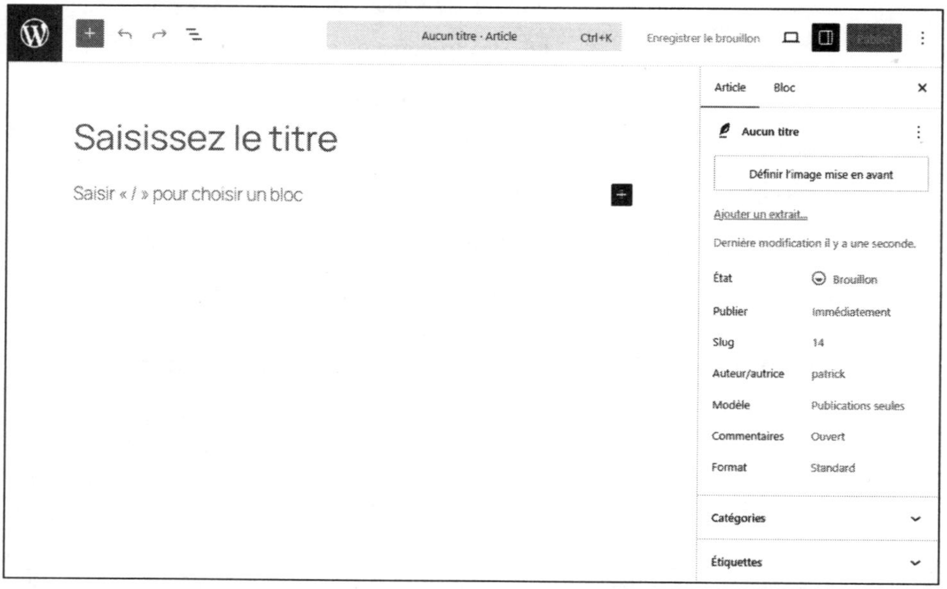

Figure 5.5 Cette page vous permet de donner un titre et d'écrire le corps de votre article.

2. **Saisissez le titre de votre article dans le champ prévu à cet effet.**

3. **Rédigez le contenu dans la zone située sous le titre.**

   La première fois que vous utilisez l'éditeur, un message peut apparaître : « ***Saisissez / pour choisir un bloc*** **». Les blocs seront expliqués dans la section suivante, « Utiliser l'éditeur de blocs ». Pour l'instant, vous pouvez simplement taper votre texte directement dans cette zone.**

4. **Enregistrez le brouillon en cliquant sur le bouton du même nom, situé à droite de la page.**

   Votre article est alors sauvegardé, mais pas encore publié. Vous pouvez le modifier à tout moment.

Une fois votre brouillon enregistré, vous pouvez passer à la section « Publier un article » pour apprendre à le rendre visible sur votre site, ou continuer à explorer les options de l'éditeur pour enrichir votre contenu.

Utiliser l'éditeur de blocs

En décembre 2018, WordPress a lancé son nouvel éditeur de contenu, appelé Gutenberg (version 5.0). Son objectif est de donner aux utilisateurs plus de contrôle sur la mise en forme et la publication de contenus, sans nécessiter de connaissances en HTML, CSS ou JavaScript.

L'éditeur de blocs fonctionne comme des LEGO numériques : les blocs représentent des éléments de contenu (texte, image, vidéo, tableau, *etc.*) que vous empilez et organisez pour construire votre page ou votre article. Vous pouvez ajuster l'apparence de chaque bloc, modifier les couleurs, tailles, marges, ou créer des colonnes et mises en page complexes, le tout de manière intuitive.

Voici la liste des fonctionnalités-clés de Gutenberg qui seront développées tout au long de ce livre :

» Ajouter et organiser différents types de contenus *via* des blocs.

» Créer des mises en page *responsives* pour mobile et ordinateur de bureau (*desktop*). Une page *responsive* est une page Web dont la mise en page s'adapte automatiquement à la taille de l'écran de l'utilisateur (ordinateur, tablette, smartphone), pour offrir une lecture et une navigation optimales sur tous les appareils.

» Utiliser des compositions pour gagner du temps sur plusieurs pages.

» Intégrer facilement des médias ou contenus dynamiques.

» Accéder à des modèles de pages pour structurer rapidement vos articles.

NOTE TECHNIQUE

Le nom Gutenberg rend hommage à Johannes Gutenberg, l'inventeur de l'imprimerie. Aujourd'hui, la plupart des utilisateurs parlent simplement de l'éditeur de blocs, mais si vous voyez « Gutenberg » dans des forums ou événements WordPress, il s'agit bien de cet éditeur.

Découvrir les blocs disponibles

Lorsque vous ouvrez pour la première fois l'écran Modifier l'article dans votre tableau de bord (Figure 5.5), la zone de saisie est composée de blocs de paragraphe standard. Cliquez dans cette zone et saisissez du texte : le bloc actif sera encadré, comme illustré à la Figure 5.6.

Figure 5.6 Le bloc Paragraphe de l'éditeur de blocs.

Vous pouvez vous limiter aux paragraphes, mais l'éditeur de blocs offre de nombreuses fonctionnalités pour enrichir vos contenus. Pour explorer tous les blocs disponibles, cliquez sur le **« + »** dans le coin supérieur gauche de l'écran. Cela ouvre un menu déroulant (Figure 5.7), avec trois onglets principaux :

La fenêtre de gauche est composée de trois onglets (voir Figure 5.8) :

» **Blocs** : liste des blocs de base que vous pouvez insérer (voir ci-dessous).

» **Compositions** : ensembles de blocs préconfigurés et prêts à l'emploi (galeries, appels à action, bannières, en-têtes, pieds de page, *etc.*) pour créer rapidement des pages cohérentes.

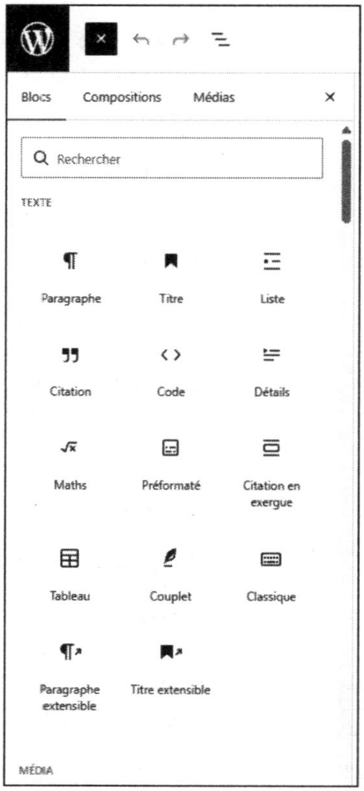

Figure 5.7 Les blocs disponibles de l'éditeur Gutenberg.

» **Médias** : accès rapide à vos fichiers multimédias (images, sons, vidéos, documents). L'option Openverse permet d'insérer des médias libres de droits directement depuis la base de données Openverse.

Dans une nouvelle installation de WordPress, les blocs suivants vous sont proposés :

» **Texte** : les blocs inclus dans cette section sont en rapport avec la saisie du texte, ce qui signifie que la plupart des utilisateurs utiliseront ces blocs lors de la rédaction d'un article ou d'une page :

- *Paragraphe* : saisie standard de texte.
- *Titre* : permet d'insérer un titre ou un sous-titre. La barre d'outils du bloc Titre permet de définir la taille du titre, allant de h1 à h6, ainsi que sa couleur, ou encore d'ajouter une ancre HTML.
- *Liste* : crée des listes ordonnées (numérotées) ou non ordonnées (puces), avec options de numérotation personnalisées (voir Figure 5.8). Concernant les listes numérotées, vous pouvez décider du numéro de départ mais également inverser le numérotage de la liste (ordre décroissant).

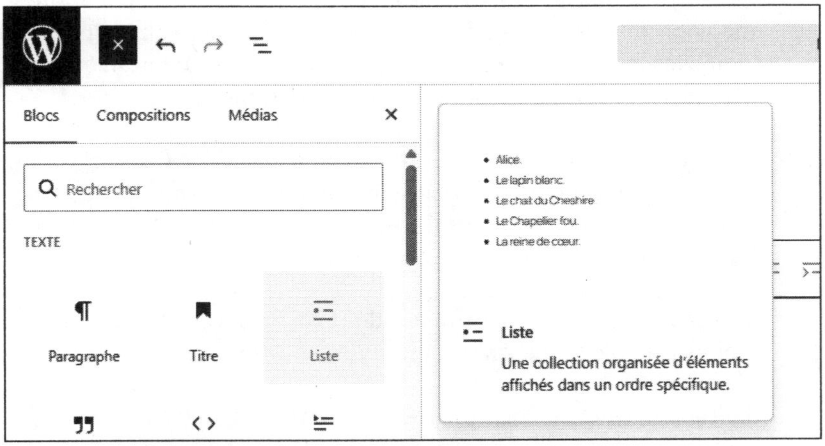

Figure 5.8
Le bloc Liste.

- *Citation* : ajoute une citation avec un champ pour le texte et un pour l'auteur.
- *Code* : permet d'afficher du texte avec une présentation que l'on attribue habituellement à un langage informatique. Le texte est encadré et affiché avec une police de caractères non proportionnelle, c'est-à-dire que la largeur des caractères est identique. Les mises en forme classiques sont possibles avec le code Bloc (gras, italique, souligné, *etc.*).

- *Détail* : crée des sections repliables (des informations complémentaires, des précisions ou des réponses) pour ne pas surcharger visuellement la page (voir Figure 5.9).

Figure 5.9
Le bloc Détail.

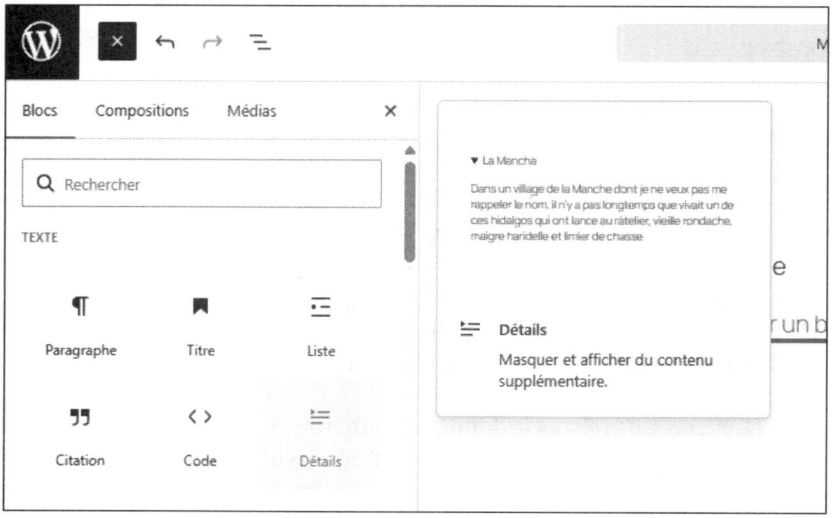

- *Maths* : permet d'insérer et d'afficher des formules mathématiques avec une notation claire et professionnelle, souvent basée sur LaTeX (système de composition de documents particulièrement performant pour la mise en page de textes scientifiques, complexes ou mathématiques).

- *Préformaté* : affiche le texte un peu à l'image du bloc Code, c'est-à-dire avec une police non proportionnelle. La mise en forme est autorisée : gras, italique, lien hypertexte, soulignement, *etc.* Le bloc Préformaté conserve les espacements et les sauts de ligne tels qu'ils ont été saisis.

- *Citation en exergue* : met en valeur du texte dans vos publications. Il est similaire au bloc Citation, seul le style est différent.

- *Tableau* : permet de créer facilement des tableaux au sein de vos publications (voir Figure 5.10). Lors de la création du tableau, indiquez le nombre souhaité de colonnes et de lignes, puis précisez dans la personnalisation du bloc (à droite) si vous souhaitez un en-tête, des cellules de largeur identique ou non et un pied de page. Deux styles sont disponibles, Standard et Rayures (alterne des lignes de couleur en arrière-plan).

Figure 5.10
Le bloc Tableau.

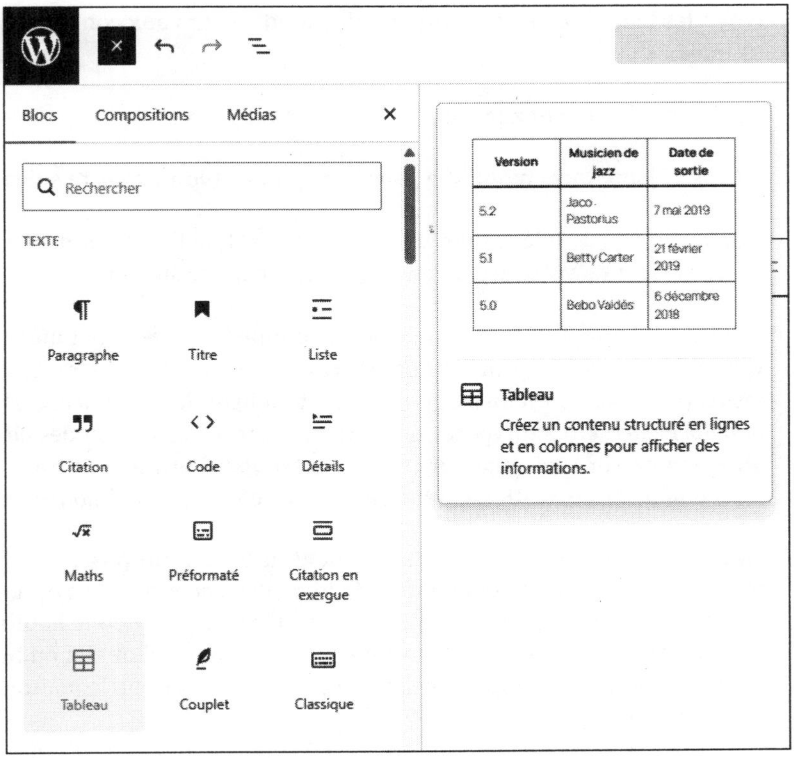

- *Couplet* : insère un texte, une poésie ou des paroles de chansons au sein de vos publications. Notez que la mise en page du bloc Couplet peut changer en fonction du thème que vous utilisez. Ce bloc ne dispose d'aucune personnalisation supplémentaire.

- *Classique* : permet de saisir votre texte à l'aide d'un éditeur de texte classique

- *Paragraphes extensibles* : insère un paragraphe dont la taille des caractères s'adapte automatiquement au contenu dans lequel il s'insère. Il est possible de convertir un paragraphe extensible en paragraphe standard, et inversement.

- *Titres extensibles* : insère un titre dont la taille des caractères s'adapte au contenu dans lequel il figure. Il est possible de convertir un titre extensible en titre standard, et inversement.

» **Média** : les blocs inclus dans cette section sont relatifs aux contenus multimédias :

  - *Image* : insère une image dans votre article ou page.
  - *Galerie* : ajoute facilement une galerie de photos (voir chapitre suivant).
  - *Audio* : permet de télécharger un fichier audio et de l'intégrer dans un lecteur audio au sein de votre article ou page (voir chapitre suivant).
  - *Bannière* : ajoute une grande image horizontale, appelée « bannière », à vos articles ou pages. Une bannière sert généralement à mettre en valeur un visuel principal ou un message important en haut de la publication. Vous pouvez également superposer du texte, un titre, des listes ou des citations directement sur l'image, pour créer un effet visuel attractif et transmettre rapidement l'information essentielle à vos lecteurs (voir chapitre suivant).
  - *Fichier* : ce bloc vous sera particulièrement utile pour proposer aux internautes le téléchargement d'un fichier (PDF ou autre). Les options de personnalisation du bloc vous permettent d'afficher ou non le bouton de téléchargement et d'ouvrir le document dans un nouvel onglet ou non. Vous êtes libre de supprimer le lien pour ne conserver que le bouton, et inversement.
  - *Média & texte* : le bloc Média & texte est bien pratique pour associer image et texte au sein d'un même bloc (voir Figure 5.11). Vous pouvez afficher l'image à gauche ou à droite du texte, et choisir l'alignement horizontal (en haut, milieu ou bas). Concernant le texte, vous disposerez des mêmes options qu'un bloc Paragraphe standard.
  - *Vidéo* : permet d'ajouter une vidéo à vos publications, depuis un fichier stocké sur votre serveur ou *via* un lien externe YouTube, par exemple (voir chapitre suivant).

Figure 5.11
Le bloc Média & texte.

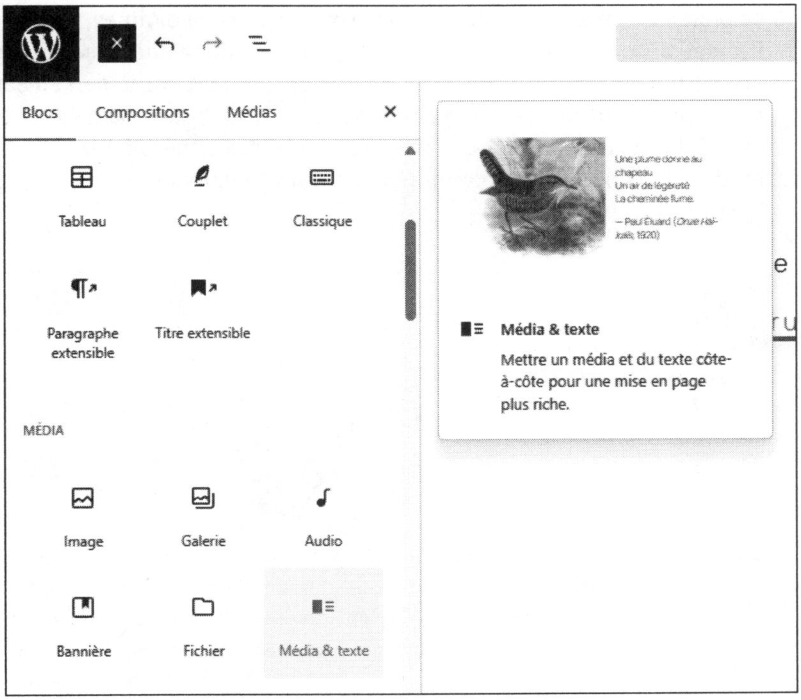

» **Design** : les blocs de cette section vous permettent de créer différentes mises en page pour votre contenu. Les mises en page comprennent des colonnes, des boutons, des accordéons, *etc*. Ces éléments vous permettent de créer des pages et des articles qui semblent différents ou au contraire identiques, afin que vous puissiez être aussi créatif que vous le souhaitez :

- *Accordéons* : permet d'organiser du contenu en sections repliables que l'on peut ouvrir ou fermer au clic. Il sert à structurer l'information et à rendre la lecture plus claire sans alourdir la page.
- *Boutons* : permet de créer des boutons et de les associer à des pages de votre site ou des articles de votre blog. Vous définissez le texte qui apparaît sur le bouton, sa mise en gras ou en italique et sa couleur. Cliquez sur l'icône *lien* pour associer au bouton une URL extérieure ou une page de votre site (sans oublier *https://*).

- *Colonnes* : permet d'afficher le texte sous forme de colonnes, un peu à l'image d'un journal (voir Figure 5.12). Sélectionnez une mise en page prédéfinie ou créez-en une vous-même en cliquant sur le lien *Passer*. Il est possible d'ajouter ou de supprimer des colonnes. Pour cela, sélectionnez le bloc Colonnes (et non les colonnes elles-mêmes situées à l'intérieur), puis modifiez le nombre de colonnes (maximum 6) dans le menu sur la gauche de l'écran.

Figure 5.12
Le bloc Colonnes.

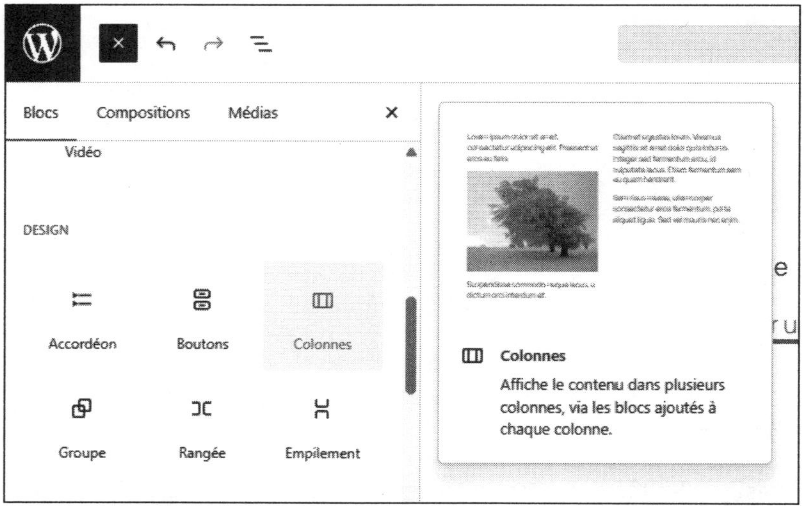

- *Groupe* : permet de grouper plusieurs blocs entre eux. D'une certaine façon, il s'agit d'un bloc parent qui contient des blocs enfants. Les options de ce bloc vous permettent de définir la couleur pour le texte et la couleur d'arrière-plan. Le bloc Groupe est pratique car il permet de gérer plusieurs blocs comme une seule entité, d'appliquer des styles cohérents rapidement, et de simplifier le déplacement ou la réorganisation de contenus complexes.

- *Rangée* : c'est un bloc de mise en page horizontal qui permet de disposer plusieurs blocs côte à côte, contrairement au bloc Empilement (voir ci-dessous) qui organise les blocs verticalement. Il sert concrètement à créer des colonnes flexibles : par exemple, un texte à gauche et une image à droite.

- *Empilement* : permet de regrouper des contenus liés (par exemple, un titre, un paragraphe et un bouton dans un seul conteneur), contrôler l'espacement entre les blocs sans toucher à chaque bloc individuellement, appliquer un style commun (fond, bordure, couleur) à tous les blocs empilés, créer des sections structurées surtout pour les mises en page complexes.

- *Grille* : permet d'organiser du contenu en lignes et colonnes, un peu comme un tableau. Il est utile pour présenter des éléments de manière visuelle et structurée, comme des textes, images ou cartes. Il sert par exemple à créer des galeries ou portfolios (images, icônes ou blocs alignés en grille), afficher des blocs répétitifs (articles récents, produits, services, témoignages), combiner texte, images et boutons dans une structure uniforme et symétrique.

- *Lire la suite* : tronque le texte d'un article de blog, de sorte à n'afficher que les premières lignes, le visiteur étant invité à cliquer sur un lien *Lire la suite* pour poursuivre la lecture. Le texte *Lire la suite* est bien évidemment paramétrable, par exemple en *Continuer la lecture*. Une option appelée *Masquer l'extrait sur la page de contenu entier* permet, lorsque l'on clique sur le lien, de ne pas réafficher la première partie de l'article mais seulement le reste de l'article.

- *Saut de page* : insère un saut de page dans vos publications. Cela vous permet d'afficher un article ou une page de façon parcellaire, section par section (voir Figure 5.13). Chaque saut de page ajoute un nouveau numéro de page pour accéder directement à une section de votre choix. Ce bloc ne dispose d'aucune personnalisation supplémentaire.

Figure 5.13
Le bloc Saut de page.

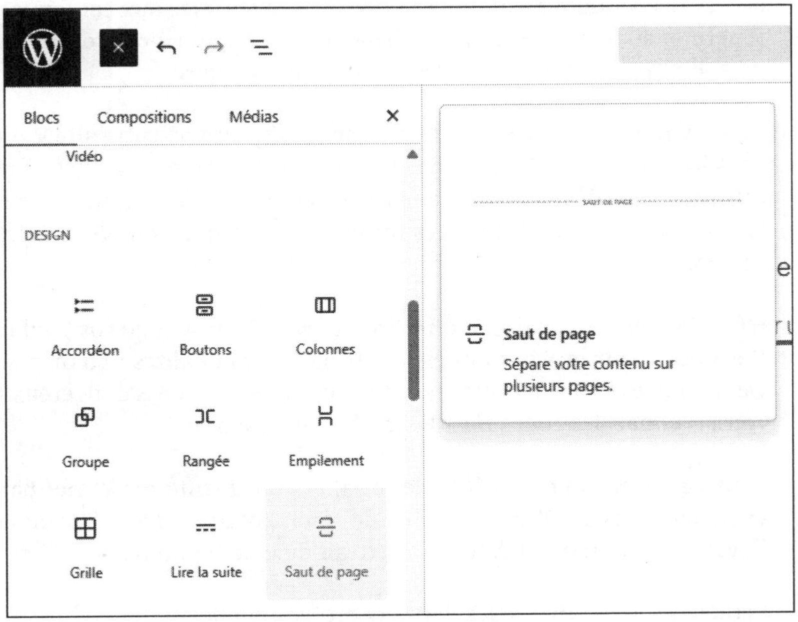

- *Séparateur* : purement esthétique, il sépare deux blocs par un trait continu court, court mais en pointillé, ou long.

- *Espacement* : insère un espace vertical entre deux blocs. Cela vous permet d'aérer vos publications. Les options vous permettent de régler la hauteur de cet espacement.

» **Widgets** : les widgets traditionnels sont maintenant disponibles comme blocs, qu'il est possible d'insérer n'importe où dans une page, un article ou une zone du site (en-tête, pied de page, barre latérale) :

- *Archives* : permet d'insérer au sein d'un article ou d'une page les archives de votre site, c'est-à-dire les articles passés, répertoriés sur une base mensuelle. Cela peut s'avérer pratique pour les visiteurs qui souhaitent parcourir l'historique de vos publications. L'option *Afficher en tant que liste déroulante* affiche vos archives dans une liste déroulante, plutôt que sous forme de liens HTML. Vous pouvez également afficher, pour chacun des mois, le nombre d'articles disponibles.

- *Calendrier* : permet d'afficher un calendrier mensuel interactif de votre site. Chaque jour où un article est publié devient cliquable, et en cliquant dessus, l'utilisateur est redirigé vers les articles de cette date.

- *Liste de termes* : sert à afficher, sous forme de liste, les catégories, les étiquettes ou toute taxonomie personnalisée associée aux contenus. Il permet au lecteur de voir rapidement les thèmes abordés et de naviguer vers d'autres contenus associés à ces mêmes termes.

- *Liste des catégories* : affiche les listes des catégories de votre site WordPress, sous la forme d'une liste déroulante ou sous la forme d'une liste à puces (affichage par défaut). Vous pouvez également choisir d'afficher la hiérarchie (sous-catégories des catégories principales) et/ou le nombre d'articles par catégorie.

- *HTML Personnalisé* : permet d'insérer du HTML au sein de vos publications. Il est utile pour intégrer des éléments ou fonctionnalités non disponibles *via* les autres blocs. WordPress bloque certains éléments dangereux (comme `<script>`), mais les codes HTML standard fonctionnent.

- *Derniers commentaires* : affiche les derniers commentaires laissés par vos visiteurs. Vous décidez du nombre de commentaires et affichez ou non l'avatar de l'auteur, la date et un extrait du commentaire.

- *Derniers articles* : affiche les derniers articles publiés.

- *Liste des pages* : affiche la liste de toutes les pages de votre site. Contrairement au bloc Navigation, le bloc Listes des pages offre peu d'options de personnalisation.

- *RSS* : insère au sein de vos publications un flux RSS dynamique dans une page ou une zone du site, sans avoir à le gérer manuellement.

- *Recherche* : insère un moteur de recherche au sein de vos publications, offrant ainsi à vos visiteurs la possibilité de rechercher des articles ou des pages d'après des mots-clés.

- *Code court* : permet d'insérer des balises appelées « codes » que seul WordPress est en mesure d'interpréter. Les codes courts sont couramment appelés *shortcodes* et s'écrivent entre crochets. Ils permettent d'ajouter une fonctionnalité à WordPress de façon simple. Consultez le Chapitre 7 pour comprendre comment fonctionnent les *shortcodes*.

- *Icônes des réseaux sociaux* : permet de faire état, au sein de vos publications, de votre présence sur différents réseaux sociaux ou sites, tels que WordPress, Facebook, X, Instagram, LinkedIn, YouTube, *etc.*). Contrairement à de simples images ou liens, ce bloc garantit une présentation cohérente et optimisée, adaptée aux standards de WordPress et aux thèmes FSE.

- *Nuage d'étiquettes* : permet d'afficher visuellement les étiquettes utilisées sur un site. Il présente les étiquettes sous forme de liens, généralement avec des tailles variables en fonction de leur fréquence d'utilisation. Plus une étiquette est utilisée dans les articles, plus elle apparaît de manière visible dans le nuage.

» **Thème** : les blocs Thème permettent d'ajouter à votre article un certain nombre de métadonnées et d'informations annexes comme la date de publication, un lien vers l'article suivant, le logo du site, *etc.*

- *Navigation* : offre la possibilité de créer ou modifier votre menu de navigation aussi bien en termes de structure que d'apparence. Je présente au Chapitre 6 l'ensemble des options permettant de créer, organiser et personnaliser les menus dans WordPress.

- *Logo du site* : insère le logo du site sur la page. Le bloc Logo du site est principalement utilisé lors de la modification de l'en-tête dans l'éditeur de site (voir Chapitre 6).

- *Titre du site* : insère le titre du site sur la page, tel qu'il est défini dans les réglages généraux de WordPress.

- *Description du site* : insère la description du site sur la page, tel qu'il est défini dans les réglages généraux de WordPress.

- *Boucle de requête* : Ce bloc est utilisé pour afficher des articles, des pages ou d'autres types de contenus selon des paramètres comme la date, la catégorie, l'auteur ou le nombre d'éléments (voir la section « Réglage du bloc Boucle de requête », plus loin dans ce chapitre).

- *Avatar* : ajoute l'image de profil associée à un utilisateur, le plus souvent celle de l'auteur ou de l'autrice. Il sert à identifier visuellement la personne liée au contenu et à humaniser la page.

- *Titre de la publication* : affiche le titre du contenu en cours, qu'il s'agisse d'un article, d'une page ou d'un autre type de publication.

- *Extrait de la publication* : affiche l'extrait d'une publication. Il récupère soit l'extrait personnalisé rédigé par l'auteur, soit, à défaut, les cinquante-cinq premiers mots du contenu.

- *Image mise en avant* : affiche l'image mise en avant d'une publication. Une *image en avant* est une image assignée à un article ou une page. Elle sert principalement à illustrer ce contenu. Cette image est définie dans les réglages de l'article ou de la page, indépendamment du contenu principal. Chaque article ou page ne peut avoir qu'une seule image mise en avant.

- *Auteur ou autrice* : affiche les informations sur la personne qui a rédigé le contenu, comme son nom et parfois sa biographie ou son avatar. Il sert à identifier clairement l'auteur d'un article et à donner plus de contexte au lecteur.

- *Nom de l'auteur/autrice* : affiche le nom de l'auteur ou de l'autrice d'une publication.

- *Date* : affiche une date de votre choix. Par défaut, la date du jour est utilisée.

- *Date de publication/modification* : affiche la date à laquelle l'article ou la page a été publié. Il permet d'indiquer clairement au lecteur quand le contenu a été mis en ligne.

- *Catégorie* : affiche les catégories de l'article.

- *Étiquettes* : affiche les étiquettes de l'article.

- *Temps de lecture* : permet d'afficher une estimation du temps nécessaire pour lire un article ou une page, en fonction de la longueur du contenu. Il est généralement utilisé pour améliorer l'expérience de lecture et donner un repère aux visiteurs.

» **Contenus embarqués** : ces blocs vous permettent d'intégrer du contenu de divers services Web, tel que des vidéos (YouTube, Vimeo), des publications de réseaux sociaux (X, Facebook, Instagram), des contenus audio (Spotify, SoundCloud), *etc*. Actuellement, l'éditeur de blocs WordPress vous permet d'intégrer du contenu de 31 services. Les services de cette liste sont susceptibles d'évoluer au fil du temps, de nouveaux étant ajoutés et d'anciens supprimés.

Insérer de nouveaux blocs

WordPress propose plusieurs manières d'insérer un nouveau bloc dans vos articles ou pages. Avec le temps, vous trouverez la méthode qui correspond le mieux à votre style d'écriture et à votre façon de travailler avec l'éditeur de blocs.

Lorsque vous créez un nouvel article, l'écran Modifier l'article affiche un bloc Paragraphe pour écrire votre contenu et un champ pour le titre de votre page. À partir de là, vous pouvez ajouter de nouveaux blocs en utilisant l'une des méthodes suivantes :

» **Bouton d'insertion de blocs** : utilisez le bouton « + » situé en haut de l'écran pour afficher le menu des blocs disponibles, comme expliqué dans la section « Découvrir les blocs disponibles ».

» **Bouton au niveau du bloc** : passez la souris sur un bloc existant pour faire apparaître un petit « + ». Cliquez dessus pour insérer un nouveau bloc juste avant ou après le bloc sélectionné.

» **Menu Options d'un bloc** : chaque bloc dispose d'une barre d'outils avec trois points verticaux, appelée Options (laissez le curseur de la souris sur l'icône pour connaître son nom). Cliquez dessus pour ouvrir un menu déroulant proposant plusieurs actions, dont Ajouter avant et Ajouter après, qui permettent d'insérer un bloc Paragraphe au-dessus ou au-dessous du bloc actuel (voir Figure 5.14).

» **Touche Entrée** : appuyez sur Entrée à l'intérieur d'un bloc Paragraphe pour créer automatiquement un nouveau bloc Paragraphe à la suite. Vous pouvez ensuite changer son type si vous le souhaitez.

» **Touche « / »** : placez le curseur dans un bloc Paragraphe et tapez la barre oblique (/). Une liste de blocs apparaît alors. Vous pouvez naviguer dans cette liste avec les flèches du clavier et appuyer sur Entrée pour insérer le bloc choisi, ou taper le nom du bloc et appuyer sur Entrée pour l'ajouter directement.

La Figure 5.15 montre les blocs disponibles lorsque vous appuyez sur la barre oblique.

Figure 5.14 Utilisation des options d'un bloc.

Figure 5.15 Utilisation de la touche oblique.

Paramétrer les options des blocs

Chaque bloc dans WordPress dispose d'un ensemble d'options qui permettent de personnaliser son apparence et son comportement. Ces réglages concernent, par exemple, la taille et la couleur du texte, la couleur de fond, ou encore la largeur et la hauteur du bloc. Les paramètres exacts varient selon le type de bloc utilisé

Dans cette section, vous apprendrez à configurer les options de quatre blocs parmi les plus courants. Les principes expliqués à travers ces exemples peuvent ensuite être appliqués à la plupart des autres blocs, dont le fonctionnement est similaire :

» **Paragraphe** ;

» **Image** ;

» **Média & texte** ;

» **Boucle de requête.**

Vous configurez les options d'un bloc dans deux endroits différents à l'écran : le bloc lui-même et le panneau des paramètres situé sur le côté droit de l'écran et accessible depuis le bouton en forme de roue dentée (tout en haut à droite de l'écran).

N'OUBLIEZ PAS

Le panneau des paramètres comprend deux onglets : Articles (ou Page si le document est une page) et Bloc (voir Figure 5.16). La section Articles (ou Page) regroupe les paramètres généraux, que j'aborde dans « Affiner les options de vos articles » plus loin dans ce chapitre. L'onglet Bloc, quant à lui, affiche des paramètres spécifiques au bloc actuellement sélectionné. Lorsque vous changez de type de bloc, l'onglet Bloc se met à jour pour présenter les options propres au nouveau bloc.

Vous pouvez cliquer sur l'icône en forme de fenêtre, située dans le coin supérieur droit de l'écran, pour masquer le panneau des paramètres et gagner temporairement de l'espace de travail. Pour le réafficher, il suffit de cliquer à nouveau sur cette icône.

Figure 5.16 Le panneau des paramètres des blocs.

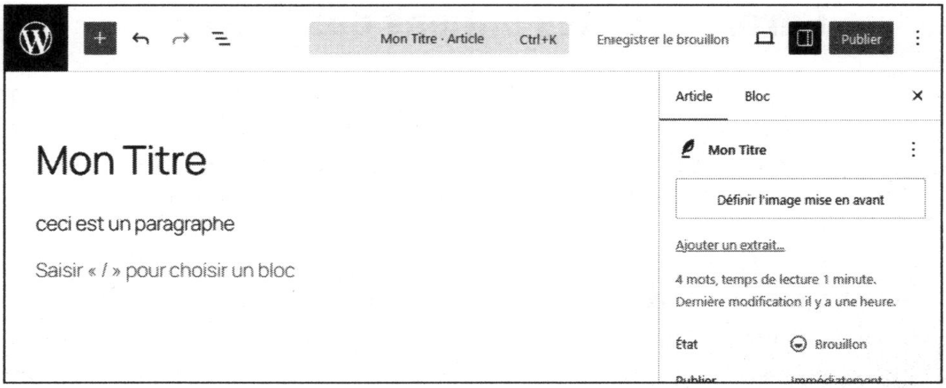

Réglage du bloc Paragraphe

Le bloc Paragraphe sert à créer des blocs de texte dans vos articles ou pages. Après avoir ajouté ce bloc, saisissez votre texte dans la zone prévue. Lorsque vous travaillez dans ce bloc, une petite barre d'outils apparaît en haut, comme illustré à la Figure 5.17.

Figure 5.17 La barre d'outils du bloc Paragraphe.

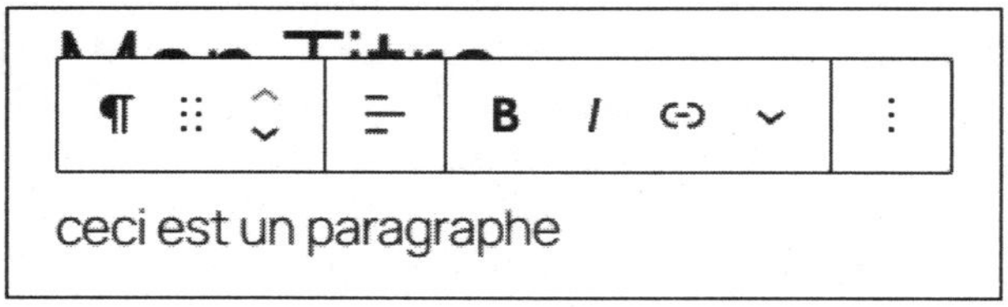

Cette barre d'outils offre une variété d'options, parmi lesquelles (de gauche à droite) :

- **Paragraphe** : permet de changer le type de bloc. Par exemple, vous pouvez transformer un paragraphe en liste, titre, citation, groupe, préformaté, citation en exergue ou couplet.
- **Glisser** : déplace le bloc manuellement en maintenant le bouton gauche de la souris.
- **Monter/Descendre** : cette option permet de déplacer le bloc au-dessous ou au-dessus de sa position actuelle. Cette option ne s'affiche que si la page est composée d'au moins deux blocs.
- **Aligner le texte** : option de mise en forme qui positionne le texte à gauche, au centre ou à droite.

» **Gras (B) et Italique (I)** : appliquent le style gras ou italique au texte sélectionné.

» **Lien** : transforme le texte sélectionné en lien cliquable (texte sur lequel les lecteurs peuvent cliquer pour visiter une nouvelle page Web ou un nouveau site Web). Sélectionnez le texte que vous souhaitez mettre en forme, puis cliquez sur l'icône Lien.

» **Plus** : cliquez sur cette icône pour afficher un menu déroulant composé d'options supplémentaires, parmi lesquelles (voir Figure 5.18) :

- *Barrer* : barre le texte sélectionné. Exemple : ~~Ce texte est barré~~.

- *Code en ligne* : permet de représenter le texte sous forme de code informatique, de script ou d'une partie de programme. Les codes informatiques sont habituellement mis en forme avec une police non proportionnelle, c'est-à-dire dont la taille de chaque caractère est identique. Exemple : `Ce texte est représenté en code informatique.`

- *Exposant* : transforme le texte sélectionné en exposant. Exemple : Cet appartement fait 50 m^2.

- *Image en ligne* : permet d'insérer une image avec le texte du paragraphe qui l'entoure. Placez le curseur de votre souris dans la zone du paragraphe où vous souhaitez insérer l'image, puis cliquez sur l'option Image en ligne.

- *Indice* : transforme le texte sélectionné en indice. Exemple : la formule chimique de l'eau est H2O.

- *Langue* : sert à signaler aux navigateurs et lecteurs d'écran (logiciel d'assistance destiné principalement aux personnes aveugles ou malvoyantes.) qu'un paragraphe spécifique est écrit dans une langue différente du reste du site. Cela permet d'assurer une prononciation correcte pour l'accessibilité et d'optimiser le référencement (SEO). Il ajoute le code HTML suivant qui n'est pas visible pour le lecteur : <bdo lang="fr" dir="ltr">Ceci est un paragraphe</bdo>

- *Maths* : insère des formules ou des symboles mathématiques complexes directement au milieu de votre texte en utilisant la syntaxe LaTeX. Elle sert à garantir que les équations mathématiques s'affichent avec une mise en forme scientifique parfaite, ce qui est impossible à réaliser avec un clavier standard.

- *Mettre en évidence* : permet de surligner du texte à la façon d'un surligneur.

- *Note de bas de page* : permet de transformer un passage de texte en référence placée en bas de page. Elle sert à ajouter des sources, des précisions ou des commentaires sans alourdir le texte principal.

- *Saisie au clavier* : cette option de mise en forme affiche le texte avec une police de caractères non proportionnelle, un peu à l'image du code en ligne. Elle permet d'indiquer qu'un texte correspond à ce que l'on tape sur un clavier.

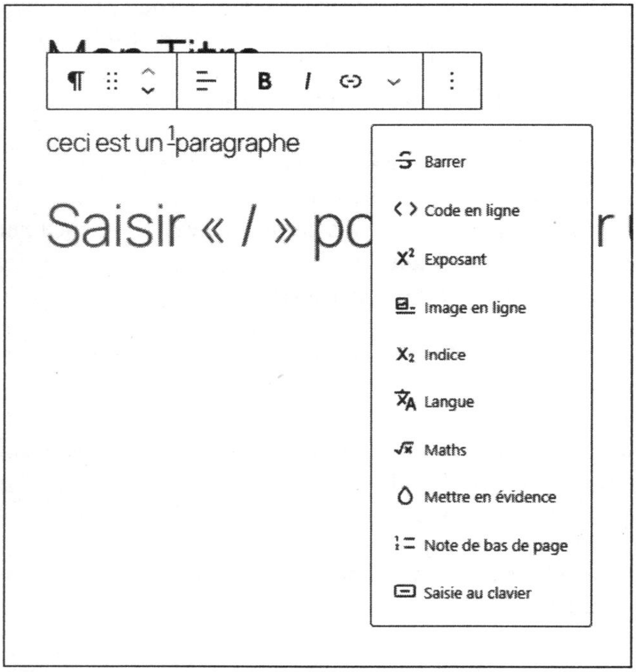

Figure 5.18 Le sous-menu Plus du bloc Paragraphe.

» **Options** : cliquez sur cette icône pour afficher un menu déroulant composé de réglages supplémentaires, parmi lesquels (voir Figure 5.19) :

- *Copier/couper* : cliquez sur cette option pour copier l'intégralité du texte du bloc. Vous pourrez coller le texte à l'aide de la combinaison de touches Ctrl + C (copier) ou Ctrl + X (couper).

- *Dupliquer* : cliquez sur cette option pour dupliquer le bloc actuel sur lequel le curseur est placé et le placer juste au-dessous. Cela vous permet d'écrire un nouveau paragraphe tout en conservant le texte et la mise en forme associée.

- *Ajouter avant/après* : insère un nouveau bloc vierge (sans texte ni mise en forme) juste avant ou juste après le bloc sur lequel est placé le curseur.

- *Ajouter une note* : permet d'associer une note interne au bloc. Cette note sert surtout à la coédition ou collaboration entre développeurs, éditeurs ou relecteurs WordPress, pour laisser un commentaire ou une remarque sans l'afficher aux visiteurs du site. Le bouton Valider la note sert à marquer une note comme traitée ou résolue.

- *Copier/Coller les styles* : ces options servent à réutiliser rapidement la mise en forme d'un bloc sur un autre. Elles permettent de copier les réglages visuels (couleurs, typographie, espacements, *etc.*) d'un bloc et de les appliquer à un autre, sans toucher au contenu.

- *Grouper* : permet de rassembler plusieurs blocs en un seul ensemble afin de les déplacer ou de les mettre en forme ensemble.

- *Verrouiller* : permet de restreindre ou verrouiller les options du bloc, comme la suppression ou le déplacement.

- *Cacher* : masque le bloc dans l'éditeur sans le supprimer. Cela peut s'avérer utile lorsque l'on compose une page, pour voir le résultat avec ou sans un élément particulier. Pour afficher la liste des blocs masqués, ouvrez la vue en liste (icône en haut à gauche de WordPress – voir Figure 5.33).

- *Créer une composition* : permet de transformer un bloc, ou un groupe de blocs, en un élément réutilisable. Une composition est un ensemble de blocs enregistré afin de pouvoir être réinséré facilement ailleurs dans le site, sans avoir à le reconstruire à chaque fois. Elle est particulièrement utile pour conserver une mise en page cohérente et gagner du temps lors de la création de contenu. Lorsqu'une composition est marquée comme *Synchronisée*, toute modification effectuée sur l'une de ses occurrences est automatiquement appliquée à toutes les autres. Le contenu et la mise en forme restent donc identiques partout où la composition est utilisée. À l'inverse, une composition non synchronisée peut être modifiée indépendamment à chaque emplacement.

- *Modifier en HTML* : cliquez sur cette option pour changer l'éditeur de blocs en éditeur HTML afin que vous puissiez afficher et créer du contenu en HTML. Une mauvaise manipulation peut rendre le bloc invalide ou empêcher son affichage correct dans l'éditeur visuel !

N'OUBLIEZ PAS

Lorsque vous créez une composition, celle-ci est enregistrée dans l'onglet Compositions –> Mes compositions (voir Figure 5.20). Elle devient alors accessible depuis l'éditeur de blocs et peut être réutilisée dans n'importe quel article ou page du site.

Figure 5.19
La sous menu Options du bloc Paragraphe.

Figure 5.20
Les blocs réutilisables sont sauvegardés dans l'éditeur de blocs.

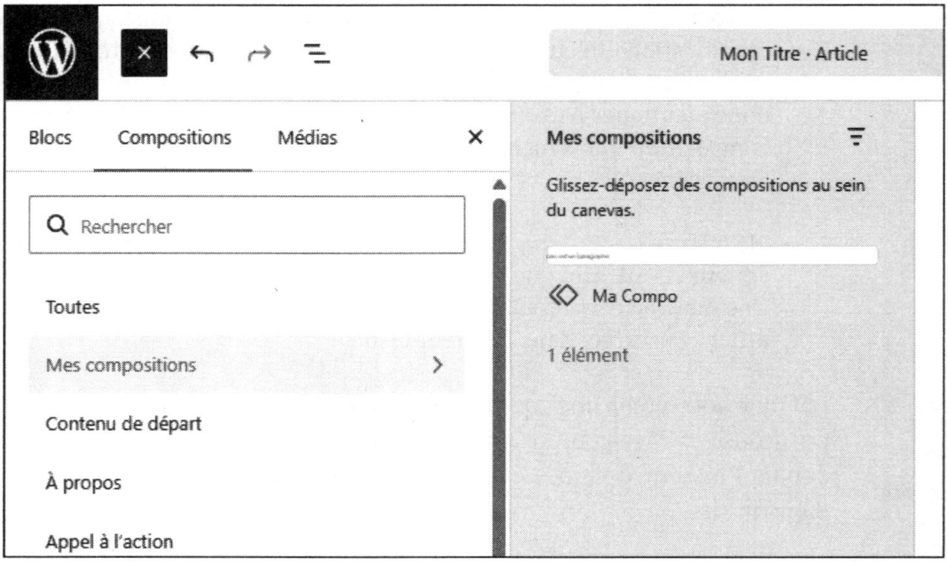

Utiliser les raccourcis clavier

Beaucoup d'utilisateurs aiment utiliser des raccourcis clavier pour effectuer rapidement des actions qui nécessiteraient autrement un clic de souris. Ces raccourcis permettent d'accélérer l'édition, de travailler plus efficacement et peuvent réduire la fatigue ou les tensions musculaires, ce qui est particulièrement utile pour les personnes souffrant de douleurs articulaires ou du syndrome du canal carpien. WordPress propose une large gamme de raccourcis pour des tâches courantes comme mettre du texte en gras ou en italique, enregistrer un article ou annuler des modifications. Pour les consulter, cliquez sur l'icône à trois points verticaux située dans le coin supérieur droit de l'écran, puis sélectionnez Raccourcis clavier ou appuyez sur Maj + Alt + H. Vous y trouverez la liste complète des raccourcis disponibles.

Des options supplémentaires pour le bloc Paragraphe sont disponibles dans le panneau des paramètres situé sur le côté droit de l'écran, comme illustré à la Figure 5.21.

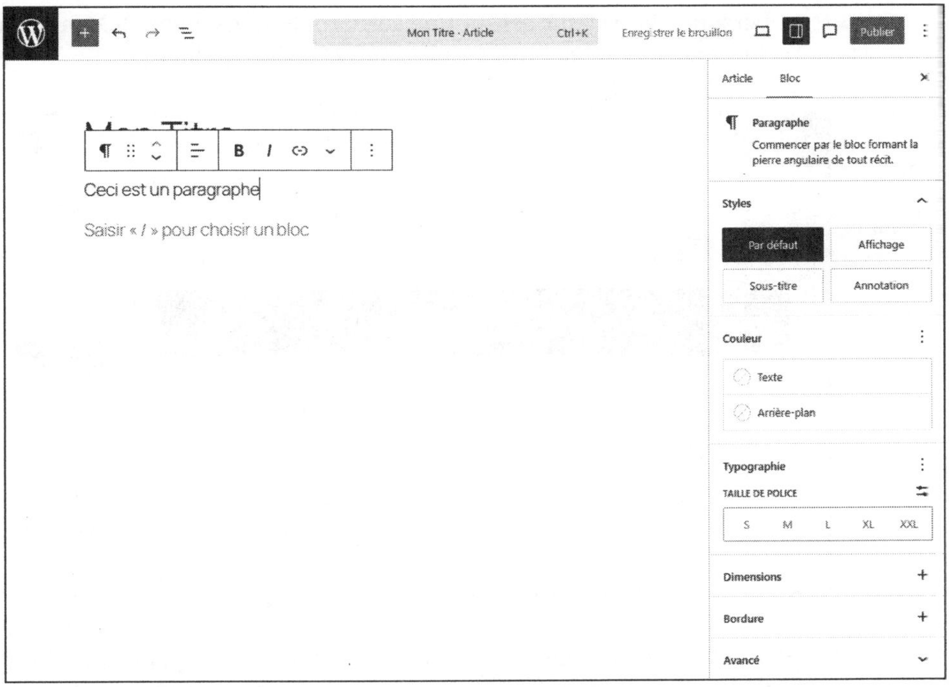

Figure 5.21 Les paramètres supplémentaires (à droite) du bloc Paragraphe.

Ces options comprennent :

» **Styles** : cette section vous permet de modifier l'apparence du texte (laissez le curseur de la souris sur l'un des quatre styles pour prévisualiser le résultat) :

- *Par défaut* : affiche le paragraphe avec le style de texte standard du site.
- *Affichage* : met le texte davantage en valeur, souvent avec une taille plus grande ou un contraste plus fort.
- *Sous-titre* : utilise un style intermédiaire pour introduire ou compléter un titre, sans être un vrai titre.
- *Annotation* : applique un style discret, généralement plus petit, pour des remarques, légendes ou précisions.

» **Couleur** : cette section vous permet de définir la couleur du texte et la couleur d'arrière-plan du bloc Paragraphe :

- *Texte* : permet de modifier la couleur du texte du bloc. Choisissez l'une des couleurs présélectionnées ou cliquez sur le sélecteur de couleurs personnalisées pour définir une autre couleur. La Figure 5.22 montre un bloc Paragraphe avec un arrière-plan noir et du texte blanc.

Figure 5.22

Un paragraphe avec du texte blanc sur fond noir.

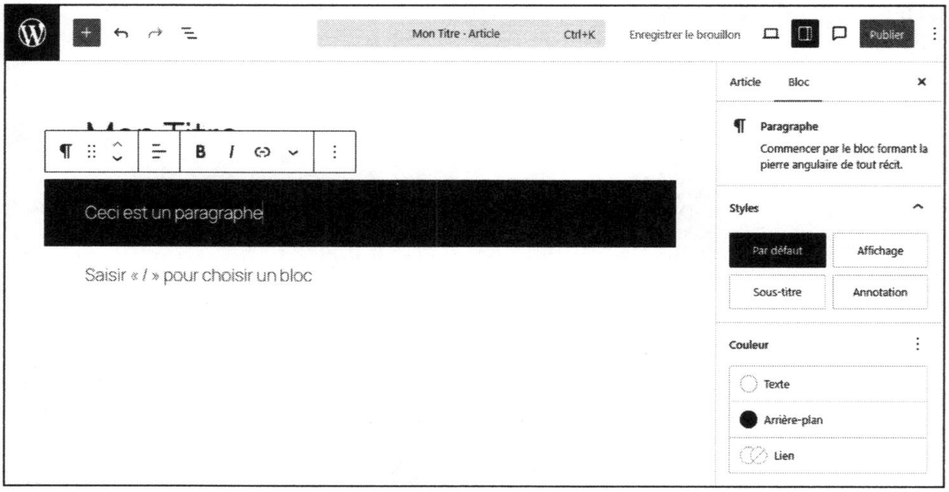

- *Arrière-plan* : permet de définir la couleur d'arrière-plan du bloc Paragraphe. Choisissez l'une des dix couleurs présélectionnées ou bien cliquez sur le sélecteur de couleurs personnalisées pour définir une autre couleur.

- *Liens* : permet de définir la couleur des liens hypertexte.

» **Typographie** : cette section vous permet de définir la taille de la police de caractères du bloc Paragraphe. Un menu composé de trois points verticaux permet d'afficher ou de masquer les options ci-dessous :

- *Taille* : vous disposez de deux méthodes pour définir la taille de la police. Vous pouvez définir la taille depuis des valeurs prédéfinies (S, M, L, XL, XXL), mais également entrer un nombre spécifique dans la zone Personnalisée. Lorsque vous ajustez les paramètres de texte dans le panneau des paramètres, les modifications se produisent immédiatement dans le bloc que vous modifiez.

- *Police de caractères* : permet de modifier la police de caractères.

- *Apparences* : permet de modifier la finesse de la police de caractères.

- *Interlignage / interlettrage* : permet de modifier la hauteur des lignes du bloc ainsi que l'espacement entre chaque lettre du bloc.

- *Décoration* : permet de souligner ou barrer le texte du bloc.

- *Orientation* : permet d'afficher le texte horizontalement ou verticalement.

- *Casse* : permet de définir la casse du texte, à savoir en majuscules, en minuscules ou la première lettre du texte en majuscule.

- *Lettrine* : permet d'afficher la première lettre du paragraphe en plus grand. Elle sert à créer un effet visuel d'introduction, souvent utilisé au début d'un texte ou d'un article.

- *Tout réinitialiser* : masque les options décrites ci-dessus.

» **Avancé** : cliquez sur cette option (voir Figure 5.23) pour afficher un menu déroulant composé de réglages supplémentaires, parmi lesquels :

- *Ancre HTML* : permet de définir une ancre HTML. Une ancre est un lien vers un endroit précis d'une page qui serait un peu longue. Cela vous permet de positionner le visiteur précisément là où vous le souhaitez. WordPress vous permet de créer une ancre au niveau des titres de vos publications. Pour cela, renseignez le champ Ancre, et mentionnez un nom unique, qui peut comporter les caractères « - », « _ », « : » et « . ». Ensuite, pour créer un lien vers cette ancre, ajoutez le caractère # suivi du nom de l'ancre (http://monsite.fr/page-d-exemple#mon-ancre/).

- *Classe(s) CSS additionnelle(s)* : vous pouvez spécifier une ou plusieurs classes CSS additionnelles pour personnaliser davantage l'apparence du bloc.

Figure 5.23
Réglage d'une ancre HTML.

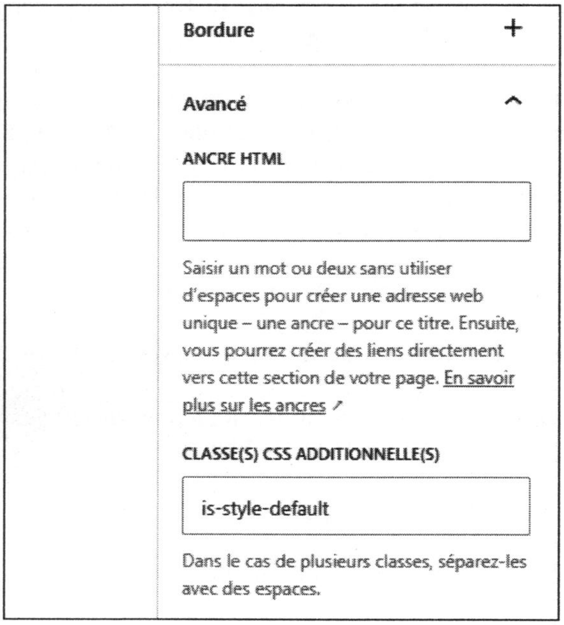

Réglage du bloc Image

Le bloc Image permet d'ajouter facilement une image à vos articles ou pages. Pour l'utiliser, ajoutez-le à votre contenu (voir Figure 5.24), puis choisissez l'une des options suivantes :

Figure 5.24
Les paramètres du bloc Image.

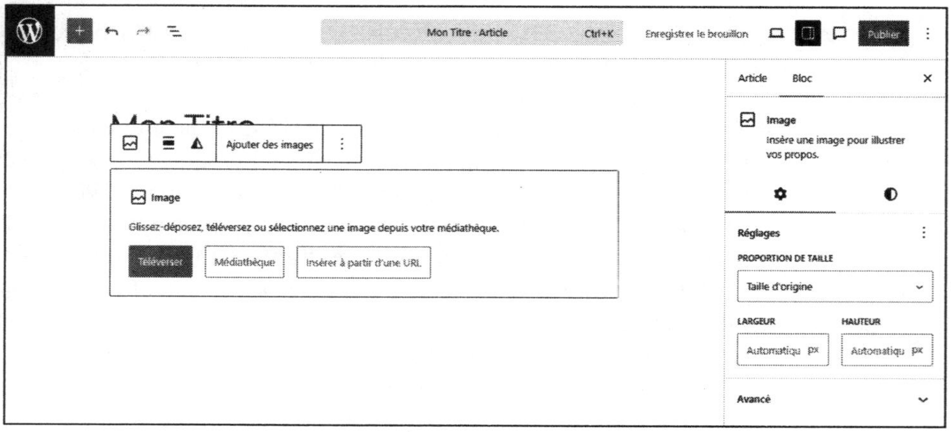

» **Téléverser** : sélectionnez une image depuis votre ordinateur. WordPress l'ajoute à votre publication et la stocke automatiquement dans la médiathèque pour une utilisation ultérieure.

» **Médiathèque** : choisissez une image déjà présente dans la médiathèque WordPress. Sélectionnez l'image souhaitée et cliquez sur Sélectionner pour l'insérer dans votre contenu (voir Figure 5.25).

Figure 5.25 Le bouton Médiathèque d'un bloc Image affiche les images disponibles de la médiathèque WordPress.

» **Insérer à partir d'une URL** : collez le lien de l'image dans le champ prévu, puis appuyez sur Entrée ou cliquez sur Appliquer pour l'ajouter.

» **Glisser-déposer** : sélectionnez une image sur votre ordinateur et faites-la glisser directement dans l'éditeur de blocs. L'image sera également ajoutée à la médiathèque.

Lorsque vous travaillez dans un bloc Image, une barre d'outils apparaît en haut du bloc (voir Figure 5.26), avec les options suivantes (laissez le curseur de la souris sur les icônes pour connaître leur nom) :

Figure 5.26 La barre d'outils du bloc Image.

» **Image** : cliquez sur cette option pour convertir le bloc Image en un autre bloc.

» **Alignement** : cliquez sur cette option pour adapter la largeur de l'image selon votre convenance. L'option *Ancun* annule l'alignement de l'image. L'option *Grande largeur* aligne le contenu de l'image à celui du contenu de la page et *Pleine largeur*, à la largeur de l'écran sur lequel vous visualisez le contenu. Dans la Figure 5.27, vous voyez un article que j'ai créé avec une image centrée.

Figure 5.27

Exemple d'une image centrée.

» **Appliquer un filtre duotone** : un filtre duotone est un effet visuel appliqué à une image qui remplace ses couleurs par deux teintes définies. Le filtre duotone est une nouveauté très attendue qui vous permet de sélectionner deux couleurs pour les ombres et les lumières d'une image (voir Figure 5.28).

» **Glisser** : cette option permet de déplacer le bloc à la main ; maintenez votre doigt appuyé sur le bouton gauche de la souris et déplacez le bloc à l'endroit désiré.

» **Monter/Descendre** : cette option permet de déplacer le bloc au-dessous ou au-dessus de sa position actuelle. Cette option ne s'affiche que si la page est composée d'au moins deux blocs.

» **Ajouter une légende** : comme son nom l'indique, cette option permet d'ajouter ou de masquer une légende au-dessous de l'image, texte dont il sera possible de modifier l'apparence (couleur, taille, alignement, lien HTML, *etc.*).

» **Insérer un lien** : permet de définir une URL pour l'image, ce qui rend l'image cliquable. Lorsqu'un visiteur de votre site clique sur l'image, il est redirigé vers l'URL que vous avez spécifiée.

» **Recadrer** : permet de recadrer l'image, c'est-à-dire n'en conserver qu'une seule partie ou modifier son orientation.

» **Ajouter du texte au-dessus de l'image** : comme son nom l'indique, cette option permet d'ajouter du texte au-dessus de l'image, texte dont il sera possible de modifier l'apparence (couleur, taille, alignement, lien HTML, *etc.*).

» **Ajouter une légende** : lorsque vous ajoutez une image, vous voyez un champ facultatif directement au-dessous de celle-ci, libellé *Rédigez la légende*. Ce champ est facultatif. Si vous n'en faites rien, rien ne s'affiche sur votre site. Cependant, si vous saisissez des mots dans ce champ, ils apparaissent sous l'image, sous forme de légende.

» **Remplacer** : permet de remplacer l'image par une autre et ouvre la médiathèque lorsque vous cliquez dessus.

» **Options** : les paramètres ici sont les mêmes que ceux décrits dans « Réglages du bloc Paragraphe », précédemment dans ce chapitre.

Figure 5.28 Exemple d'une image avec l'option duotone.

Des options supplémentaires sont disponibles dans le panneau des paramètres situé sur le côté droit de l'écran, comme illustré à la Figure 5.29. Ces options comprennent deux onglets : une roue dentée et une demi-lune. Cliquez sur la roue dentée :

» **Réglages :** les options de cette section vous permettent de définir le texte alternatif, la taille et les dimensions de l'image :

- *Texte alternatif* : saisissez un texte descriptif dans le champ Texte alternatif pour décrire l'image que vous utilisez. Cette description aide les personnes qui ne peuvent pas voir l'image sur votre site parce que l'image ne se charge pas, par exemple. Le texte alternatif fournit le contexte de l'image manquante. Cette option est également une fonctionnalité d'accessibilité utile aux personnes en situation de handicap pour comprendre le texte affiché sur le site Web avec un synthétiseur vocal ou un affichage en braille. De plus, les descriptions de texte alternatif aident à l'optimisation des moteurs de recherche (SEO).

- *Proportion de l'image* : pour définir une largeur et une hauteur spécifiques pour l'image utilisée, entrez les nombres de votre choix dans les champs Largeur et Hauteur.

- *Bordure, Rayon* : Bordure insère une bordure autour de l'image, dont la taille est modifiable, tandis que Rayon arrondit les angles de l'image.

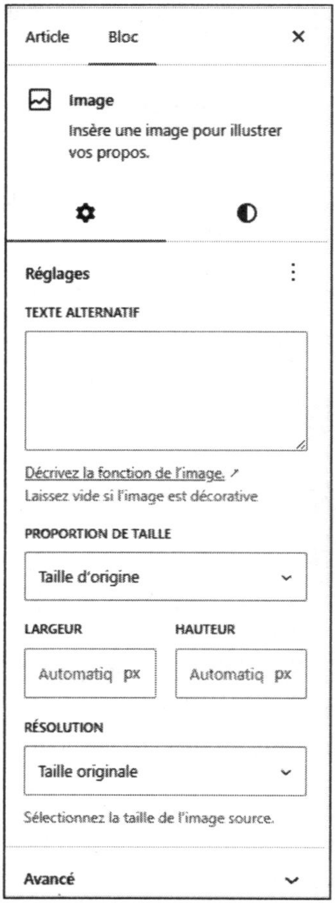

Figure 5.29 Les options du bloc Image (la roue dentée à droite) dans le panneau des paramètres.

Cliquez désormais sur le deuxième onglet, en forme de demi-lune :

» **Styles** : les options de cette section vous permettent de définir le style de l'image :

- *Par défaut* : le style par défaut est défini automatiquement et affiche l'image dans son état d'origine.

- *Arrondi* : affiche l'image à l'intérieur d'un cercle.

» **Filtres** : les options de cette section vous permettent d'appliquer des filtres à l'image :

- *Duotone* : un filtre duotone est un effet visuel appliqué à une image qui remplace ses couleurs par deux teintes définies.

» **Dimensions** : permet de régler les marges de l'image (haut, bas, gauche, droite).

» **Bordure et ombre** : permet d'ajouter une bordure (épaisseur, style, couleur) et une ombre portée afin de modifier son apparence visuelle sans changer le fichier image original.

Figure 5.30 Les options du bloc Image (la demi-lune à droite) dans le panneau des paramètres.

N'OUBLIEZ PAS

Lorsque vous créez du contenu dans un bloc et que vous faites une erreur, le bouton *Annuler*, situé en haut à gauche de l'écran et représenté par une flèche orientée vers la gauche, permet d'annuler la dernière action effectuée. Le bouton *Rétablir*, placé au même endroit et représenté par une flèche orientée vers la droite, permet de rétablir la dernière action annulée.

Réglage du bloc Média & texte

Le bloc Média & texte permet de créer un contenu en deux colonnes, combinant un média (image ou vidéo) et du texte positionné à droite ou à gauche. Par défaut, lorsque vous ajoutez ce bloc à votre article, l'image est placée à gauche et le texte à droite, comme illustré à la Figure 5.31.

Dans ce bloc, insérez le média dans la section Zone média sur la gauche, en suivant les méthodes décrites dans « Réglages du bloc Image », précédemment dans ce chapitre. Le texte est saisi dans la section Contenu située sur la droite.

N'OUBLIEZ PAS

Lorsque vous commencez à rédiger le texte, une barre d'outils de mise en forme apparaît au-dessus de la zone de texte. Cette barre d'outils offre toutes les options disponibles dans le bloc Paragraphe, détaillées dans la section « Réglages du bloc Paragraphe » : gras, italique, liens, alignement, notes de bas de page, exposants, indices, surlignage, insertion de code ou de formules mathématiques, *etc.*

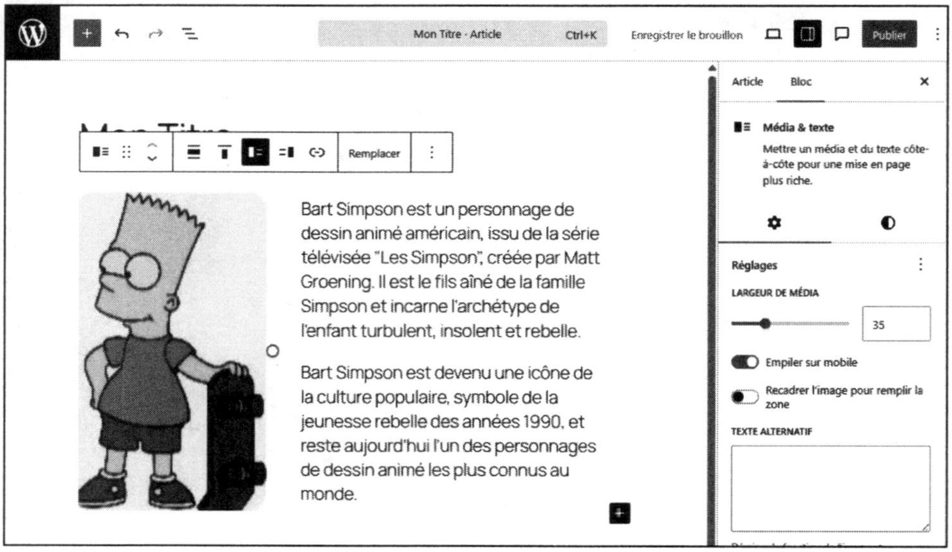

Figure 5.31 Le bloc Média & texte, avec l'image à gauche et le texte à droite.

Lorsque vous travaillez sur le bloc média, une barre d'outils spécifique s'affiche également en haut du bloc, offrant un ensemble d'options pour gérer l'image ou la vidéo insérée. Passez le curseur sur chaque icône pour connaître son nom et son action :

» **Média & Textes** : cliquez sur cette option pour convertir le bloc Média & texte en un autre bloc.

» **Glisser** : cette option permet de déplacer le bloc à la main ; maintenez votre doigt appuyé sur le bouton gauche de la souris et déplacez le bloc à l'endroit désiré.

» **Monter/Descendre** : cette option permet de déplacer le bloc au-dessous ou au-dessus de sa position actuelle. Cette option ne s'affiche que si la page est composée d'au moins deux blocs.

» **Alignement** : cliquez sur cette option pour adapter la largeur du bloc Médias & texte à la largeur du contenu de la page (Grande largeur) ou pour augmenter la largeur de l'image à la largeur de l'écran sur lequel vous visualisez le contenu (Pleine largeur). Notez que les bords gauche et droit de l'image s'étendent jusqu'aux côtés gauche et droit de l'écran de visualisation.

» **Modifier l'alignement vertical** : cliquez sur cette option pour aligner le texte par rapport à l'image (Aligner en haut, Aligner au milieu, Aligner en bas – voir Figure 5.32).

» **Afficher le média sur la gauche** : cliquez sur cette option pour définir le média à gauche et le texte à droite. Il s'agit du paramètre par défaut.

» **Afficher le média sur la droite** : cliquez sur cette option pour définir le texte à gauche et le média à droite.

» **Insérer un lien** : permet de définir une URL pour l'image, ce qui rend l'image cliquable. Lorsqu'un visiteur de votre site clique sur l'image, il est redirigé vers l'URL que vous avez spécifiée.

» **Remplacer** : cliquez sur cette option pour remplacer l'image par l'une que vous souhaitez importer depuis votre ordinateur.

» **Options** : les paramètres ici sont les mêmes que ceux décrits dans « Réglages du bloc Paragraphe », précédemment dans ce chapitre.

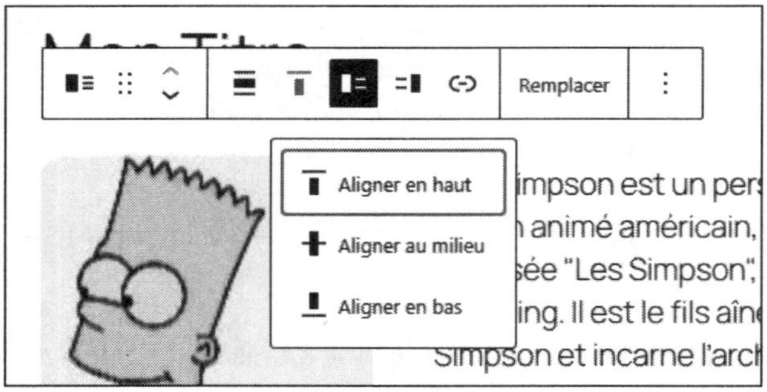

Figure 5.32 Les options d'alignement de l'image par rapport au texte.

Des options supplémentaires sont disponibles dans le panneau des paramètres situé sur le côté droit de l'écran (voir Figure 5.31). Ces options comprennent deux onglets : une roue dentée et une demi-lune. Cliquez sur la roue dentée :

» **Largeur de média** : cliquez sur cette option pour définir les proportions de l'image par rapport au texte, pour privilégier par exemple le texte à l'image, ou inversement.

» **Empiler sur mobile** : cliquez sur cette option pour définir l'affichage du bloc Média & texte pour des appareils mobiles. Si vous laissez cette option désélectionnée, le bloc couvre la largeur de l'écran du mobile. Selon l'image et le texte que vous avez définis, le bloc peut être difficile à lire. Sélectionnez l'option Empiler sur mobile pour afficher les contenus empilés les uns sur les autres. Si le bloc est défini pour afficher l'image à gauche avec le texte à droite, sur les appareils mobiles, l'image s'affiche au-dessus du texte.

» **Recadrer l'image pour remplir toute la colonne** : agrandit l'image de sorte qu'elle remplisse, dans la mesure du possible, toute la colonne (hauteur/largeur), quitte à ce que certaines parties soient de fait masquées. Le sélecteur de point de focalisation permet de décider quelle partie de l'image masquée afficher.

» **Texte alternatif** : saisissez un texte descriptif dans le champ Texte alternatif pour décrire l'image que vous utilisez. Cette description aide les personnes qui ne peuvent pas voir l'image sur votre site parce que l'image ne se charge pas, par exemple. Le texte alternatif fournit le contexte de l'image manquante. Cette option est également une fonctionnalité d'accessibilité utile aux personnes en situation de handicap pour comprendre le texte affiché sur le site Web avec un synthétiseur vocal ou un affichage en braille. De plus, les descriptions de texte alternatif aident à l'optimisation des moteurs de recherche (SEO).

Cliquez maintenant sur l'icône en forme de demi-lune :

» **Texte** : Définit la couleur de texte. Choisissez l'une des dix couleurs prédéfinies ou cliquez sur l'icône du sélecteur de couleurs personnalisées pour choisir une couleur de votre choix.

» **Couleur d'arrière-plan** : Sélectionne une couleur d'arrière-plan pour le bloc Média & texte. Choisissez l'une des six couleurs prédéfinies ou cliquez sur l'icône du sélecteur de couleurs personnalisées pour choisir une couleur de votre choix.

N'OUBLIEZ PAS

Lorsque vous travaillez sur un article ou une page contenant de nombreux blocs, faire défiler le contenu pour retrouver un bloc précis peut rapidement devenir contraignant. En haut de l'écran, une rangée d'icônes est affichée. L'icône située à l'extrémité droite correspond à la *Vue d'ensemble du document* (voir Figure 5.33). En cliquant sur cette icône, un panneau s'ouvre et présente, sous forme de liste, l'ensemble des blocs utilisés dans l'article ou la page en cours d'édition. Ce panneau de navigation permet d'accéder directement au bloc souhaité et de le sélectionner pour le modifier. Il est également possible de déplacer les blocs par glisser-déposer directement depuis cette vue, ce qui s'avère pratique lorsque votre contenu est composé de nombreux blocs.

ASTUCE

Si vous êtes curieux de connaître la structure du contenu d'une page ou d'un article, cliquez sur l'onglet Structure (voir Figure 5.33). Lorsque vous cliquez sur cette icône, une petite fenêtre s'ouvre contenant des détails sur l'article ou la page que vous modifiez (nombre de caractères, nombre de mots, nombre de blocs, *etc.*).

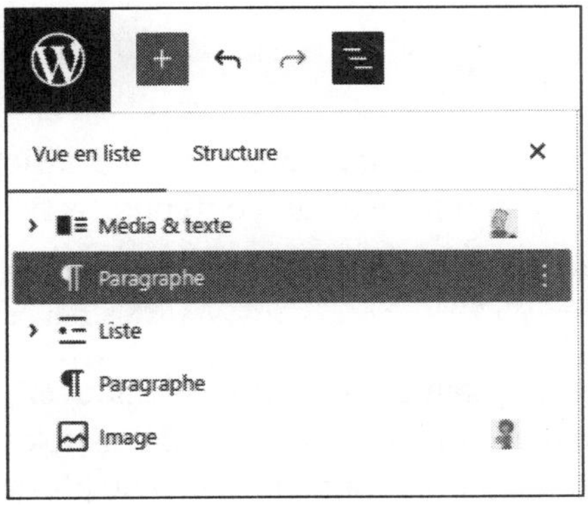

Figure 5.33 Activation de la vue en liste des blocs du contenu.

Si vous êtes un geek comme moi et que vous aimez explorer le code, ou simplement curieux de jeter un œil au HTML derrière vos blocs, WordPress a ce qu'il vous faut. Dans le coin supérieur droit de l'écran, repérez l'icône avec trois points verticaux. Passez votre souris dessus et vous verrez qu'elle s'appelle Options

Cliquez dessus pour ouvrir le menu des options. Pour voir le code de vos blocs, sélectionnez Éditeur de code. Immédiatement, votre publication passe de l'éditeur visuel classique à l'affichage en code HTML, vous permettant de découvrir et modifier le contenu directement à ce niveau. La Figure 5.34 illustre un article affiché ainsi.

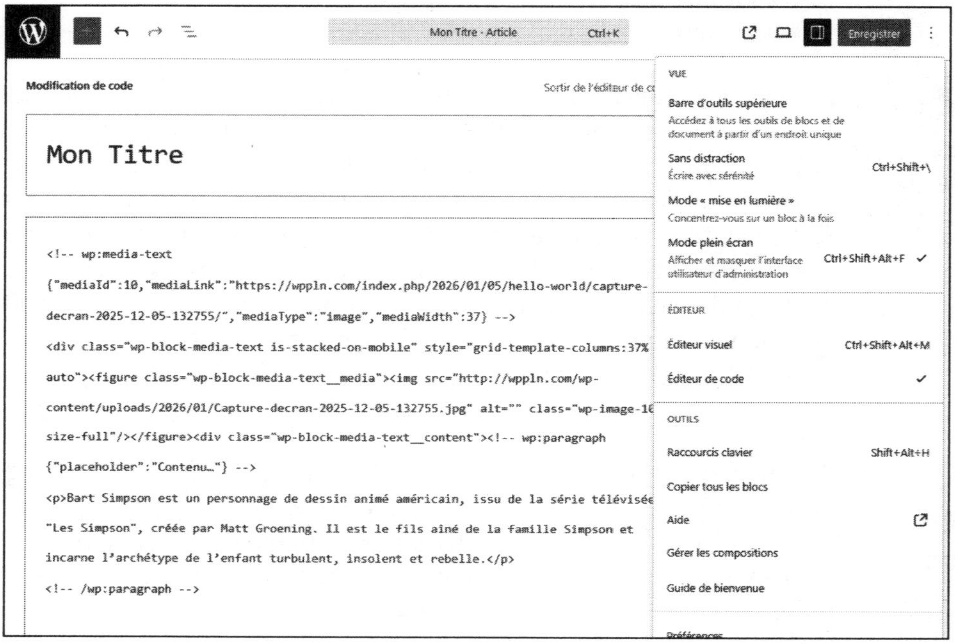

Figure 5.34 Utilisation de l'éditeur de code sur une publication.

Réglage du bloc Boucle de requête

Le bloc Boucle de requête est un outil puissant qui vous permet d'afficher automatiquement sur votre site WordPress une liste de contenus (articles, pages ou tout autre type de publication) avec des éléments comme le titre, l'extrait, l'image mise en avant, l'auteur, la date, *etc.*

Pour mieux comprendre, prenons un exemple concret : vous avez conçu un superbe site de recettes de cuisine, avec un certain nombre d'articles qui proposent de nouvelles recettes. Chaque article est rattaché à une ou plusieurs catégories et/ou étiquettes et dispose d'une *image en avant*. Avec le bloc Boucle de requête, vous pouvez facilement afficher sur une page :

» **les cinq derniers articles publiés ;**

» tous les articles rattachés à la catégorie « Desserts » ;

» tous les articles portant l'étiquette « recettes pas chères » ;

» tous les articles d'un auteur spécifique ;

» tous les articles de la catégorie « Desserts » écrits par un auteur spécifique ;

» et bien d'autres combinaisons selon vos besoins.

Techniquement, le bloc Boucle de requête agit comme un conteneur : il exécute une requête WordPress pour récupérer les contenus correspondant aux critères que vous définissez, puis affiche chaque résultat en suivant un modèle visuel répétitif appelé « modèle de publication ». Cela vous permet de créer des listes dynamiques et toujours à jour, sans avoir à ajouter manuellement chaque article.

Voyons pas à pas comment insérer et configurer une boucle de requête sur une page, et comment personnaliser l'apparence des éléments qu'elle affiche pour qu'ils s'intègrent parfaitement à votre site.

1. Créez une nouvelle page et insérez le bloc Boucle de requête.

Deux options s'offrent à vous : Choisir (modèles prédéfinis) ou Partir de zéro (voir Figure 5.35). Les modèles prédéfinis conviendront dans la plupart des cas. Selon le thème installé, plusieurs modèles de mise en page sont proposés, avec ou sans photos, en liste ou en grille, avec le contenu de l'article ou seulement le titre, *etc.* Essayez ces modèles prédéfinis et observez comment ils sont conçus : cela vous aidera à comprendre ce qu'il est possible de faire et comment procéder.

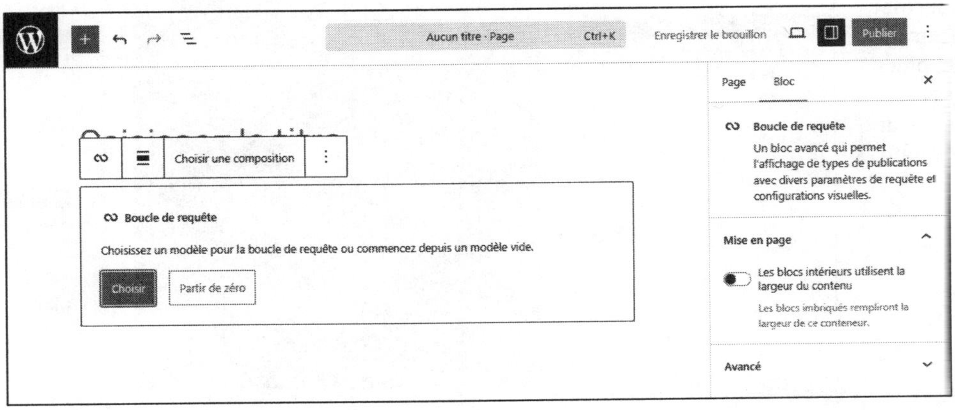

Figure 5.35
Insertion d'un bloc Boucle de requête.

❷ Créez une boucle de requête à partir de zéro.

Pour l'exemple, je vais créer une boucle de requête à partir de zéro. Choisissez ensuite une disposition simple, comme « Titre et date », « Titre et extrait », « Titre date et extrait » ou « Image, date et titre » (voir Figure 5.36). Pour cette dernière option, il est nécessaire que vos articles disposent tous d'une *image mise en avant*.

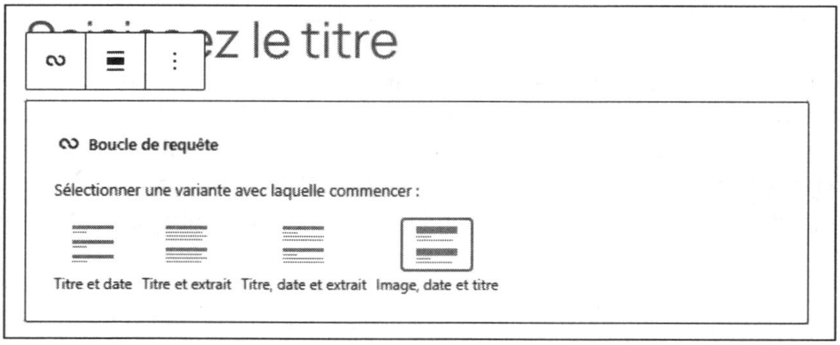

Figure 5.36 Choix de la variante de la boucle de requête.

❸ Ouvrez la vue en liste pour apprécier les différents blocs qui constituent une boucle de requête.

Depuis la vue en liste, cliquez sur le bloc Boucle de requête pour le sélectionner (assurez-vous d'avoir sélectionné le conteneur principal, pas juste un titre à l'intérieur). Dans la barre latérale à droite (les réglages du bloc), cherchez la section Réglages (voir Figure 5.37).

Figure 5.37 La vue en liste permet d'apprécier les différents blocs qui constituent la boucle de requête.

❹ Cliquez sur Type de requête : Personnalisée.

L'option *Hériter de la requête du modèle* est désactivée, ce qui est une bonne chose pour pouvoir personnaliser le nombre d'articles.

- *Type de publication* : Article. C'est l'option à privilégier pour afficher une liste d'articles, mais il est possible de sélectionner Page à la place, auquel cas vous listerez des pages de votre site répondant à certains critères.

- *Ordonner par* : par défaut, WordPress trie du plus récent au plus ancien. Vous n'avez donc rien à modifier pour avoir les « derniers » articles.

- *Publications épinglées* : les publications épinglées apparaissent toujours en premier, quelle que soit leur date de publication :

- L'option *Inclure* signifie que les publications épinglées sont affichées avec les autres contenus et conservent leur priorité, elles apparaissent donc en premier.

- L'option *Exclure* permet d'empêcher l'affichage des publications épinglées dans la Boucle de requête.

- L'option *Uniquement* limite la Boucle de requête aux seules publications épinglées.

- L'option *Ignorer*, quant à elle, signifie que WordPress ne tient plus compte du statut « épinglé ». Les publications épinglées sont alors traitées comme des publications normales et sont classées selon les critères de tri définis dans la requête, généralement la date. Elles n'apparaissent plus automatiquement en premier.

❺ Cliquez sur les trois points verticaux face à l'option Afficher.

Sélectionnez ensuite les réglages d'affichage et activez les trois options suivantes afin qu'elles apparaissent dans la barre latérale de droite (voir Figure 5.38) :

- *Éléments par page* : c'est ici que vous définissez le nombre réel d'articles que la boucle va afficher sur la page. Exemple : si vous saisissez 3, la boucle n'affichera que les trois derniers articles correspondant aux critères définis (et pas un de plus !).

- *Décalage* : permet à la boucle d'ignorer un certain nombre de publications avant de commencer à les afficher. Si une page contient deux boucles de requête et que la première affiche déjà les premiers articles, le décalage permet à la deuxième boucle de commencer après ceux-ci.

- *Nombre maximal de pages* : permet de restreindre le nombre de pages affichées dans la pagination de la boucle, une option utile lorsque le volume de résultats est très important.

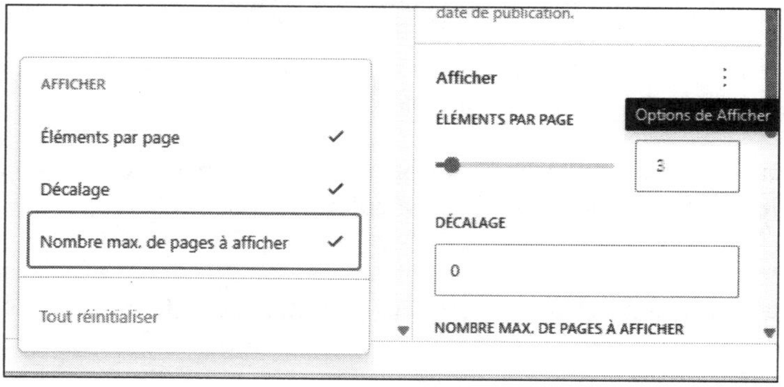

Figure 5.38 Activation de paramètres supplémentaires masqués par défaut.

❻ Cliquez sur le « + » face à l'option Filtre.

Ce réglage est essentiel, car il permet de définir précisément quels articles doivent être affichés (voir Figure 5.39). Sans filtrage, la boucle de requête prendrait en compte l'ensemble des articles du site, mais n'afficherait que les trois plus récents, compte tenu des paramètres définis précédemment. Cochez le ou les filtres que vous souhaitez utiliser :

- *Taxonomies* : permet de filtrer les publications en fonction des taxonomies associées au type de contenu sélectionné. Pour les articles, le filtrage par catégories et par étiquettes est disponible.

- *Auteurs/autrices* : permet de n'inclure que les publications écrites par une ou plusieurs personnes.

- *Mot-clé* : permet de n'afficher que les publications qui contiennent le ou les termes indiqués. Si plusieurs mots sont saisis, seuls les articles intégrant l'ensemble de ces termes seront affichés.

- *Format* : permet de filtrer les publications en fonction de leur format (standard, image, vidéo, citation, galerie, *etc.*), afin d'afficher uniquement les articles correspondant aux formats sélectionnés. Tous les thèmes ne gèrent pas tous les formats. Si vous ne voyez pas cette option, il est possible que votre thème actuel ne prenne en charge que le format standard !

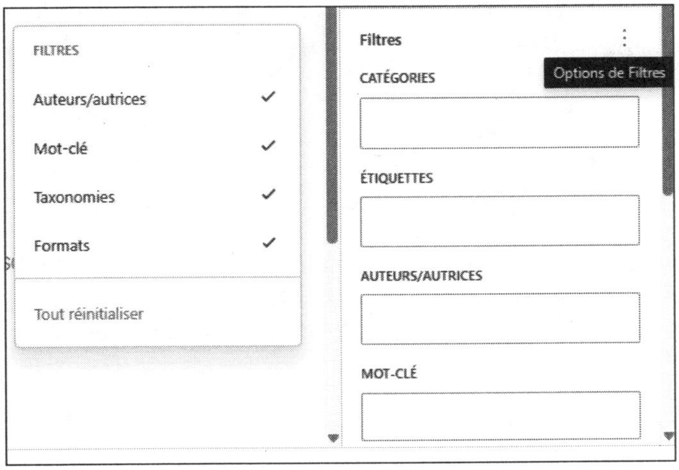

Figure 5.39 Définition des filtres de la boucle de requête.

❼ **Ouvrez la vue en liste et sélectionnez le bloc Modèle de publication.**

Depuis la vue en liste, cliquez sur le bloc Modèle de publication pour le sélectionner (assurez-vous d'avoir sélectionné le conteneur principal, pas juste un titre à l'intérieur – voir Figure 5.40). La barre d'options du bloc, située au centre de l'éditeur, vous permet d'ajuster l'affichage des résultats :

- *Vue en liste/Vue en grille* : affiche les *images mises en avant* des articles sous forme de liste (Figure 5.37) ou de grille (Figure 5.40).

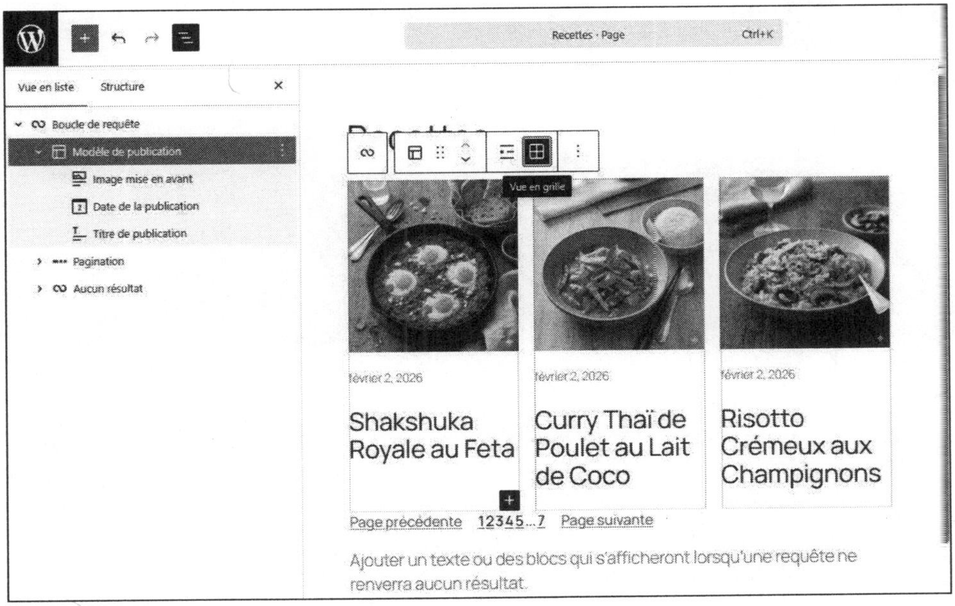

Figure 5.40 Affichage des résultats sous forme de liste ou de grille.

- *Positionnement des éléments dans la grille* : ce réglage, disponible dans la barre latérale de droite, permet d'organiser la disposition des éléments à l'intérieur de la grille.

- *Colonnes* : définit le nombre d'articles à afficher en mode Grille.

❽ Ouvrez la vue en liste et sélectionnez le bloc Pagination.

Le bloc Pagination dans une boucle de requête sert à diviser la liste des articles en plusieurs pages, plutôt que d'afficher tous les articles d'un coup (voir Figure 5.41). Concrètement, lorsque votre boucle affiche de nombreux articles, la pagination permet de :

- limiter le nombre d'articles visibles par page (par exemple 5 ou 10 articles) ;

- fournir des liens pour naviguer vers les pages suivantes ou précédentes, afin que les visiteurs puissent parcourir tous les contenus facilement ;

- améliorer la lisibilité et la performance du site, car une seule page ne charge pas tous les articles en même temps.

Dans les réglages du bloc Pagination, vous pouvez généralement choisir le type de pagination (numérique ou précédent/suivant), ainsi que le style et la position. Dans cet exemple, comme l'objectif est de n'afficher que les trois articles les plus récents, le bloc Pagination n'est pas nécessaire et peut être supprimé.

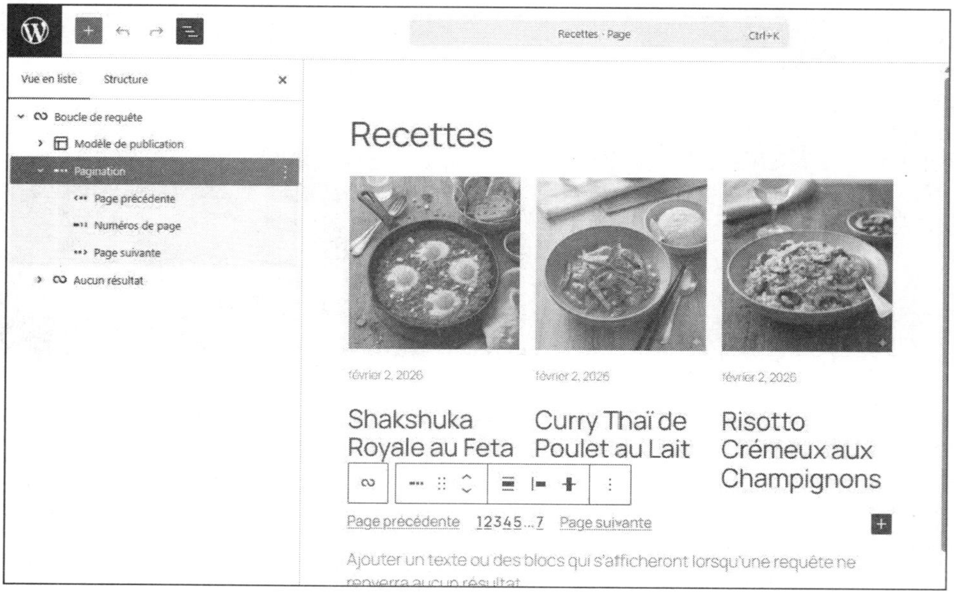

Figure 5.41 Réglage du bloc Pagination.

9. Ouvrez la vue en liste et sélectionnez le bloc Aucun résultat.

   Le bloc Aucun résultat (voir Figure 5.41), sert à afficher un message ou un contenu alternatif lorsque la requête ne renvoie aucun article. Concrètement, si la boucle de requête est filtrée (par catégorie, mot-clé, auteur, format, *etc.*) et qu'aucun article ne corresponde aux critères, le bloc Aucun résultat prend le relais pour informer les visiteurs.

10. Ajoutez vos propres blocs à la boucle de requête si vous le souhaitez.

    Vous pouvez ajouter vos propres blocs à la boucle de requête selon vos besoins. Par exemple, il est possible d'inclure le bloc Nom de l'auteur/autrice pour chaque publication. Cela vous permet de personnaliser les résultats de la requête à votre guise.

Affiner les options de vos articles

Une fois votre article rédigé, vous avez la possibilité de choisir des options supplémentaires avant de publier votre site et de le rendre visible au monde entier. Sur le côté droit de l'écran se trouve le panneau des paramètres, que vous devriez normalement connaître. Cliquez sur l'onglet Page (ou Article selon que vous créez ou modifiez une page ou un article) pour définir les options qui se rapportent à la page dans sa globalité, comme illustré à la Figure 5.42. Contrairement aux paramètres des blocs individuels, les paramètres de la page concernent l'intégralité de la publication.

N'OUBLIEZ PAS

Lorsque vous créez ou modifiez des pages et des articles, de nombreux paramètres et options peuvent encombrer l'interface de WordPress. Pour travailler plus sereinement, cliquez sur l'icône à trois points verticaux dans le coin supérieur droit de l'écran. Sélectionnez Mode plein écran pour occuper tout l'espace de travail, ou Mode sans distraction pour masquer les menus et les panneaux secondaires. Pour revenir à l'affichage par défaut, il suffit de désélectionner ces options de la même manière.

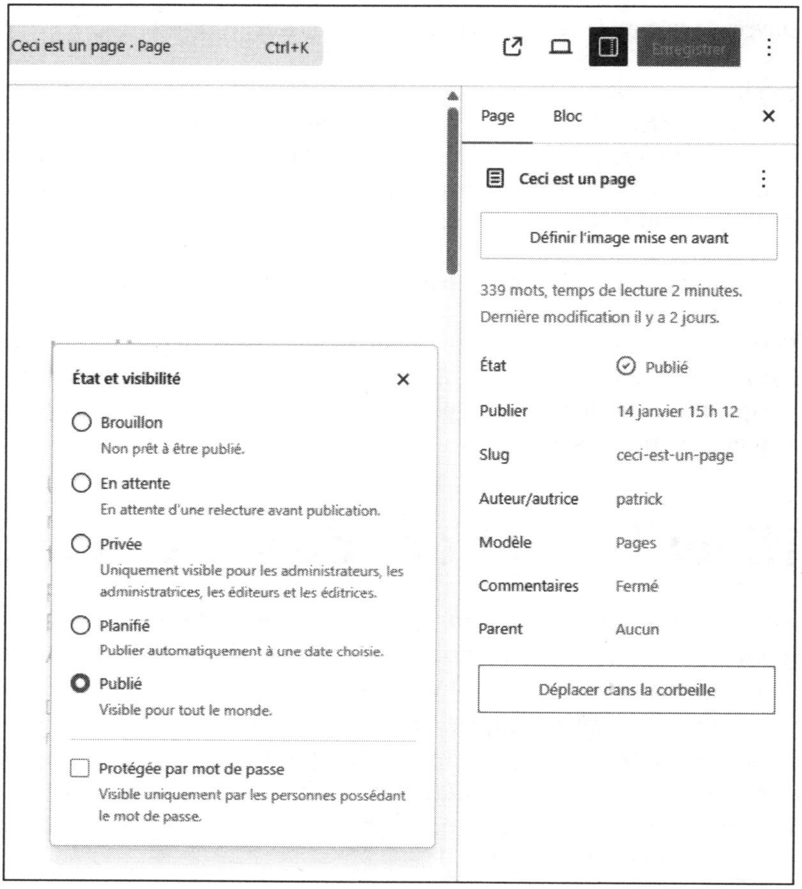

Figure 5.42 Les options de l'onglet Page sont relatives à une page ou un article et non à un bloc.

L'onglet Page comprend un certain nombre de réglages parmi lesquels :

» **Définir l'image mise en avant** : certains thèmes permettent d'illustrer vos articles ou pages avec une image. Elle peut apparaître sur la page d'accueil, le blog, les archives, les résultats de recherche ou dans d'autres sections de votre site. Une image mise en avant ne fait pas partie du contenu en tant que tel : elle est rattachée à la page ou à l'article, mais n'apparaît pas automatiquement dans le texte. Si votre thème prend en charge cette option, vous pouvez facilement ajouter une image mise en avant en la téléchargeant ou en la sélectionnant depuis la médiathèque.

» **État** : cliquer sur le lien État pour faire apparaître l'état de visibilité de la Page (voir Figure 5.42). Par défaut, le statut de visibilité de votre publication est défini sur Public. Vous pouvez modifier ce choix :

- *Brouillon* : le contenu est enregistré mais non visible par les visiteurs. Il peut être modifié à tout moment par son auteur ou un éditeur.
- *En attente* : le contenu est prêt mais soumis à validation. Il n'est pas publié tant qu'un utilisateur ayant les droits nécessaires ne l'a pas approuvé.
- *Privée* : permet de publier un article sans que personne d'autre que vous ne puisse le voir, exception faite des administrateurs et éditeurs.
- *Plannifiée* : le contenu est programmé pour être publié automatiquement à une date et une heure définies.
- *Publié* : le contenu est visible publiquement sur le site.
- *Protégé par mot de passe* : vous pouvez protéger par mot de passe votre article en cochant l'option *Protégé par mot de passe*. Dans le champ de saisie Mot de passe qui apparaît, entrez un mot de passe de votre choix.
  Mais pourquoi diable protéger un article par mot de passe ? Imaginez que vous sortiez d'un dîner chez votre belle-mère, et qu'elle ait fait le pire rôti que vous ayez jamais mangé. Vous pouvez écrire tout ce que vous voulez à ce sujet et partager le mot de passe avec vos amis de confiance.
- *Épingler en haut du blog* : cette option n'est visible que pour les articles. Cochez-la pour que WordPress affiche cet article en premier sur votre site jusqu'à ce que vous la désactiviez. Cette fonctionnalité est connue sous le nom de *Post-it*. En règle générale, les publications sont affichées par ordre chronologique sur votre site, la publication la plus récente apparaissant en haut de la page. Si vous créez un Post-it, l'article reste en haut, peu importe le nombre d'articles que vous aurez publiés par la suite.

» **Publier :** par défaut, WordPress attribue la date et l'heure de publication comme date et heure exactes de la publication initiale de l'article sur votre site. Si vous souhaitez publier à une date ultérieure un article, définissez l'heure et la date dans le futur. Cette fonctionnalité peut s'avérer pratique dans de nombreux cas Par exemple, lorsque je pars en vacances et que je ne veux pas laisser mon site sans mise à jour, j'écris quelques articles en plus que j'antidate. Ils sont publiés pendant que je fais de la plongée sous-marine quelque part sous les tropiques !

» **Slug :** par défaut, WordPress prend le titre de votre page ou article et le transforme en un identifiant unique qui composera le permalien de l'article. Pour un article intitulé *Trucs WordPress*, par exemple, WordPress crée automatiquement une URL à partir de ce titre qui ressemble à ceci : `http://mondomaine.com/trucs-wordpress`. Vous pouvez modifier cet identifiant pour votre article (ou page) à partir de celui que WordPress crée automatiquement pour vous. Vous pourriez raccourcir l'identifiant pour l'article de sorte que son URL devienne http://mondomaine.com/trucs.

» **Auteur/Autrice :** si vous administrez un blog multiauteur, vous pouvez choisir le nom de l'auteur à attribuer à l'article ou la page que vous modifiez. Par défaut, votre nom est sélectionné comme nom d'auteur dans la liste déroulante Auteur/Autrice.

» **Modèle :** définit le modèle de la page ou de l'article. Les modèles définissent la façon dont le contenu est présenté quand on visite votre site (voir Chapitre 8).

» **Commentaires** : permet de définir si les commentaires sont ouverts ou fermés pour cette page ou cet article. L'option *Autoriser les pings et les rétroliens* permet de gérer les notifications automatiques entre sites Web lorsqu'un contenu fait référence à un autre.

» **Parent** : les pages enfants héritent certaines caractéristiques de leur page parent, notamment de la structure de l'URL. Par exemple, si la page *Tarifs* est une page enfant de *Services*, son URL sera www.mondomaine.fr/services/tarifs. Elles apparaissent également comme des sous-éléments dans le menu de navigation par défaut.

» **Déplacer dans la corbeille** : cliquez sur ce lien pour envoyer l'article directement à la corbeille. Votre message n'est pas supprimé définitivement, ce qui est préférable si vous cliquez sur ce lien par accident. Il est enregistré dans la corbeille ; vous pourrez donc le récupérer si vous le souhaitez. Vous trouverez les éléments de la corbeille en cliquant sur le lien Tous les articles du panneau d'administration, puis en cliquant sur le lien Corbeille.

Certaines options complémentaires sont relatives aux articles et non aux pages, parmi lesquelles :

» **Ajouter un extrait :** ce sont de courts extraits de vos articles. Certains auteurs affichent des extraits pour donner un aperçu de leurs articles et donc inciter les lecteurs à cliquer dessus afin qu'ils les lisent totalement. Saisissez un extrait dans la zone de texte Extrait. Par défaut, WordPress crée automatiquement un extrait basé sur le texte du premier paragraphe de votre article. Mais si vous souhaitez contrôler le texte affiché, saisissez vous-même le texte souhaité. Les extraits peuvent être longs, mais il vaut mieux rester bref pour inciter les lecteurs à cliquer.

» **Catégories :** vous pouvez classer vos articles en différentes catégories pour les organiser par sujets. Cochez la catégorie de votre choix. Vous pouvez sélectionner toutes les catégories de votre blog ou simplement celles que vous utilisez le plus souvent en cliquant sur le lien Les plus utilisées.

N'OUBLIEZ PAS

La catégorie que vous souhaitez utiliser n'est pas listée ? Cliquez sur le lien Ajouter une nouvelle catégorie pour créer une nouvelle catégorie directement depuis la page en cours d'édition.

» **Étiquettes :** saisissez les noms des étiquettes que vous avez choisies. Séparez bien les étiquettes par des virgules afin que WordPress détermine le début et la fin de chaque mot-clé. *Chats, chatons*, félins sont trois mots-clés différents, mais sans virgules les séparant, WordPress les considérera comme une seule étiquette. Reportez-vous à l'encadré « Définir des catégories et des étiquettes », précédemment dans ce chapitre.

Publier un article

Vous avez donné un titre à votre nouvel article et saisi un premier paragraphe Peut-être avez-vous même ajouté une image ou un autre type de fichier multimédia et défini des mots-clés, catégories et autres options. Alors, publier ou ne pas publier ?

WordPress vous propose des options pour enregistrer ou publier un article une fois qu'il est terminé. Le module État se situe à droite de la page. Il vous suffit de cliquer sur le titre pour faire apparaître ses options. La Figure 5.43 montre les options disponibles dans ce module.

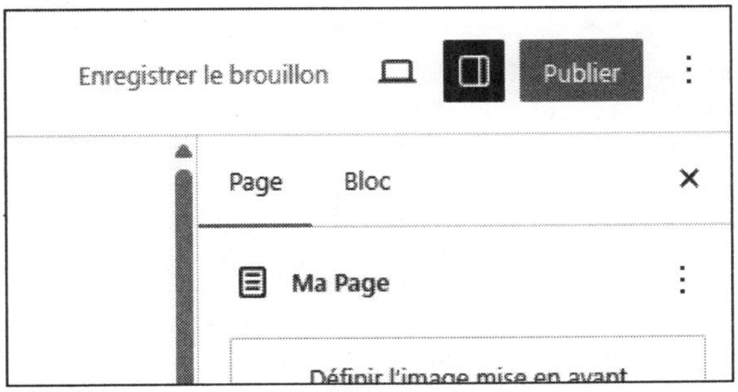

Figure 5.43 Les options de publication d'un article ou d'une page.

L'état de publication d'un article est composé de plusieurs options, de gauche à droite :

» **Enregistrer le brouillon :** ce lien enregistre votre article en tant que brouillon. Vous pourrez le modifier maintenant, demain ou un autre jour. Les visiteurs de votre site ne peuvent pas voir les articles sauvegardés en tant que brouillons. Pour accéder aux brouillons de votre site, cliquez sur le lien Modifier dans le menu Articles.

» **Voir :** cliquez sur cette icône pour visualiser votre page ou article depuis un ordinateur de bureau, une tablette ou un mobile (voir Figure 5.44). Cette fonctionnalité d'aperçu ne publie pas l'article, elle vous offre l'opportunité de vérifier si la mise en page ou le contenu doivent être modifiés ou non.

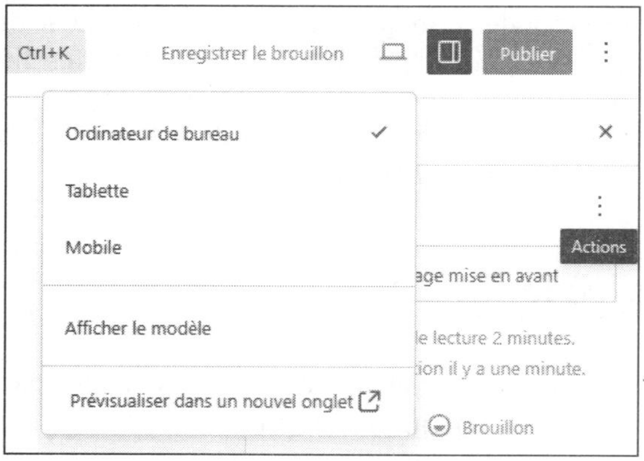

Figure 5.44 La prévisualisation d'une page ou d'un article.

» **Publier** ou **Mettre à jour** : cliquez sur ce bouton lorsque vous êtes prêt à publier sur votre site Web votre article ou votre page et ainsi autoriser vos visiteurs à le consulter lors de leur visite. WordPress met en place une petite fonctionnalité de sécurité intégrée qui vous demande si vous souhaitez réellement publier l'article ; lorsque vous cliquez sur le bouton Publier, WordPress affiche le message *Confirmez-vous la publication ?*, auquel vous devrez répondre par Publier ou Annuler. Vous avez également la possibilité de revérifier certains de vos paramètres, tels que la visibilité et la date de publication.

N'OUBLIEZ PAS

Depuis la version 6.3 de WordPress, le raccourci Ctrl + K (ou Cmd + K sur Mac) active la Palette de commandes. C'est une barre de recherche ultra-rapide qui permet de naviguer sans utiliser les menus latéraux. C'est un outil réservé à l'interface d'administration (le *back-end*) de WordPress.

Être son propre éditeur

Au moment où j'écris ce livre, j'ai des rédacteurs en chef, des éditeurs techniques et des relecteurs qui regardent par-dessus mon épaule et qui m'assistent, me donnent des conseils, corrigent mes fautes d'orthographe et de syntaxe, et me disent si je suis trop longue ou confuse dans mon expression. En revanche, vous, vous n'avez pas cette chance. Vous êtes seul maître à bord et avez les pleins pouvoirs sur ce que vous écrivez, quand vous écrivez et comment vous écrivez. Vous pouvez fort heureusement revenir et modifier de vieux articles pour corriger la typographie, l'orthographe et toutes les autres erreurs :

❶ Accédez à l'article à modifier.

Cliquez sur le menu Articles. La page s'ouvre et affiche par défaut les vingt articles les plus récents publiés sur votre site. Vous pouvez filtrer cette liste par date *via* le menu déroulant Toutes les dates. Par exemple, sélectionner Janvier 2026 affichera tous les articles publiés ce mois-là. Il est également possible de filtrer les articles par catégories (voir Figure 5.45).

Vous pouvez filtrer cette liste d'articles par dates en choisissant une date dans le menu déroulant Toutes les dates. Par exemple, si vous sélectionnez Avril 2026, la page Articles se rafraîchit et affiche tous les articles publiés au mois de Avril 2026. Vous pouvez également filtrer la liste des articles par catégories.

❷ Ouvrez l'article pour le modifier.

Cliquez sur le titre de l'article que vous souhaitez éditer. La page Modifier l'article s'ouvre, vous permettant de changer le contenu et les options associées. Vous pouvez également cliquer sur le lien Modifier sous le titre de l'article.

Si vous voulez ajuster uniquement les options de l'article (titre, état, mot de passe, catégories, étiquettes, commentaires, date de publication), utilisez le lien Modification rapide. Après avoir effectué vos changements, cliquez sur Enregistrer pour valider.

❸ Appliquez vos modifications.

Une fois vos changements terminés, cliquez sur Publier. La page se rafraîchit et toutes vos modifications sont prises en compte..

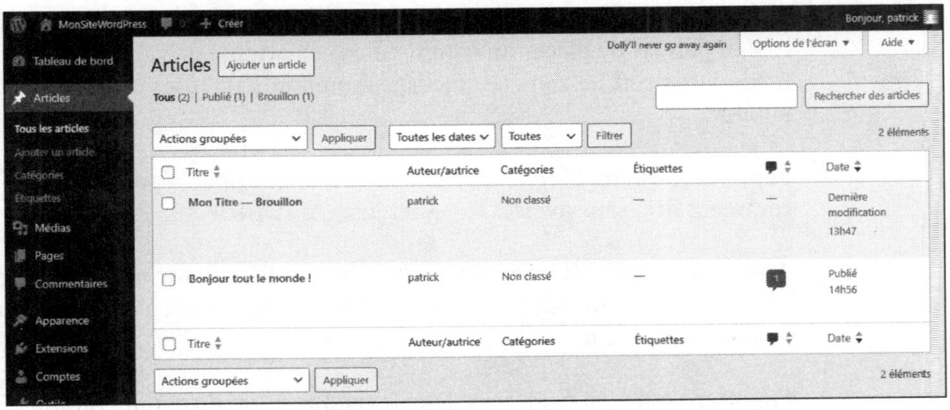

Figure 5.45

Le menu Articles de WordPress.

Qui discute sur votre site ?

Les commentaires sont l'une des fonctionnalités phares de WordPress, car ils permettent aux visiteurs d'interagir directement avec vous. Pour en savoir plus sur les commentaires et les rétroliens, reportez-vous au Chapitre 2.

Gérer les commentaires et les rétroliens

Pour accéder aux commentaires, cliquez sur le menu Commentaires. La page correspondante s'affiche et liste tous les commentaires de votre site (Figure 5.46).

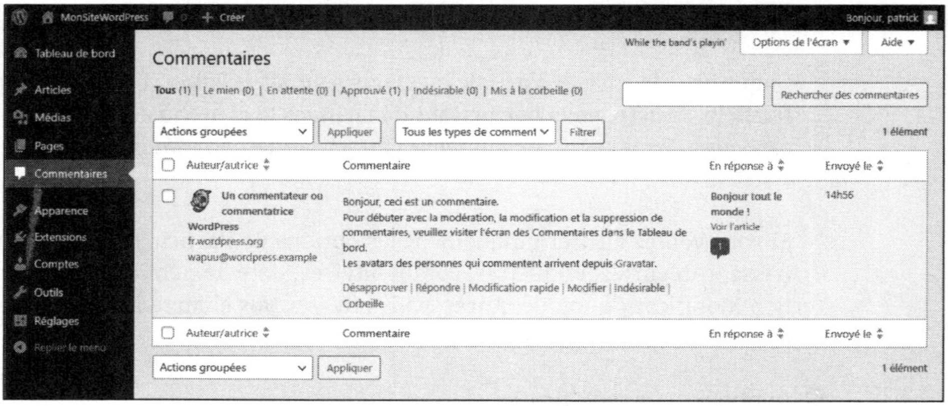

Figure 5.46 Le menu Commentaires affiche la page relative aux commentaires et aux rétroliens de votre site.

Lorsque vous survolez un commentaire avec la souris, plusieurs options apparaissent :

» **Approuver/Désapprouver :** si la modération des commentaires est activée, ce lien permet de placer un commentaire en attente de validation. La file de modération sert de zone de stockage temporaire pour les commentaires non publiés.

» **Répondre :** ouvre directement une zone de texte pour répondre au commentaire, sans avoir à naviguer jusqu'à l'article.

» **Modification rapide :** permet de modifier rapidement le nom, l'adresse e-mail, l'URL et le contenu du commentaire. Cliquez sur Mettre à jour le commentaire pour valider (Figure 5.47).

» **Modifier :** ouvre la page complète de modification du commentaire, où vous pouvez changer les mêmes champs que dans la modification rapide.

» **Indésirable :** envoie le commentaire dans la corbeille des spams.

» **Corbeille :** supprime le commentaire du site et le place dans la corbeille.

N'OUBLIEZ PAS

Pour gérer plusieurs commentaires en même temps, cochez les cases correspondantes et choisissez une action dans le menu déroulant Actions groupées en haut de la page.

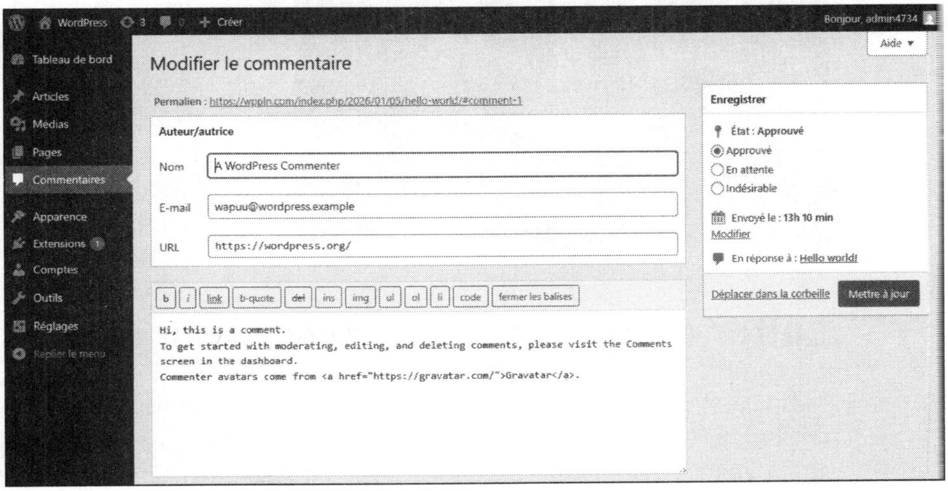

Figure 5.47 Page de modification d'un commentaire d'un utilisateur.

Modérer les commentaires et les rétroliens

Si vous avez activé la modération, les commentaires ne sont pas publiés immédiatement sur votre site. Ils apparaissent d'abord dans la page Commentaires, sous l'onglet En attente. Depuis cet écran, vous pouvez facilement les approuver, les marquer comme indésirables ou les supprimer.

WordPress intègre également un système de notification visuel pour vous avertir lorsqu'un commentaire attend une validation. Une petite bulle orange s'affiche à côté du menu Commentaires dans l'interface d'administration, quel que soit l'écran sur lequel vous vous trouvez. Elle indique le nombre de commentaires en attente de relecture. La Figure 5.48 montre qu'il y a un commentaire en attente de relecture.

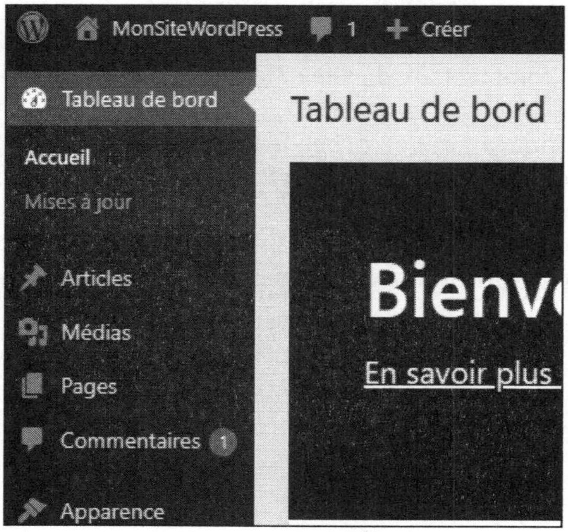

Figure 5.48
Une petite bulle orange signale ici un commentaire dans la file de modération.

Lutter contre les spams avec Akismet

J'ai déjà évoqué à plusieurs reprises Akismet dans ce livre. Pourquoi en parler autant ? Parce que, à mon humble avis, c'est la mère de toutes les extensions, et aucun site WordPress n'est réellement complet sans une version activée d'Akismet.

L'extension Akismet est incluse en standard dans le package depuis la version 2 de WordPress. Akismet a été créée par les mêmes personnes qui vous fournissent WordPress.com, l'équipe d'Automattic.

Akismet est la solution pour lutter contre les commentaires et rétroliens indésirables. Pour Matt Mullenweg d'Automattic, Akismet est un travail collaboratif pour supprimer les commentaires et rétroliens indésirables, et permettre ainsi de retrouver l'esprit d'innocence indispensable à la publication de sites.

Je blogue depuis 2002. J'ai commencé sur la plateforme Movable Type puis j'ai changé pour WordPress. Lorsque cette plateforme est devenue plus populaire, les commentaires et rétroliens indésirables ont envahi les blogs. Un matin 2004, j'ai trouvé quelque 2 300 commentaires indésirables publiés sur mon blog ! Depuis la sortie d'Akismet, je suis rarement confrontée aux spams.

Je vous présente plus en détail les extensions de WordPress au Chapitre 7, dans lequel vous apprendrez à activer Akismet et serez en mesure de vérifier si cette extension protège bien votre site des rétroliens et commentaires indésirables.

Troisième partie

Étendre les fonctionnalités de WordPress

Dans cette partie...

- » Apprenez à utiliser la bibliothèque de médias pour gérer les images et les médias.
- » Intégrez des vidéos et des fichiers audios dans vos contenus.
- » Découvrez l'édition intégrale du site.
- » Personnalisez vos menus de navigation, installez de nouvelles polices de caractères et insérez des formulaires de contact.
- » Découvrez, téléchargez et installez des extensions WordPress afin d'étendre les fonctionnalités de votre site Web.
- » Trouvez et installez des thèmes WordPress qui donnent à votre site Web un aspect visuel exceptionnel.

DANS CE CHAPITRE :

Ajouter des images et des galeries à vos articles.

•

Télécharger des fichiers audio et vidéo et explorer la bibliothèque de médias.

•

L'édition intégrale du site.

•

Créer des menus de navigation.

•

Installer et appliquer des polices de caractères.

•

Ajouter des formulaires de contact.

Chapitre 6

Créer des contenus riches et personnaliser l'apparence d'un site

Ce chapitre montre comment enrichir vos contenus WordPress en ajoutant facilement des images, des galeries, des bannières, ainsi que des fichiers audio et vidéo à l'aide de l'éditeur de blocs et de la médiathèque.

Il explique également comment structurer et personnaliser l'interface du site grâce à l'édition intégrale du site (FSE), notamment pour gérer l'en-tête, les menus de navigation et la typographie avec des polices personnalisées.

Enfin, il aborde l'ajout de fonctionnalités essentielles, comme les formulaires de contact, en s'appuyant sur des extensions adaptées et bien intégrées à l'écosystème WordPress.

Insérer des images

Il est vraiment facile d'ajouter des images avec l'outil de téléchargement d'images de WordPress. Depuis le tableau de bord, cliquez sur le menu Articles puis sur le bouton Ajouter. Sur l'écran, cliquez sur l'icône Ajouter un bloc pour ouvrir le sélecteur de bloc, puis recherchez le bloc Image, comme illustré à la Figure 6.1.

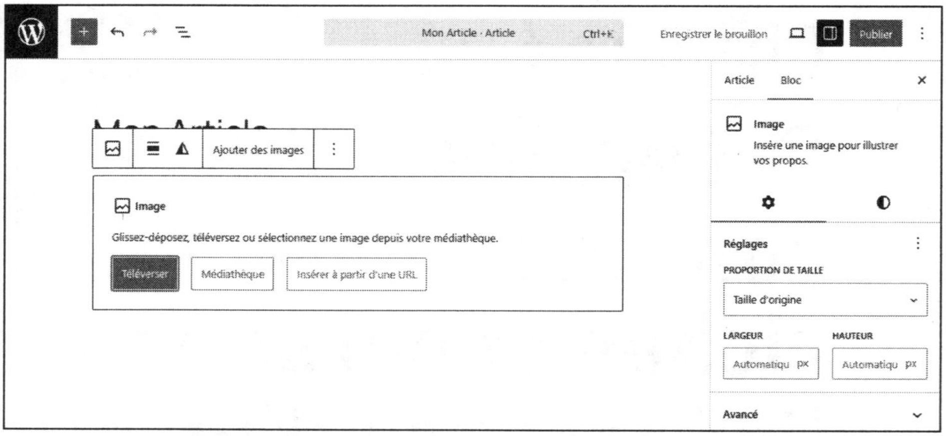

Figure 6.1 Ajout d'un nouveau bloc Image.

Le bloc Image vous propose trois façons d'ajouter une image à votre article, qui sont décrites en détail dans les sections suivantes :

» **Téléverser :** sélectionnez une image sur votre ordinateur et téléchargez-la sur votre site.

» **Médiathèque :** sélectionnez une image depuis la médiathèque WordPress.

» **Insérer à partir d'une URL :** utilisez une image d'une autre source en utilisant l'URL de l'image. Il est également possible de faire glisser une image de votre ordinateur vers votre site WordPress.

Télécharger une image depuis un ordinateur

Une fois le bloc Image ajouté à votre article, choisissez une image du disque dur de votre ordinateur en procédant comme suit :

❶ Cliquez sur le bouton Téléverser.

Une boîte de dialogue apparaît, grâce à laquelle vous pouvez sélectionner une image (ou plusieurs images) de votre disque dur.

2. Sélectionnez votre image ou vos images, puis cliquez sur Ouvrir.

   L'image est téléchargée de votre ordinateur vers votre serveur Web et votre image est insérée dans l'article.

3. Cliquez une fois sur l'image pour définir ses options.

   Ces options sont présentées à l'aide de deux onglets à droite de l'écran : le premier, sous forme de roue dentée, permet de régler les caractéristiques de l'image :

   - *Texte alternatif ;*
   - *Proportions de l'image ;*
   - *Résolution de l'image.*

   Le deuxième onglet règle, quant à lui, le style de l'image (Figure 6.2) :

   - *Arrondis des bords de l'image ;*
   - *Dimension des marges ;*
   - *Bordures, ombres et rayon.*

N'OUBLIEZ PAS

WordPress crée automatiquement des versions miniatures et intermédiaires des images que vous téléchargez *via* l'outil de téléchargement d'images. Une *miniature* est la plus petite version du fichier original. Vous pouvez modifier les dimensions par défaut de la miniature en cliquant sur le menu Réglages du Tableau de bord et en sélectionnant Médias. Dans la section Tailles des miniatures, spécifiez la hauteur et la largeur des images miniatures et moyennes générées par WordPress.

Figure 6.2 Le panneau Réglages à droite de l'écran permet de spécifier plusieurs options relatives aux images une fois celles-ci téléchargées.

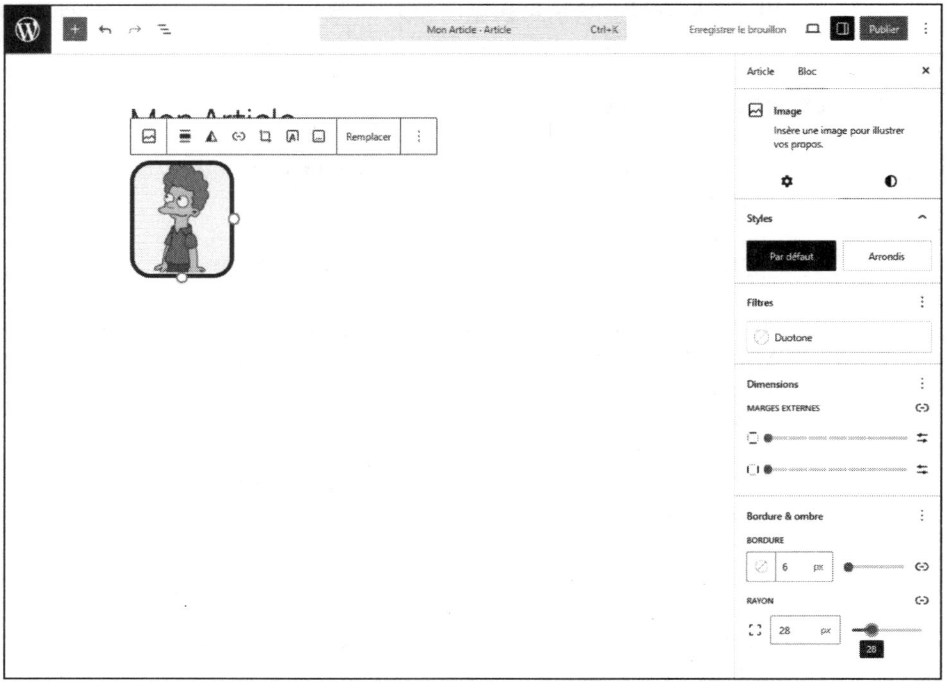

❹ Cliquez sur les options de la barre d'outils pour modifier les caractéristiques de l'image.

La Figure 6.2 montre la barre d'outils du bloc Image ainsi que le style arrondi appliqué à l'image. Au Chapitre 5, j'explique en détail l'utilisation de cette barre.

❺ Continuez à écrire votre article ou bien cliquez sur le bouton Publier.

Insérer une image à partir de la médiathèque

La médiathèque WordPress (voir Chapitre 5) contient toutes les images que vous avez déjà téléchargées sur votre site Web. Une fois que vous avez ajouté un bloc Image à votre article, vous pouvez y placer une image issue de la médiathèque en suivant ces étapes :

❶ Cliquez sur le lien Médiathèque (reportez-vous à la Figure 6.1).

Un écran s'ouvre avec la liste des images de la médiathèque (voir Figure 6.3).

2. Sélectionnez l'image de votre choix en cliquant dessus.

3. Cliquez sur le bouton Sélectionner.

   L'écran se ferme et WordPress insère dans l'article l'image que vous avez choisie.

4. Définissez les options pour cette image.

   Effectuez les Étapes 3 et 4 de la section précédente, « Télécharger une image depuis un ordinateur ».

5. Continuez à écrire votre article ou bien cliquez sur le bouton Publier.

ASTUCE

Vous pouvez également insérer une image dans un article en utilisant son URL ou en utilisant la technique du glisser-déposer. Ces façons d'insérer une image sont étudiées au Chapitre 5.

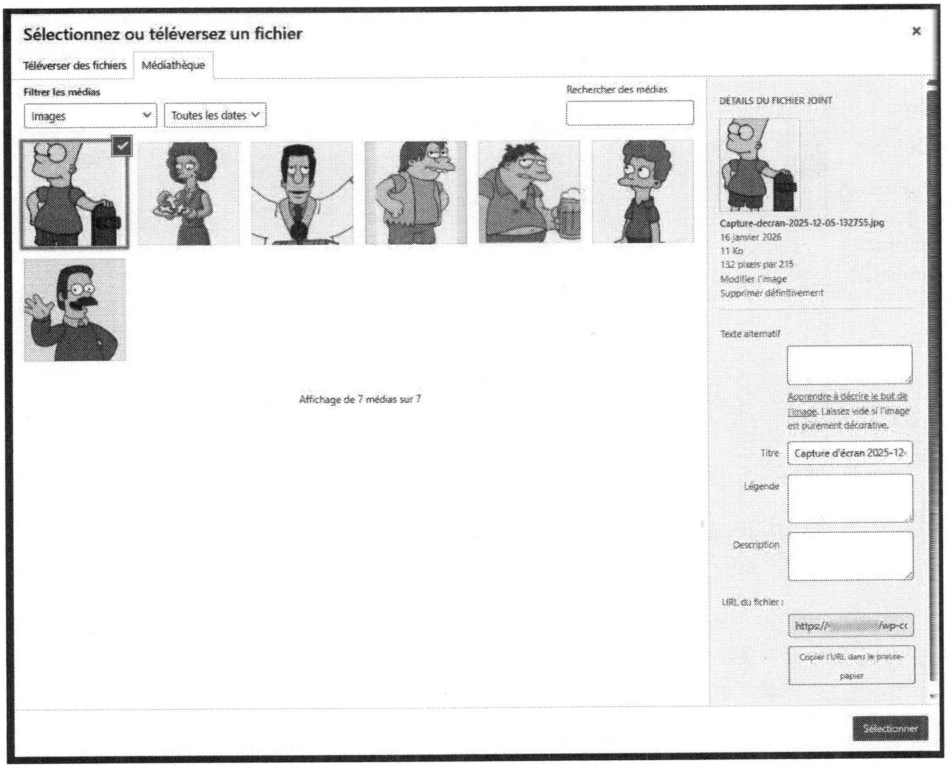

Figure 6.3 Sélection d'une image depuis la médiathèque.

Utiliser des colonnes pour insérer plusieurs images

L'éditeur de blocs WordPress propose un bloc intitulé « Colonnes », qui permet de structurer un article en plusieurs zones verticales. Ce bloc est particulièrement utile pour insérer des images côte à côte et obtenir un alignement propre et équilibré.

La Figure 6.5 illustre un article présentant une grille d'images réalisée à l'aide de deux colonnes, chacune contenant un bloc Image distinct, ce qui permet d'afficher deux visuels alignés horizontalement.

Pour ajouter et configurer un bloc Colonnes associé à des images, procédez comme suit :

❶ **Ajoutez le bloc Colonnes avec deux colonnes dans votre publication.**

Vous trouverez au Chapitre 5 la méthode pour ajouter des blocs à vos publications. La Figure 6.4 montre le bloc Colonnes avec différentes combinaisons possibles. Sélectionnez celle à deux colonnes.

Figure 6.4 Alignement de deux images à l'aide du bloc Colonnes.

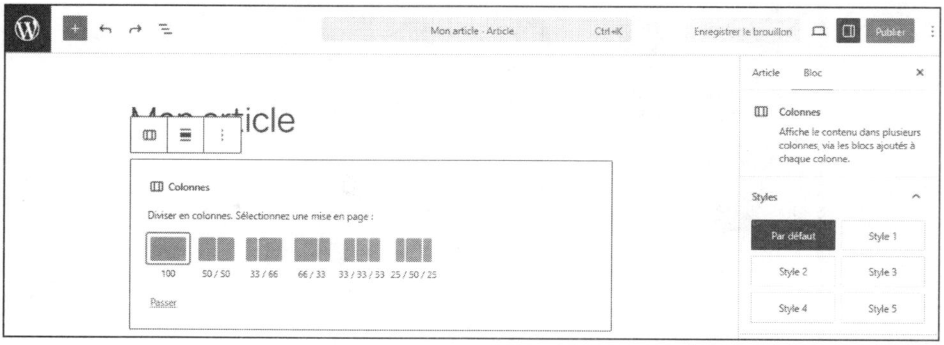

❷ **Cliquez sur l'icône Ajouter un bloc pour ajouter un bloc Image dans la colonne de gauche.**

Lorsque vous passez votre souris dans la première colonne (à gauche), une petite icône « + » apparaît. Cliquez sur cette icône pour afficher la fenêtre de sélection de blocs WordPress puis sélectionnez le bloc Image.

3. Ajoutez votre image dans la colonne de gauche.

   Suivez les étapes de la section « Insérer des images dans vos articles » plus haut dans ce chapitre.

4. Répétez les Étapes 2 et 3 pour la colonne de droite afin d'insérer une image dans cette dernière.

5. Continuez à écrire votre article ou bien cliquez sur le bouton Publier.

   Lorsque vous avez terminé, votre écran ressemble à la Figure 6.5 où deux images ont été alignées côte à côte.

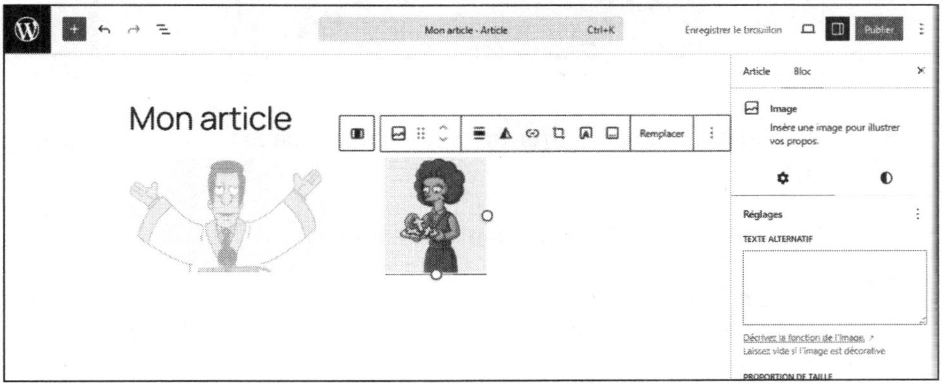

Figure 6.5 Un alignement d'images créé à l'aide des blocs Colonnes et Image.

Insérer une bannière à vos articles

L'éditeur de blocs WordPress intègre un bloc nommé « Bannière », conçu pour illustrer un article à l'aide d'une image sur laquelle il est possible d'afficher un court texte.

La Figure 6.6 présente un exemple de bannière réalisée pour un article consacré à nos animaux domestiques, les chiens. Ce bloc est particulièrement utile pour structurer un contenu en marquant des transitions entre les sections et pour renforcer l'impact visuel de vos articles.

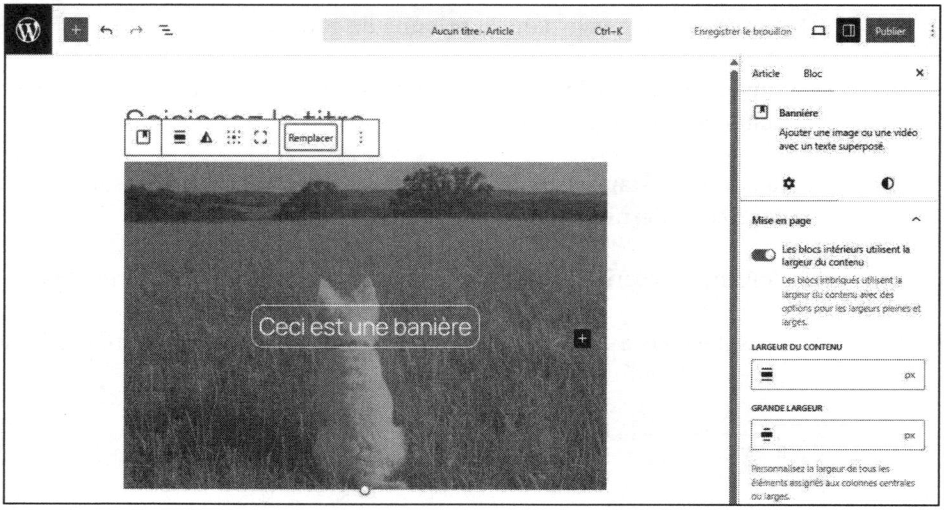

Figure 6.6 Un exemple de bannière créée dans un article.

Pour ajouter et configurer un bloc Bannière dans vos articles, procédez comme suit :

1. **Ajoutez le bloc Bannière dans votre article.**

   La méthode d'ajout des blocs est détaillée au Chapitre 5. La Figure 6.7 illustre l'insertion d'un bloc Bannière dans un article.

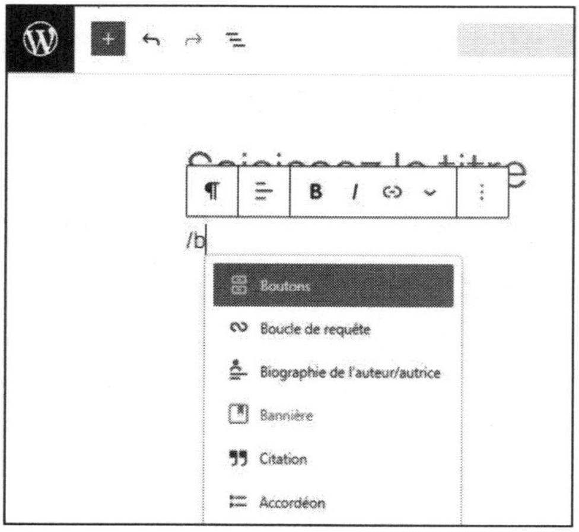

Figure 6.7 Insertion d'une bannière dans un article.

2. **Cliquez sur le bouton Téléverser pour ajouter une image de votre ordinateur ou depuis la médiathèque.**

Les étapes de ces deux méthodes sont expliquées dans « Télécharger une image depuis un ordinateur » et « Insérer une image à partir de la médiathèque », précédemment dans ce chapitre. Lorsque vous avez terminé, l'image apparaît dans votre contenu.

3. Saisissez le texte de votre choix.

   Cliquez sur le texte Rédigez le titre du bloc Couverture et entrez le texte à afficher sur l'image.

4. (Facultatif) Modifiez l'affichage du texte que vous avez ajouté à l'Étape 3.

   Comme illustré à la Figure 6.6, vous pouvez utiliser la barre d'outils située au-dessus du texte pour ajuster son apparence :

   - *Gras* : cliquez sur cette icône pour passer le texte en gras (plus sombre). Exemple : **texte en gras**.
   - *Italique* : cliquez sur cette icône pour passer le texte en italique (incliné). Exemple : *texte en italique*.
   - *Lien* : cliquez sur cette icône pour créer un lien hypertexte.
   - *Barré* : cliquez sur cette icône pour barrer le texte. Exemple : ~~texte barré~~.

5. (Facultatif) Ajustez l'alignement du texte à l'aide de la barre d'outils.

   Utilisez les options de la barre d'outils pour définir l'alignement du texte dans le bloc Bannière : alignement à gauche, centré ou à droite. Par défaut, le texte est positionné au centre de l'image.

6. Configurez l'affichage de l'image à l'aide de la barre d'outils du bloc.

   La Figure 6.8 montre la barre d'outils du bloc Bannière. Les options comprennent (de gauche à droite) :

   - *Bannière :* cette option permet de changer le type de bloc actuellement utilisé. Par exemple, pour transformer un bloc Bannière en bloc Image, il suffit de cliquer sur cette icône puis de sélectionner le bloc Image. À partir d'un bloc Bannière, les conversions possibles se limitent aux blocs Image, Colonnes, Groupe et Média & texte.
   - *Aligner :* cette option positionne l'image contre la marge gauche, droite ou au centre.

- *Modifier la position du contenu :* cliquez sur cette option pour placer le texte à l'un des quatre angles de l'image.

- *Permuter sur toute la hauteur :* cette option adapte la hauteur de l'image à la hauteur de l'écran sur lequel vous visualisez le contenu. Notez que les bords gauche et droit de l'image peuvent être masqués.

- *Options* : les paramètres ici sont les mêmes que ceux décrits au Chapitre 5.

Figure 6.8 Les options du bloc Bannière.

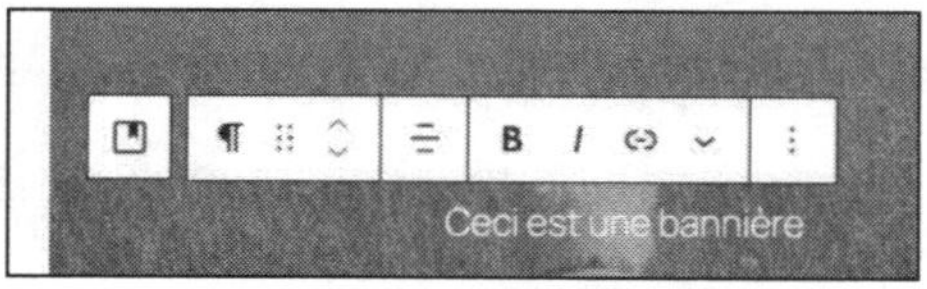

❼ (Facultatif) Activez un arrière-plan fixe.

Dans le panneau des paramètres à droite de l'écran, ouvrez la section Réglages des médias et activez l'option Arrière-plan fixe ou Arrière-plan répété. Un arrière-plan fixe est une image qui reste immobile lorsque la page défile, tandis que le contenu se déplace par-dessus, créant un effet visuel de profondeur. Un arrière-plan répété consiste à dupliquer une image pour remplir toute la surface d'un bloc, un réglage souvent utilisé pour des motifs ou des textures. Le point de focus permet de définir la zone prioritaire de l'image à conserver visible lorsque celle-ci est recadrée ou adaptée à différents formats d'écran (voir Figure 6.9).

Figure 6.9 Le point de focus permet de définir la zone prioritaire de l'image.

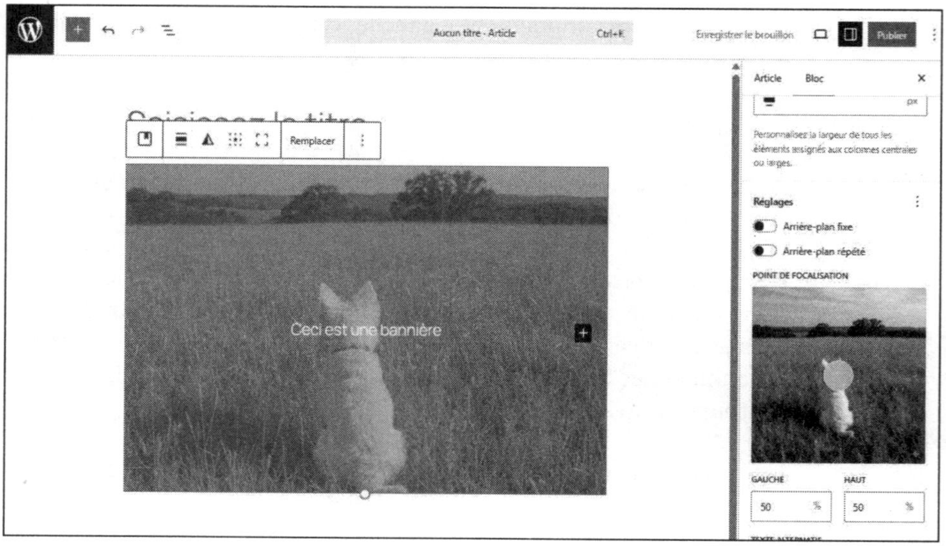

8. (Facultatif) Définissez un calque de superposition pour l'image (voir Figure 6.10).

   Dans la section Calque de la superposition du panneau de paramètres, vous pouvez définir :

   - *Couleur :* choisissez une couleur prédéfinie ou personnalisée à superposer à l'image.
   - *Opacité de la superposition :* lorsque vous avez défini la couleur du calque de superposition, vous pouvez également choisir son opacité. L'opacité fait référence à la transparence de la couleur. Supposons que l'image que vous utilisez soit accrochée à un mur de votre maison et que vous souhaitiez installer un rideau devant celle-ci. Si ce rideau est noir uni, vous pouvez en conclure que le rideau a une opacité de 100 % (aucune transparence), car vous ne voyez pas à travers le rideau.

     Le même concept s'applique pour l'opacité de l'arrière-plan de l'image. Réglez l'opacité sur 0 pour obtenir une transparence totale ; réglez-la sur 50 pour obtenir la moitié de la transparence ou sur 100 pour aucune transparence. La Figure 6.10 montre un bloc Bannière de mon site Web avec la couleur de superposition définie sur rouge et 50 % d'opacité.

Figure 6.10 Les paramètres d'opacité de la superposition du bloc Bannière.

Insérer une galerie de photos

L'éditeur de blocs WordPress met à disposition le bloc Galerie, spécialement conçu pour afficher plusieurs images au sein d'un même ensemble. Au lieu d'insérer les images une par une avec le bloc Image, ce bloc permet de créer directement une galerie structurée.

Suivez ces étapes pour ajouter une galerie à vos articles :

1. Ajoutez le bloc Galerie à votre article.

   Vous trouverez au Chapitre 5 la méthode pour ajouter des blocs à vos articles.

2. Cliquez sur le bouton Téléverser pour ajouter des images de votre ordinateur ou depuis la médiathèque.

   L'écran Créer une galerie s'ouvre. Contrairement au bloc Image, vous pouvez ici sélectionner plusieurs images simultanément. Une fois choisies, elles s'affichent à l'écran.

3. Cliquez sur le bouton Ouvrir.

   La Galerie s'affiche alors à l'écran comme illustré à la Figure 6.11.

Figure 6.11 Le bloc Galerie composé de plusieurs images.

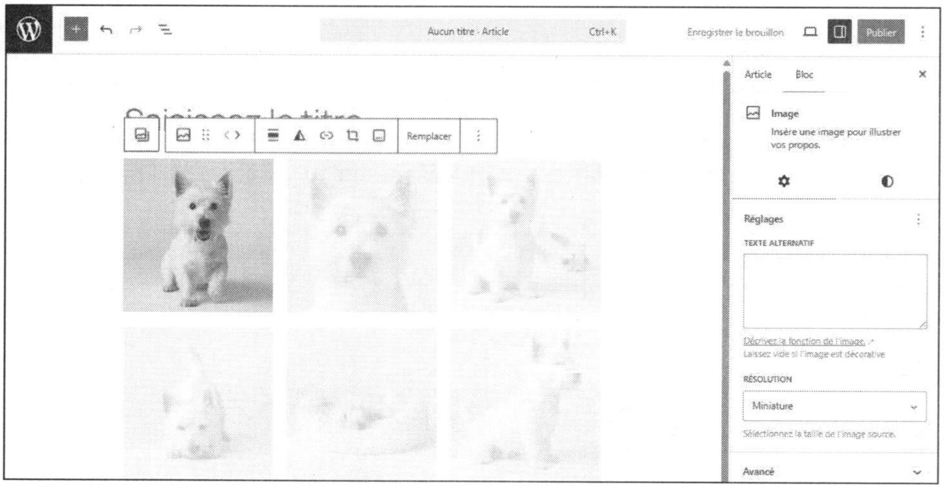

4. (Facultatif) Ajoutez une légende pour chaque image en cliquant sur la zone Légende située sur l'image elle-même.

5. (Facultatif) Modifiez l'ordre d'affichage des images.

   Utilisez les flèches Déplacer à gauche ou Déplacer à droite pour réorganiser les images dans la galerie.

6. Utilisez la barre d'outils du bloc Galerie pour définir les options d'affichage de la galerie.

   La Figure 6.11 montre la barre d'outils du bloc Galerie. les paramètres ici sont les mêmes que ceux décrits au Chapitre 5.

7. Utilisez la vue en liste pour sélectionner les bons blocs.

Une galerie étant composée du bloc Galerie et de plusieurs blocs Image, il peut être difficile de sélectionner le bloc principal à la souris. Cliquez sur l'icône représentant trois traits horizontaux en haut de l'écran (voir Figure 6.12), puis sélectionnez le bloc Galerie dans la liste.

Figure 6.12
Utilisation de la vue en liste pour la sélection d'un bloc ou d'une image unique.

8. Configurez les options du bloc Galerie dans le panneau des paramètres à droite de l'écran.

Après avoir sélectionné le bloc Galerie *via* la vue en liste, vous pouvez définir les réglages suivants (voir Figure 6.13) :

- *Colonnes :* choisissez le nombre de colonnes d'images à afficher.
- *Recadrer les images :* par défaut, cette option crée des miniatures d'images qui sont de même taille afin qu'elles s'alignent uniformément. Vous pouvez désactiver ce paramètre si vous préférez des miniatures de tailles différentes.
- *Ordre aléatoire :* permet de modifier l'affichage de vos images chaque fois qu'une page est chargée ou rafraîchie. Votre site paraît « vivant » car la page d'accueil ou le portfolio change d'aspect régulièrement.
- *Lien vers* : permet de préciser ce qui se passe lorsqu'un visiteur clique sur une image de la galerie. Si vous choisissez Page du fichier joint, le clic ouvre une page WordPress dédiée à l'image, contenant le visuel, son titre et éventuellement sa description. L'option Fichier multimédia affiche directement l'image en grand, seule, dans le navigateur. Enfin, le réglage Aucun désactive tout lien : l'image reste purement décorative et n'est pas cliquable.
- *Proportion de l'image :* permet d'indiquer à WordPress la taille des images que vous souhaitez utiliser dans votre galerie.

Figure 6.13

Les options du bloc Galerie.

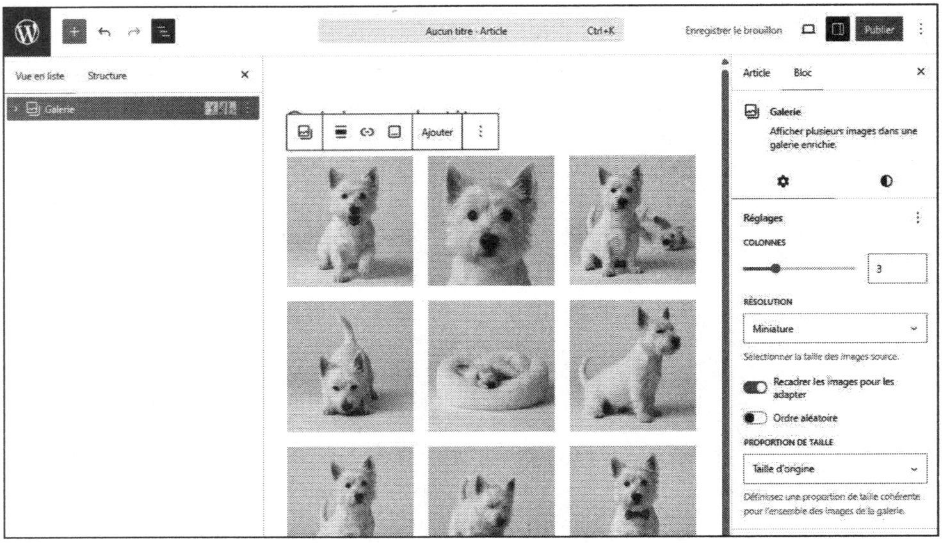

Les extensions WordPress pour créer des galeries

Voici quelques extensions excellentes pour la création de galeries. Reportez-vous au Chapitre 7 pour voir comment installer et utiliser des extensions WordPress. Certaines extensions WordPress fonctionnent en tandem avec la fonctionnalité de galerie WordPress.

» **NextGEN Gallery :** c'est l'extension de référence pour gérer de gros volumes d'images, offrant un système complet pour organiser, importer et afficher des galeries professionnelles. Elle permet de personnaliser finement l'apparence des albums (diaporamas, grilles, mosaïques) tout en facilitant la gestion des métadonnées et des filigranes. **https://fr.wordpress.org/plugins/nextgen-gallery/**

» **Smart Slider 3 :** outil de conception visuelle en « glisser-déposer » permettant de créer des diaporamas modernes, animés et entièrement adaptés aux mobiles. C'est l'extension la plus intuitive pour transformer vos images, vidéos ou articles en présentations interactives sans aucune connaissance en programmation. **https://fr.wordpress.org/plugins/smart-slider-3/**

» **Best Image Gallery & Responsive Photo Gallery – FooGaller :** cette extension intuitive permet de créer des galeries photo élégantes et ultra-rapides grâce à un système de modèles prêts à l'emploi. Elle se distingue par ses options de personnalisation simples (survol, bordures, chargement différé) et son interface parfaitement intégrée à l'éditeur de blocs WordPress. **https://fr.wordpress.org/plugins/foogallery/**

ASTUCE

Matt Mullenweg, cofondateur de WordPress, a créé un blog qui n'utilise que des photos et des images dans un format de grille. Consultez son blog photo sur **https://matt.blog**

Insérer des fichiers vidéo

Les sites Web actuels ne se limitent plus à des contenus textuels. Les formats audio et vidéo occupent désormais une place centrale pour capter l'attention des visiteurs et enrichir l'expérience utilisateur. WordPress permet d'intégrer facilement ces médias dans les articles et les pages grâce à son éditeur de blocs.

Les contenus audio peuvent prendre différentes formes : musique, enregistrements vocaux ou podcasts. Les formats les plus couramment utilisés sont le MP3 et le WAV. Les podcasts, en particulier, sont souvent publiés de manière régulière et diffusés *via* des plateformes spécialisées, puis intégrés sur un site WordPress afin de centraliser les contenus.

Pour la vidéo, WordPress propose deux approches distinctes. La méthode la plus courante consiste à intégrer des vidéos hébergées sur des services externes comme YouTube ou Vimeo. Il suffit généralement de coller le lien de la vidéo dans l'éditeur pour que WordPress l'affiche automatiquement à l'aide du bloc approprié. Cette solution est recommandée, car elle garantit de bonnes performances et évite une consommation excessive des ressources du site.

Il est également possible de téléverser ses propres fichiers vidéo directement sur WordPress, notamment dans le cadre de la publication de blogs vidéo, appelés « vlogs ». Cette approche reste toutefois réservée à des usages spécifiques et doit être envisagée avec prudence, car l'hébergement de vidéos peut avoir un impact sur l'espace de stockage et les performances du site.

Que vous produisiez vos propres contenus ou que vous intégriez des médias provenant de plateformes tierces, WordPress met à disposition des blocs dédiés qui rendent l'ajout de fichiers audio et vidéo simple et accessible, sans nécessiter de compétences techniques avancées.

Enfin, l'utilisation de contenus multimédias implique le respect du droit d'auteur. Il est essentiel de s'assurer que les fichiers utilisés sont libres de droits ou que vous disposez des autorisations nécessaires. Adopter de bonnes pratiques en matière de licences permet d'éviter tout problème juridique et de publier du contenu en toute sérénité.

ASTUCE

Consultez un bon exemple de site WordPress ayant recours à la vidéo sur **https://www.tmz.com/watch/**. TMZ est un site américain d'informations sur les célébrités qui produit et affiche des vidéos pour le Web et pour les appareils mobiles.

N'OUBLIEZ PAS

Lorsque vous utilisez des fichiers vidéo et audio sur votre site, n'oubliez pas de ne télécharger et de n'utiliser que des médias que vous possédez ou que vous avez l'autorisation d'utiliser. La violation du droit d'auteur est une infraction très grave, en particulier sur Internet, et l'utilisation de médias que vous n'êtes pas autorisé à utiliser peut avoir de graves conséquences ; ces conséquences peuvent comprendre la suppression de votre site Web, de lourdes amendes et même une peine de prison. Je ne vous souhaite vraiment pas que cela vous arrive ! Alors, jouez en toute sécurité et n'utilisez que les fichiers multimédias que vous êtes autorisé à utiliser.

Ajouter un lien vers une vidéo du Web

L'ajout d'une vidéo en provenance du Web consiste à ajouter un lien hypertexte vers la vidéo. Suivez ces étapes si votre objectif est de fournir un lien vers une page contenant la vidéo, plutôt que d'intégrer la vidéo dans votre article ou votre page (voir la section « Ajouter une vidéo à l'aide d'un contenu embarqué » plus loin dans ce chapitre).

Pour ajouter une vidéo du Web, suivez ces étapes :

1. **Ajoutez un bloc Paragraphe à votre article et saisissez votre texte.**

2. **Sélectionnez le texte qui servira de lien.**

   Mettez en surbrillance un mot ou un groupe de mots, puis cliquez sur l'icône Lien. Le champ *Insérer à partir de l'URL* s'affiche, comme illustré à la Figure 6.14.

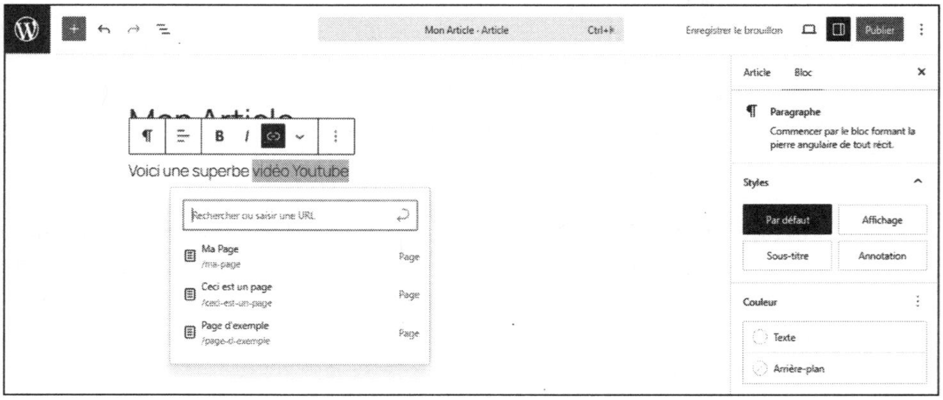

Figure 6.14 Ajout d'une vidéo via son URL.

❸ Saisissez l'URL de la vidéo.

Copiez-collez l'adresse complète de la vidéo, incluant https et www (voir Figure 6.15). Les plateformes comme YouTube fournissent généralement un lien direct vers chaque vidéo, facilement réutilisable.

❹ Appuyez sur la touche Entrée du clavier.

Le lien vers la vidéo est alors ajouté dans l'article (voir Figure 6.15). WordPress n'intègre pas la vidéo dans la page : le lien redirige simplement le visiteur vers une nouvelle page où la vidéo sera lue.

Figure 6.15 Un lien d'une vidéo sur un article.

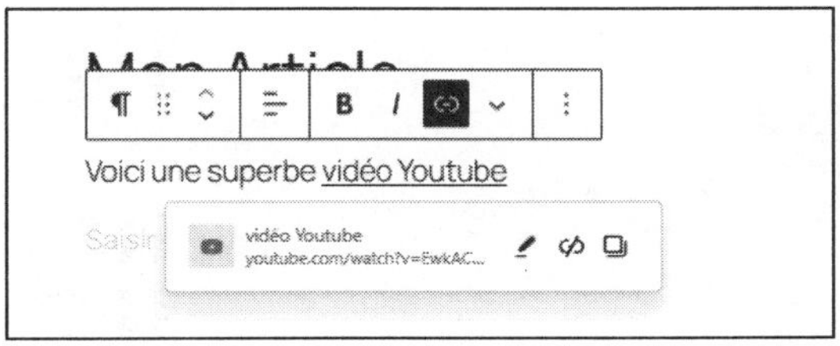

N'OUBLIEZ PAS

J'utilise l'icône Lien pour créer des liens vers n'importe quel page Web ou service en ligne, et pas uniquement vers des vidéos. Cette méthode est donc à retenir chaque fois que vous souhaitez insérer un lien hypertexte dans un article.

Ajouter une vidéo depuis votre ordinateur

Pour importer un fichier vidéo stocké sur votre ordinateur, procédez comme suit :

❶ Cliquez sur l'icône Ajouter un bloc et sélectionnez le bloc Vidéo.

WordPress ajoute un bloc Vidéo à votre publication, comme illustré à la Figure 6.16.

Figure 6.16 Ajout d'un bloc Vidéo à un article.

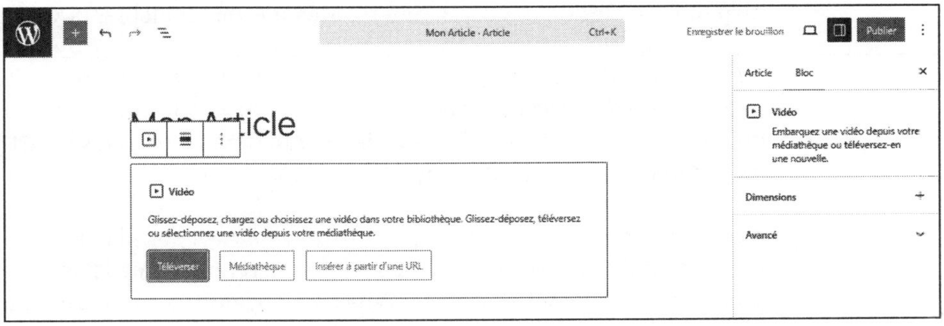

❷ Ouvrez l'onglet Téléverser et choisissez le fichier vidéo à importer.

Une fenêtre s'affiche et vous permet de parcourir les fichiers présents sur votre ordinateur. Choisissez le fichier vidéo à importer, puis cliquez sur Ouvrir. La vidéo est alors transférée depuis votre ordinateur vers votre serveur Web. Une fois l'envoi terminé, la vidéo apparaît directement dans le bloc (voir Figure 6.17).

Figure 6.17
Ajout d'une vidéo.

❸ Utilisez la barre d'outils du bloc Vidéo pour ajuster les paramètres d'affichage.

Cette barre propose notamment les options suivantes :

- *Vidéo :* cette option permet de changer le type de bloc utilisé. Par exemple, si vous souhaitez transformer le bloc Vidéo en bloc Image, cliquez sur cette icône puis sélectionnez Image. À partir d'un bloc Vidéo, les types de blocs disponibles sont Colonnes, Bannière, Média & texte, Fichier et Groupe.
- *Alignement :* cette option positionne la vidéo à gauche, à droite ou au centre de la page. *Grande largeur* : adapte la vidéo à la largeur du contenu. *Pleine largeur :* étend la vidéo sur toute la largeur de l'écran. Dans ce cas, les bords gauche et droit dépassent la zone de contenu classique.
- *Ajouter une légende :* affiche un court texte explicatif sous la vidéo. Cette légende améliore à la fois l'accessibilité et le référencement, en aidant les moteurs de recherche et les personnes malvoyantes à comprendre le contenu présenté.

- *Remplacer :* permet de substituer la vidéo actuelle par un autre fichier.
- *Options* : regroupe des réglages identiques à ceux détaillés au Chapitre 5.

❹ Dans le panneau de réglages situé à droite de l'écran, configurez les paramètres de la vidéo importée à l'Étape 2 :

- *Lecture automatique :* désactivée par défaut. Activez cette option si vous souhaitez que la vidéo se lance automatiquement à l'arrivée des visiteurs sur la page ou l'article.
- *Répéter :* désactivée par défaut. Lorsqu'elle est activée, la vidéo est lue en boucle.
- *En sourdine :* désactivée par défaut. Activez-la pour couper le son automatiquement ; les visiteurs devront alors activer le son manuellement.
- *Commandes de lecture :* activées par défaut. En les désactivant, vous supprimez les boutons de contrôle (Lecture, Pause, *etc.*). Cette option peut sembler contre-intuitive mais, combinée à la lecture automatique, elle permet de diffuser une vidéo sans possibilité d'interaction. En pratique, ce choix est rarement apprécié des internautes, qui préfèrent garder le contrôle. Il est donc fortement conseillé de laisser la possibilité de lire, mettre en pause ou couper la vidéo.
- *Lancer le lecteur :* désactivée par défaut. Activez cette option pour éviter que la vidéo ne s'ouvre automatiquement en plein écran sur les smartphones.
- *Précharger :* cet attribut HTML5 indique au navigateur la quantité de données vidéo à charger à l'avance. Il peut réduire le temps de chargement, notamment pour les fichiers volumineux hébergés sur le même serveur que le site.
  - *Automatique :* charge l'intégralité de la vidéo.
  - *Métadonnées :* charge uniquement les informations essentielles (durée, dimensions, *etc.*).
  - *Aucun :* ne charge aucune donnée à l'avance.

  Par défaut, l'option Métadonnées est sélectionnée.
- *Image de couverture* : par défaut, la première image de la vidéo est affichée. Cliquez sur Sélectionner pour importer une image personnalisée qui servira d'aperçu avant la lecture.

ATTENTION

Je déconseille de téléverser directement vos propres vidéos sur votre site WordPress. Des plateformes comme YouTube ou Vimeo proposent un hébergement gratuit et optimisé. L'intégration de leurs vidéos dans une page ou un article WordPress est très simple et vous permet d'économiser votre espace de stockage ainsi que votre bande passante.

Ajouter une vidéo à l'aide d'un contenu embarqué

Les étapes précédentes permettaient d'importer une vidéo depuis votre ordinateur vers votre propre hébergement Web. En utilisant le bloc Contenu embarqué dans l'éditeur de blocs WordPress, le fonctionnement est différent : WordPress se charge automatiquement d'intégrer la ou les vidéos dans un lecteur adapté.

Grâce à cette fonctionnalité, WordPress reconnaît automatiquement qu'une URL insérée dans un bloc Contenu embarqué correspond à une vidéo. Il génère alors le code HTML d'intégration nécessaire afin d'afficher correctement le lecteur vidéo dans votre publication.

Dans cette section, j'intègre une vidéo directement dans un article afin que les lecteurs puissent lancer la lecture sans quitter la page, simplement en cliquant sur le bouton Lecture. Suivez les étapes ci-dessous pour intégrer une vidéo provenant d'un service tiers à l'aide du bloc Contenu embarqué :

1. **Cliquez sur l'icône Ajouter un bloc, puis sélectionnez le bloc YouTube.**

   WordPress insère un bloc YouTube dans votre publication, comme illustré à la Figure 6.18.

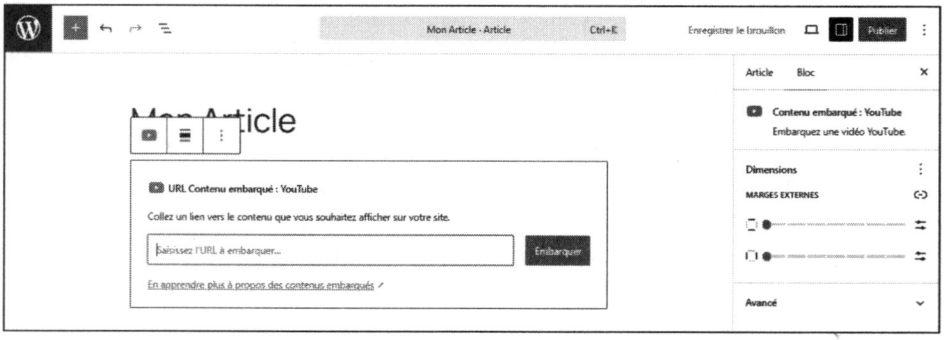

Figure 6.18 Ajout d'un bloc YouTube à un article.

❷ Saisissez l'URL YouTube souhaitée dans le champ de texte, puis appuyez sur la touche Entrée.

WordPress intègre automatiquement la vidéo dans votre article, comme le montre la Figure 6.19.

Figure 6.19 Une vidéo YouTube intégrée dans un article.

❸ Utilisez la barre d'outils du bloc YouTube pour définir les options d'affichage de la vidéo.

Les options proposées sont identiques à celles présentées dans la section précédente.

❹ Dans le panneau des paramètres situé à droite de l'écran, configurez les réglages de la vidéo intégrée à l'Étape 2.

L'option de redimensionnement pour les petits appareils est activée par défaut. La vidéo s'adapte automatiquement aux écrans de taille réduite tout en conservant son rapport hauteur/largeur. Préserver ce rapport signifie que la largeur et la hauteur restent proportionnelles, évitant toute déformation ou étirement de l'image. Ce réglage est particulièrement important pour les smartphones, il est donc recommandé de le laisser activé.

NOTE TECHNIQUE

J'utilise le bloc Contenu embarqué (YouTube) dans cet exemple afin d'illustrer l'intégration d'une vidéo depuis YouTube. Toutefois, WordPress propose de nombreux autres blocs de contenu embarqué permettant d'intégrer différents types de contenus issus de services en ligne, tels que X, Spotify, SoundCloud, Flickr, Vimeo, *etc*. Le Chapitre 5 aborde le bloc Contenu embarqué de manière plus détaillée.

Insérer des fichiers audio

Les fichiers audio peuvent être des fichiers de musique ou un enregistrement de vous-même parlant à vos lecteurs ; ils permettent d'ajouter une touche très personnelle à votre site. Vous pouvez facilement partager des fichiers audio à l'aide de la fonctionnalité de téléchargement de fichiers audio de WordPress. Une fois que vous avez inséré un fichier audio dans vos articles, vos lecteurs peuvent l'écouter sur leur ordinateur ou le télécharger sur un lecteur MP3, un téléphone portable ou une clé USB et l'écouter pendant qu'ils se rendent au travail.

Pour insérer un fichier audio sur votre site, procédez comme suit :

1. **Cliquez sur l'icône Ajouter un bloc et sélectionnez le bloc Audio.**

   WordPress ajoute un bloc Audio à votre publication, comme illustré à la Figure 6.20.

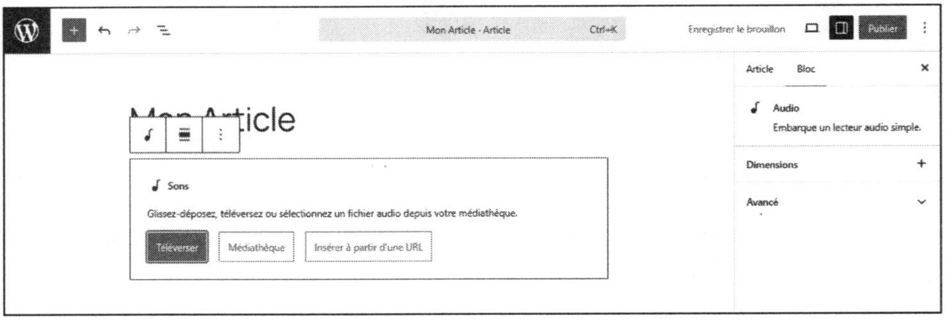

Figure 6.20
Ajout d'un bloc Audio à un article.

2. **Ouvrez l'onglet Téléverser et sélectionnez le fichier audio.**

   Une fenêtre s'ouvre, affichant les fichiers disponibles sur votre ordinateur. Sélectionnez le fichier audio que vous souhaitez télécharger, et cliquez sur Ouvrir. La musique est téléchargée de votre ordinateur vers votre serveur Web et la fenêtre affiche la musique que vous avez importée.

3. **(Facultatif) Saisissez une légende *via* l'icône Légende dans la barre d'options.**

4. **Utilisez la barre d'outils du bloc Vidéo pour définir les options d'affichage de la vidéo.**

   La barre d'outils propose des options identiques à celles décrites dans les sections précédentes.

❺ Dans le panneau des paramètres sur le côté droit de l'écran, configurez les options de l'audio que vous avez téléchargé à l'Étape 2 (voir Figure 6.21) :

- *Lecture automatique :* par défaut, cette option est désactivée. Activez-la pour que l'audio démarre automatiquement dès que vos visiteurs accèdent à votre page ou article.

- *Répéter :* par défaut, cette option est désactivée. Activez-la pour que l'audio soit lu en boucle.

- *Préchargement* : le préchargement est un attribut HTML5 qui indique au navigateur Web la quantité de données audio qu'il doit extraire et mettre en cache (ou stocker) lorsqu'une page Web contenant un fichier audio est visitée. Consultez la section « Ajouter une vidéo depuis votre ordinateur » pour en savoir plus sur le sujet.

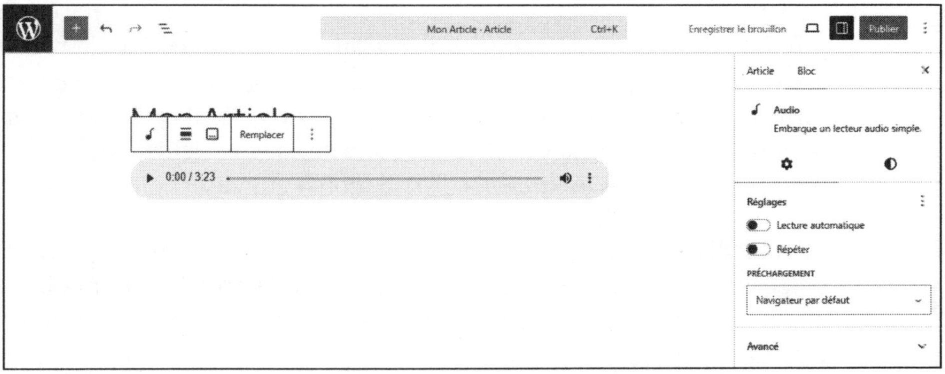

Figure 6.21 Réglage des options du lecteur audio.

Insérer des fichiers audio dans vos articles

Dans ce chapitre, comme dans le Chapitre 5, je fais référence aux différents services qu'il est possible d'intégrer à l'aide du bloc Contenu embarqué de l'éditeur de blocs WordPress. Certains de ces services proposent l'intégration directe de contenus audio provenant de plateformes telles que Spotify, SoundCloud, Mixcloud ou encore ReverbNation, pour ne citer que les plus connues.

Pour intégrer un fichier audio depuis l'une de ces sources, la procédure est identique à celle décrite dans la section « Ajouter une vidéo à l'aide d'un contenu embarqué » de ce chapitre. La seule information indispensable est l'URL directe du fichier audio que vous souhaitez intégrer dans votre article.

NOTE TECHNIQUE

Les morceaux et autres contenus audio issus de services tiers sont soumis aux règles définies par ces plateformes. Par exemple, lorsque vous intégrez un fichier audio depuis Spotify, le lecteur affiche généralement un extrait aléatoire de 25 à 30 secondes, accompagné d'un message invitant les lecteurs à se connecter à un compte Spotify afin d'écouter la version complète.

Les podcasts avec WordPress

Lorsqu'une émission audio est publiée de manière régulière et mise à disposition des visiteurs pour être écoutée ou téléchargée, on parle de *podcast*. À l'origine, ce format se rapprochait d'une émission de radio diffusée sur Internet. Aujourd'hui, le podcast a largement évolué : il constitue à la fois un média autonome, un outil de communication, et un levier de visibilité pour une marque, une entreprise ou un créateur de contenu.

WordPress est particulièrement bien adapté à la publication de podcasts, car il peut servir de point central pour la gestion des épisodes, leur présentation et leur diffusion vers de multiples plateformes. Le site WordPress joue alors le rôle de « hub » : les épisodes y sont publiés, archivés et enrichis, tandis que les plateformes spécialisées assurent la distribution à grande échelle.

Pour faciliter la mise en place d'un podcast, de nombreuses extensions WordPress dédiées sont disponibles. Contrairement à un simple lecteur audio, ces extensions offrent des fonctionnalités avancées spécifiquement conçues pour le podcasting, notamment :

» **Archives :** possibilité de créer une bibliothèque complète d'épisodes afin que les auditeurs puissent écouter ou réécouter facilement les anciens podcasts.

» **Flux RSS :** génération automatique d'un flux RSS compatible avec les principales plateformes de podcast. Ce flux permet aux auditeurs de s'abonner et d'être informés dès la publication de nouveaux épisodes.

» **Métadonnées avancées :** gestion des titres, descriptions, images de couverture et autres informations essentielles au bon référencement du podcast sur les plateformes de diffusion.

» **Promotion :** un podcast n'a de valeur que s'il est écouté. Les extensions dédiées facilitent la synchronisation de votre podcast avec des services spécialisés tels que Apple Podcasts, Spotify ou d'autres annuaires de podcasts, afin que les internautes puissent découvrir vos épisodes par sujet ou mots-clés. Vous pouvez télécharger votre podcast sur des services spécialisés tels que Apple

Podcasts (https://apps.apple.com/us/app/apple-podcasts/id525463029) afin que les internautes recherchent et trouvent des podcasts par sujet ou mots-clés.

Certaines extensions vont bien au-delà de la simple gestion de fichiers audio et sont spécifiquement conçues pour les services audio à la demande. Elles intègrent les standards actuels du podcasting et offrent l'ensemble des outils nécessaires pour une diffusion professionnelle :

» **Simple Podcasting** : c'est une extension légère conçue pour transformer votre site WordPress en plateforme de podcast en ajoutant un lecteur audio et un flux RSS compatible avec Apple Podcasts et Spotify. Elle permet de gérer facilement vos épisodes comme des articles classiques tout en offrant des outils simples pour configurer les métadonnées de votre émission.

  https://wordpress.org/plugins/simple-podcasting

» **Seriously Simple Podcasting** : extension complète et intuitive qui permet de gérer plusieurs podcasts et flux RSS directement depuis WordPress. Elle offre un lecteur audio personnalisable, des statistiques de téléchargement et une intégration simplifiée avec toutes les grandes plateformes comme Spotify ou Apple Podcasts.

  https://wordpress.org/plugins/seriously-simple-podcasting/

N'OUBLIEZ PAS

J'ai parlé des exigences d'hébergement Web au Chapitre 2. Si vous choisissez malgré tout de stocker vos fichiers audio directement sur votre hébergement vous devrez probablement augmenter l'espace disque et la bande passante disponibles. Cela peut entraîner des coûts supplémentaires ou des limitations techniques. Il est donc fortement recommandé d'échanger avec votre hébergeur afin d'évaluer les besoins réels de votre podcast et les options les plus adaptées à votre projet.

Comprendre les principes de l'édition intégrale du site

L'édition intégrale du site, aussi appelée Full Site Editing (FSE), représente aujourd'hui le socle de l'évolution de WordPress. Elle introduit une nouvelle façon de concevoir, structurer et personnaliser un site Web en s'appuyant exclusivement sur les blocs de l'éditeur WordPress. Cette approche marque une rupture avec les méthodes traditionnelles basées sur le personnalisateur de thèmes et les réglages dispersés.

Les blocs Gutenberg, présentés au Chapitre 5, ne servent plus uniquement à rédiger le contenu des pages et des articles (paragraphes, images, titres, vidéos, fichiers audio, boutons, *etc.*). Avec le FSE, ces mêmes blocs permettent également de construire l'ensemble de l'interface du site, y compris les éléments structurels tels que l'en-tête, le pied de page, les modèles de pages et les sections réutilisables, appelées « compositions ».

Grâce à cette logique, il devient possible de créer et de gérer un site WordPress complet sans recourir aux outils de personnalisation classiques. L'éditeur de site centralise désormais la gestion des modèles, des compositions et des styles globaux dans une interface unique.

Les styles globaux constituent l'un des apports majeurs du FSE. Ils permettent de définir, depuis un seul endroit, les couleurs, la typographie, les tailles de texte, les espacements ou encore l'apparence des boutons pour l'ensemble du site. Toute modification appliquée aux styles globaux se répercute automatiquement sur l'ensemble des pages, garantissant une cohérence visuelle et une maintenance simplifiée.

Le FSE repose également sur deux notions fondamentales que je développe plus en profondeur au Chapitre 8 :

» **les modèles, qui définissent la structure des différents types de pages (articles, pages, archives, pages 404, résultats de recherche,** ***etc.*****) ;**

» **les compositions, qui sont des ensembles de blocs prêts à l'emploi, réutilisables dans différentes parties du site, comme des en-têtes, des appels à l'action ou des sections de mise en page.**

À terme, l'objectif de WordPress est de proposer un environnement unifié dans lequel la gestion du design, de la structure et des réglages remplace entièrement l'ancien système de personnalisation des thèmes. Cette orientation fait du FSE le standard de référence pour les nouveaux thèmes WordPress.

Aujourd'hui, de plus en plus de thèmes sont conçus autour de l'édition intégrale du site. WordPress est d'ailleurs livré par défaut avec des thèmes entièrement compatibles FSE, servant de base ou d'exemple pour les nouveaux projets.

Je présente ci-dessous deux moyens simples pour identifier si un thème WordPress prend en charge le FSE :

1 Depuis le tableau de bord WordPress, ouvrez le menu Apparence.

Si le thème est compatible FSE, le sous-menu Éditeur est disponible. En revanche, la présence du sous-menu Personnaliser indique un thème classique. L'apparition du menu Éditeur constitue l'indicateur le plus fiable d'un thème FSE.

2 Accédez directement à l'éditeur de site.

Cliquez sur Apparence –> Éditeur. Si l'interface vous permet de modifier l'en-tête, le pied de page, les modèles et les compositions, alors le thème installé est bien un thème FSE.

ATTENTION

Il existe des thèmes partiellement compatibles FSE, appelés « thèmes hybrides ». Ils intègrent certaines fonctionnalités issues de l'édition complète du site, comme l'utilisation partielle des blocs ou du fichier **theme.json**, tout en conservant le système de personnalisation classique. Ces thèmes ne permettent pas d'éditer l'ensemble du site *via* l'éditeur de site et ne doivent pas être confondus avec les thèmes entièrement compatibles FSE. Consultez le Chapitre 8 pour mieux comprendre le rôle du fichier **theme.json** d'un thème FSE.

Personnaliser l'en-tête de votre site

La plupart des thèmes WordPress affichent une image ou un élément visuel dans la partie supérieure du site, appelée *en-tête*. Selon le thème utilisé, cet élément peut être défini par une règle CSS appliquée à la zone d'en-tête ou par un bloc WordPress, comme le bloc Logo du site. Dans l'exemple suivant, j'utilise un thème entièrement compatible avec l'édition intégrale du site (FSE), à savoir Twenty Twenty-Five, afin de montrer comment ajouter un logo personnalisé dans l'en-tête de votre site.

1 Ouvrez la page principale de votre site.

Connectez-vous à l'administration WordPress, puis cliquez sur le lien situé en haut à gauche portant le nom de votre site, dans cet exemple *MonSiteWordPress* (voir Figure 6.22). Vous accédez ainsi à la page principale du site publique en mode visualisation.

Figure 6.22

Ouverture de la page principale du site en mode visualisation.

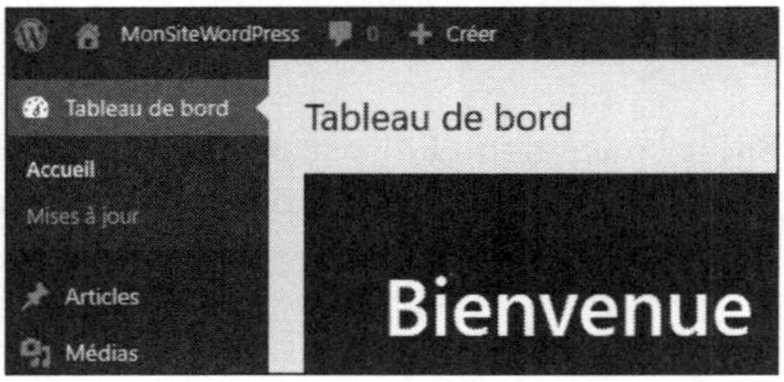

❷ Passez en mode modification du site.

Dans la barre d'administration en haut de l'écran, cliquez sur Modifier le site. Cette option permet d'accéder à l'éditeur de site et de modifier la structure globale du site, y compris l'en-tête et le pied de page (voir Figure 6.23).

Figure 6.23

Accès à la modification de la structure du site.

❸ Sélectionnez la zone d'en-tête.

Cliquez directement sur la zone de l'en-tête, là où s'affiche le titre du site (dans cet exemple, *MonSiteWordPress*). La barre d'outils du bloc apparaît alors, avec une icône en forme de poire inversée permettant de changer le type de bloc (voir Figure 6.24). Cliquez sur cette icône pour afficher le menu déroulant.

Figure 6.24
Remplacement du titre du site par un logo.

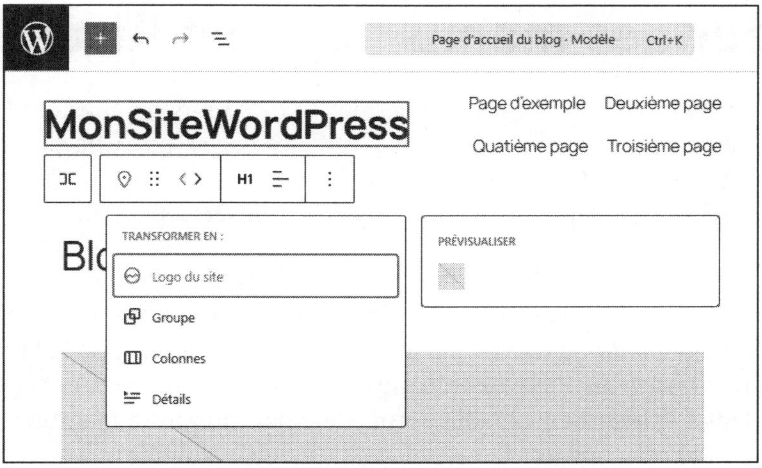

❹ Ajoutez un logo.

Dans le menu proposé, sélectionnez Logo du site. Cliquez ensuite sur l'emplacement du logo (voir Figure 6.25) et choisissez une image depuis votre médiathèque ou téléversez un nouveau fichier.

Figure 6.25
Téléversement d'un logo dans l'en-tête.

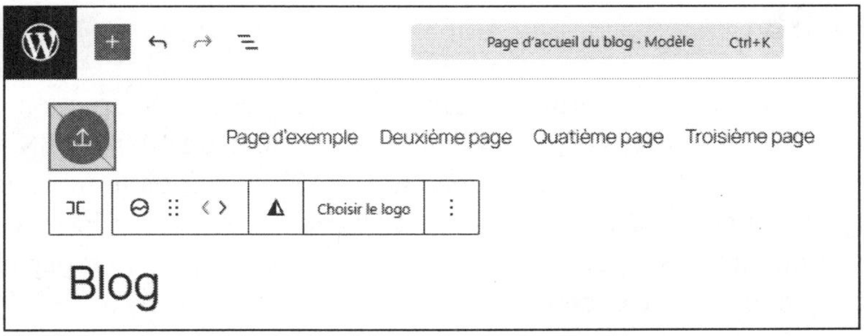

❺ (Facultatif) Recadrez l'image à votre convenance.

Vous pouvez redimensionner et recadrer votre logo à l'aide des options disponibles dans la barre d'outils du bloc, comme le recadrage, la couleur, les effets duotone ou l'alignement.

❻ Enregistrez les modifications.

Cliquez sur le bouton Enregistrer, situé en haut à droite de l'écran, pour appliquer les changements. Félicitations, votre logo est désormais affiché dans l'en-tête du site ! Pour revenir à un affichage textuel, il suffit de répéter la même manipulation en sélectionnant le bloc Titre du site à la place du Logo du site.

Créer des menus personnalisés

Un menu est une liste de liens qui permet aux visiteurs de naviguer facilement sur votre site. Il peut contenir des liens vers des pages, des articles, des catégories ou encore des sites externes. WordPress intègre nativement des outils pour créer et gérer ces menus, mais la méthode à utiliser dépend du type de thème installé.

Avec un thème classique (non FSE), les menus sont créés et organisés à l'aide de la fonctionnalité de menus personnalisés accessible depuis l'administration WordPress. Avec un thème compatible FSE, les menus sont conçus directement dans l'éditeur de site, sous forme de blocs intégrés à la structure globale (en-tête, pied de page, *etc.*).

Dans tous les cas, il est essentiel de proposer au moins un menu de navigation afin de faciliter l'exploration du site et de guider naturellement les visiteurs dans leur parcours.

Créer un menu personnalisé avec un thème non FSE

La plupart des thèmes WordPress proposent nativement la création de menus personnalisés, sans nécessiter de préparation particulière du thème. Si votre instance WordPress affiche le lien Apparence -> Menus dans le tableau de bord, cela signifie que vous utilisez un thème classique, non compatible avec l'édition intégrale du site (FSE). Dans ce cas, vous pouvez suivre les étapes ci-dessous pour créer et gérer votre menu :

1. **Accédez à la gestion des menus.**

   Dans le tableau de bord WordPress, cliquez sur Apparence -> Menus. La page de gestion des menus s'ouvre alors (voir Figure 6.26).

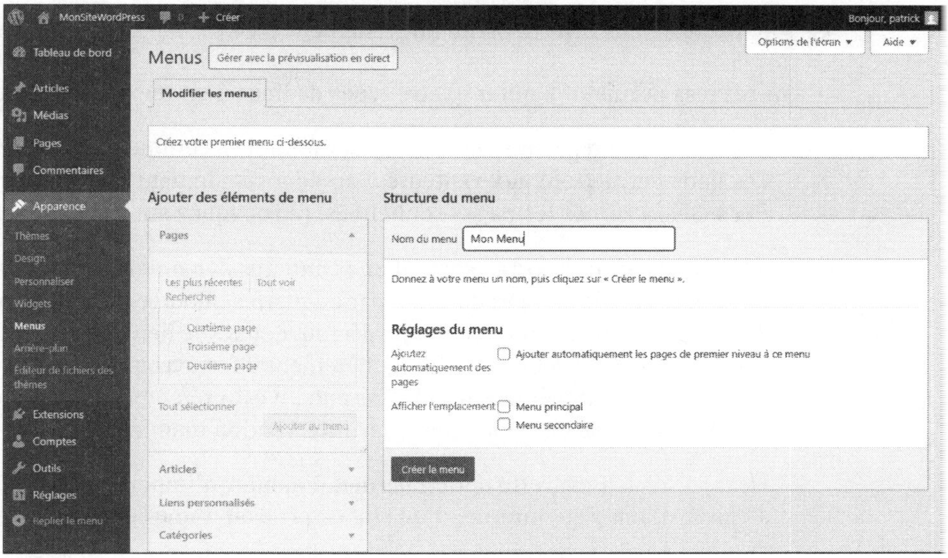

Figure 6.26

Gestion des menus d'un thème WordPress non FSE.

❷ Créez un nouveau menu.

Dans la zone Nom du menu, saisissez un nom pour votre menu, puis cliquez sur Créer un menu (voir Figure 6.26). Un message confirmera la création de votre nouveau menu (voir Figure 6.27).

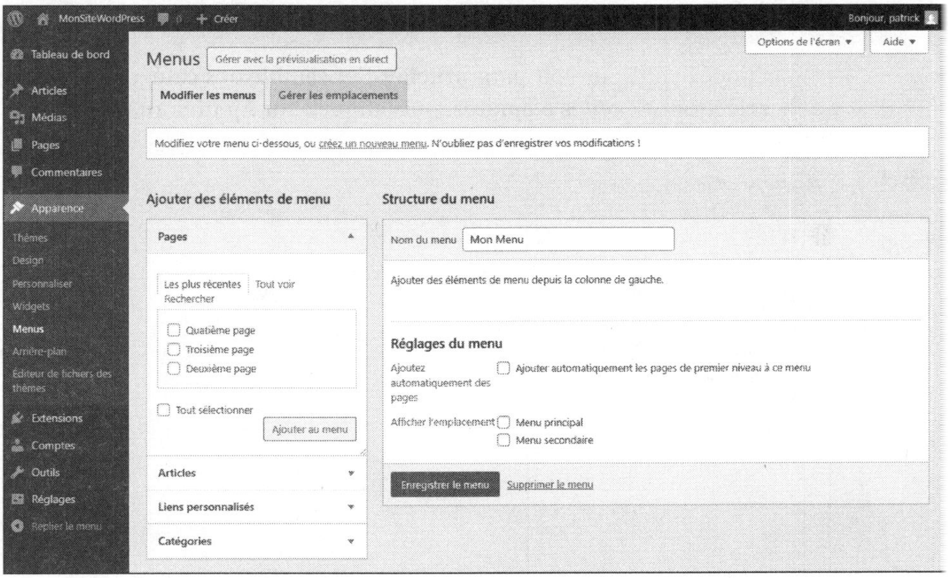

Figure 6.27

Création d'un nouveau menu.

❸ Ajoutez des liens à votre menu nouvellement créé.

WordPress permet d'ajouter quatre types de liens à un menu (voir Figure 6.28) :

- *Pages :* il s'agit de contenus statiques et durables, comme *À propos* ou *Contact*. Ces liens permettent aux visiteurs d'accéder rapidement à des informations fixes. Sélectionnez les pages souhaitées, puis cliquez sur Ajouter au menu.
- *Articles :* les articles correspondent aux contenus dynamiques d'un blog, généralement classés par dates ou par étiquettes. Ajouter un article précis dans un menu met en avant ce contenu spécifique, mais le lien pointe uniquement vers cet article. Si vous publiez régulièrement de nouveaux articles et souhaitez afficher automatiquement les plus récents, il est préférable d'utiliser des catégories, qui se mettent à jour sans intervention manuelle.
- *Liens personnalisés :* cette option permet d'ajouter n'importe quelle URL, qu'il s'agisse d'une page interne, d'un site externe ou d'une section précise du site.

  Dans le champ Adresse web, saisissez l'URL à ajouter (par exemple, https://www.google.fr). Renseignez ensuite le texte à afficher dans le menu dans le champ Texte de l'étiquette (par exemple *Moteur de recherche Google*), puis cliquez sur Ajouter au menu.
- *Catégories :* les catégories regroupent des articles autour d'un thème commun. Ajouter une catégorie dans un menu crée un lien vers la liste complète des articles associés, ce qui facilite la navigation sur un site dont le contenu évolue régulièrement.

  Cliquez sur Tout voir pour afficher l'ensemble des catégories existantes, sélectionnez celles à ajouter, puis cliquez sur Ajouter au menu.

Figure 6.28
Les options des menus personnalisés.

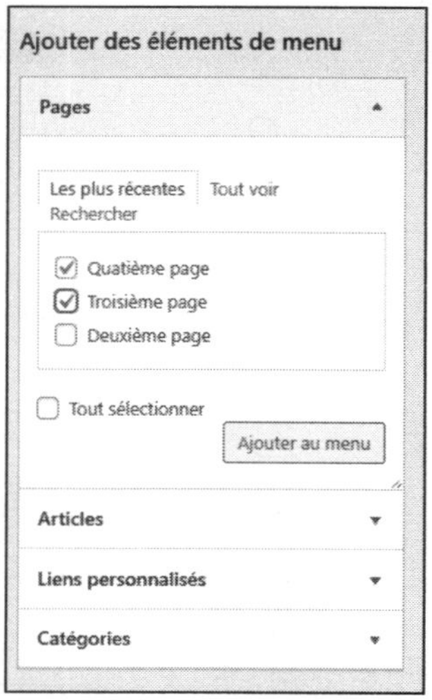

❹ Vérifiez l'organisation des éléments du menu.

Dans la colonne de droite, tous les éléments ajoutés au menu apparaissent. Par défaut, ils sont placés au même niveau, ce qui ne correspond pas toujours à la hiérarchie souhaitée (voir Figure 6.29).

Figure 6.29

Exemple d'un menu au même niveau.

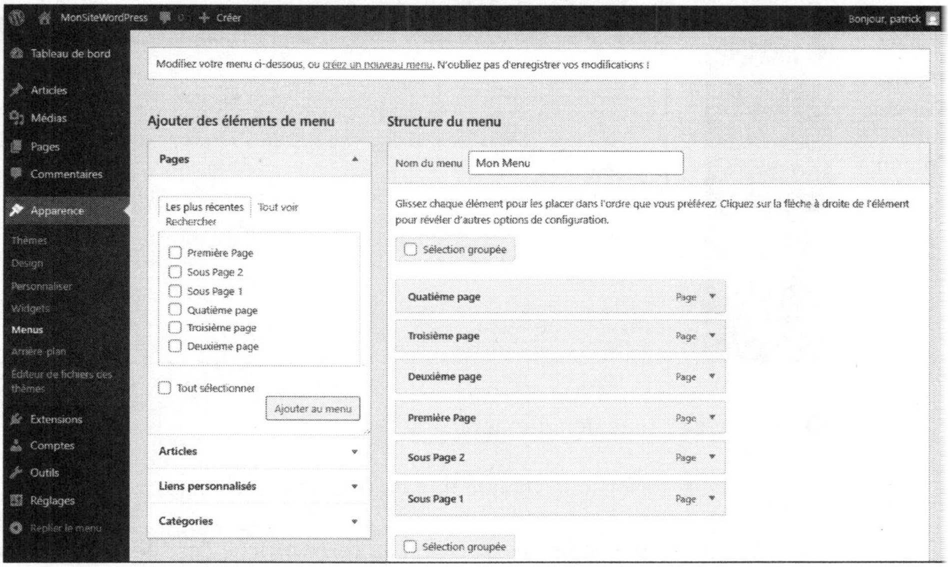

❺ Créez des sous-menus et réorganisez les éléments.

Pour créer un sous-menu, faites glisser un élément légèrement vers la droite sous un autre élément à l'aide de la souris. Vous pouvez également modifier l'ordre des menus en les déplaçant librement (voir Figure 6.30).

Figure 6.30

Un menu peut être composé de sous-menus.

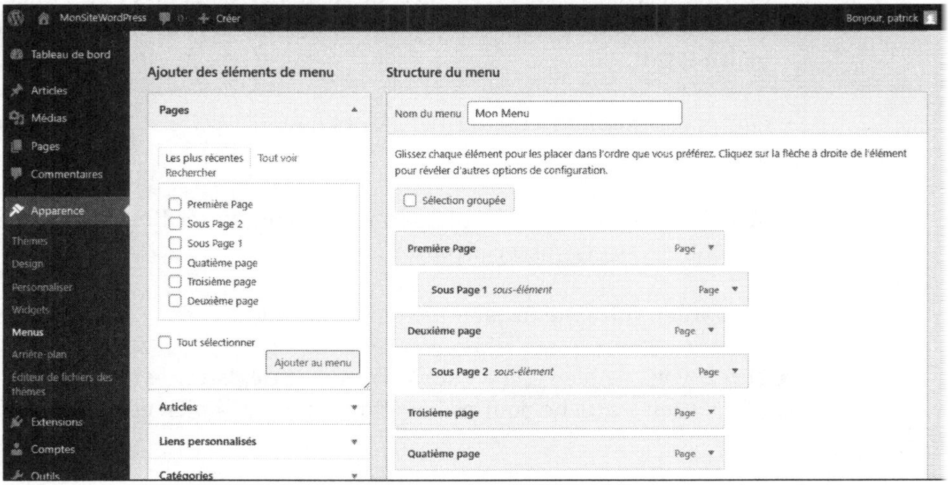

6. Personnalisez les options des liens.

Afin d'accéder à davantage de réglages, ouvrez le volet Options de l'écran et cochez les options que vous souhaitez activer (voir Figure 6.31). Ces options permettent d'affiner le comportement et l'apparence des liens du menu.

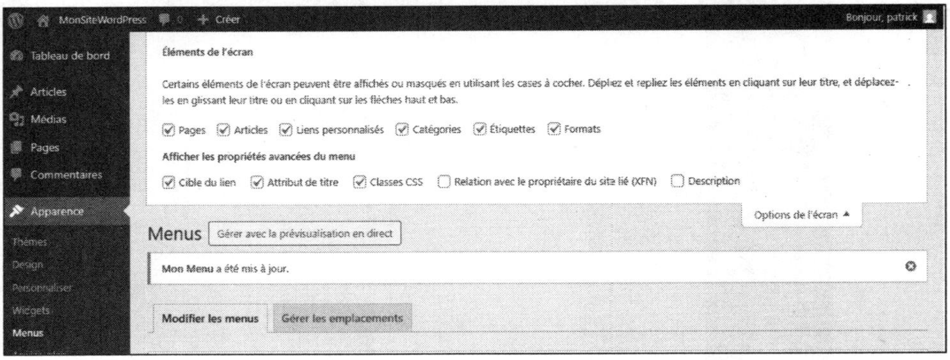

Figure 6.31 Les différentes options pour personnaliser un menu.

7. Modifiez chaque lien du menu.

Complétez désormais chaque lien du menu (Figure 6.32) :

- *Titre de la navigation :* correspond au texte affiché dans le menu. Par défaut, il reprend le titre de la page ou de l'article.
- *Attribut de titre :* permet d'ajouter un texte descriptif affiché sous forme d'infobulle lorsque le curseur survole le lien. Il correspond à l'attribut HTML `title` de la balise `<a>`.
- *Ouvrir le lien dans un nouvel onglet :* ouvre le lien dans un nouvel onglet du navigateur. Cette option correspond à l'attribut HTML `target=»_blank»` de la balise HTML `<a>`.
- *Classes CSS (facultatives) :* permet d'appliquer des styles CSS personnalisés au lien.
- *Menu Parent / ordre des menus :* permet de réorganiser l'ordre des menus *via* des options, sans glisser-déposer.

8. Sauvegardez votre menu avant de quitter la page.

Assurez-vous de bien cliquer sur le bouton Enregistrer le menu. Un message de confirmation s'affiche pour indiquer que le menu a bien été enregistré.

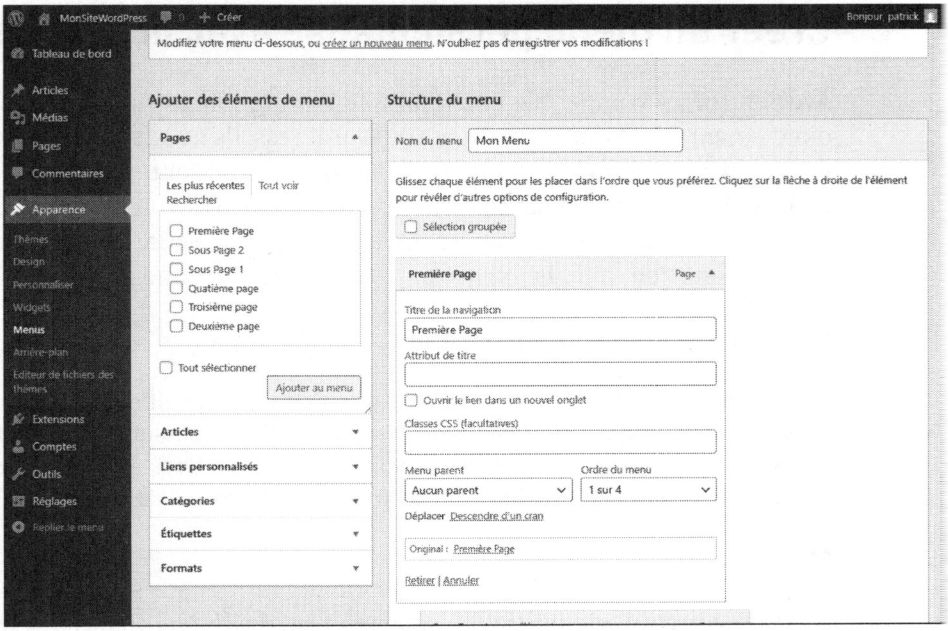

Figure 6.32

Chaque lien du menu peut être personnalisé.

❾ Cliquez sur l'onglet Gérer les emplacements.

Cliquez sur l'onglet Gérer les emplacements afin de définir où le menu doit apparaître sur le site. Selon le thème utilisé, plusieurs emplacements peuvent être disponibles, comme l'en-tête ou le pied de page. Par exemple, le thème Twenty Twenty-One propose jusqu'à deux emplacements distincts pour les menus (voir Figure 6.33). Le nombre et le type d'emplacements varient en fonction du thème actif.

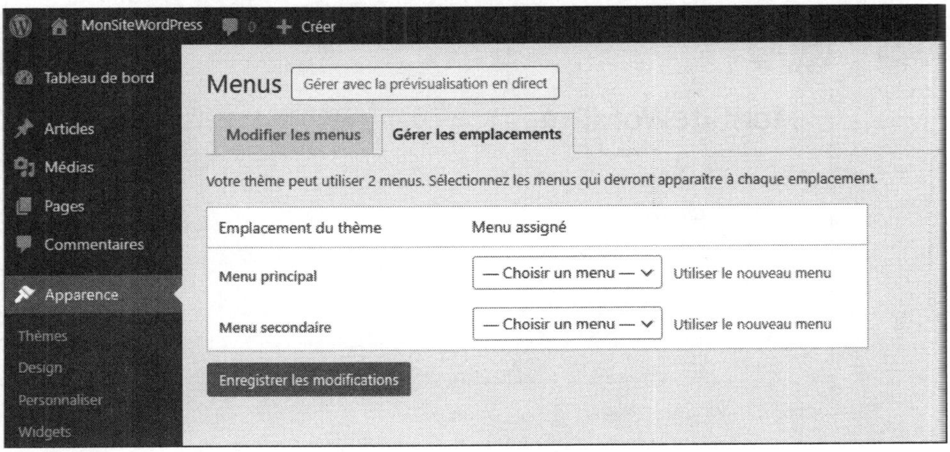

Figure 6.33

Choix de l'emplacement du menu.

Créer un menu personnalisé avec un thème FSE

Avec un thème compatible FSE (Full Site Editing), la gestion des menus se fait directement depuis l'éditeur de site de WordPress. Ils ne se trouvent plus dans un écran séparé comme pour les thèmes classiques, mais sont intégrés à la structure globale du site. Les menus se construisent *via* des blocs. Cette méthode permet de créer, modifier et organiser les menus de façon visuelle, en les plaçant précisément dans l'en-tête, le pied de page ou toute autre zone prévue par le thème.

❶ Accédez à la page principale du site.

Commencez par vous connecter à l'administration WordPress. Dans la barre supérieure, cliquez sur le nom de votre site affiché en haut à gauche, dans cet exemple « MonSiteWordPress » (voir Figure 6.22). Vous êtes alors redirigé vers la page publique principale du site en mode visualisation.

❷ Ouvrez l'éditeur de site.

Dans la barre d'administration située en haut de l'écran, cliquez sur le bouton Modifier le site. Cette action vous permet de modifier les éléments globaux du thème, notamment l'en-tête, le pied de page et les menus de navigation (voir Figure 6.23).

❸ Sélectionnez la zone du menu.

Cliquez directement sur la zone du menu, là où s'affichent les menus de votre site (dans cet exemple, *Deuxième page*, *Quatrième page*, *Troisième page*). La barre d'outils du bloc apparaît alors, avec une icône en forme de « + » à droite (voir Figure 6.34) ainsi que tout à droite, dans la fenêtre latérale.

Figure 6.34
Ajout d'un nouveau menu.

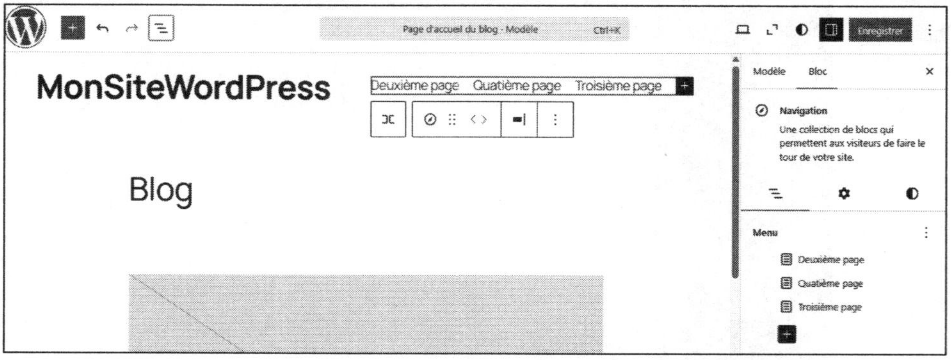

❹ Ajoutez une nouvelle page au menu.

Cliquez sur le « + » pour ajouter un nouvel élément au menu. WordPress vous propose alors de sélectionner une page existante du site (voir Figure 6.35). Il est également possible de créer une nouvelle page directement depuis cette interface, sans quitter l'éditeur.

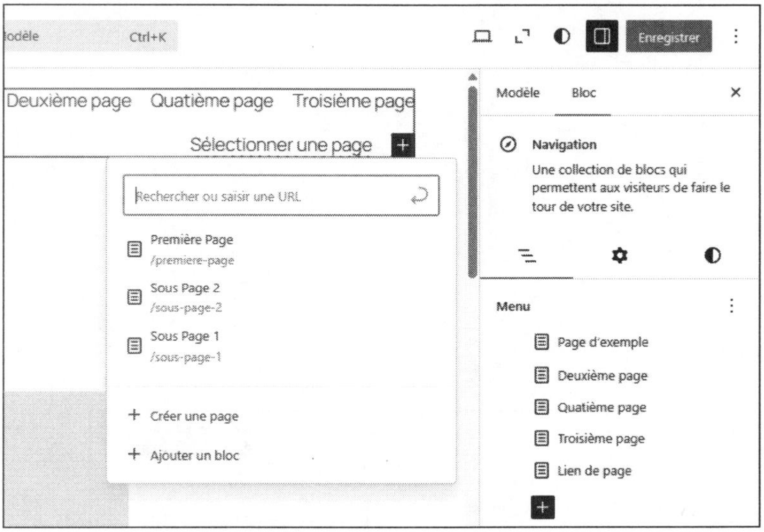

Figure 6.35
Ajout d'une page dans un menu.

❺ (Facultatif) Ajoutez d'autres types de liens.

Nous l'avons vu précédemment, un menu WordPress ne se limite pas aux pages. Avec un thème FSE, les menus peuvent contenir des blocs Gutenberg :

- *Pages :* sélectionnez simplement une page existante pour l'ajouter au menu ou recherchez-en une en tapant le début de son nom.
- *Articles :* cliquez sur le lien Ajouter un bloc (voir Figure 6.35) puis sur Tout parcourir et recherchez le bloc *Lien d'article* (voir Figure 6.36).
- *Liens personnalisés :* dans le champ *Rechercher ou saisir une URL* (voir Figure 6.35), saisissez l'URL du site Web que vous souhaitez ajouter (par exemple, https://www.google.fr). Cliquez ensuite sur le lien fraîchement inséré pour personnaliser ses options (voir Figure 6.37).
- *Catégories :* cliquez sur le lien Ajouter un bloc (voir Figure 6.35) puis sur Tout parcourir et recherchez le bloc *Lien de catégorie* (voir Figure 6.38).
- *Étiquettes :* de la même manière, recherchez et insérez le bloc *Lien d'étiquette*.

Vous pouvez également ajouter des icônes vers les réseaux sociaux, des boutons, ou des boutons de connexion/déconnexion pour enrichir la navigation.

Figure 6.36
Insertion d'un article dans un menu.

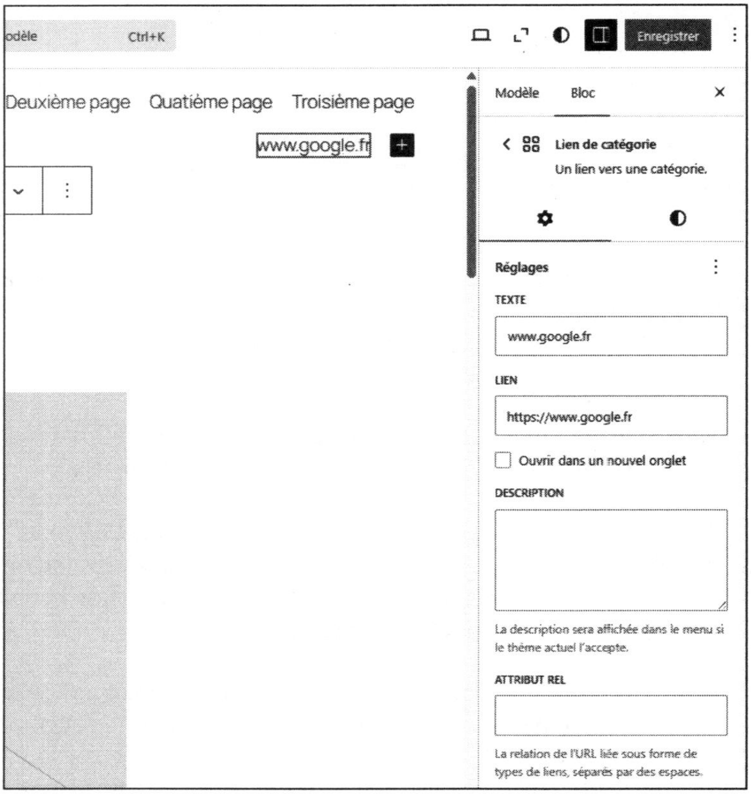

Figure 6.37
Insertion d'une URL dans un menu.

Figure 6.38

Insertion d'une catégorie dans un menu.

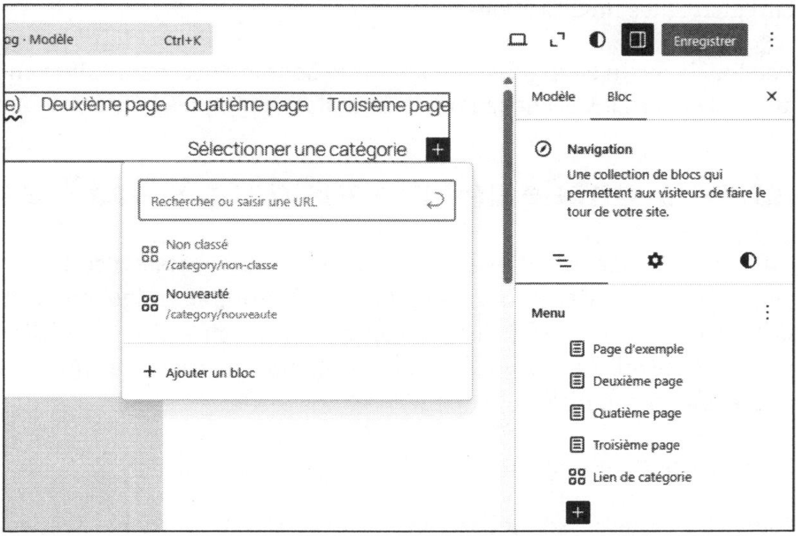

❻ Créez des sous-menus et réorganisez les éléments.

Pour créer un sous-menu, faites glisser un élément légèrement vers la droite, sous un autre élément, dans le panneau latéral droit. L'ordre des éléments peut également être modifié librement. Cette hiérarchie permet de structurer clairement la navigation du site (voir Figure 6.39).

Figure 6.39

Un menu peut être composé de sous-menus.

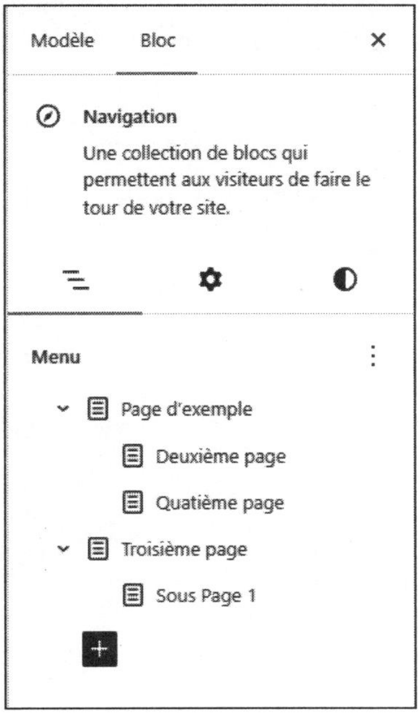

❼ Enregistrez les modifications.

Une fois le menu configuré, cliquez sur le bouton Enregistrer situé en haut à droite de l'écran. Les changements sont alors appliqués immédiatement au site.

Gestion avancée des menus dans WordPress

WordPress vous permet d'insérer des menus à différents endroits du site grâce au bloc Navigation. Cette fonctionnalité est disponible uniquement si le thème utilisé est compatible avec l'édition intégrale du site (FSE, Full Site Editing). Dans l'exemple qui suit, je vous propose d'ajouter un menu, différent de celui de l'en-tête, au niveau du pied de page :

❶ Accédez à la page principale du site.

Connectez-vous à l'administration WordPress. Dans la barre supérieure, cliquez sur le nom de votre site affiché en haut à gauche, ici *MonSiteWordPress* (voir Figure 6.22). Vous êtes alors redirigé vers la page publique principale du site en mode visualisation.

❷ Ouvrez l'éditeur de site et sélectionnez le pied de page.

Dans la barre d'administration située en haut de l'écran, cliquez sur le bouton Modifier le site (voir Figure 6.23). Ouvrez la vue en mode liste à l'aide de l'icône représentant trois barres horizontales (voir Figure 6.40) et sélectionnez le pied de page. Cliquez ensuite sur le bouton Modifier dans la barre d'options du pied de page.

Figure 6.40
Modification du pied de page.

❸ Ajoutez le bloc Navigation.

Placez le curseur de la souris à l'endroit où vous souhaitez ajouter le menu afin de faire apparaître un « + » (voir Figure 6.41). Cliquez dessus et ajoutez le bloc Navigation.

Figure 6.41 Ajout d'un nouveau bloc dans le pied de page.

❹ Supprimez le menu existant.

Par défaut, le bloc Navigation reprend le menu de l'en-tête et s'affiche horizontalement (voir Figure 6.42). Si vous conservez ce menu tel quel, toute modification apportée au menu du pied de page sera également appliquée au menu de l'en-tête, puisqu'il s'agit du même menu.

Pour éviter cela, dans la fenêtre latérale de droite, ouvrez l'onglet en forme de roue dentée et accédez à la section Avancée tout en bas à droite de l'écran (voir Figure 6.42). Cliquez ensuite sur le bouton Supprimer le menu.

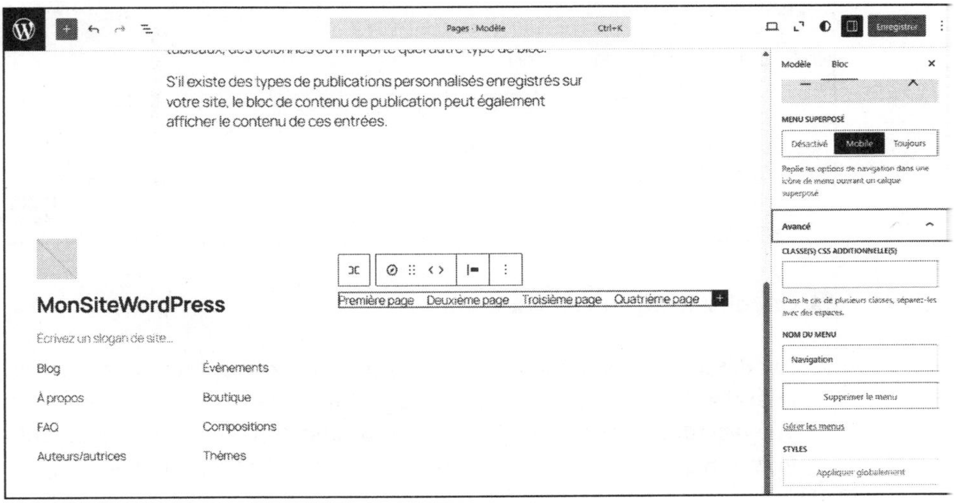

Figure 6.42 Suppression du menu.

❺ Créez un nouveau menu.

Cliquez désormais sur le lien Créer un nouveau menu (voir Figure 6.43) puis ajouter le bloc Navigation. Vous disposez ainsi de deux menus distincts sur votre site WordPress : un pour l'en-tête et un pour le pied de page.

Figure 6.43
Création d'un deuxième menu.

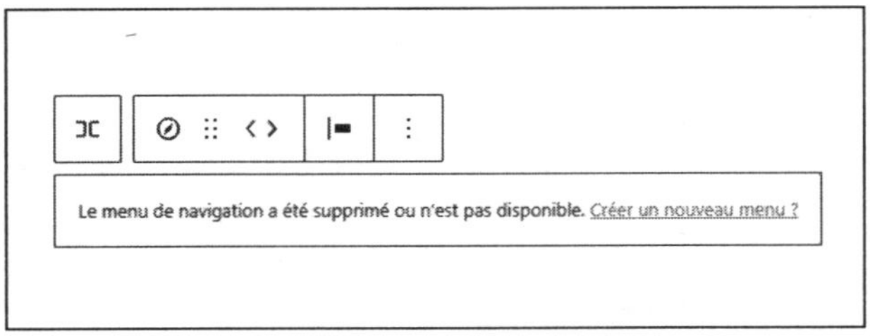

❻ Ajoutez des éléments à votre menu.

Reportez-vous à la section précédente intitulée « Créer un menu personnalisé avec un thème FSE » pour apprendre à ajouter des éléments à votre menu, tels que des pages, des catégories d'articles ou des URL personnalisées (voir Figure 6.44).

Figure 6.44
Personnalisation du deuxième menu.

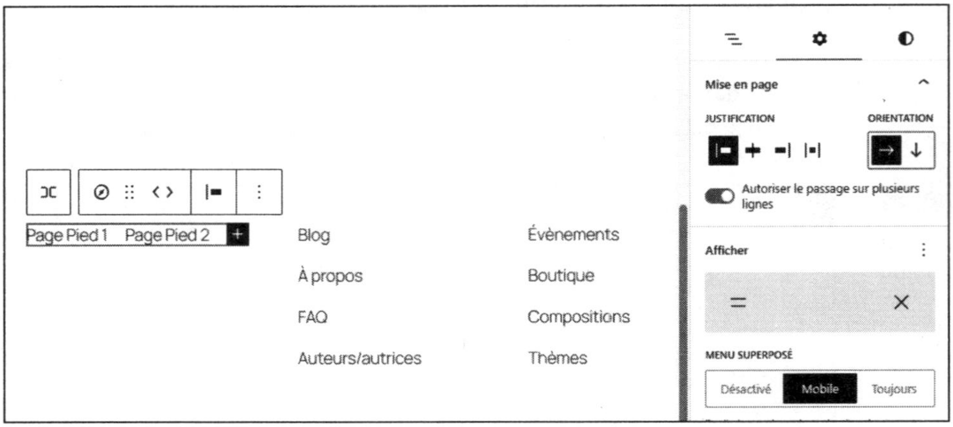

❼ Orientez le menu verticalement.

Par défaut, un menu de navigation s'affiche horizontalement. Dans le panneau latéral à droite, cliquez sur l'onglet en forme de roue dentée, et sélectionnez une orientation verticale. Le menu s'affiche désormais verticalement (voir Figure 6.45). N'oubliez pas d'enregistrer vos modifications !

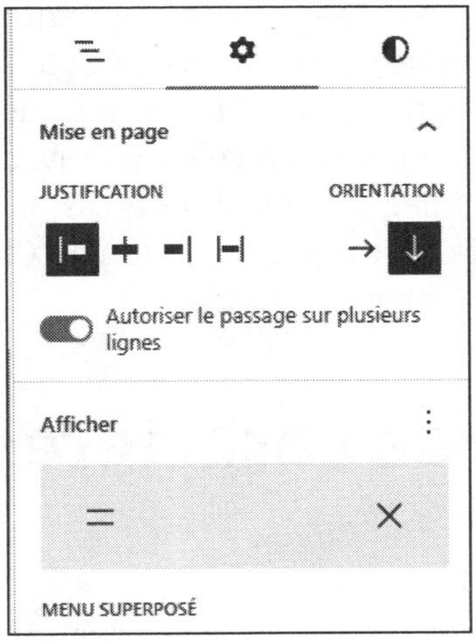

Figure 6.45 Redéfinir l'orientation d'un menu.

ASTUCE

Vous pouvez ainsi placer des menus à différents endroits de votre site WordPress : en-tête, pied de page, barre latérale, *etc.* Pour accéder et gérer l'ensemble des menus créés, rendez-vous dans le tableau de bord WordPress, puis cliquez sur le menu Apparence –> Éditeur –> Navigation. Depuis l'éditeur de site, il est possible de réorganiser l'ordre des menus, d'ajouter ou de supprimer des pages, de supprimer des menus existants ou d'en créer de nouveaux en utilisant l'option de duplication. Dans cet exemple, deux menus sont visibles : celui de l'en-tête et celui du pied de page (voir Figure 6.46).

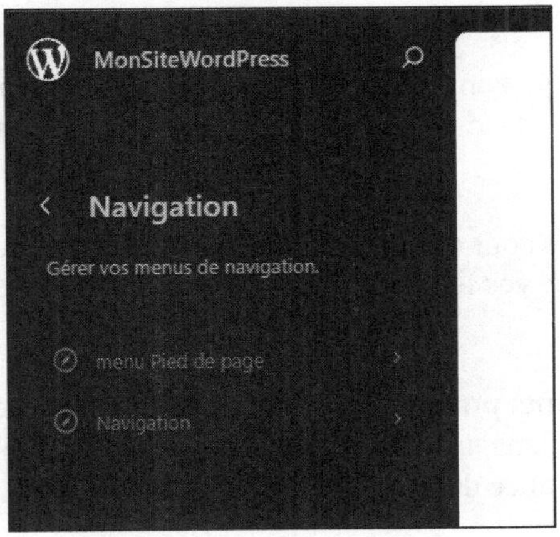

Figure 6.46 L'éditeur de site permet de gérer les différents menus.

NOTE TECHNIQUE

Comment vérifier rapidement si un thème est Full Site Editing (FSE) ? Dans le panneau d'administration WordPress, si dans le menu Apparence –> Éditeur apparaît, alors le thème supporte le Full Site Editing. Si le menu Apparence –> Personnaliser apparaît, le thème est un thème classique (non FSE).

ASTUCE

L'extension Navigation Block with Mega Menu (par Jetmonsters) permet de créer un *méga menu*. Un méga menu est un menu de navigation avancé qui affiche, au survol ou au clic, un panneau large et structuré au lieu d'une simple liste déroulante. Il permet d'organiser beaucoup de contenus en colonnes, avec des liens hiérarchisés, du texte, des icônes ou des images. Dans WordPress, il est généralement fourni par un thème compatible (par exemple, le thème Ollie et son extension Ollie Menu Designer ou *via* une extension ad hoc).

Installer une police de caractères Google Fonts

Personnaliser la typographie est souvent la première étape pour sortir du lot. Selon le thème que vous aurez installé, le choix des polices disponibles peut parfois être limité. C'est pourquoi, dans la section qui suit, je vous détaille comment installer une police de caractères Google de votre choix.

Si vous voulez changer l'apparence de votre texte, vous allez vite remarquer que le choix se porte presque toujours sur Google Fonts, cette solution est devenue le réflexe numéro un des créateurs de sites :

» **C'est gratuit :** vous avez accès à plus de 1 500 styles sans dépenser un centime. Pas de licence compliquée à acheter, vous êtes libre de les utiliser comme vous le souhaitez.

» **C'est facile :** WordPress et Google Fonts travaillent très bien ensemble. En quelques clics, votre site change de visage sans que vous ayez besoin de toucher au code.

» **C'est professionnel :** ces polices sont créées pour être lues sur des écrans. Elles restent nettes et jolies, que vos lecteurs soient sur un téléphone ou sur un ordinateur.

» **C'est professionnel :** Google Fonts propose désormais des polices variables, qui combinent plusieurs styles dans un seul fichier. Cela réduit le nombre de requêtes et améliore la performance de votre site.

Au Chapitre 12, je présente l'extension Create Block Theme, qui permet de créer des thèmes enfants. Cette extension offre également la possibilité d'installer des polices de caractères issues de Google Fonts.

NOTE TECHNIQUE

Il est également utile de comprendre les formats de fichiers de polices. Les formats WOFF et WOFF2 sont spécifiquement conçus pour l'affichage sur le Web ils sont compressés, plus légers et optimisés pour les navigateurs. WOFF2, plus récent et plus performant, est à privilégier, tandis que WOFF est utilisé comme format de repli afin de garantir une compatibilité maximale. Les formats TTF et OTF sont principalement employés comme formats sources pour la création graphique et l'impression.

Installer une police Google Fonts

Pour installer une police de caractères Google Fonts sur votre site dont le thème est compatible avec l'édition intégrale du site (FSE), procédez comme suit :

1 Ouvrez l'éditeur de site.

Connectez-vous à l'administration WordPress, puis cliquez sur le menu Apparence –> Éditeur –> Styles –> Typographie. Vous accédez à la page qui permet de styliser votre site dans sa globalité. Cliquez sur le bouton *Gérer les polices* représenté par une icône en forme de réglage (voir Figure 6.47).

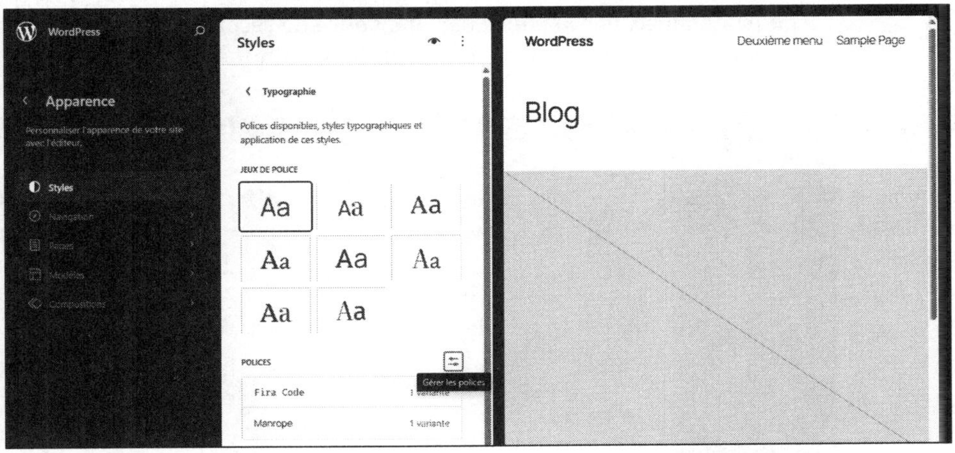

Figure 6.47 Le menu Styles de l'éditeur de site.

2 Installez de nouvelles polices.

WordPress affiche les police de caractères proposées par votre thème. Ouvrez l'onglet Installer des polices (voir Figure 6.48).

Figure 6.48

Installation de nouvelles polices de caractères.

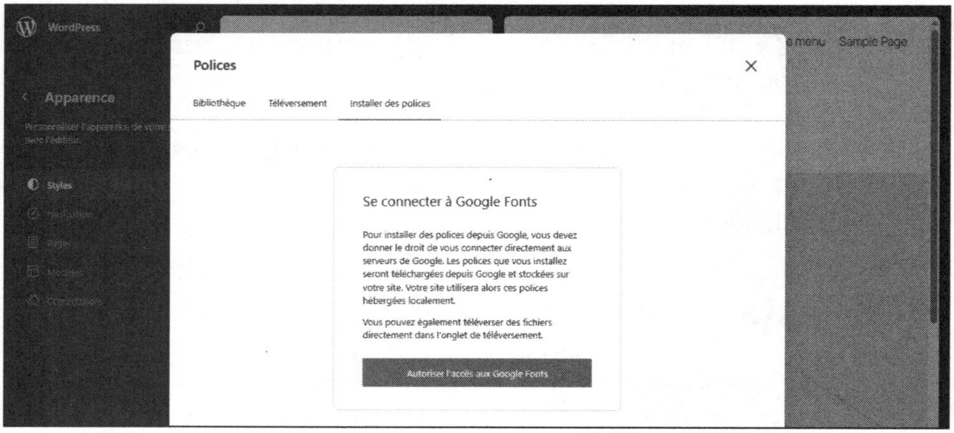

❸ Choisissez votre police de caractères avec un minimum de variantes.

Parcourez les 316 pages de polices de caractères proposées par Google et sélectionnez celle qui correspond à vos besoins (voir Figure 6.49). Certaines polices offrent plusieurs variantes, c'est-à-dire différentes déclinaisons d'une même famille typographique. Il est fortement recommandé d'installer au minimum les variantes 400 (Regular) et 700 (Bold) ; à défaut, le navigateur pourrait substituer la police par une police de secours. Sélectionnez les variantes souhaitées, puis cliquez sur le bouton Installer.

Figure 6.49

Certaines polices disposent de variantes.

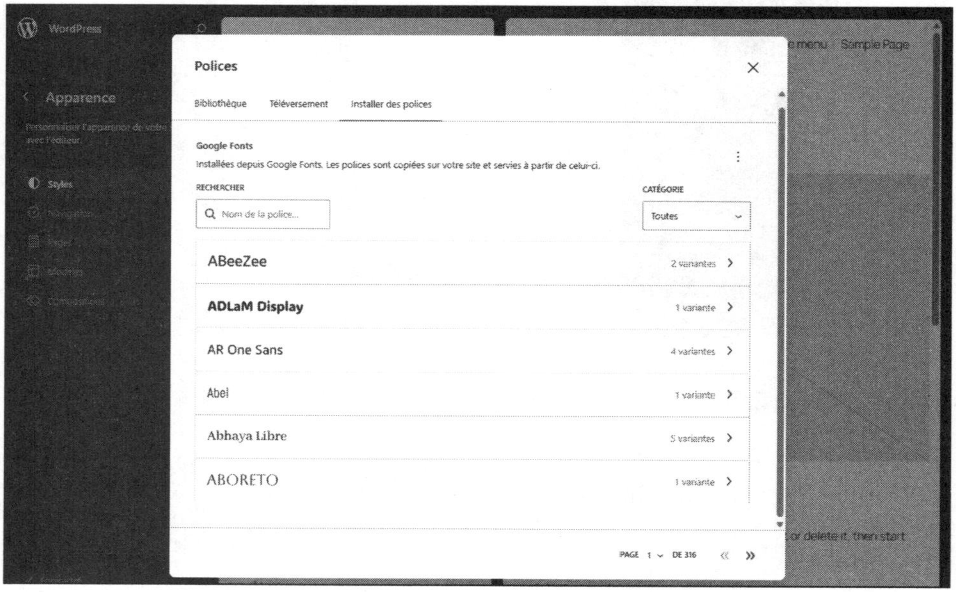

❹ Appliquez la police à tout votre site.

Pour appliquer la police de caractères nouvellement installée à votre site, ouvrez le panneau d'administration WordPress, puis accédez à Apparence –> Éditeur –> Styles –> Typographie. Pour définir cette police comme police globale du site, sélectionnez successivement les rubriques Texte, Liens, Titres, Légendes et Boutons (voir Figure 6.50), puis choisissez votre police personnalisée comme police par défaut. Si vous souhaitez appliquer cette police uniquement aux titres, modifiez uniquement la rubrique Titres et laissez les autres paramètres inchangés.

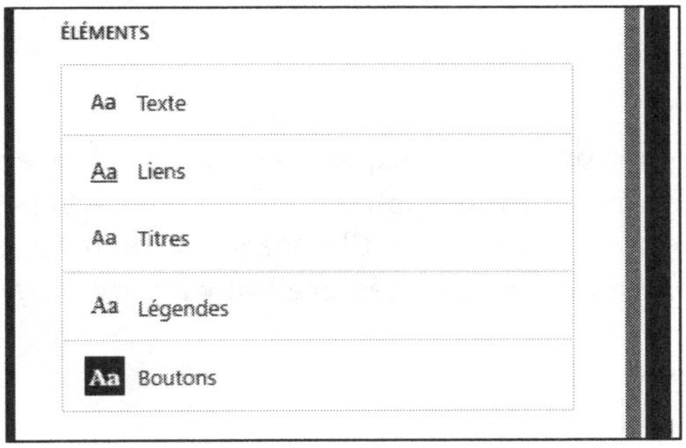

Figure 6.50 La police est appliquée aux différents composants d'un site.

❺ Validez les modifications.

Une fois les réglages effectués, veillez à cliquer sur le bouton bleu *Passer en revue X modifications*, situé en bas à droite de la fenêtre WordPress (voir Figure 6.51).

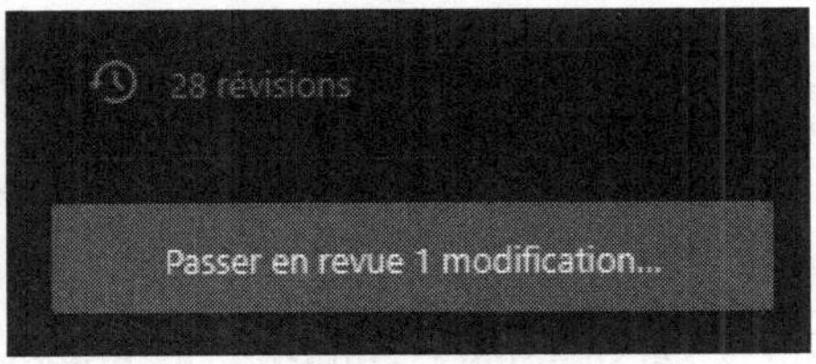

Figure 6.51 Validation des modifications effectuées.

❻ Enregistrez les modifications.

NOTE TECHNIQUE

Lorsqu'on ajoute une police de caractères *via* l'éditeur de site WordPress, la police n'est pas installée localement sur votre serveur, elle est chargée à distance et le navigateur la met en cache navigateur uniquement. Pour l'installer localement, ouvrez votre navigateur préféré et téléchargez préalablement la police sur votre ordinateur depuis le site de Google Fonts (**https://fonts.google.com/**). Dézipper le fichier des polices. A l'étape 2, ouvrez l'onglet Téléversement (voir Figure 6.48) et importez alors la Police.

N'OUBLIEZ PAS

Concrètement, une *variante* de police de caractères se définit principalement par deux critères : la graisse et le style. La graisse : c'est l'épaisseur du trait. En programmation Web, on utilise souvent des chiffres pour les définir (par exemple, 400 pour un texte normal et 700 pour du gras). Le style : il s'agit généralement de la distinction entre le style droit (Regular) et l'italique (Italic).

Désinstaller une police Google Fonts

Pour désinstaller une police de caractères Google Fonts sur votre site, procédez comme suit :

1. **Ouvrez l'éditeur de site.**

   Connectez-vous à l'administration WordPress, puis cliquez sur le menu Apparence -> Éditeur -> Styles -> Typographie. Vous accédez à la page qui permet de styliser votre site dans sa globalité. Cliquez sur le bouton *Gérer les polices* représenté par une icône en forme de réglage (voir Figure 6.47).

2. **Décochez la police à supprimer.**

   Dans l'onglet Bibliothèque, la section *Personnalisée* regroupe toutes les polices que vous avez installées. En cliquant sur une police, vous pouvez gérer ses différentes variantes et effectuer plusieurs actions (voir Figure 6.52) :

   - *Cochez les variantes et cliquez sur le bouton Mettre à jour* : permet d'activer certaines variantes de votre police. Les variantes sélectionnées deviennent utilisables dans l'éditeur et dans les blocs correspondants.
   - *Décochez les variantes et cliquez sur le bouton Mettre à jour* : permet de désactiver certaines variantes de la police sans supprimer la police elle-même. La variante décochée est retirée du chargement CSS, mais la police reste installée.
   - *Cochez les variantes et cliquez sur le lien Supprimer* : supprime complètement la police du site, y compris toutes ses variantes. La police disparaît de la section Personnalisée et n'est plus disponible dans l'éditeur. Les blocs qui utilisaient cette police récupèrent la police par défaut.

N'OUBLIEZ PAS

Dans la section précédente, je vous ai expliqué comment modifier la police pour l'ensemble du site *via* l'éditeur de site. Il est toutefois également possible d'appliquer une police différente à un seul bloc ou paragraphe. Pour cela, il suffit d'aller sur la page en question, de sélectionner le bloc souhaité et d'utiliser les options de typographie dans la barre latérale. Cette modification affecte uniquement le bloc sélectionné, sans impacter la police globale définie pour le reste du site.

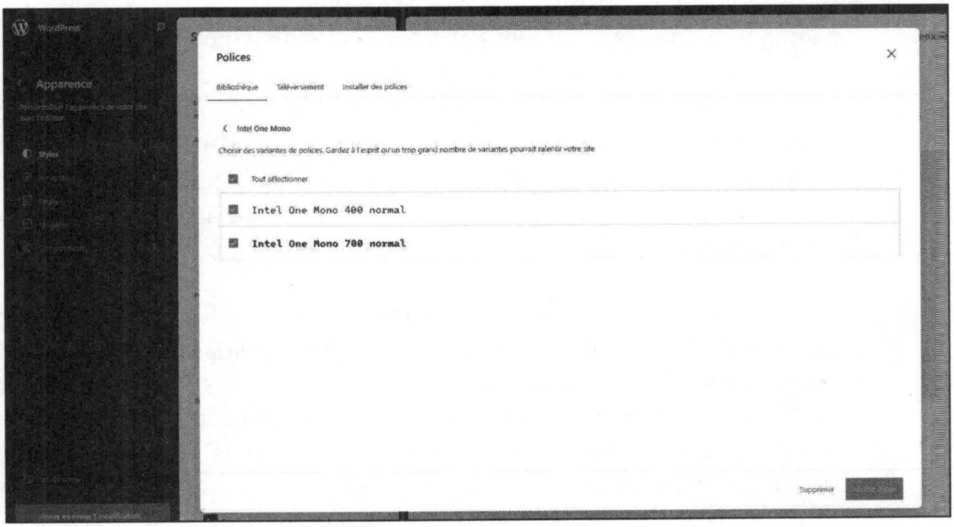

Figure 6.52 Activation, désactivation et suppression d'une variante.

N'OUBLIEZ PAS

Use Any Font est une extension WordPress qui vous permet d'ajouter et d'utiliser des polices personnalisées sur votre site, avec un thème non FSE. Elle autorise l'import de fichiers de polices (TTF, OTF, WOFF, WOFF2), puis les convertit automatiquement dans des formats optimisés et compatibles avec les navigateurs. Une fois les polices importées, vous pouvez les appliquer facilement à différents éléments du site (titres, paragraphes, classes CSS spécifiques) directement depuis l'interface WordPress, sans nécessiter de compétences techniques avancées. Les polices sont hébergées sur votre propre serveur, ce qui améliore les performances, le référencement et la conformité au RGPD.

Ajouter des formulaires de contact

Par défaut, WordPress ne propose aucun outil pour permettre à vos visiteurs de vous envoyer un message directement depuis votre site. Pourtant, qu'il s'agisse de récolter des demandes de devis, de répondre à des questions ou simplement de créer un lien avec votre audience, le formulaire de contact reste une pièce maîtresse de votre communication.

Plutôt que d'afficher votre adresse e-mail en clair (ce qui vous exposerait inévitablement au spam), l'installation d'une extension dédiée est la solution idéale. Ces outils vous permettent de construire des zones de saisie professionnelles, sécurisées et parfaitement intégrées à votre design.

Pendant des années, Contact Form 7 a été l'extension incontournable pour créer des formulaires sur WordPress. Bien qu'elle soit gratuite et très robuste, force est de constater qu'elle accuse aujourd'hui son âge. Son interface, restée très technique, demande de manipuler des *shortcodes* peu intuitifs. De plus, son intégration avec le Full Site Editing (FSE) et l'éditeur de blocs est loin d'être optimale : l'aperçu visuel est inexistant et la personnalisation du design nécessite souvent de solides connaissances en CSS.

C'est pourquoi je vous explique comment créer des formulaires de contact avec l'extension WordPress WPForms de Syed Balkhi (**https://fr.wordpress.org/plugins/wpforms-lite/**), qui se distingue par son interface en glisser-déposer et qui permet de créer des formulaires visuellement, sans aucune compétence technique. Totalement optimisée pour l'éditeur de blocs et le FSE, l'extension offre un rendu immédiat et une mise en page fluide :

❶ **Installez et activez l'extension WPForms.**

Installez et activez l'extension WPForms depuis le panneau d'administration WordPress. Une fois l'extension activée, rendez-vous dans le menu WPForms -> Ajouter de votre tableau de bord. Commencez par donner un nom clair à votre formulaire pour le retrouver facilement par la suite (voir Figure 6.53).

❷ **Choisissez un modèle prêt à l'emploi.**

Pour gagner en efficacité, sélectionnez le modèle *Formulaire de contact simple*. Cette base inclut déjà les champs indispensables (nom, e-mail et message), vous ne partez pas d'une page blanche (voir Figure 6.53).

❸ **Personnalisez vos champs par glisser-déposer.**

Modifiez la structure de votre formulaire simplement à la souris. Vous pouvez réorganiser l'ordre des éléments, ajouter de nouvelles zones (comme des cases à cocher) ou cliquer sur un champ pour en modifier le texte et les options (voir Figure 6.54).

Figure 6.53

Choix d'un modèle de formulaire prêt à l'emploi.

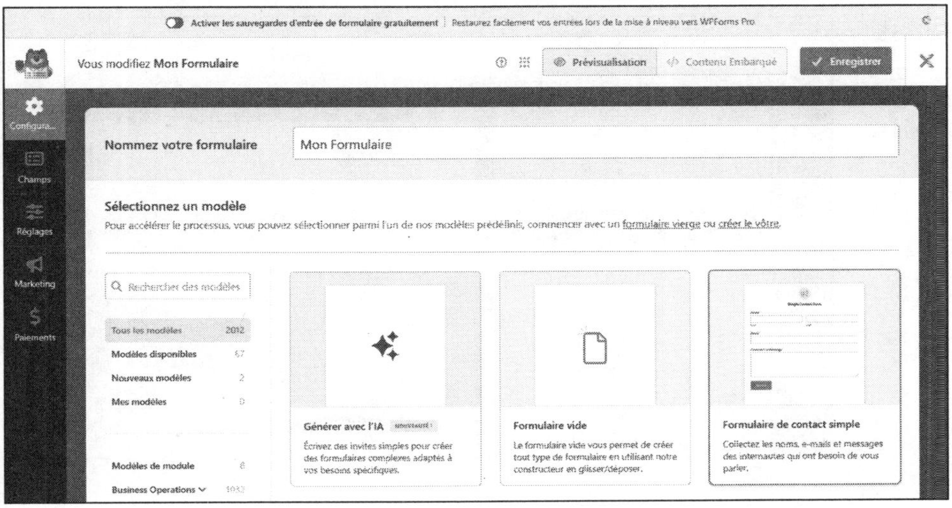

Figure 6.54

Personnalisation du formulaire.

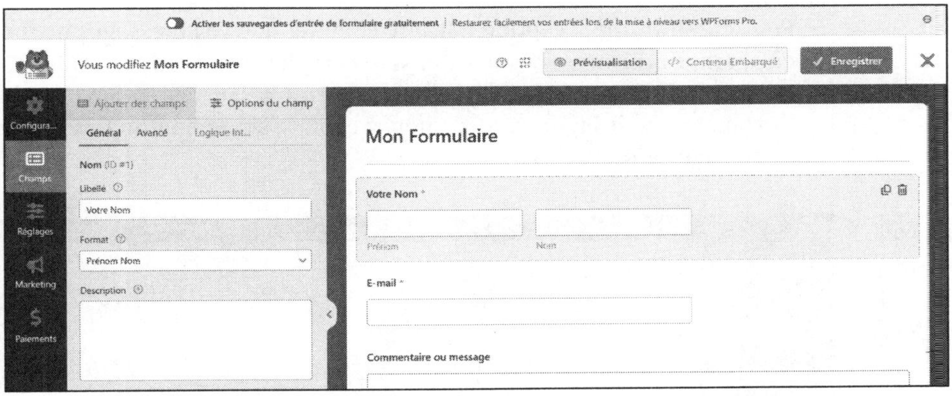

❹ Configurez vos alertes de réception.

Cliquez sur l'onglet Réglages –> Notifications pour vérifier que l'adresse de réception est la bonne. C'est à cet endroit que vous déterminez vers quelle boîte mail les messages de vos visiteurs seront expédiés (voir Figure 6.55). Enregistrez votre travail.

Figure 6.55 Réglage des notifications envoyées.

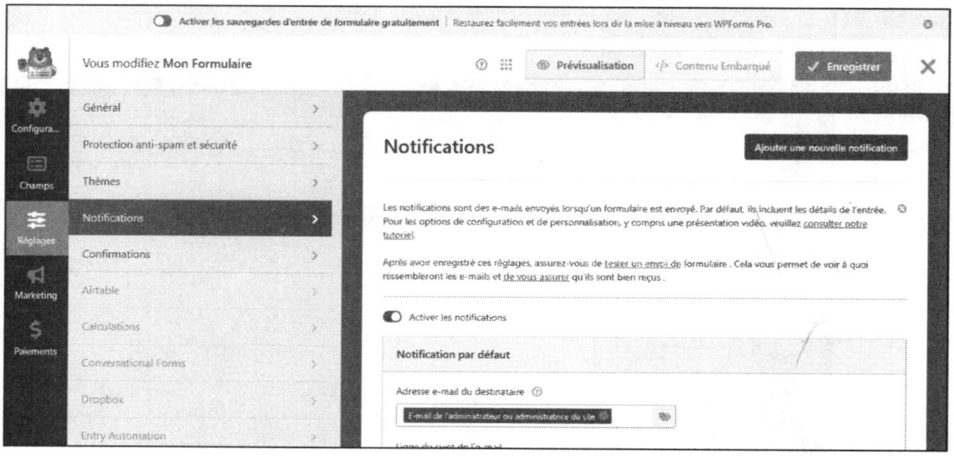

5 Installez et activez WP Mail SMTP.

Pour garantir une réception parfaite et éviter que vos messages ne finissent en spam, l'utilisation d'une extension complémentaire de type SMTP est vivement recommandée. Cliquez sur le menu WPForms -> SMTP et installez l'extension (voir Figure 6.56). Cliquez ensuite sur le bouton Ouvrir l'assistant de configuration.

Figure 6.56 Installation de l'extension WP Mail SMTP.

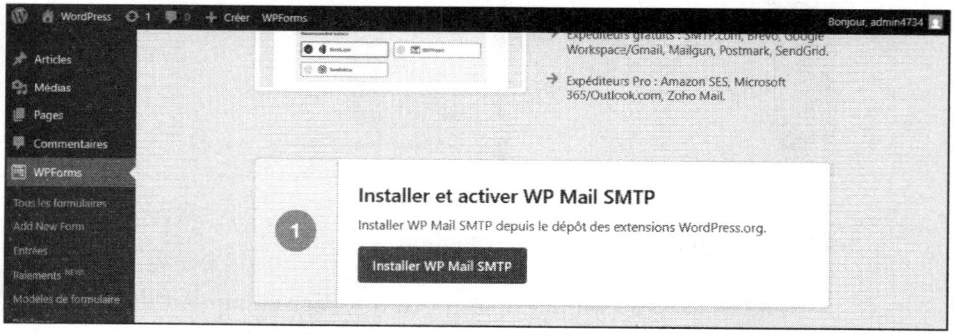

6 Sélectionnez un service d'envoi SMTP.

Sélectionnez un service SMTP. Brevo propose une version gratuite limitée à 300 e-mails par jour, parfaite pour tester le service sans sortir votre carte bancaire. Vous pourrez très simplement lever cette limite en optant pour une offre payante par la suite (voir Figure 6.57). Cliquez sur Get started with Brevo puis créez-vous un compte sur leur site en suivant la procédure. L'adresse e-mail utilisée pour créer votre compte Brevo sera l'adresse vers laquelle seront envoyées les soumissions de formulaire.

Figure 6.57
Configuration du service SMTP Brevo.

❼ Créez une API Brevo.

Une fois le compte créé et vérifié, allez sur https://app.brevo.com/settings/keys/api et cliquez sur le bouton Create a News API Key. Copiez l'API formée d'une longue chaîne de caractères (voir Figure 6.58).

Figure 6.58
Configuration du service SMTP Brevo via une API.

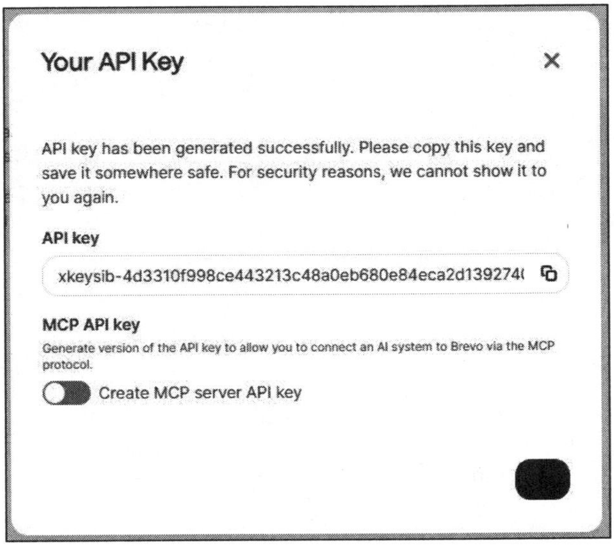

❽ Collez l'API dans la page de configuration de WPForms.

Revenez à la page de configuration de WPForms de l'Étape 6 (voir Figure 6.59) :

- *API Key* : collez l'API que vous avez précédemment copiée.
- *Sending domain :* indiquez le nom de domaine de votre site WordPress (dans cet exemple, il s'agit de *wppln.com*).
- *From Name :* indiquez le nom de l'expéditeur qui s'affiche lors de la réception d'un formulaire dans votre boîte de réception. Dans cet exemple, j'ai indiqué *Mon site WordPress*.
- *From Email :* renseignez ici l'adresse qui servira à expédier les messages de votre site. Pour garantir une bonne réception, utilisez une adresse liée à votre nom de domaine (par exemple, *contact@votresite.fr*) plutôt qu'une adresse personnelle générique.

Cliquez ensuite sur le bouton Save and continue jusqu'à la fin de la procédure. La configuration de l'extension WP Mail SMTP est terminée !

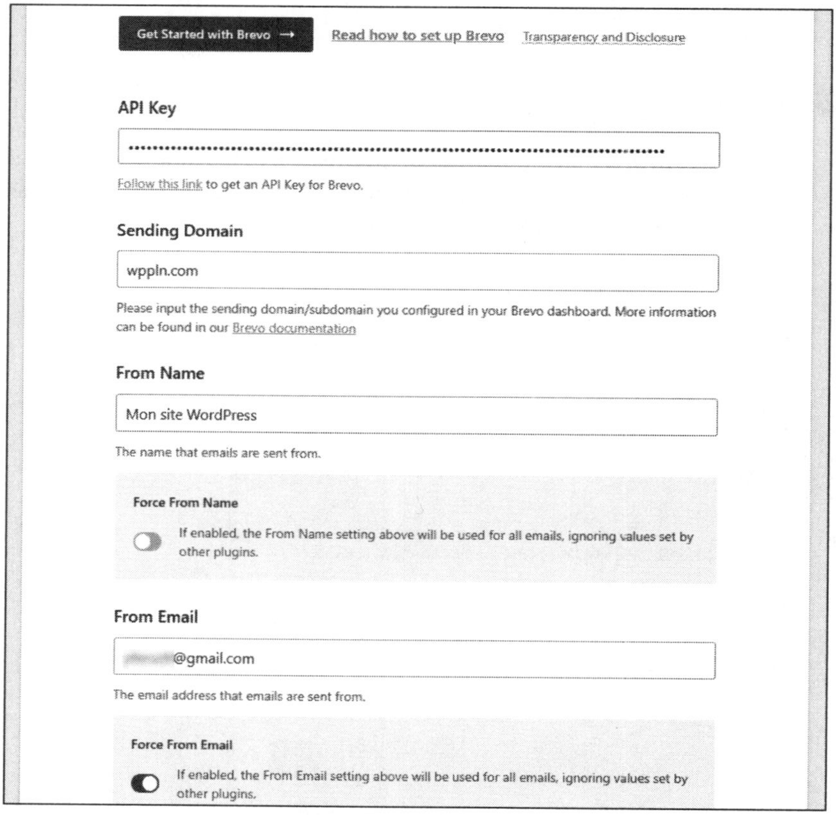

Figure 6.59 Configuration de l'API dans WPForms.

❾ Intégrez le formulaire dans votre page.

Ouvrez en modification une page de votre choix. Insérez le bloc WPForms et sélectionnez votre formulaire dans la liste déroulante (voir Figure 6.60). Le résultat final s'affiche instantanément sous vos yeux (voir Figure 6.61).

Figure 6.60
Insertion d'un bloc WPForms.

Figure 6.61
Certaines polices disposent de variantes.

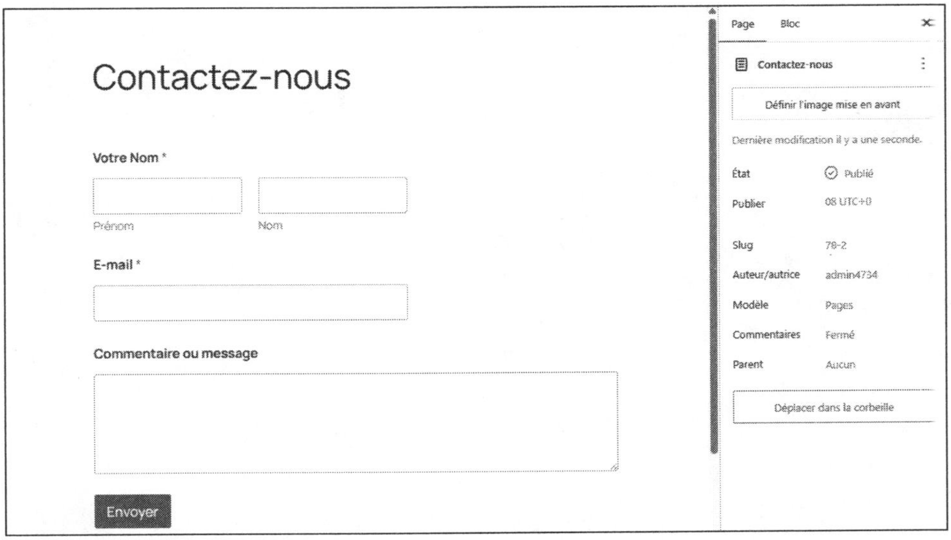

ATTENTION

Avec WPForms Lite (version gratuite), les entrées ne sont pas sauvegardées dans la base de données de WordPress. Si l'e-mail de notification ne part pas (problème de serveur ou spam), le message est perdu. Cependant, l'extension affiche une notification dans le tableau de bord indiquant qu'une entrée a été reçue, mais vous ne pouvez pas en lire le contenu sans payer. La version Lite suffit amplement pour un petit site qui a juste besoin d'un formulaire « Nom / Email / Message », à condition de bien configurer les notifications e-mail pour ne rien rater.

DANS CE CHAPITRE :

- Comprendre les extensions.
- Trouver, télécharger et décompresser les fichiers des extensions.
- Utiliser les extensions fournies avec WordPress.
- Télécharger et installer des extensions depuis WordPress.
- Activer et utiliser les extensions.
- Désinstaller les extensions.
- Explorer des extensions open source.

Chapitre 7

Tirer le meilleur parti des extensions WordPress

Une bonne part du plaisir que vous prenez à gérer un site WordPress tient à la possibilité d'installer des centaines d'extensions qui étendent les fonctions et les options de votre site. Les extensions WordPress sont un peu comme ces jantes que vous rajoutez à une voiture : même si elles ne sont pas livrées avec la voiture, ce sont des accessoires qui permettent d'en faire un véhicule d'exception.

En soi, WordPress est un programme très puissant pour la publication Web, mais en le personnalisant avec des extensions – des programmes complémentaires qui donnent à WordPress des moyens presque illimités pour gérer le contenu Web – vous le rendez encore plus puissant. Choisissez parmi toutes les extensions celles dont vous avez besoin pour développer votre site.

Les extensions peuvent transformer votre WordPress en une galerie complète pour poster des images sur le Web, en une boutique en ligne pour vendre vos produits, en un forum d'utilisateurs ou un réseau social. Les extensions WordPress peuvent être simples, en ajoutant par exemple quelques fonctionnalités mineures, ou assez complexes pour changer totalement la fonctionnalité de votre site.

Dans ce chapitre, vous apprendrez ce que sont les extensions, comment en trouver et en installer, et comment elles peuvent améliorer votre site jusqu'à le rendre unique. Les extensions permettent aussi de rendre plus fascinante l'expérience de vos utilisateurs en leur proposant toute une série d'outils pour interagir et participer – exactement ce que vous souhaitez qu'elles fassent !

Ce chapitre suppose que vous ayez déjà installé WordPress sur votre serveur Web, car les extensions ne fonctionnent qu'avec le logiciel WordPress.org. Si vous parcourez ce livre et n'avez pas encore installé WordPress, reportez-vous au Chapitre 3 pour les instructions.

NOTE TECHNIQUE

Les utilisateurs de WordPress.com ne peuvent pas installer ni configurer d'extensions sur leurs sites hébergés. Ce n'est pas moi qui édicte les règles, alors de grâce, ne me le reprochez pas !

Découvrir ce que sont les extensions

Une *extension* (*plugin* en anglais) est un petit programme qui, lorsqu'il est ajouté à WordPress, interagit avec le logiciel pour le doter de fonctionnalités supplémentaires. Les extensions ne font pas partie du logiciel de base ; ce ne sont pas non plus des logiciels à part entière. Elles ne peuvent pas fonctionner toutes seules ; elles ont besoin d'un logiciel qui les héberge (WordPress, dans notre cas) pour fonctionner.

Les développeurs d'extensions sont les personnes qui écrivent ces bijoux et qui les partagent avec nous, gratuitement, en général. Tout comme WordPress, les extensions sont donc des solutions essentiellement gratuites pour quiconque veut personnaliser son site en fonction de ses besoins.

Il existe littéralement des milliers d'extensions pour WordPress - ce qui représente bien trop pour que j'en dresse la liste dans ce seul chapitre. Alors, voici seulement quelques exemples de ce que les extensions vous permettent d'ajouter à votre site WordPress :

» **Contenu et médias :** vous pouvez enrichir votre site avec des galeries d'images et des diaporamas, intégrer facilement des vidéos et des podcasts, et profiter de blocs avancés pour créer des mises en page interactives et variées.

» **Interaction et engagement :** il est possible de créer des formulaires de contact ou d'inscription, ajouter des boutons d'appel à l'action et des pop-up pour stimuler l'engagement, mais aussi d'intégrer les réseaux sociaux et des outils de partage pour augmenter la visibilité de votre contenu.

» **Commerce et monétisation :** les extensions permettent de transformer votre site en boutique en ligne, gérer les produits et les paiements, et organiser la navigation avec des menus complexes afin de mieux structurer vos contenus et vos offres.

» **Performance, SEO et sécurité :** vous pouvez optimiser votre site pour les moteurs de recherche, gérer les *sitemaps*, protéger votre site contre les attaques, et effectuer des sauvegardes régulières pour sécuriser vos données (un *sitemap* est un fichier qui liste toutes les pages d'un site Web afin d'aider les moteurs de recherche à explorer et indexer son contenu de manière structurée).

» **Accessibilité et conformité :** les extensions permettent de rendre votre site utilisable par tous, y compris les personnes ayant des besoins spécifiques (malvoyants, dyslexiques, *etc.*), et assurent le respect des lois et réglementations, notamment en matière de protection des données personnelles et de gestion des cookies.

Le Chapitre 13 vous donne un aperçu des extensions les plus populaires du moment. En attendant, ce chapitre vous guide pas à pas pour trouver des extensions, les installer sur votre site WordPress, les gérer et résoudre les problèmes qu'elles peuvent éventuellement poser.

Étendre les fonctionnalités de WordPress grâce aux extensions

WordPress est un outil incroyable. Les fonctionnalités intégrées à WordPress sont celles que vous utilisez le plus. Toutes les autres fonctionnalités qui sortent du standard de WordPress sont du ressort des extensions.

Il y a un dicton populaire parmi les utilisateurs de WordPress : « Il y a une extension pour ça. » L'idée est que si vous voulez que WordPress fasse quelque chose de nouveau, vous avez de bonnes chances de trouver une extension existante qui le fasse. Actuellement, plus de 60 000 extensions sont disponibles sur le site WordPres.org (**https://fr.wordpress.org/plugins/**), et ce nombre augmente chaque jour de quelques nouvelles extensions ! En outre, des milliers d'extensions supplémentaires sont disponibles gratuitement ou non, en dehors de l'annuaire officiel des extensions WordPress. Donc, si vous avez une idée pour votre site, vous trouverez sans conteste une extension pour cela.

Supposons que vous souhaitiez ajouter facilement des recettes de cuisine à votre site. Une recherche sur Internet d'extensions relatives aux recettes de cuisine (*wordpress plugin recipes* en anglais) aboutit à des liens vers les extensions WP Recipe Maker (**https://wordpress.org/plugins/wp-recipe-maker/**) et WP Delicious – Recipe Plugin for Food Bloggers (**https://fr.wordpress.org/plugins/delicious-recipes/**). Vous trouverez davantage d'extensions avec une recherche plus approfondie.

Distinguer les extensions des thèmes

Quand on fait ses premiers pas sur WordPress, il n'est pas rare de s'y perdre entre thèmes et extensions. La distinction peut paraître subtile puisque les deux influent sur l'aspect et le fonctionnement du site. Pourtant, comprendre leur rôle respectif est crucial pour piloter son projet sereinement.

Sur le plan technique, WordPress sépare strictement les deux : les thèmes sont logés dans le répertoire **wp-content/themes** et les extensions dans **wp-content/plugins**. Ce n'est pas seulement une question de rangement ; cette architecture permet de manipuler l'un sans casser l'autre. La différence majeure réside dans leur usage : un site ne peut porter qu'un seul thème actif, alors qu'il peut faire tourner des dizaines d'extensions en même temps. Si vous changez de thème, l'apparence change du tout au tout, mais vos extensions, elles, restent en place et continuent de travailler.

ATTENTION

Par défaut, les répertoires **wp-content/plugins** et **wp-content/themes** sont configurés de cette façon. Vous pouvez changer ces deux emplacements, mais cette action est très rarement appliquée. Conserver l'arborescence standard permet de savoir assez rapidement si vous travaillez sur un site WordPress ou non.

Le principe fondamental à retenir est le suivant : le thème s'occupe de l'esthétique (couleurs, typographie, mise en page), tandis que les extensions gèrent les fonctionnalités (sécurité, SEO, e-commerce). Même si l'arrivée de l'édition complète du site (FSE) tend à brouiller les pistes en permettant aux thèmes de proposer des blocs complexes, il est plus prudent de séparer le design du moteur.

En clair, évitez de confier vos fonctionnalités critiques à votre thème ; si vous décidiez un jour d'en changer, vous seriez coincé.

Pour garder un site performant et évolutif, la clé reste une maintenance rigoureuse. Il ne s'agit pas d'accumuler les outils, mais de choisir des extensions fiables, de les mettre à jour régulièrement et de surveiller leur impact sur la vitesse de chargement. C'est cette discipline qui garantit la pérennité de votre installation sur le long terme.

ASTUCE

Les extensions sont capables de changer presque tous les aspects d'un site WordPress. L'extension Multiple Themes, par exemple (disponible sur **https://wordpress.org/plugins/jonradio-multiple-themes/**), vous permet d'utiliser différents thèmes pour des parties spécifiques de votre site WordPress. Ainsi, vous pouvez lever la limitation de n'avoir qu'un seul thème actif sur votre site.

N'OUBLIEZ PAS

Cette séparation entre extensions pour les fonctionnalités et thèmes pour l'apparence n'est pas imposée par WordPress, mais c'est une bonne pratique à suivre. Si vous créez un thème qui inclut trop de fonctionnalités et les utilisez pour faire fonctionner votre site, vous rendez le passage d'un thème à un autre thème difficile.

Les différences entre extensions et thèmes

Il existe également des différences plus techniques entre les extensions et les thèmes. Ces aspects concernent surtout les développeurs, mais les connaître permet, même en tant qu'utilisateur de WordPress, de mieux comprendre certains comportements du système.

» Les extensions se chargent avant le thème, ce qui donne à ces dernières des privilèges spéciaux qui peuvent entraîner un dysfonctionnement du thème.

» Les thèmes et les extensions ne répondent pas aux mêmes exigences en matière de structure. Un thème doit respecter une organisation précise et inclure un minimum de fichiers pour être reconnu comme valide par WordPress. À l'inverse, une extension est beaucoup plus libre sur ce point : un simple fichier PHP suffit, à condition qu'un entête spécifique indique à WordPress qu'il s'agit bien d'une extension. Cette souplesse explique pourquoi il est si facile de créer ou d'ajouter de nouvelles fonctionnalités *via* des extensions.

» Les thèmes disposent d'un mécanisme particulier appelé « thème enfant » (voir Chapitre 11). Ce principe permet à un thème d'hériter des fonctionnalités et de l'apparence d'un autre thème, tout en les personnalisant sans modifier les fichiers d'origine. Ce fonctionnement n'existe pas pour les extensions : chaque extension est autonome et ne repose pas officiellement sur une relation de dépendance comparable à celle des thèmes parents et enfants.

Les fonctionnalités sont associées aux extensions, cela ne signifie pas que le contrôle de l'apparence d'un site WordPress est limité aux thèmes !

Explorer la page des extensions installées

Avant de commencer à installer des extensions pour votre site, il est utile de vous familiariser avec la page des extensions installées du panneau d'administration de WordPress de sorte à comprendre comment gérer les extensions une fois que vous les avez installées. Cliquez sur le menu Extensions, puis sur Extensions installées (voir Figure 7.1).

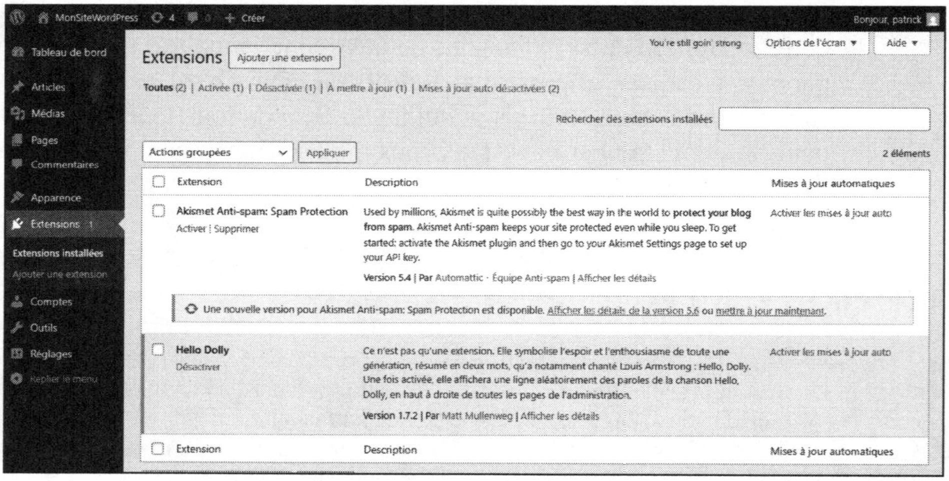

Figure 7.1 La page Extensions du tableau de bord de WordPress.

La page Extensions est l'endroit où vous gérez toutes les extensions que vous installez sur votre site WordPress. Vous pouvez filtrer la liste des extensions en utilisant les liens suivants :

» **Toutes :** cette vue est la vue par défaut, montrant toutes les extensions actuellement installées sur votre site Web WordPress, qu'elles soient actives ou non.

» **Activées :** cliquez sur ce lien pour afficher la liste des extensions actuellement activées et utilisées sur votre site Web WordPress.

» **Désactivées :** cliquez sur ce lien pour afficher la liste des extensions installées mais actuellement inactives (remarque : ce lien ne s'affiche que si vous avez des extensions inactives).

» À **mettre à jour :** ce lien n'apparaît que si vous avez des extensions obsolètes pour lesquelles il existe une mise à jour disponible.

» **Récemment désactivées :** ce lien n'apparaît que si vous avez récemment désactivé une extension. Cela est utile pour savoir quelle extension vous avez récemment désactivée.

» **Automatique (Must-use) :** ce lien n'apparaît que si vous avez installé des extensions dans le dossier /wp-content/mu-plugins/ de votre serveur WordPress. Il s'agit d'extensions obligatoires qui doivent être installées manuellement (généralement par un développeur) et ne donnent pas aux administrateurs du site la possibilité de les supprimer ou de les désactiver depuis le tableau de bord (sauf à supprimer les fichiers directement sur le serveur). Les extensions *Must-use* servent à imposer des fonctionnalités critiques comme la sécurité, le cache ou les performances, sans possibilité de désactivation. Elles sont aussi utilisées pour appliquer des règles globales, notamment en multisite, ou pour verrouiller certaines configurations techniques.

» **Drop-ins :** les *drop-ins* sont des extensions avancées contenues dans le dossier /wp-content ; elles permettent le remplacement de certaines fonctionnalités de WordPress (principalement liées à la mise en cache ou à d'autres paramètres spécifiques au serveur). Ces fichiers n'apparaissent pas dans la liste standard des extensions, car ils sont intégrés et gérés par d'autres extensions dont ils dépendent. Ils sont présents sur le site et actifs, mais leur gestion se fait indirectement, *via* l'extension qui les a installés.

» **Mises à jour auto activées** : ce lien apparaît pour les extensions pour lesquelles vous avez activé les mises à jour automatiques.

» **Mises à jour auto désactivées** : ce lien apparaît pour les extensions pour lesquelles vous avez désactivé les mises à jour automatiques.

En un coup d'œil, vous pouvez facilement savoir quelles sont les extensions actives et inactives, grâce à la couleur d'arrière-plan de chaque extension répertoriée. Un fond bleu signifie que l'extension est active. Un fond blanc indique que l'extension est inactive. Dans la Figure 7.1, l'arrière-plan de l'extension Akismet est blanc et celui de Hello Dolly est bleu.

N'OUBLIEZ PAS

Il est possible de gérer plusieurs extensions simultanément depuis la page Extensions. Pour les désactiver en une seule action, cochez les cases situées à gauche des extensions concernées, choisissez Désactiver dans la liste déroulante, puis cliquez sur le bouton Appliquer. Pour tout sélectionner d'un coup, utilisez la case située à gauche de l'en-tête du tableau.

La page Extensions installées contient des tableaux composés de trois colonnes qui donnent des détails sur chaque extension :

» **Extension :** cette colonne indique le nom de l'extension afin de l'identifier facilement lors de la consultation. Ce nom renvoie généralement vers la page de l'extension sur le site de son auteur ou vers une page fournissant des informations complémentaires.

  - **Activer :** ce lien apparaît sous le nom des extensions inactives. Cliquez sur le lien pour activer une extension.
  - **Désactiver :** ce lien apparaît sous le nom des extensions actives. Cliquez sur le lien pour désactiver une extension.
  - **Supprimer :** ce lien apparaît sous le nom des extensions inactives. Cliquez sur le lien pour supprimer l'extension de votre site (voir plus d'informations à ce sujet dans la section « Désinstaller des extensions », plus loin dans ce chapitre).

» **Description :** cette section présente un résumé de l'extension ainsi que, dans certains cas, de brèves indications sur son utilisation. Elle affiche également le numéro de version. Lorsqu'une mise à jour est publiée par l'auteur, le numéro de version est modifié en conséquence et WordPress vous informe automatiquement de la disponibilité d'une nouvelle version.

» **Mises à jour automatiques :** cette colonne indique si une extension se met à jour automatiquement ou non.

  Lorsqu'elle affiche le lien *Activer les mises à jour auto*, cela signifie que l'extension ne se met pas à jour toute seule. Dans ce cas, chaque nouvelle version devra être installée manuellement par l'administrateur.

  Une fois les mises à jour automatiques activées, le lien change en *Désactiver les mises à jour auto*. L'extension sera alors mise à jour automatiquement dès qu'une nouvelle version sera disponible, sans intervention manuelle.

Explorer les extensions de base

Certaines extensions occupent une place importante dans WordPress dans la mesure où elles sont livrées avec le logiciel WordPress et sont incluses par défaut dans chaque installation WordPress.

Au cours des dernières années, deux extensions ont tenu cette position spéciale :

» **Akismet : cette extension a pour seul but de protéger votre blog des commentaires qui sont en fait des spams. Bien que d'autres extensions abordent le problème des spams de commentaires, le fait qu'Akismet soit livré avec WordPress et fonctionne plutôt bien signifie que la plupart des utilisateurs de WordPress font confiance à Akismet pour leurs besoins.**

» **Hello Dolly : cette extension vous aide à vous familiariser avec le développement d'extensions, si cela vous intéresse. Il a d'abord été publié avec WordPress version 1.2 et est considéré comme la plus ancienne extension WordPress. Lorsque celle-ci est active, les sommets de vos pages du tableau de bord affichent des paroles aléatoires de la chanson *Hello, Dolly*.**

La Figure 7.1 montre les deux extensions par défaut que vous trouvez dans WordPress lors de la première installation.

ASTUCE

L'idée de livrer deux extensions avec WordPress est de vous présenter le concept des extensions tout en offrant un bénéfice. L'extension Akismet est utile car le spam de commentaires est un gros problème pour les sites Web WordPress. L'extension Hello Dolly est un bon point de départ pour comprendre ce que sont les extensions et comment elles sont codées.

Bien que WordPress inclue automatiquement ces extensions, votre site ne les exécute pas. Les extensions sont désactivées par défaut et doivent être activées manuellement pour être utilisées. Ces extensions de base peuvent être supprimées, tout comme n'importe quelle autre extension et elles ne seront pas réinstallées si vous mettez à jour WordPress.

Les futures versions de WordPress pourraient offrir d'autres extensions par défaut. Il est possible que l'une de ces extensions de base (voire les deux) cesse d'être installée par défaut et que d'autres extensions la remplacent. Bien que ce sujet ait été beaucoup discuté dans les cercles de développement de WordPress au cours des dernières années, aucune décision définitive n'a été prise à ce jour.

Akismet

Akismet a été créé par les gens d'Automattic - les mêmes personnes qui vous proposent l'extension Jetpack (voir Chapitre 13). Akismet est la réponse pour lutter contre les spams des commentaires et des rétroliens.

Akismet est déjà présente sur chaque installation de WordPress ; vous n'avez pas à vous soucier de le télécharger et de l'installer. Suivez ces étapes pour activer et commencer à utiliser Akismet :

1. **Cliquez sur le lien Extensions installées dans le menu de gauche.**
2. **Cliquez sur le lien Activer sous le nom de l'extension.**

   Une fenêtre apparaît, indiquant : « *Éliminez les indésirables de votre site Protect your site from comment spam and contact form spam automatically* »
   (voir Figure 7.2).

Figure 7.2
L'écran Akismet.

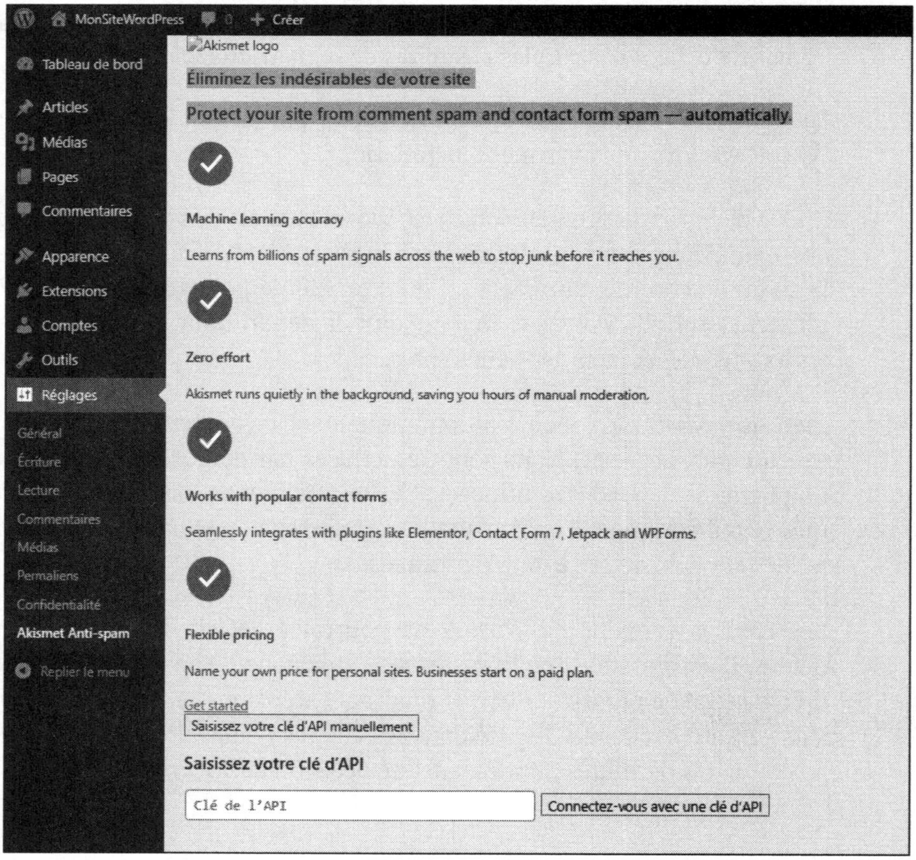

3. Si vous disposez déjà d'une clé API, saisissez-la dans le champ Saisissez votre clé d'API.

   Vous pouvez vous arrêter ici si vous avez déjà une clé, mais si vous n'avez pas de clé Akismet, continuez à suivre les étapes de cette section.

   Une clé API est une chaîne de chiffres et de lettres qui fonctionne comme un mot de passe unique qui vous est donné par Akismet ; c'est la clé qui permet à votre application WordPress.org de communiquer avec votre compte Akismet.

4. Si vous ne disposez pas de clé API, cliquez sur le lien Get started.

   Cela ouvre la page d'inscription sur le site Akismet.

5. Sélectionnez la formule de votre choix.

   Aksmet propose trois types de formules dont l'une est gratuite et réservée aux sites non commerciaux et non professionnels (et sans publicité). Choisissez le type d'abonnement désiré.

   - *Personal* : tapez le montant que vous êtes prêt à payer pour un abonnement de base. Cette option convient aux personnes qui possèdent un petit blog personnel. Vous pouvez choisir de ne rien payer.
   - *Pro* : à partir de 9 euros par mois pour les personnes qui possèdent un petit site commercial, professionnel ou un blog.
   - *Business* : 48 euros pour les personnes qui possèdent des sites ou des blogs commerciaux ou professionnels et qui souhaitent une protection supplémentaire contre les programmes de sécurité et les logiciels malveillants.

6. Sélectionnez et procédez au paiement (si nécessaire) pour obtenir votre clé Akismet.

   Après avoir suivi le processus d'inscription, Akismet vous fournit une clé API. Copiez cette clé en la sélectionnant avec le pointeur de votre souris, en cliquant avec le bouton droit de la souris et en choisissant Copier dans le menu contextuel.

7. Accédez à l'écran de configuration d'Akismet en cliquant sur le lien Akismet Anti-Spam du tableau de bord WordPress.

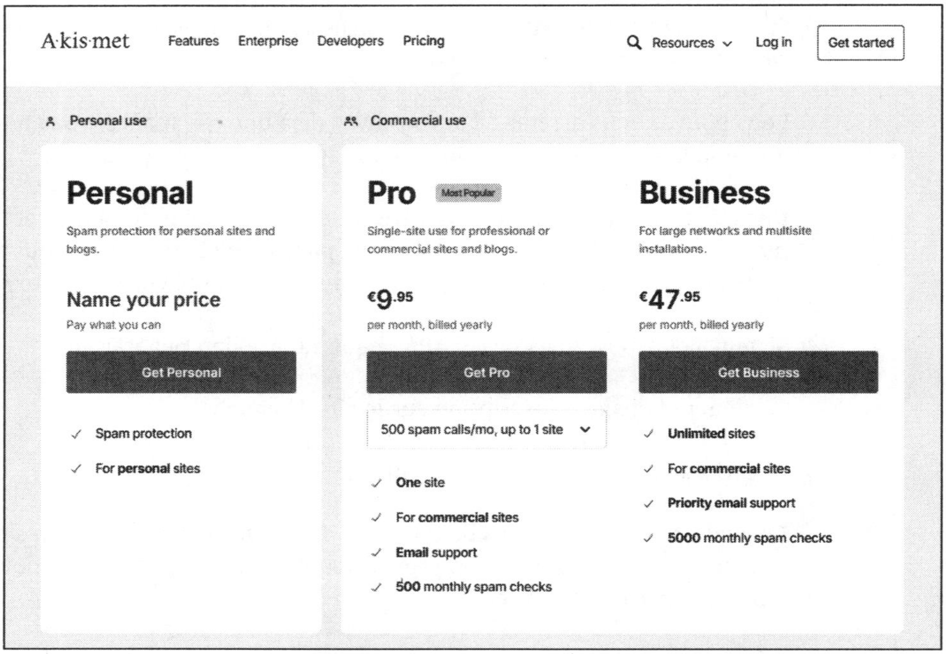

Figure 7.3 Les différentes offres commerciales de l'extension Akismet.

8 Entrez la clé API dans la zone de texte (voir Figure 7.2), puis cliquez sur le bouton Enregistrer les modifications pour activer complètement l'extension Akismet.

Entrez la clé API dans la zone de texte adéquate puis cliquez sur le bouton Connectez-vous avec une clé d'API. Sur l'écran de configuration d'Akismet, après avoir entré et enregistré votre clé, vous pouvez sélectionner des options pour configurer votre protection antispam :

- **Commentaires :** sélectionnez cette option pour afficher le nombre de commentaires approuvés à côté de chaque auteur de commentaire.
- **Filtrage du spam :** par défaut, Akismet place le spam dans le dossier des commentaires spam pour que vous puissiez le consulter à votre guise. Si vous pensez que ce paramètre n'est pas assez strict, vous pouvez demander à Akismet de supprimer silencieusement les spams les plus mauvais et les plus répandus afin de ne jamais avoir à les voir.
- **Confidentialité :** Akismet affiche un message sous les formulaires de commentaire de sorte à rendre votre site conforme au RGPD. Cette fonctionnalité est désactivée par défaut, mais je vous invite à l'activer. Pour en savoir plus sur le RGPD, consultez le Chapitre 9 « Se conformer au RGPD ».

Akismet filtre les spams et les place dans une file d'attente, retenant le spam pendant 15 jours, puis le supprimant de votre base de données. Il est probablement nécessaire de prendre la peine de consulter la page de spams d'Akismet une fois par semaine pour s'assurer que l'extension n'a pas filtré de commentaires ou de rétroliens légitimes.

ATTENTION

Vérifiez régulièrement les spams indésirables. Je viens tout juste de découvrir que quatre commentaires légitimes avaient été interceptés par mon filtre et j'ai pu les retirer des griffes d'Akismet avant qu'ils ne disparaissent pour toujours.

Les gens d'Automattic ont fait du bon travail avec Akismet. Depuis l'émergence d'Akismet, je n'ai pas eu à penser aux spams de commentaires ou de rétroliens, exception faite des fois où je vérifie ma file d'attente de spams Akismet.

Hello Dolly

Matt Mullenweg, cofondateur de WordPress, a développé l'extension Hello Dolly. Toute personne qui a suivi le développement de WordPress sait que Mullenweg est un grand fan de jazz. Comment le sait-on ? Parce que chaque version de WordPress est baptisée du nom d'une star du jazz.

Sachant cela, il n'est pas surprenant que Mullenweg ait développé une extension baptisée *Hello Dolly*. En voici une description que vous pouvez consulter dans la page Extensions installées du tableau de bord :

> *Ce n'est pas qu'une extension. Elle symbolise l'espoir et l'enthousiasme de toute une génération, résumés en deux mots, qu'a notamment chantés Louis Armstrong : Hello Dolly. Une fois activée, elle affichera une ligne aléatoirement des paroles de la chanson* Hello Dolly, *en haut à droite de toutes les pages de l'administration.*

Est-ce nécessaire ? Non. Est-ce amusant ? Certainement !

Activez l'extension Hello Dolly dans la page Extensions installées de votre tableau de bord. Si vous l'avez activée, WordPress vous accueille avec des paroles chaque fois différentes, extraites de la chanson *Hello Dolly*.

Mettre à jour une extension en un clic

Pour bien des raisons, essentiellement liées à la sécurité, vous devez vérifier que vous disposez toujours de la dernière version en date de toutes les extensions que vous utilisez sur votre site. Étant donné tout ce que vous avez à faire dans la journée, comment peut-il être possible de connaître toutes les extensions que vous utilisez et de savoir si elles ont été mises à jour ?

Vous n'avez pas à vous en préoccuper : WordPress s'en charge à votre place.

WordPress vous notifie de quatre façons différentes qu'une nouvelle mise à jour est disponible pour une extension :

» **Barre d'outils : lorsqu'une nouvelle mise à jour est disponible, une petite icône apparaît à droite du titre de votre site dans la barre d'outils, comme indiqué dans la Figure 7.4.**

» **Lien Mise à jour : le lien Mises à jour situé dans le tableau de bord affiche un cercle rouge avec un nombre blanc indiquant le nombre de mises à jour disponibles, extensions et thèmes inclus (dans la Figure 7.4, quatre mises à jour sont disponibles). Cliquez sur ce lien pour voir quelles extensions ou quels thèmes ont des mises à jour disponibles.**

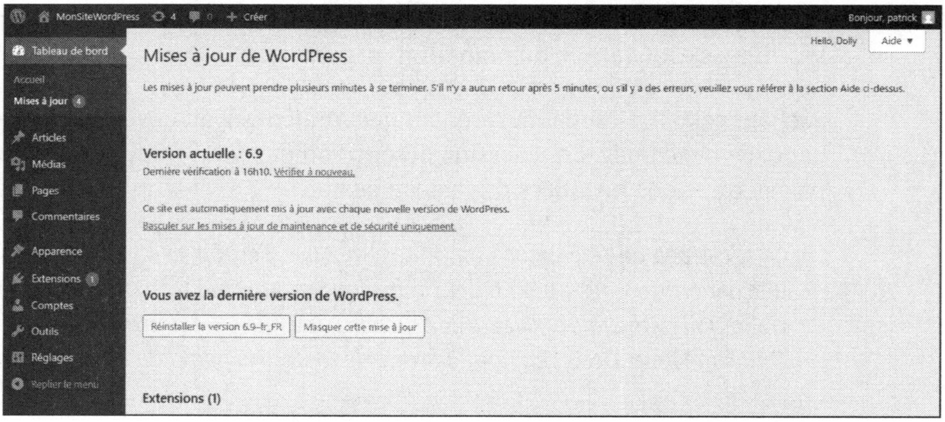

Figure 7.4 WordPress informe des nouvelles versions de thèmes ou d'extensions.

» **Titre du menu Extensions : le titre du menu Extensions affiche un cercle rouge avec un numéro blanc (reportez-vous à la Figure 7.4). Comme pour le lien Mises à jour, ce nombre indique combien de mises à jour sont disponibles.**

» **La page Extensions : la Figure 7.5 montre la page Extensions où figure l'extension Akismet avec un message : « *Une nouvelle version pour Akismet Anti-Spam est disponible. Afficher les détails de la version 5.6 ou mettre à jour maintenant.* »**

Figure 7.5 WordPress affiche les extensions à mettre à jour.

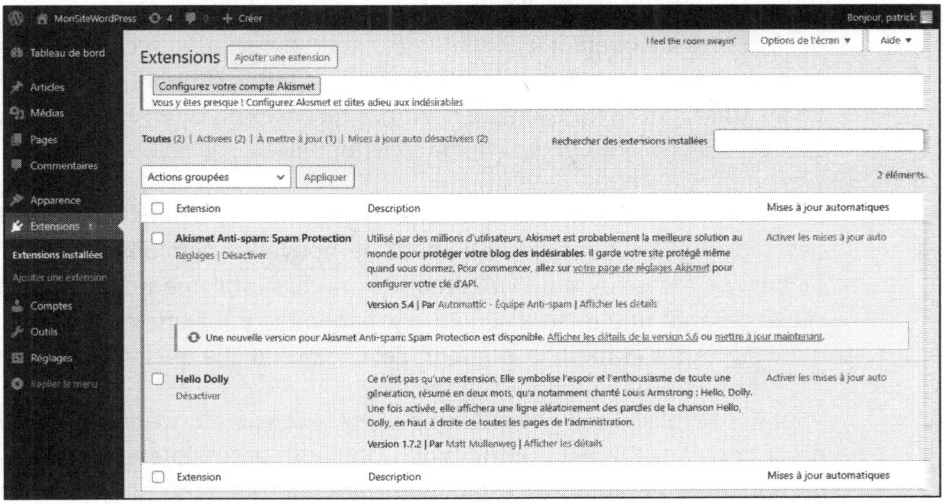

Non seulement WordPress affiche un message pour vous signaler la disponibilité d'une nouvelle version de l'extension, mais il vous propose aussi un lien vers une page où vous pouvez télécharger cette nouvelle version et un lien grâce auquel vous pouvez mettre à jour l'extension directement, ce qui permet une mise à jour en un clic.

Cliquez sur le lien Mettre à jour immédiatement, et WordPress recherche les nouveaux fichiers sur les serveurs de WordPress.org, les télécharge dans votre répertoire **/wp-content/plugins/**, supprime la précédente version de l'extension et active la nouvelle (si une extension est désactivée au moment où elle est mise à jour, WordPress vous offre la possibilité de l'activer une fois le processus de mise à jour terminé). L'écran de la Figure 7.6 affiche un message que vous voyez sur la page Extensions après que l'extension a été mise à jour.

Figure 7.6 Un message affiché après la mise à jour réussie d'une extension.

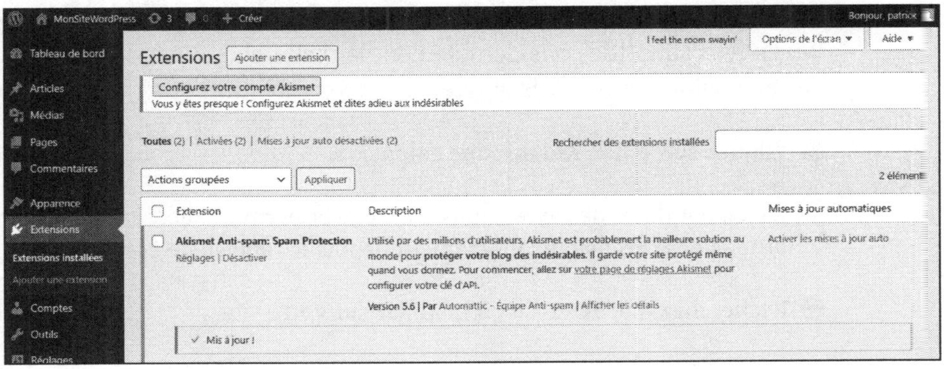

WordPress vous informe lorsqu'une extension n'est plus à jour et vous propose de la mettre à jour en un clic seulement si l'extension est recensée dans le répertoire des extensions officielles de WordPress (**https://fr.wordpress.org/plugins/**). Si vous utilisez une extension qui n'est pas recensée dans ce répertoire, la notification et la mise à jour en un clic ne fonctionneront pas pour cette dernière.

ASTUCE

N'ignorez pas les messages de mise à jour de vos extensions WordPress. Les développeurs publient généralement de nouvelles versions en raison de problèmes de sécurité ou de vulnérabilités nécessitant une mise à niveau. Si vous remarquez qu'une mise à niveau est disponible pour une extension, arrêtez ce que vous faites et mettez-la à jour, cela ne prend que quelques secondes !

ATTENTION

Pour que la mise à jour automatique d'une extension fonctionne, votre répertoire des extensions (**/wp-content/plugins/**) doit être accessible en écriture sur votre serveur Web, ce qui signifie que vous devez lui affecter les permissions 755 ou 766 (selon la configuration de votre serveur Web). Reportez-vous au Chapitre 3 pour plus d'informations sur la manière de spécifier les permissions des fichiers sur votre serveur Web ; ou alors, contactez votre hébergeur Web pour solliciter son assistance.

Installer une extension

Dans cette section, je vous montre comment installer automatiquement une extension en utilisant les fonctionnalités intégrées à WordPress. L'auto-installation des extensions depuis le tableau de bord de WordPress ne fonctionne que pour les extensions qui figurent dans le répertoire officiel des extensions de WordPress (**https://fr.wordpress.org/plugins/**). À défaut, vous pouvez installer les extensions manuellement sur votre site WordPress, procédure dont il sera question dans la section suivante.

WordPress simplifie considérablement la recherche, l'installation et l'activation des extensions. Il suffit de suivre les étapes suivantes :

1. **Cliquez sur le lien Ajouter une extension.**

   La page Ajouter des extensions s'affiche et permet d'accéder au répertoire officiel des extensions directement depuis le tableau de bord.

2. **Recherchez une extension à installer sur votre site.**

Saisissez un mot-clé dans le champ de recherche. Par exemple, pour trouver des extensions dédiées au référencement, entrez le terme *SEO (search engine optimization* en anglais*)*. La liste des résultats s'affiche alors, incluant notamment l'extension Yoast SEO (voir Figure 7.7). Vous pouvez également explorer d'autres extensions à l'aide des onglets situés en haut de la page : Mises en avant, Populaires, Recommandées et Favorites.

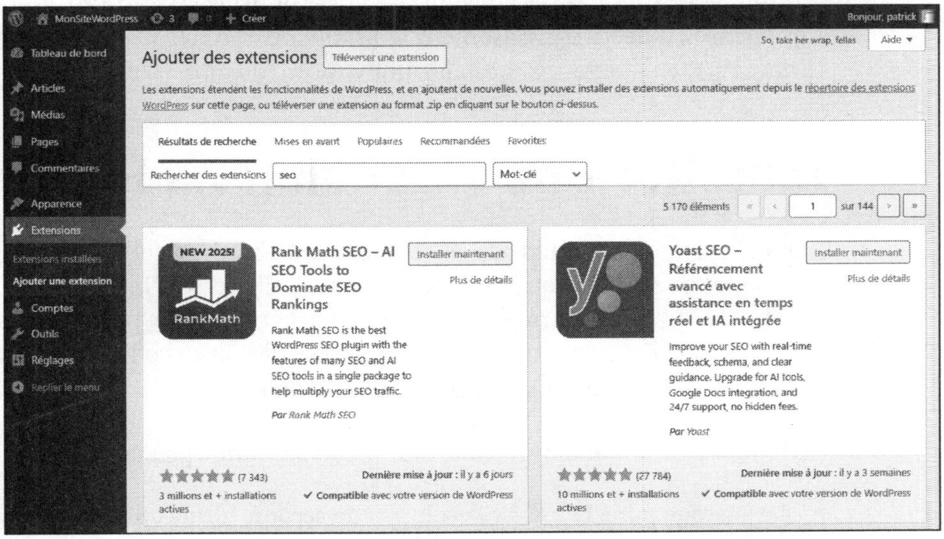

Figure 7.7 Recherche d'une extension relative à l'optimisation pour les moteurs de recherche (SEO).

3. Cliquez sur le lien Plus de détails.

   Une fenêtre s'ouvre et présente les informations essentielles de l'extension, comme sa description, son numéro de version, le nom de l'auteur, ainsi qu'un bouton d'installation.

4. Cliquez sur le bouton Installer maintenant.

   Une fois l'installation terminée, un message de confirmation indique que l'extension a été téléchargée, décompressée et installée avec succès.

5. Activez l'extension.

   Un lien affiché sous le message de confirmation permet d'activer immédiatement l'extension que vous venez d'installer.

ATTENTION

L'installation automatique des extensions depuis le tableau de bord de WordPress est compatible avec la majorité des hébergements. Cependant, certains hébergeurs ne permettent pas les droits d'écriture nécessaires au bon fonctionnement de cette fonctionnalité. En cas d'erreur ou d'impossibilité d'utiliser l'auto-installation, il est conseillé de contacter votre hébergeur afin de vérifier s'il peut intervenir ou proposer une solution.

N'OUBLIEZ PAS

Si un message d'erreur s'affiche dans le tableau de bord après l'installation d'une extension, copiez ce message et publiez-le sur le forum de support de WordPress.org à l'adresse **https://fr.wordpress.org/support/**. Lors de votre publication, pensez à décrire précisément le problème et à fournir un maximum d'informations, en ajoutant si possible une capture d'écran.

Installer une extension *via* FTP

L'installation d'une extension *via* le tableau de bord est tellement simple qu'on en oublierait presque qu'il existe d'autres méthodes d'installation. Pourtant, savoir s'y prendre manuellement est une compétence précieuse, surtout si l'interface d'administration devient inaccessible ou si vous devez charger une extension spécifique sous la forme d'une archive zip.

Cette approche est indispensable dans deux scénarios principaux :

- **Le passage par FTP :** c'est la solution de secours ultime. Si le site est planté ou que la page des extensions refuse de charger, vous pouvez transférer les fichiers de l'extension directement dans le répertoire adéquat du serveur *via* FTP.
- **L'envoi par fichier zip :** lorsque vous achetez une extension premium ou téléchargez un outil sur une plateforme tierce, vous récupérez souvent un dossier compressé. Il suffit alors de le téléverser directement depuis l'onglet Ajouter de votre interface, ou de le décompresser pour l'envoyer sur le serveur.

NOTE TECHNIQUE

L'installation de l'extension SEO est un exemple qui vous permet de comprendre les différentes étapes de l'installation manuelle d'une extension, mais souvenez-vous que chaque extension est différente. Il est important de lire la description et les instructions d'installation pour chaque extension que vous souhaitez installer.

Trouver et télécharger les fichiers

La première étape est de localiser les extensions que vous souhaitez installer. Le meilleur endroit pour trouver des extensions WordPress reste le répertoire officiel des extensions : **https://fr.wordpress.org/plugins/** où, à ce jour, plus de 60 000 plugins sont disponibles au téléchargement.

Pour trouver l'extension SEO, suivez ces étapes :

1. **Rendez-vous sur le répertoire officiel des extensions WordPress depuis votre navigateur Web (Figure 7.8)**

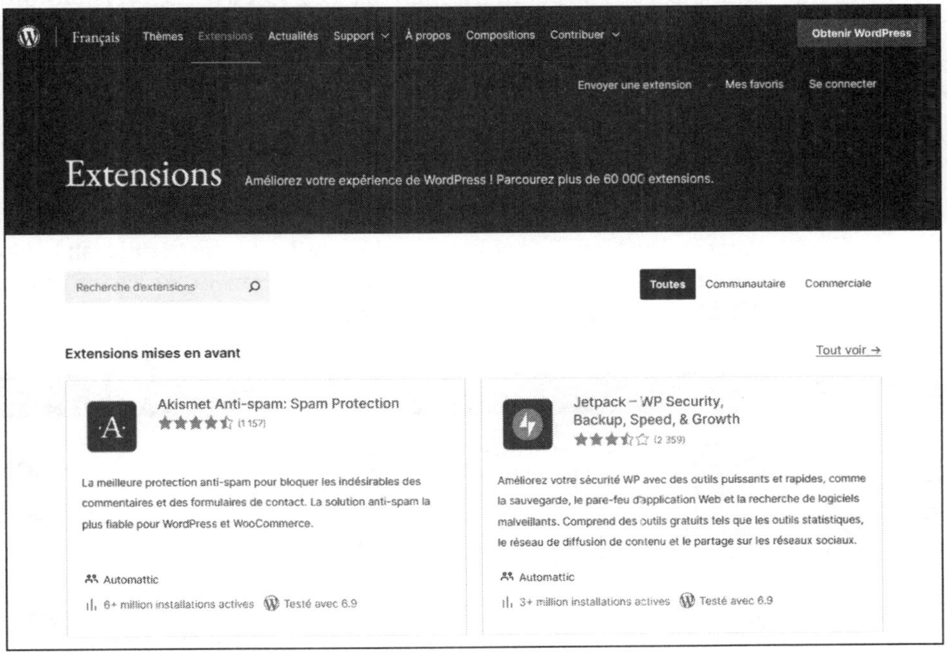

Figure 7.8 Le répertoire officiel d'extensions WordPress.

2. **Dans le champ de recherche en haut de la page, saisissez le mot *SEO* puis appuyez sur Entrée.**

3. **Localisez l'extension Yoast SEO et cliquez sur le nom de l'extension.**

   La page relative à l'extension SEO apparaît. Vous y trouvez des informations relatives à l'extension, ainsi que d'autres informations sur cette dernière (Figure 7.9). Par exemple, notez ces informations importantes qui figurent dans la partie droite de l'écran :

   - *Version xxx :* le numéro affiché correspond à la version la plus récente de l'extension.
   - *Dernière mise à jour :* donne la date à laquelle l'extension a été dernièrement mise à jour par l'auteur.

- *Installations actives :* indique le nombre de fois que l'extension a été téléchargée par les internautes.

- *Version de WordPress :* cette section vous indique avec quelle(s) version(s) de WordPress l'extension est compatible.

- *Testé jusqu'*à xxx : indique la version de WordPress avec laquelle l'extension a été testée. S'il est indiqué une compatibilité jusqu'à la version 6.8 par exemple, vous ne pourrez *a priori* pas l'utiliser avec des versions ultérieures à 6.8. Je dis « *a priori* » parce que le développeur de l'extension peut ne pas avoir mis à jour ces informations. La meilleure façon de le vérifier est de télécharger et installer l'extension, et de voir si elle fonctionne !

- *Langues :* cette section vous indique dans quelle(s) langue(s) l'extension est traduite.

- *Notes :* ce système de notation de cinq étoiles (1 étant le niveau le plus bas, 5 étant le plus élevé) vous permet de voir comment les autres utilisateurs de WordPress ont apprécié cette extension.

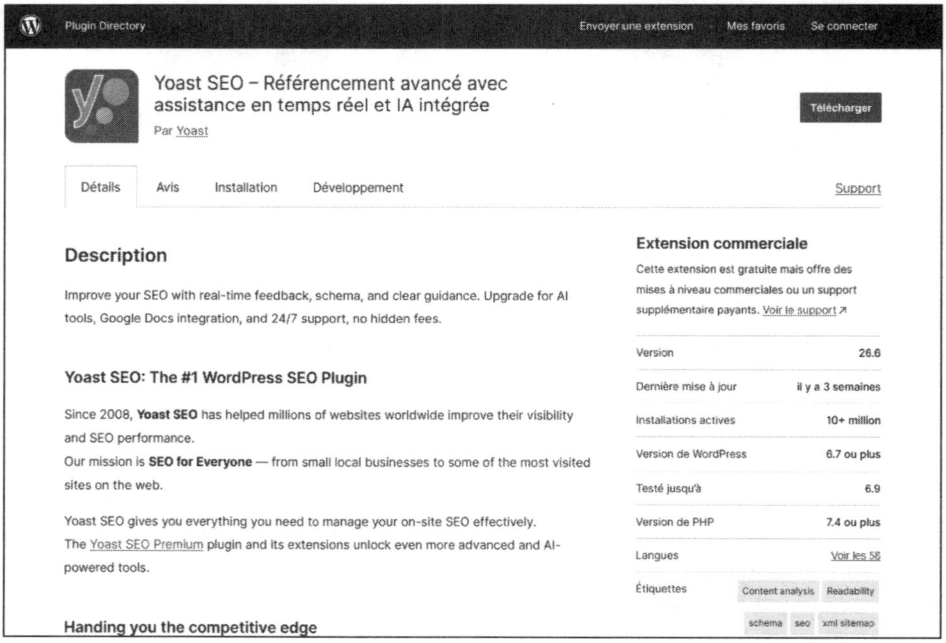

Figure 7.9 La page de téléchargement de l'extension Yoast SEO.

❹ Récupérez le fichier source.

Lancez le téléchargement en cliquant sur le bouton Télécharger. Le dossier de l'extension sera récupéré sous forme d'archive compressée (format .zip). Un petit conseil : assurez-vous de bien identifier votre dossier de destination, comme le bureau ou le dossier Téléchargements, pour ne pas perdre de temps à le chercher par la suite.

❺ Décompressez les fichiers que vous avez téléchargés.

Une fois le zip sur votre machine, il est temps d'en extraire le contenu. Aujourd'hui, la majorité des systèmes d'exploitation (Windows comme macOS) intègre nativement des outils de décompression : un simple double clic ou un clic droit suffit généralement à ouvrir l'archive. Si vous utilisez un logiciel spécifique comme 7-Zip ou WinRAR, la logique reste la même.

❻ Lisez les instructions fournies par l'auteur de l'extension.

Ne faites pas l'impasse sur le fichier `readme.txt` présent dans le zip. Comme son nom l'indique, il est crucial de le lire avant toute manipulation. Ce document, consultable avec un simple éditeur de texte (Bloc-notes ou TextEdit), regroupe les consignes spécifiques du développeur.

Suivre ces instructions à la lettre est la meilleure assurance contre les bugs. Pour un outil comme Yoast SEO, le fichier propose même des conseils stratégiques au-delà du simple aspect technique. Puisque chaque extension a ses propres règles de configuration, une lecture attentive vous épargnera de devoir tout réinstaller suite à une erreur de paramétrage.

❼ Connectez-vous au serveur *via* SFTP.

Ouvrez votre client FTP et naviguez dans `wp-content -> plugins`. C'est ici que sont installées les extensions de votre site. Chaque extension doit posséder son propre dossier dédié. Prenez le dossier que vous avez extrait à l'étape 5 sur votre ordinateur et faites-le glisser vers la fenêtre de votre client FTP, à l'intérieur du dossier `plugins`.

Le transfert des fichiers ne suffit pas à rendre l'extension opérationnelle. Connectez-vous à votre interface d'administration WordPress, puis allez dans l'onglet Extensions -> Extensions installées. Vous devriez y voir votre nouvelle extension, cliquez simplement sur Activer.

Installer une extension *via* le fichier zip

Dans cette section, je vous montre comment télécharger les fichiers d'une extension sur votre serveur Web depuis une archive zip.

Pour installer l'extension Yoast SEO *via* le tableau de bord WordPress, suivez ces quelques étapes :

❶ **Appliquez à nouveau les étapes 1 à 5 vues précédemment.**

Suivez à nouveau les instructions précédentes en vous arrêtant dès la fin de l'étape 4. En effet, Il n'est absolument pas indispensable de décompresser le fichier zip sur votre ordinateur, si ce n'est pour prendre connaissance des consignes du développeur.

❷ **Cliquez sur le bouton Ajouter depuis la page Extensions installées.**

La page Ajouter des Extensions de votre tableau de bord s'ouvre. Cliquez sur le bouton Téléverser une extension situé en haut de la page (Figure 7.10).

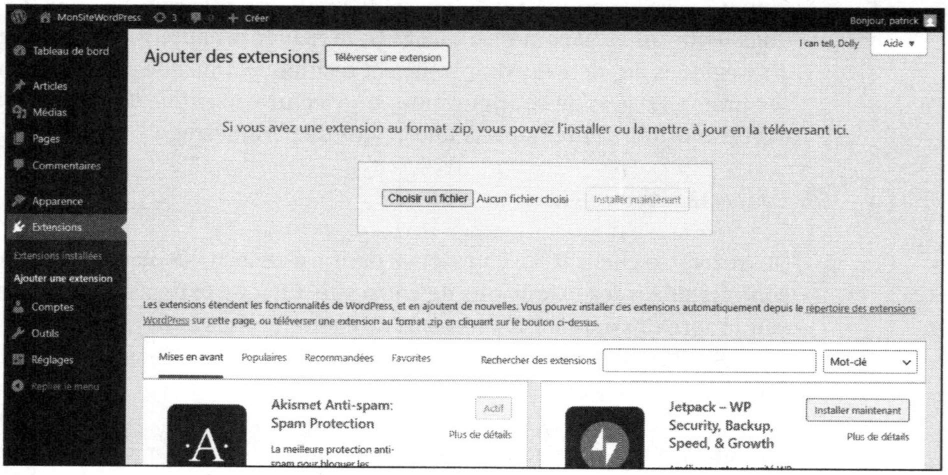

Figure 7.10 Le bouton Téléverser une extension permet de charger le fichier zip d'une extension.

❸ **Cliquez sur le bouton Choisir un fichier.**

S'ouvre une boîte de dialogue qui vous permet de localiser le fichier zip de l'extension que vous souhaitez installer. Dans cet exemple, il s'agit du fichier *wordpress-seo.20.0.4.zip*. Cliquez sur le bouton Installer maintenant pour

que WordPress télécharge le fichier zip dans le dossier /wp-content/plugins/ situé sur votre serveur Web, le décompresse et l'installe.

❹ Cliquez sur le bouton Activer l'extension (Figure 7.11).

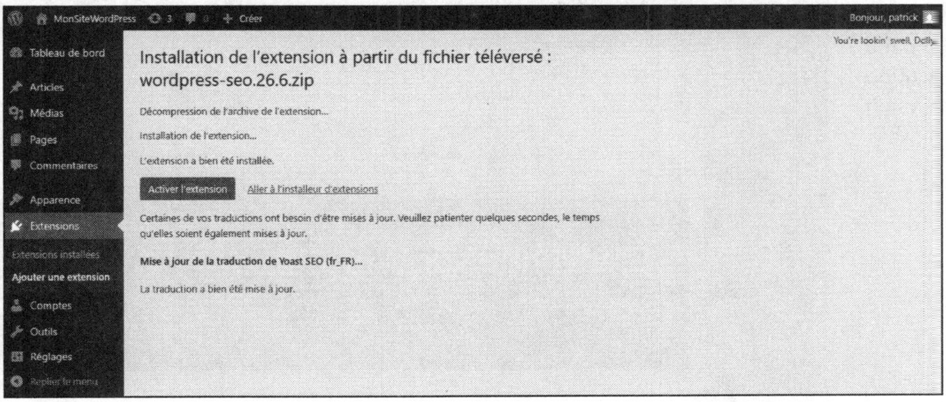

Figure 7.11 Téléchargement de l'extension *via* le tableau de bord.

Modifier les options des extensions

Toutes les extensions ne se ressemblent pas : si certaines fonctionnent en toute autonomie, beaucoup proposent une interface dédiée pour ajuster leurs paramètres. Le plus difficile est souvent de mettre la main dessus. WordPress n'impose pas d'emplacement unique, mais vous trouverez généralement les options à l'un de ces endroits :

» **L'onglet Réglages :** c'est la destination la plus courante pour les configurations générales.

» **Le menu Outils :** souvent utilisé pour les extensions effectuant des actions ponctuelles (import/export, maintenance).

» **La section Extensions :** certains développeurs ajoutent un lien Réglages directement sous le nom de l'outil dans votre liste d'extensions installées.

» **Un menu dédié :** les extensions majeures (comme Yoast SEO) créent souvent leur propre entrée directement dans la barre latérale gauche.

» **La barre d'outils supérieure :** pratique pour accéder aux fonctions rapides quand vous naviguez sur votre site.

Pour l'extension Yoast SEO, par exemple, le menu est parfaitement visible en bas de votre tableau de bord (voir Figure 7.12). Une fois ce menu repéré, vous pourrez affiner l'ensemble des paramètres de votre référencement.

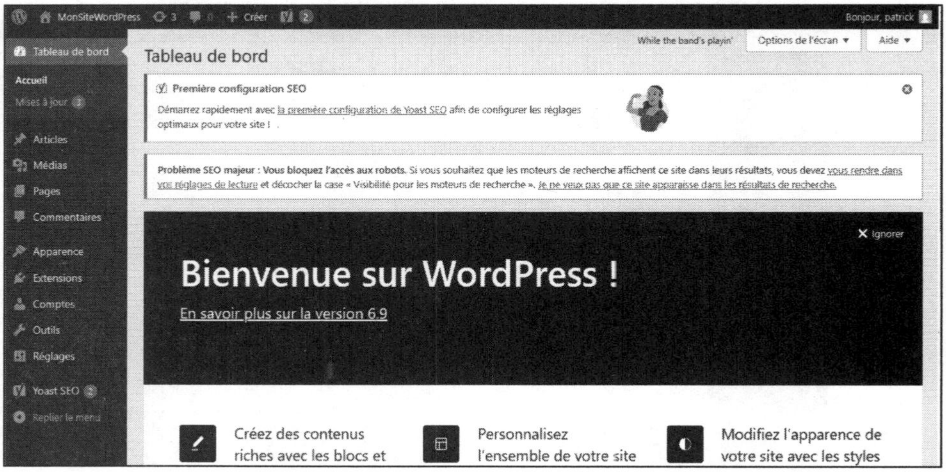

Figure 7.12 La page d'administration de l'extension Yoast SEO.

Désinstaller des extensions

Après tout ce travail pour installer et activer des extensions, que se passe-t-il si vous activez une extension mais que vous décidiez finalement que ce n'est pas celle que vous souhaitiez utiliser ? Pas de souci : vous n'êtes pas marié pour la vie avec l'extension dont vous ne voulez plus. WordPress vous permet d'être inconstant en matière de choix des extensions !

Pour désinstaller une extension, suivez ces étapes :

1. **Cliquez sur le menu Extensions puis sur Extensions installées.**

   La page Extensions apparaît à l'écran. Localisez l'extension que vous souhaitez désinstaller.

2. **Cliquez sur le lien Désactiver sous son nom.**

   La page Extensions installées est rafraîchie et l'extension apparaît désormais comme inactive (Figure 7.13).

3. **Sélectionnez le lien Supprimer sous le nom de l'extension.**

Un message vous demande si vous êtes bien certain de vouloir supprimer cette extension. Cliquez sur le bouton OK. L'écran Extensions se rafraîchit : l'extension que vous venez de supprimer ne fait plus partie de la liste, avec un message en haut confirmant la suppression.

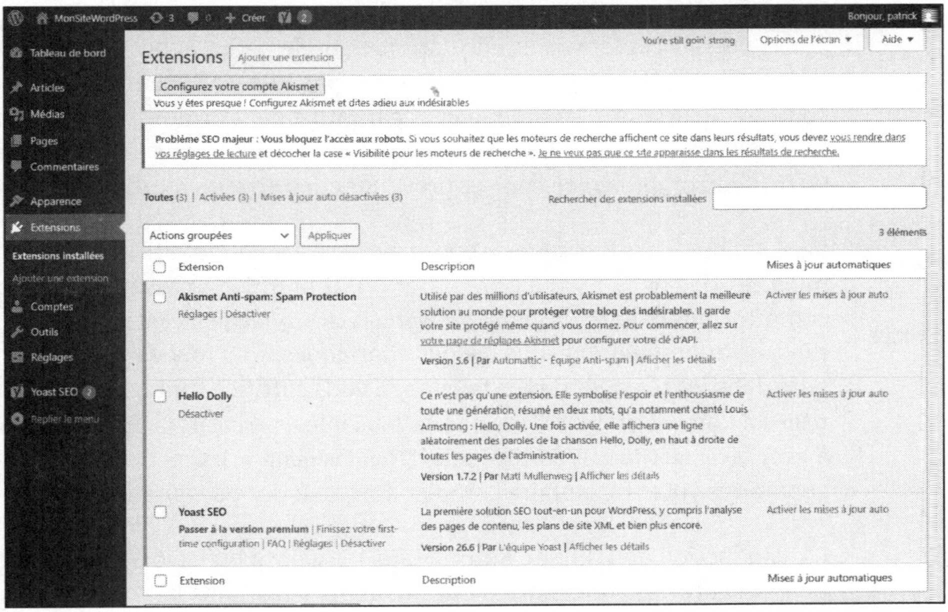

Figure 7.13

La suppression d'une extension nécessite au préalable sa désactivation.

Voilà ! Vous avez terminé. C'est tout ce qu'il y a à faire.

NOTE TECHNIQUE

Lorsque vous désinstallez une extension, n'oubliez pas de supprimer également tous les morceaux de code (les *shortcodes* ou codes courts dans vos pages et articles, voir la section suivante) que vous avez éventuellement eu besoin d'ajouter aux modèles de votre thème ; autrement, ils peuvent entraîner l'affichage de messages disgracieux sur votre site.

Enrichir les contenus *via* les shortcodes

Au sein de l'écosystème WordPress, le *shortcode* est un outil historique qui permet d'insérer des fonctions dynamiques dans un contenu statique. Vous les reconnaîtrez facilement à leurs crochets, comme [**nom_du_shortcode**].

Les extensions servent à enrichir votre site. Beaucoup d'entre elles s'activent précisément grâce à ces codes. C'est un avantage majeur : même sans aucune compétence technique en programmation, vous parvenez à ajouter du contenu interactif sans effort.

Dans les faits, tout se passe au cœur de l'éditeur Gutenberg. Techniquement, vous pourriez copier votre code dans un simple paragraphe, mais c'est une habitude à éviter. Il vaut bien mieux passer par le bloc spécifique intitulé « Code court ». Pourquoi ? Parce que cela garantit que WordPress ne s'emmêlera pas les pinceaux. C'est la méthode la plus sûre pour éviter que le formatage visuel ne vienne corrompre votre code et provoquer des erreurs d'affichage inattendues.

NOTE TECHNIQUE

Par défaut, WordPress ne propose pas de fonctionnalité pour créer des formulaires de contact. Pour en ajouter un, il faut donc passer par une extension, comme Contact Form 7 (https://fr.wordpress.org/plugins/contact-form-7/). Cet outil repose entièrement sur l'usage des shortcodes. Une fois votre formulaire configuré dans les réglages de l'extension, il vous suffit de l'intégrer dans l'une de vos pages à l'aide d'un bloc Code court. Vous y insérerez alors une ligne ressemblant à ceci : `[contact-form-7 id="98" title="Mon formulaire"]`. C'est ce petit code qui fera apparaître votre formulaire complet aux yeux de vos visiteurs.

L'introduction du Full Site Editing (FSE) – voir Chapitre 6 – marque une transition majeure vers une édition purement visuelle. Dans ce contexte, les shortcodes présentent des limites structurelles notables :

» **L'absence de rendu en temps réel :** contrairement aux blocs natifs, le shortcode ne permet pas de visualiser le résultat final au sein de l'éditeur de site. L'utilisateur doit impérativement consulter la page côté visiteur pour valider le rendu.

» **Une configuration moins intuitive :** alors qu'un bloc moderne propose des réglages *via* une interface graphique (couleurs, typographie, marges), le shortcode impose souvent une modification manuelle de ses attributs ou l'ajout de CSS externe.

» **La rupture de l'expérience utilisateur :** le FSE repose sur le concept du *What You See Is What You Get* (WYSIWYG). Le recours aux codes courts fragmente cette expérience en réintroduisant une couche d'abstraction technique.

N'OUBLIEZ PAS

Le WYSIWYG désigne une interface permettant de modifier un contenu en visualisant directement son rendu final, sans manipulation de code. Littéralement, cela signifie « Ce que vous voyez est ce que vous obtenez » , où l'aperçu durant l'édition correspond exactement à ce que verra le visiteur.

En conclusion, si les shortcodes demeurent un héritage nécessaire pour la compatibilité de nombreuses extensions, la tendance actuelle privilégie leur conversion en blocs. Pour un projet moderne fondé sur le FSE, il convient de limiter leur usage aux cas où aucune solution en blocs n'est disponible.

Comprendre l'environnement open source

Le logiciel WordPress est basé sur une plateforme nommée *b2*. Matt Mullenweg cofondateur de WordPress, a utilisé b2 comme plateforme de blogging à l'époque où le développeur de cette dernière a décidé de l'abandonner. En effet, il ne devait plus y avoir de développement, à moins que quelqu'un ne reprenne la balle au vol et continue le travail sur la plateforme. C'est alors que sont intervenus Matt Mullenweg et WordPress.

Appliquez ce même concept au développement des extensions, et vous comprendrez que ces dernières sont parfois laissées sur le bas-côté et disparaissent de la surface de la Terre... à moins que quelqu'un ne se manifeste pour reprendre une extension lorsque son développeur initial ne trouve plus d'intérêt à la maintenir. Il est important de comprendre que la plupart des extensions sont développées dans un environnement open source, ce qui a quelques conséquences pour vous en tant qu'utilisateur final :

» **Les développeurs qui ont créé une extension ne sont pas obligés d'en poursuivre le développement. S'ils trouvent un nouveau hobby ou s'ils sont simplement lassés du travail, ils peuvent totalement l'abandonner. Si personne ne reprend ce qu'ils ont accompli, vous pouvez dire adieu à l'extension si elle ne fonctionne plus avec la dernière version de WordPress.**

» **Les développeurs d'extensions populaires sont généralement extrêmement rapides à mettre à jour leur extension lorsque de nouvelles versions de WordPress sont distribuées, ou lorsqu'une faille de sécurité ou un défaut est découvert. Cependant, n'oubliez pas que ces développeurs ne sont contraints par aucun agenda. Nombre d'entre eux ont un vrai travail, suivent des cours, ont une famille, ce qui peut les empêcher de consacrer autant de temps que vous le souhaiteriez au projet.**

» **Faites attention à ne pas être trop dépendant d'une extension, en particulier de WordPress, car dans le monde du développement des extensions, ça va, ça vient. Ne soyez pas surpris si une extension que vous adorez disparaît du jour au lendemain. Vous pourrez utiliser l'extension tant qu'elle continue de** bien marcher, mais lorsqu'elle cessera de fonctionner (à cause d'une nouvelle version de WordPress ou d'un problème de sécurité qui la rend inutilisable), vous devrez prendre des décisions cruelles :

- Cesser d'utiliser l'extension et essayer de trouver une solution alternative.
- Espérer qu'un autre développeur reprenne le projet après que le développeur initial a jeté l'éponge.
- Essayer de trouver quelqu'un capable de corriger l'extension pour vous (dans ce cas, vous devrez probablement rémunérer cette personne pour le temps qu'elle vous consacrera).

Je ne veux pas faire passer le monde des extensions pour plus sinistre qu'il n'est, mais je pense qu'il est très important de comprendre la dynamique en jeu. Méditez là-dessus.

Trouver des extensions en dehors de WordPress.org

Le nombre exact d'extensions disponibles en dehors de celles proposées par WordPress.org est inconnu, mais nous sommes bien au-delà du millier, ce qui signifie qu'il existe une grande variété d'extensions. Ces extensions peuvent être difficiles à découvrir, aussi vais-je vous indiquer quelques bonnes références.

Beaucoup d'extensions qui ne figurent pas sur la page officielle des extensions WordPress sont payantes car cette page ne propose que des extensions gratuites. Si une extension est payante, elle ne peut pas figurer sur la page officielle WordPress, son auteur doit donc trouver d'autres lieux pour promouvoir ses produits.

Au cours des dernières années, le marché des extensions commerciales s'est énormément développé. Il n'est pas possible de lister dans ce chapitre toutes les sociétés qui proposent actuellement des extensions WordPress, la liste suivante représente donc un échantillon.

Chacun des sites suivants propose des extensions WordPress :

» **SolidWP** (https://solidwp.com/) : SolidWP est un site qui propose des outils pour WordPress, principalement axés sur la sécurité, les sauvegardes et la gestion de plusieurs sites. Il vend notamment des extensions comme Solid Security, qui renforce la sécurité d'un site WordPress (protection, blocages, 2FA, alertes) ; Solid Backups, qui automatise les sauvegardes et permet de restaurer rapidement le site en cas de problème ; Solid Central, qui permet de gérer plusieurs sites depuis un tableau de bord unique ; et, enfin, Solid Fix, qui aide à remettre en état un site piraté.

» **Gravity Forms** (https://www.gravityforms.com/) : GravityForms.com propose Gravity Forms, une extension WordPress payante pour créer des formulaires (contact, devis, inscription, sondage). Il permet de collecter des données, d'envoyer des notifications et de gérer des formulaires avancés (logique conditionnelle, multi-étapes, téléversement de fichiers). Il propose aussi des intégrations avec des services tiers et des options de paiement en ligne selon la licence.

» **CodeCanyon** (https://codecanyon.net) : Codecanyon.net est une *marketplace* d'Envato où l'on peut acheter et vendre du code prêt à l'emploi pour des projets Web. On y trouve notamment des extensions WordPress, scripts PHP, modules JavaScript, *templates* HTML5 et ressources pour applications mobiles. L'objectif est de gagner du temps en intégrant des solutions déjà développées, proposées par une communauté de créateurs et accessibles à l'unité.

» **WooCommerce** (https://woocommerce.com) : WooCommerce est une extension populaire qui comprend une solution d'e-commerce complète que vous pouvez intégrer dans un site WordPress. Cette extension transforme votre site WordPress en un magasin en ligne. Le site propose aussi une *marketplace* d'extensions, thèmes et services pour ajouter des fonctionnalités (paiement, livraison, marketing, *etc.*).

Bien que ces sites vous donnent un avant-goût de ce que les extensions payantes ont à offrir, avoir d'autres sources d'informations sur de nouvelles extensions peut être utile. Beaucoup de sites d'information sur WordPress parlent de choses et d'autres, y compris des critiques et des discussions sur des extensions spécifiques. Consultez les sites suivants si vous voulez en savoir plus à ce sujet :

» **WPMarmite** (https://wpmarmite.com/) : site français spécialisé dans WordPress, visant à aider débutants et professionnels à créer, personnaliser et optimiser des sites Web. Alexandre Bortolotti et son équipe proposent des tutoriels, guides, comparatifs de thèmes et extensions, ainsi que des conseils en SEO, sécurité et webmarketing. Le site offre aussi des formations et services premium pour approfondir ses compétences ou obtenir un site WordPress clé en main.

» **WPFormation** (https://wpformation.com/) : site francophone spécialisé dans WordPress, qui propose à la fois du contenu gratuit d'apprentissage (tutoriels, actualités, guides pratiques, tests d'extensions et de thèmes, astuces SEO et sécurité) et des offres de formation professionnelle certifiantes pour apprendre à créer, gérer ou optimiser un site WordPress ou une boutique WooCommerce.

» **WPBeginner** (https://www.wpbeginner.com/) : bien qu'en anglais, WPBeginner est dédié aux débutants WordPress, offrant des tutoriels, guides pratiques, conseils SEO et sécurité, comparatifs de thèmes et extensions, ainsi que des ressources vidéo pour apprendre à créer, gérer et optimiser un site WordPress.

Si vous ne trouvez pas ce que vous voulez sur la page officielle des extensions WordPress, que vous ne connaissiez personne qui offre la solution tant cherchée et que vous ne voyiez absolument rien sur les sites communautaires, il est alors temps de passer à un moteur de recherche fiable tel que Google pour voir ce que vous pouvez y trouver.

Une bonne façon de commencer est de rechercher les mots-clés *wordpress* et *extension* (ou *plugin* en anglais) associés à quelques mots décrivant la fonctionnalité que vous voulez. Si vous voulez une extension qui fournit des fonctionnalités avancées de galerie d'images, par exemple, recherchez *wordpress extension galerie images*. Tant que votre recherche n'est pas trop spécifique, vous obtiendrez probablement beaucoup de résultats. Les résultats contiennent souvent des articles de blog qui examinent et recommandent des extensions spécifiques.

Certains développeurs incluent des logiciels malveillants, des virus et autres codes exécutables indésirables dans leur extension. Votre meilleure protection est de n'utiliser que les extensions du site officiel WordPress ou d'acheter des extensions auprès d'un vendeur ayant bonne réputation.

Comparer les extensions gratuites et payantes

Des milliers d'extensions sont disponibles gratuitement, et d'autres ont un coût. Quels sont les avantages des extensions gratuites par rapport à celles qui sont payantes ? Il est difficile de répondre à cette question.

Il est tentant de penser que les extensions payantes sont meilleures que les autres. Malheureusement, les choses ne sont pas si simples. Certaines extensions étonnantes que je serais heureuse de payer sont gratuites, et d'autres que je ne paierais certainement pas ont un coût.

La plupart du temps, une extension payante comprend du support, ce qui signifie que la société ou la personne qui vend l'extension vous offre l'assurance que si vous rencontrez des problèmes, vous recevrez de l'aide et des mises à jour pour corriger les bogues et autres problèmes.

Les extensions gratuites listent les services où faire des demandes d'assistance ou poser des questions, mais rien ne garantit que le développeur répondra à vos demandes. Même si les développeurs n'ont aucune obligation de répondre aux demandes de support des utilisateurs, beaucoup travaillent dur pour aider les utilisateurs leur ayant signalé des dysfonctionnements. Heureusement, les extensions gratuites proposées sur la page officielle des extensions WordPress proposent un forum intégré et un système de notation qui permet d'évaluer à la fois l'extension et son auteur. De nombreux utilisateurs de WordPress veulent avoir l'assurance que, lorsqu'ils rencontreront un problème, ils pourront poser des questions et obtenir de l'aide.

Si les développeurs peuvent être payés pour produire des extensions, pourquoi existe-t-il tant d'extensions gratuites ? Voilà une excellente question !

L'une des raisons pour lesquelles tant d'extensions sont disponibles gratuitement est que beaucoup de développeurs WordPress sont généreux et croient au partage avec la communauté. D'autres estiment que le fait d'avoir des extensions en vitrine sur la page officielle de WordPress est un excellent moyen de se faire connaître et de commercialiser leurs talents.

Une autre raison de distribuer une extension gratuitement est d'inciter les gens à payer pour obtenir les mises à jour - un modèle souvent appelé *freemium*. Les extensions *freemium* offrent souvent des fonctionnalités ou options payantes qui s'ajoutent à celle qui est gratuite. Ainsi, le modèle *freemium* est un mélange d'extensions gratuites et payantes. L'extension étant gratuite, elle peut figurer sur la page officielle des extensions WordPress, et dispose ainsi d'une meilleure exposition. Vous avez ainsi une idée de comment fonctionne l'extension, et si vous voulez bénéficier de fonctionnalités supplémentaires, vous pouvez acquérir la version payante.

Un exemple du modèle *freemium* est le plugin WooCommerce (**https://woocommerce.com**). L'extension principale est disponible gratuitement sur la page officielle de WordPress (**https://fr.wordpress.org/plugins/woocommerce/**), mais un grand nombre de ses options sont payantes. En soi, l'extension WooCommerce transforme le site en panier d'e-commerce. Pour étendre cette fonctionnalité, des extensions payantes sont disponibles qui proposent le paiement par cartes de crédit, l'expédition, les gestionnaires de téléchargement et bien d'autres fonctionnalités.

La plus grande différence entre extensions gratuites et payantes est que, parfois, vous ne trouverez pas votre bonheur avec une extension gratuite, et serez obligé de recourir à une extension payante. Si vous voulez profiter des fonctionnalités d'une extension payante et que vous soyez prêt à en payer le prix, cela peut s'avérer être un très bon investissement pour votre site.

N'OUBLIEZ PAS

Beaucoup d'extensions gratuites contiennent des liens vers des pages de dons. Si vous trouvez qu'une extension gratuite vous est utile, envoyez un don à son développeur. La plupart des développeurs se plaignent de ne recevoir que rarement, voire jamais de dons. Même quelques euros peuvent suffire à encourager le développeur à continuer de proposer des mises à jour, et l'inciter à développer de nouvelles extensions gratuites.

Développer des extensions : une activité communautaire

Bien que les extensions soient écrites et développées par des personnes ayant les compétences requises, la communauté des utilisateurs de WordPress est également largement responsable du développement des extensions. En fin de compte, ce sont les utilisateurs finaux qui mettent ces extensions à l'épreuve sur leurs propres sites. Ces mêmes utilisateurs sont également les premiers à s'exprimer et à faire savoir aux développeurs que quelque chose ne fonctionne pas correctement, aidant ainsi les développeurs à résoudre leurs problèmes et à améliorer leurs produits.

Les extensions les plus populaires sont créées par des développeurs qui encouragent une communication ouverte avec les utilisateurs. Globalement, WordPress est l'un de ces grands projets open source où la relation entre les développeurs et les utilisateurs favorise un environnement créatif qui garde le projet actif et passionnant à chaque étape.

DANS CE CHAPITRE :

- Trouver des thèmes WordPress gratuits.
- Télécharger, installer et activer des thèmes.
- Parcourir et installer des thèmes depuis le tableau de bord.
- Trouver, acheter et utiliser des thèmes premium.
- Découvrir le thème par défaut de WordPress.
- Examiner la structure d'un thème classique.

Chapitre 8

Trouver et installer des thèmes WordPress

Dans les chapitres précédents, vous avez vu comment utiliser WordPress pour publier vos articles et vos pages. Vous avez appris à catégoriser vos articles, créer vos liens et modifier les options de publication et de profil dans le tableau de bord de WordPress. Dans ce chapitre, nous nous concentrerons sur l'apparence visuelle et le format de votre site - autrement dit, comment les gens voient votre site une fois que vous avez commencé à publier du contenu.

Le Chapitre 7 a présenté les extensions de WordPress et mentionné le catalogue de milliers d'extensions gratuites que vous pouvez utiliser pour ajouter des fonctionnalités à votre site. De même, il existe des milliers de thèmes gratuits que vous pouvez télécharger. Ce chapitre vous montre où les trouver et vous guide pas à pas pour les télécharger, les installer et les utiliser.

S'initier aux thèmes gratuits

Par défaut, WordPress est livré avec les quatre thèmes Twenty Twenty-Two, Twenty Twenty-Three, Twenty Twenty-Four et Twenty Twenty-Five. Certains blogueurs qui utilisent WordPress ne perdent généralement pas de temps à chercher un thème qui leur convienne mieux que le thème par défaut. Ces thèmes (que vous pouvez retrouver dans la page Thèmes du menu Apparence du tableau de bord de WordPress) vous permettront de bien démarrer ; vous n'êtes pas contraint de vous en tenir à eux, mais n'hésitez pas à les tester pour apprendre à utiliser WordPress.

Les thèmes WordPress gratuits, tels que ceux dont je fais référence au Chapitre 14, sont populaires du fait de leur design attrayant et de leur facilité d'installation et d'utilisation. Ce sont d'excellents outils à utiliser lorsque vous lancez votre nouveau site. De plus, si vous vous y connaissez un peu en design et en CSS (*Cascading Style Sheets*), vous pourrez personnaliser l'un de ces thèmes en fonction de vos besoins.

Avec des milliers de thèmes WordPress gratuits disponibles et de nouveaux qui apparaissent sans arrêt, votre défi est de trouver le bon pour votre site. Vous trouverez ci-dessous quelques points à retenir lorsque vous recherchez le thème idéal (reportez-vous aussi à l'encadré « Les thèmes WordPress sont-ils tous gratuits ? », un peu plus loin, pour mieux comprendre en quoi consiste la différence entre thèmes gratuits et commerciaux) :

» **Les thèmes gratuits constituent un excellent point de départ.** Trouvez quelques thèmes gratuits et utilisez-les comme points de départ pour comprendre comment ils fonctionnent et ce que vous pouvez faire avec. Tester des thèmes gratuits, leurs dispositions et leurs options vous aide à identifier ce que vous voulez faire.

» **Vous changerez de thèmes fréquemment.** En règle générale, vous trouverez un thème WordPress que vous adorerez, et une semaine ou deux plus tard, vous trouverez un autre thème qui vous conviendra mieux. Ne vous attendez pas à rester avec votre choix initial. Vous finirez par conserver celui qui correspond le mieux à vos besoins et ferez en sorte de rendre l'expérience utilisateur agréable selon le choix du thème.

» **Vous en aurez pour votre argent.** Bien qu'il existe un grand nombre de thèmes WordPress gratuits, vous bénéficiez d'un support limité ou inexistant pour ces thèmes. Les thèmes gratuits sont souvent faits par des passionnés.

Les designers ont des emplois et des responsabilités à plein temps, et ils se lancent dans ces projets gratuitement pour le plaisir, la passion et le désir de contribuer à la communauté WordPress. Par conséquent, vous ne devriez pas attendre (ou exiger) de support pour ces thèmes. Certains concepteurs maintiennent des forums actifs et utiles pour aider les utilisateurs, mais ces forums sont rares. Sachez simplement qu'avec des thèmes gratuits, vous serez livré à vous-même.

» **Télécharger des thèmes à partir de sources fiables.** Les thèmes sont essentiellement des morceaux de logiciel ; par conséquent, ils peuvent contenir des éléments susceptibles d'être vérolés ou potentiellement dangereux pour votre site ou votre ordinateur. Il est essentiel que vous lisiez les critiques en ligne et téléchargiez des thèmes provenant de sources crédibles et fiables. Le meilleur endroit pour trouver des thèmes WordPress gratuits est le répertoire de thèmes WordPress à https://fr.wordpress.org/themes/.

Les thèmes WordPress sont-ils tous gratuits ?

Les thèmes WordPress ne sont pas tous égaux, il est important que vous, utilisateur, connaissiez la différence entre les thèmes gratuits et les thèmes commerciaux :

» **Gratuits** : ces thèmes sont gratuits, point final. Vous pouvez les télécharger et les utiliser gratuitement sur votre site Web. Par courtoisie, vous pouvez faire figurer un lien vers le concepteur dans le pied de page de votre blog, mais vous pouvez également supprimer ce lien si vous le souhaitez.

Commerciaux/premium : ces thèmes sont payants. Vous trouvez généralement des thèmes commerciaux à télécharger pour un prix compris entre 10 et 500 euros. Le designer considère que ses thèmes sont bien au-dessus du lot et, donc, qu'ils valent de l'argent. Généralement, vous n'avez pas le droit de supprimer les liens mentionnant les auteurs dans ces thèmes, et vous ne pouvez pas non plus redistribuer ces derniers. Vous trouverez des thèmes commerciaux sur le répertoire officiel WordPress à cette adresse : **https://fr.wordpress.org/themes/commercial/**. Je liste en fin de chapitre des URL où trouver des thèmes premium.

En utilisant des thèmes gratuits, vous pourrez faire tourner votre site avec un nouveau design (sans l'aide d'un professionnel) assez rapidement. Et avec les milliers de thèmes disponibles, vous changerez votre thème aussi souvent que vous le souhaitez.

Trouver des thèmes gratuits

Trouver le thème qui vous convient le mieux peut prendre un certain temps, mais avec les milliers de thèmes disponibles, vous trouverez certainement celui que vous recherchez. Essayer plusieurs thèmes, c'est un peu comme essayer plusieurs vêtements. Vous pouvez en changer autant de fois que vous le souhaitez jusqu'à trouver le bon.

Le répertoire officiel des thèmes se situe à l'adresse **https://fr.wordpress.org/themes** (Figure 8.1).

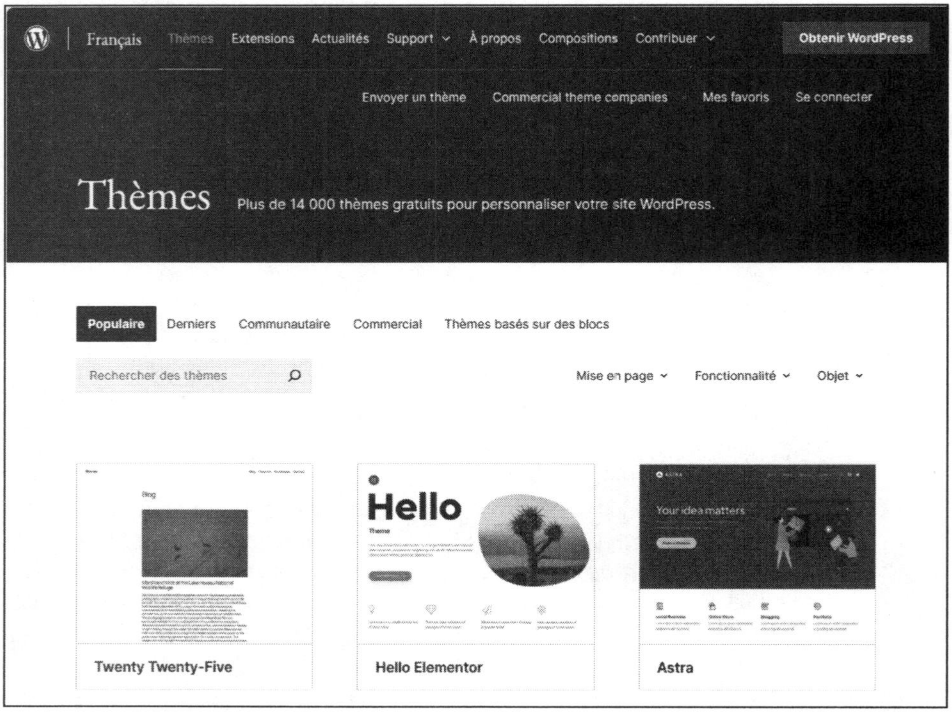

Figure 8.1 Le répertoire des thèmes WordPress.

Éviter les thèmes non sûrs

Bien que les thèmes gratuits soient géniaux, vous voulez éviter d'être confronté à certains déboires lorsque vous les utilisez. Comme tout sur le Web, les thèmes ne sont potentiellement pas sûrs. Bien que les thèmes gratuits aient été conçus pour permettre à des personnes (à savoir, les concepteurs et les développeurs) de contribuer au travail de la communauté WordPress, ils sont également utilisés pour causer des ennuis aux utilisateurs. En conséquence, vous devez comprendre ce qu'il faut surveiller et ce qu'il faut éviter.

Voici quelques points à éviter lors de la recherche de thèmes gratuits :

» **Des liens de spam :** de nombreux thèmes gratuits, téléchargeables en dehors du répertoire de thèmes WordPress, comprennent des liens dans le pied de page ou des barres latérales qui peuvent être bons ou mauvais. Une bonne utilisation consiste à remercier le concepteur en créant un lien vers son site Web ou son portfolio. Cette pratique - une belle récompense pour le créateur - devrait être observée car elle augmente le trafic et les clients du concepteur. Les liens de spam, cependant, ne sont pas des liens vers le site du concepteur ; ce sont des liens vers des sites peu recommandables. Les meilleurs exemples sont des liens dans le pied de page qui font référence à des mots-clés ou des phrases étranges, hors sujet, tels que la perte de poids ou le meilleur job de l'année. Les concepteurs de ces thèmes espèrent bénéficier du trafic que votre site génère. Ils font l'hypothèse que la plupart des propriétaires de sites ne remarqueront pas les liens ou qu'ils ne sauront pas les supprimer.

» **Du code caché et malveillant :** des designers peu scrupuleux peuvent placer du code malveillant dans des fichiers de leurs thèmes qui insèrent des liens vers des malwares, des virus ou du spam. Parfois, vous voyez une ou deux lignes de code cryptées qui ressemblent à une partie du code du thème et, à moins d'avoir une grande connaissance de PHP, vous ne pouvez pas savoir s'il s'agit d'un code malveillant.

» **Manque de mise à jour :** le logiciel WordPress continue de s'améliorer à chaque nouvelle mise à jour. Deux ou trois fois par an, WordPress publie de nouvelles versions logicielles, ajoutant de nouvelles fonctionnalités, des correctifs de sécurité et de nombreuses autres mises à jour. Parfois, une fonction est remplacée par une autre, provoquant la rupture d'un thème car il n'a pas été mis à jour pour la nouvelle version de WordPress. De plus, comme les mises à jour logicielles ajoutent de nouvelles fonctionnalités, le thème doit être mis à jour en conséquence. Étant donné que les thèmes gratuits sont généralement dépourvus de garantie ou de maintenance, il est important de savoir si le développeur suit activement les versions actuelles de WordPress, en particulier si un thème comporte de nombreuses options avancées. La maintenance est généralement plus un problème avec les extensions qu'avec les thèmes, mais le sujet mérite d'être abordé.

» **Recherche sans fin de thèmes gratuits :** évitez de chercher sans fin le thème parfait. Croyez-moi, vous ne le trouverez pas. Vous pouvez trouver un thème génial et en voir un autre avec une caractéristique ou un style de design que vous aimeriez trouver dans votre thème, mais le nouveau thème peut

manquer de certaines autres caractéristiques. Les options infinies peuvent vous empêcher de prendre une décision finale. Parcourez les thèmes les plus populaires dans le répertoire des thèmes WordPress, choisissez-en cinq qui correspondent à vos critères, puis passez à autre chose. Vous avez toujours la possibilité de changer un thème plus tard, surtout si vous trouvez que la grande quantité de choix dans le répertoire est écrasante.

L'utilisation de thèmes peu fiables peut aller de la simple gêne à la vraie menace sur la sécurité et l'intégrité de votre ordinateur ou de votre hébergement. Pour ces raisons, le répertoire officiel des thèmes WordPress est considéré comme un endroit sûr pour télécharger des thèmes gratuits. Les designers de WordPress développent leurs thèmes et les téléchargent sur cet annuaire, chaque thème est examiné par les personnes qui maintiennent la plateforme WordPress. Dans le répertoire officiel, les thèmes qui contiennent des éléments risqués n'ont tout simplement pas le droit de figurer.

NOTE TECHNIQUE

Le répertoire de thèmes WordPress n'est pas le seul endroit sur le Web où trouver des thèmes, mais c'est certainement là que vous trouverez les plus fonctionnels et les plus *sûrs* d'entre eux. Les thèmes sûrs contiennent un code source propre et des fonctions basiques qui sont considérées comme indispensables à votre site WordPress. Le site Web WordPress.org dresse la liste des exigences minimales que les designers de thèmes doivent satisfaire pour que leurs productions soient recensées dans le répertoire ; vous pouvez trouver une liste de ces exigences sur https://fr.wordpress.org/themes/getting-started/. Je vous recommande vivement de vous en tenir au répertoire officiel des thèmes WordPress pour obtenir des thèmes gratuits. De la sorte, vous savez que vous récupérez un thème propre et de qualité pour votre site. Vous pouvez être certain que les thèmes du répertoire officiel sont sûrs, sans spam ni code malveillant.

ASTUCE

Si vous pensez que vous avez un code malveillant sur votre site, à travers un thème que vous utilisez ou une extension que vous avez activée, dirigez-vous vers *Free Website Malware and Security Checker* (https://sitecheck.sucuri.net/), qui offre la possibilité de scanner gratuitement votre site. Sucuri fournit une expertise dans le domaine de la sécurité Web, pour les utilisateurs de WordPress en particulier, et propose également une extension WordPress gratuite que vous pouvez installer sur votre site : https://wordpress.org/plugins/sucuri-scanner/. Vous trouverez de nombreux tutoriaux sur le Web qui expliquent comment configurer cette extension.

ATTENTION

WordPress est un CMS très populaire. Il est utilisé aujourd'hui par des millions d'utilisateurs qui, de fait, connaissent l'URL de la page d'authentification (**/wp-admin**). Les hackers utilisent différentes méthodes pour s'introduire et attaquer votre site WordPress, en particulier l'attaque par force brute. Cette méthode consiste à tester plusieurs millions de fois le couple login/mot de passe jusqu'à ce qu'ils parviennent à s'introduire dans votre site. Aussi est-il recommandé de masquer la page de connexion de WordPress. De nombreuses extensions vous aideront à sécuriser votre site Web (voir Chapitre 13).

Prévisualiser les thèmes

Lorsque vous consultez le répertoire officiel des thèmes WordPress (**https://fr.wordpress.org/themes**), vous pouvez facilement passer en revue les différents thèmes *via* les fonctionnalités suivantes (voir Figure 8.1) :

» **Recherche de thèmes :** saisissez un mot-clé dans le champ de recherche en haut de la page (voir Figure 8.1). Une nouvelle page apparaît, avec les thèmes en relation avec le mot-clé que vous avez spécifié.

» **Populaires :** ces thèmes sont ceux qui ont été téléchargés le plus souvent.

» **Derniers** : ces thèmes sont les derniers à avoir été ajoutés au répertoire.

» **Communautaire** : cet onglet met en avant des thèmes souvent développés bénévolement ou par des contributeurs du projet WordPress.

» **Commercial** : cette section est une vitrine pour des boutiques de thèmes payants. Ces thèmes proposent souvent un support technique dédié et des fonctionnalités très avancées appelées « Premium ».

» **Basés sur les blocs** : c'est la catégorie technologique la plus importante actuellement. Elle regroupe les thèmes compatibles avec l'édition complète du site (FSE). Un thème WordPress basé sur les blocs (voir Chapitre 6) fonctionne avec des modèles entièrement composés de blocs de sorte que l'éditeur peut être utilisé pour modifier non seulement le contenu des publications (vos pages et articles) mais aussi toutes les zones du site : en-tête, pied de page, barres latérales, *etc.* Je vous invite à télécharger prioritairement des thèmes basés sur les blocs, qui vont devenir la règle aux dépens des thèmes dits « classiques ».

Un sous-menu vous permet d'accéder à un filtrage plus fin (voir Figure 8.1) :

» **Mise en page** : sert à déterminer la structure géométrique de votre site, vous permettant de choisir entre un affichage en une ou plusieurs colonnes ou une interface sur toute la largeur de l'écran.

» **Fonctionnalité :** permet de filtrer les thèmes selon leurs capacités techniques embarquées, comme le support de l'accessibilité numérique, la gestion des menus personnalisés ou la compatibilité avec l'édition de blocs moderne (« thèmes basés sur les blocs »).

» **Objet :** aide à cibler des designs préconçus pour des secteurs d'activité précis, facilitant la recherche d'un modèle adapté spécifiquement à un blog, une boutique en ligne ou un site institutionnel.

Lorsque vous trouvez un thème qui vous satisfait et que vous souhaitez en connaître davantage, cliquez sur son nom pour faire apparaître les boutons suivants :

» **Aperçu :** permet d'ouvrir une fenêtre de démonstration présentant le rendu du thème tel qu'il apparaîtrait sur un site réel, avec sa mise en page et ses styles.

» **Télécharger :** sert à télécharger le thème directement sur votre ordinateur afin de pouvoir l'installer ultérieurement (et manuellement).

Installer un thème

Je vous explique dans cette section comment installer un thème directement depuis le panneau de bord WordPress. Procédez comme suit :

❶ Cliquez sur le menu Apparence du panneau d'administration.

La page Thèmes s'ouvre à l'écran (Figure 8.2).

❷ Cliquez sur le bouton Ajouter un thème situé en haut de la page.

La page Ajouter des thèmes apparaît (Figure 8.3).

Figure 8.2
Ajout d'un nouveau thème.

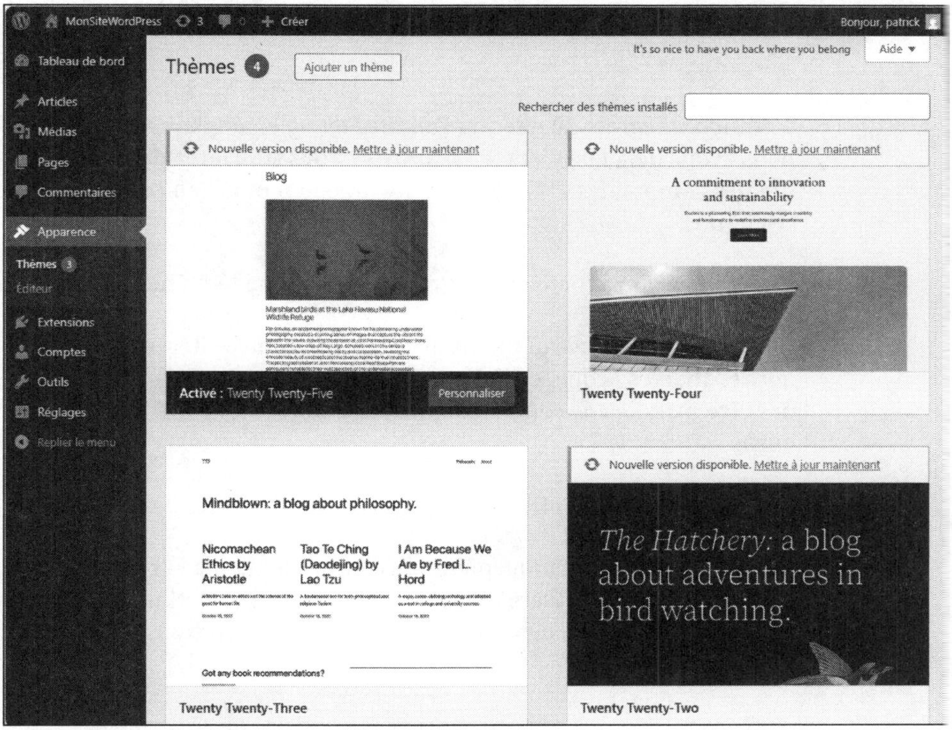

Figure 8.3
Recherche d'un thème dans le catalogue WordPress.

❸ Le menu Thèmes basés sur les blocs permet de rechercher des thèmes compatibles FSE.

L'édition intégrale du site (ou *Full Site Editing* en anglais) est une notion que nous avons déjà vue dans le Chapitre 6. Vous trouverez dans ce menu les thèmes comptables FSE ; il en existe un peu moins de 1 500 à l'heure où j'écris ces lignes.

❹ Recherchez votre thème WordPress préféré à l'aide du moteur de recherche.

Recherchez un nouveau thème avec les différents critères proposés. Remarquez que les thèmes acquis en dehors du répertoire officiel WordPress ne pourront pas être installés de cette façon, mais *via* la méthode ZIP ou FTP (voir plus loin).

❺ Cliquez sur le bouton Installer.

WordPress va automatiquement télécharger le thème sur votre serveur, décompresser les fichiers et les installer (Figure 8.4). Il ne reste plus qu'à activer le thème fraîchement installé (nous y reviendrons un peu plus loin dans ce chapitre).

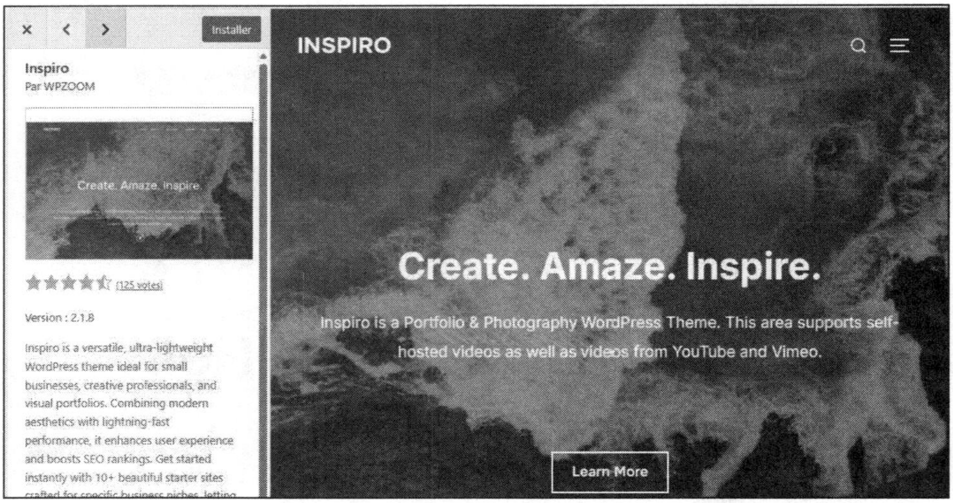

Figure 8.4 Installation d'un nouveau thème.

La procédure de la section précédente décrit comment installer un thème depuis le panneau d'administration WordPress. Mais vous pouvez également l'installer « à la main » sans passer par ce panneau d'administration, notamment pour les thèmes acquis en dehors du répertoire officiel WordPress.

Pour installer le thème *via* FTP, suivez ces étapes :

1. **Recherchez votre thème préféré, puis cliquez sur le bouton Download de la page du thème.**

   Généralement, les fichiers de thème sont fournis au format compressé (fichier .zip).

2. **Utilisez votre programme de décompression favori pour décompresser les fichiers sur votre propre ordinateur.**

   Vous verrez un nouveau dossier sur votre bureau, généralement nommé avec le nom de thème correspondant (reportez-vous au Chapitre 3 pour plus d'informations sur l'utilisation de FTP).

3. **Téléchargez le dossier du thème sur votre serveur Web.**

   Connectez-vous à votre serveur Web *via* FTP et téléchargez l'intégralité du dossier du thème dans le dossier /wp-content/themes/ sur le serveur Web.

N'OUBLIEZ PAS

Vous pouvez également télécharger le fichier zip depuis l'interface d'administration, *via* le lien Téléverser un thème, plutôt que de recourir à FTP (Figure 8.5)

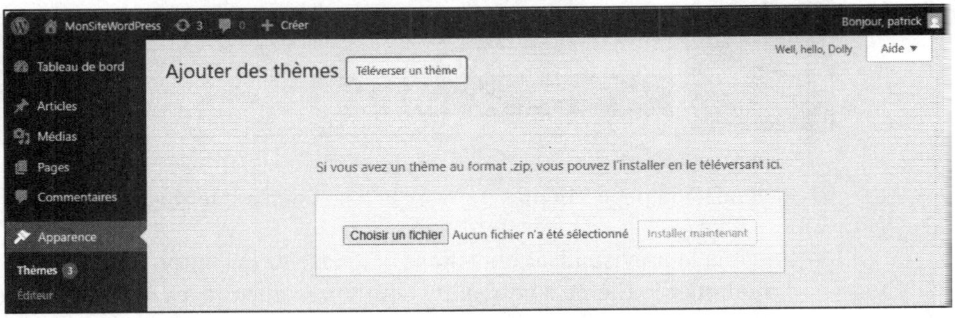

Figure 8.5 Téléchargement d'un thème sous forme de fichier.

Activer un nouveau thème

Une fois que vous avez installé votre thème WordPress sur votre serveur Web vous pouvez le prévisualiser ou activer le thème désiré.

N'OUBLIEZ PAS

L'option *Aperçu du thème WordPress* vous permet de voir à quoi le thème ressemble sur votre site sans pour autant l'activer. Si vous avez un site à fort trafic il est préférable de prévisualiser le tout nouveau thème avant de l'activer pour vous assurer que vous serez satisfait de son apparence et de ses fonctionnalités

Pour prévisualiser votre nouveau thème, procédez comme suit :

❶ Cliquez sur le menu Apparence du panneau d'administration.

La page Thèmes apparaît. Elle contient la liste de tous les thèmes actuellement installés sur votre site (dans le répertoire /wp-content/themes). Le thème actif est toujours affiché en premier, en haut à gauche de l'écran.

❷ Prévisualisez le thème de votre choix.

Cliquez sur le bouton Prévisualiser en direct (voir Figure 8.6) qui apparaît lorsque vous passez la souris sur la vignette du thème. Un aperçu de votre site avec le thème apparaît dans une fenêtre contextuelle.

Figure 8.6 Le bouton de prévisualisation en direct.

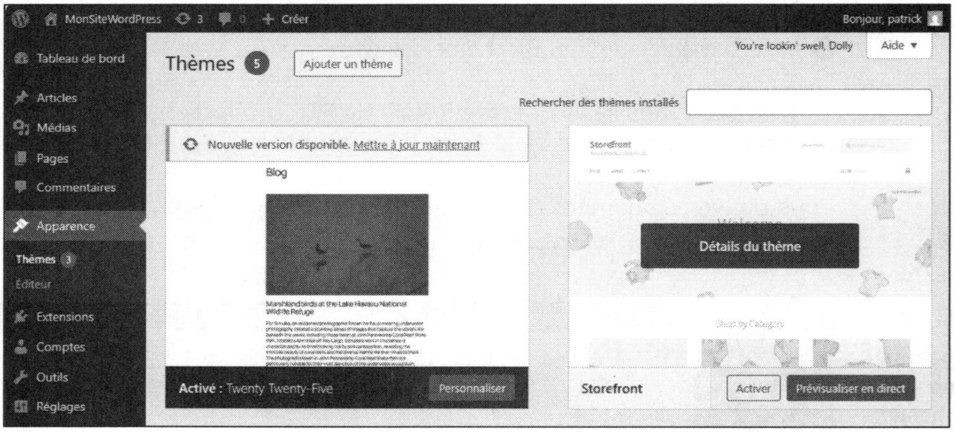

❸ Revenez à la page Thèmes de WordPress et activez le thème.

Une fois la prévisualisation validée, cliquez sur le bouton Activer afin d'appliquer le thème à votre site. Configurez ensuite les options du thème.

Tous les thèmes WordPress n'offrent pas le même niveau de personnalisation. Les réglages disponibles dépendent des fonctionnalités intégrées par le développeur du thème. La Figure 8.7 présente des options que l'on retrouve fréquemment dans certains thèmes dits « classiques » (non FSE), comme l'identité du site, l'en-tête, le pied de page, l'arrière-plan, la typographie, les boutons, la mise en page, les menus ou encore les paramètres de la page d'accueil.

Figure 8.7 Les options de personnalisation d'un thème classique.

NOTE TECHNIQUE

Pour mettre un thème WordPress à jour, connectez-vous à l'administration du site, puis rendez-vous dans Tableau de bord -> Apparence -> Thèmes. Si une nouvelle version est disponible, WordPress affiche un bouton *Mettre à jour* : cliquez dessus et laissez le processus se terminer. Avant de lancer la mise à jour, il est recommandé d'effectuer une sauvegarde du site, et si vous utilisez un thème enfant, de vérifier que vos personnalisations ne seront pas affectées.

Supprimer un thème

Changer de thème WordPress permet de renouveler l'identité visuelle de votre site et d'offrir une expérience utilisateur plus moderne, en accord avec l'évolution de vos goûts et de votre image de marque.

Pour supprimer un thème qui ne vous plairait plus, procédez comme suit :

1. **Cliquez sur le menu Apparence du panneau d'administration.**

   La page Thèmes apparaît. Elle contient la liste de tous les thèmes actuellement installés sur votre site (dans le répertoire /wp-content/themes). Le thème actif est toujours affiché en premier, en haut à gauche de l'écran.

2. Activez un nouveau thème.

   Avant de pouvoir supprimer un thème WordPress, il est indispensable d'en activer un nouveau, car votre site doit toujours disposer d'un support visuel actif pour fonctionner.

3. Supprimez l'ancien thème.

   Cliquez sur le thème devenu obsolète pour l'ouvrir en plein écran, puis sélectionnez le lien Supprimer situé en bas à droite pour l'effacer définitivement de votre serveur (voir Figure 8.8). Si le lien Supprimer n'apparaît pas, utilisez les flèches de navigation situées en haut de l'écran pour parcourir les thèmes jusqu'à faire apparaître l'option correspondante.

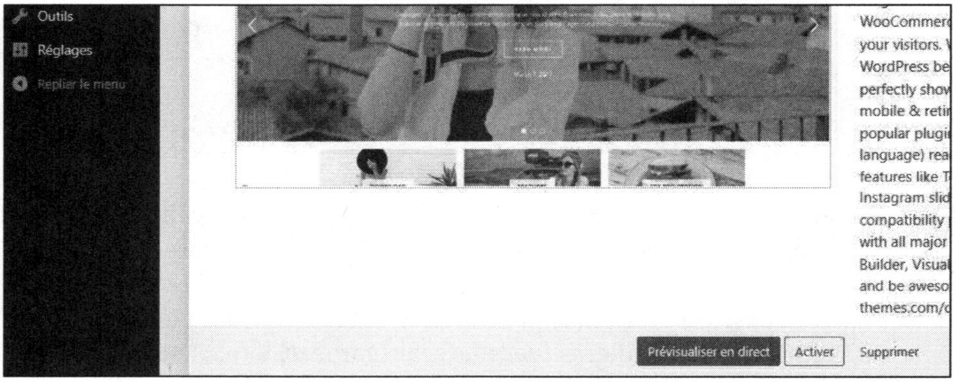

Figure 8.8 Passez d'un écran à l'autre pour supprimer un thème.

NOTE TECHNIQUE

Il est également possible de supprimer un thème en utilisant un accès FTP ou le gestionnaire de fichiers fourni par l'hébergeur, en supprimant directement le dossier du thème dans le répertoire **wp-content/themes**. Avant toute suppression, assurez-vous qu'un autre thème est bien activé sur le site. Cette méthode est réservée aux utilisateurs avancés !

Choisir les thèmes premium

Des milliers de thèmes WordPress gratuits sont disponibles mais vous pouvez également envisager d'acquérir des thèmes premium (commerciaux) pour votre site. Rappelez-vous l'adage « on en a pour son argent... » lorsque vous envisagez de recourir à des produits ou services gratuits, y compris les thèmes gratuits de WordPress.

En règle générale, lorsque vous téléchargez et utilisez quelque chose de gratuit, vous ne disposez d'aucune aide sur le produit ou le service. Les demandes d'aide restent généralement sans réponse. Par conséquent, vos attentes devraient être plus modestes parce que vous ne payez rien. Lorsque vous payez pour quelque chose, vous présumez habituellement que vous aurez un support ou un service pour votre achat et que le produit est de qualité.

WordPress, par exemple, est disponible gratuitement. Sauf pour le forum de support WordPress, cependant, vous n'avez aucune garantie de support lors de l'utilisation du logiciel. De plus, vous n'avez pas le droit d'exiger un service.

Voici quelques éléments à considérer lorsque vous envisagez un thème premium (j'ai sélectionné les sociétés commerciales plus loin dans ce chapitre en fonction de ces critères).

» **Le choix :** de nombreux développeurs de thèmes proposent une sélection riche et variée de thèmes, y compris des thèmes conçus pour des industries, des sujets ou des usages spécifiques (tels que la vidéo, les blogs, l'immobilier ou les thèmes de magazines). Généralement, vous pouvez trouver un thème solide pour votre site à partir d'une unique source.

» **L'innovation :** pour les différencier de leurs homologues gratuits, les thèmes premium incluent des fonctionnalités innovantes, telles que les paramètres de thème ou des options avancées qui étendent les capacités de WordPress pour répondre à vos besoins.

» **Un design original avec un code solide :** bien que de nombreux beaux thèmes soient disponibles gratuitement, les thèmes premium sont codés professionnellement et sont magnifiquement conçus, coûtent des milliers d'euros et nécessitent des dizaines d'heures de conception, ce qui n'est pas tenable pour de nombreux développeurs de thèmes gratuits.

» **Support :** la plupart des entreprises commerciales ont un support à plein temps pour répondre aux questions, résoudre les problèmes et vous diriger vers des ressources qui dépassent leurs compétences. Souvent, les développeurs de thèmes premium passent beaucoup de temps à aider les clients à résoudre leurs problèmes. Par conséquent, l'achat d'un thème premium vous donne souvent accès à une communauté d'aide dédiée, auprès de laquelle vous pouvez poser des questions sur les problèmes avancés et les fonctionnalités WordPress à venir ; sinon, vous vous retrouvez seul.

» **Stabilité :** vous avez sans doute acheté un produit ou un service auprès d'une entreprise pour constater plus tard que l'entreprise a cessé ses activités. Si vous choisissez d'utiliser un thème premium, vous achetez un thème auprès d'une société bien établie avec un bilan solide et une équipe dédiée au support du produit.

NOTE TECHNIQUE

Cela ne signifie pas que les thèmes gratuits ne proposent pas certaines, voire toutes les caractéristiques que je viens de mentionner, c'est juste que ce n'est pas le cas pour la plupart de ces thèmes. Par ailleurs, ce n'est pas parce que le designer d'un thème qualifie ce dernier de « premium » qu'il remplit tous ces critères de qualité.

N'OUBLIEZ PAS

Passez soigneusement en revue un thème avant d'investir de l'argent pour l'acquérir. Voici quelques petites choses auxquelles vous devriez prêter attention avant un acte d'achat :

» Contactez par e-mail le designer qui vend un thème premium pour lui demander de quelle façon il apporte une aide aux acquéreurs.

» Trouvez des personnes qui ont acquis le thème et contactez-les pour leur demander de partager leur expérience avec ledit thème et son designer.

» Lisez attentivement les conditions d'utilisation que le designer a publiées sur son site pour identifier des restrictions inhérentes à la licence qu'il vous accorde.

» Si le designer du thème premium tient un forum de support technique, passez en revue les messages pour constater avec quelle assiduité le designer répond aux questions et fournit une assistance. Les utilisateurs doivent-ils attendre des semaines une réponse à leurs questions ? Ou alors le designer répond-il sur l'instant et avec pertinence aux questions ?

» Effectuez une recherche Google en utilisant le nom du thème et celui du designer. Très souvent, les utilisateurs des thèmes premium racontent leur expérience avec le thème et le designer. Vous pourrez trouver de nombreuses informations positives ou négatives sur le thème et son designer avant de l'acheter.

Ces développeurs font des choses étonnamment innovantes avec les thèmes WordPress, et je vous recommande fortement d'explorer leurs offres :

» **SolidWP** (https://solidwp.com/) : anciennement connu sous le nom d'iThemes, SolidWP propose une suite complète de solutions pour sécuriser, sauvegarder et gérer des sites WordPress. Leur offre est principalement structurée autour de trois piliers majeurs : la sécurité, la sauvegarde et la gestion multisite.

- **Elegant Themes** (https://www.elegantthemes.com/) : Elegant Themes est un éditeur spécialisé proposant un écosystème centré sur Divi, son thème phare et constructeur visuel tout en un (*drag-and-drop*). En plus de thèmes comme Extra (pour les blogs), leur abonnement inclut des extensions premium pour la capture d'e-mails (Bloom) et le partage sur les réseaux sociaux (Monarch).

N'OUBLIEZ PAS

L'expression « capture d'e-mails » désigne les outils utilisés pour récolter les adresses de vos visiteurs afin de construire une liste de diffusion (newsletter).

- **TemplateMonster** (https://www.templatemonster.com/fr/) : TemplateMonster est une vaste *marketplace* (place de marché) numérique proposant des milliers de thèmes pour WordPress et autres CMS, ainsi que des modèles HTML5, des graphismes (logos, polices) et des vidéos. En plus de la vente, la plateforme offre des services d'installation, de personnalisation et de maintenance pour aider les utilisateurs à lancer et sécuriser leur site rapidement.
- **StudioPress** (http://www.studiopress.com/) : StudioPress propose des thèmes premium, fondés sur une architecture réputée pour sa sécurité maximale, sa rapidité et son optimisation SEO native. Ces thèmes se distinguent par un design minimaliste et professionnel, privilégiant la performance et la stabilité technique pour les sites d'entreprise et les blogs.
- **ThemeForest** (https://themeforest.net/) : ThemeForest est la plus grande place de marché (*marketplace*) au monde dédiée aux ressources numériques pour la création de sites Web. Contrairement à un éditeur unique, c'est une plateforme où des milliers de développeurs indépendants vendent leurs créations.
- **WooCommerce Storefront** (https://woocommerce.com/product-category/themes/) : WooCommerce.com propose une sélection de thèmes officiels et certifiés, spécifiquement conçus pour transformer WordPress en une boutique en ligne performante. Leur offre phare, le thème Storefront, ainsi que ses thèmes enfants garantissent une intégration parfaite avec l'extension WooCommerce et ses futures mises à jour.

NOTE TECHNIQUE

Vous ne pourrez pas trouver et installer de thèmes commerciaux en utilisant le bouton Ajouter du tableau de bord WordPress. Vous devrez acheter et télécharger des thèmes premium seulement sur des sites Web tiers. Une fois le thème acquis et téléchargé sur votre ordinateur, vous l'installerez *via* la méthode FTP décrite dans la section « Installer un thème » de ce chapitre. Enfin, vous trouverez une vaste sélection de thèmes commerciaux sur le site https://fr.wordpress.org/themes/commercial/.

Examen du thème par défaut : Twenty Twenty-Five

Le thème Twenty Twenty-Five est le thème par défaut de WordPress 6.9. C'est un thème basé sur les blocs, conçu pour fonctionner pleinement avec l'édition intégrale du site (Full Site Editing ou FSE), ce qui permet de modifier visuellement l'en-tête, le pied de page, les modèles de pages et les styles globaux depuis l'éditeur de site.

Il met l'accent sur la simplicité et l'adaptabilité, avec une grande collection de blocs ou de pages prêts à l'emploi (pages de services, pages d'appels à actions, portfolios, *etc.*), ainsi que des variations de styles (palettes et typographie) adaptées à différents usages et langues. Il est ainsi pensé pour convenir aussi bien à un blog, un portfolio, un magazine en ligne qu'à un site institutionnel ou d'entreprise.

Ces fonctionnalités font de Twenty Twenty-Five une excellente base pour la plupart de vos projets de personnalisation de thème. Ce chapitre vous montre comment gérer toutes les fonctionnalités du thème par défaut Twenty Twenty-Five, comme la gestion des mises en page, l'édition des couleurs d'en-tête et d'arrière-plan, l'installation et l'utilisation de menus de navigation personnalisés.

Découvrir la disposition et la structure du thème

Si vous voulez un look simple pour votre site, ne cherchez pas plus loin que Twenty Twenty-Five. Ce thème offre un style propre et hautement personnalisable. En tant que telles, les polices de caractères sont nettes et faciles à lire. La plupart des nouvelles fonctionnalités intégrées vous permettent d'apporter des simples et élégantes modifications au thème, y compris le téléchargement de nouvelles images et le réglage des couleurs d'arrière-plan. La Figure 8.9 montre le thème par défaut de Twenty Twenty-Five, c'est-à-dire sans aucune personnalisation.

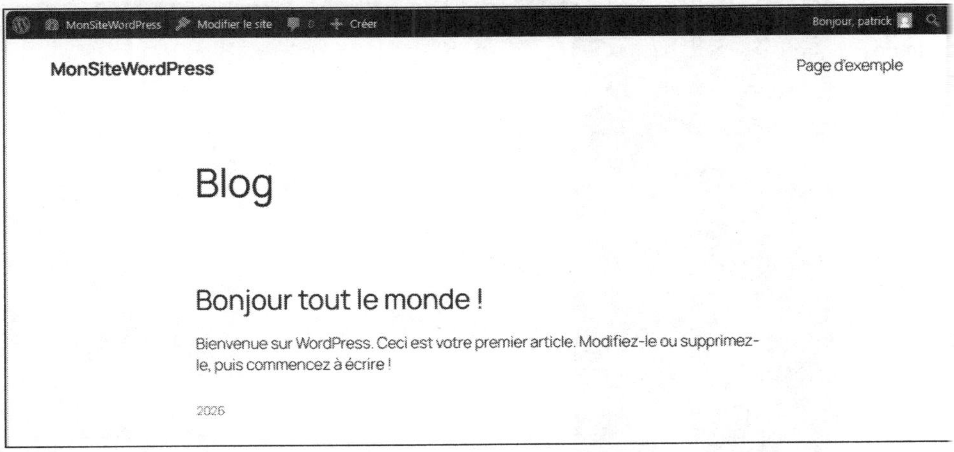

Figure 8.9
Twenty Twenty-Five, le thème par défaut de WordPress.

Les caractéristiques de mise en page du thème Twenty Twenty-Five sont :

- **Thème block 100 % compatible Full Site Editing (FSE) :** permet de modifier l'en-tête, le pied de page, les modèles et les styles globaux directement dans l'éditeur de site WordPress (voir Figure 8.10).
- **Simplicité et adaptabilité** : design sobre et flexible, adapté à différents types de sites (blog, portfolio, magazine, site institutionnel, entreprise).
- **Modèles variés :** :propose plusieurs structures prêtes pour les pages et articles, avec des mises en page orientées texte ou image.
- **Grande bibliothèque de compositions :** sections prêtes à insérer (pages de services, pages d'atterrissage, appels à l'action, FAQ, portfolios, *etc.*) pour construire rapidement des pages cohérentes.

  NOTE TECHNIQUE

  Une *page d'atterrissage* est une page Web conçue pour inciter le visiteur à effectuer une action précise, généralement après avoir cliqué sur un lien dans une publicité, une newsletter, un réseau social ou un moteur de recherche. Un *appel à actions* est un élément (bouton, lien ou phrase) conçu pour inciter le visiteur à réaliser une action précise, comme « S'inscrire » ou « Demander un devis ». Une FAQ (Foire aux questions) est une section qui regroupe les réponses aux questions les plus fréquentes sur un sujet, un service ou un produit.

- **Variations de styles intégrées** : palettes et typographies préréglées permettant de changer l'apparence du site facilement sans tout reconstruire.

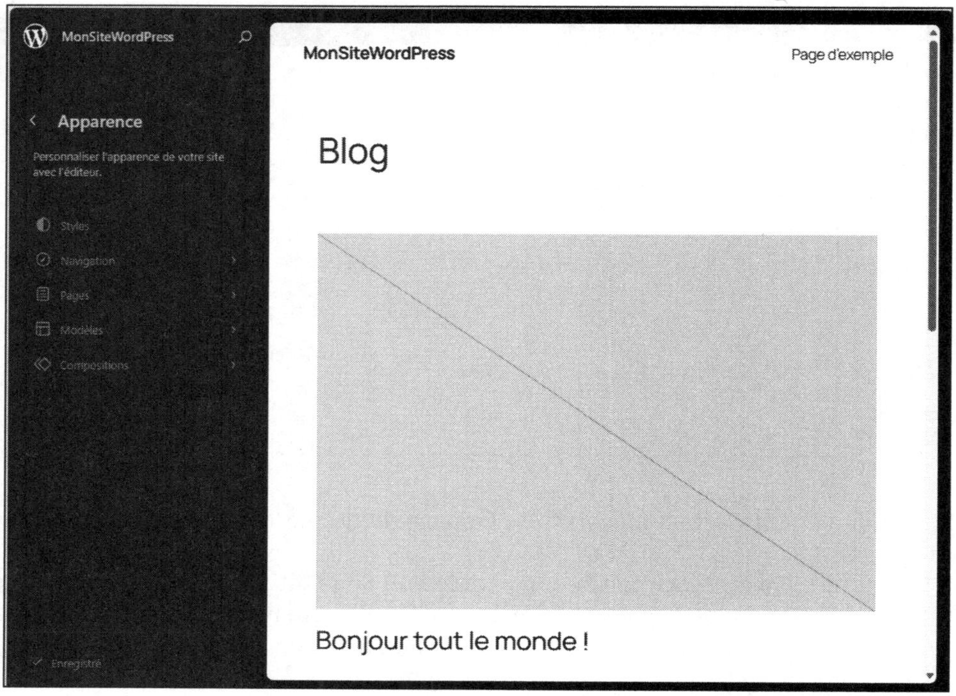

Figure 8.10 Le module de personnalisation d'un thème *FSE*.

N'OUBLIEZ PAS

Dans le menu Apparence –> Éditeur (voir Figure 8.10), les différentes sections telles que Styles, Navigation, Pages, Modèles ou Compositions permettent de personnaliser l'apparence et la structure de votre site. Toutefois, les réglages disponibles ne sont pas identiques pour tous les thèmes : certains thèmes FSE offrent des options avancées et très détaillées, pour un réglage fin du site, tandis que d'autres thèmes se limitent à des réglages basiques, offrant uniquement des choix simples de mise en page ou de couleurs. En pratique, la richesse des options dépend donc directement du thème installé et de sa compatibilité avec le Full Site Editing.

Définir l'identité visuelle globale du site

Le menu Styles du thème Twenty Twenty-Five (voir Figure 8.11) permet de définir l'apparence globale du site. Il sert à choisir les couleurs, typographies, espacements et styles des blocs de manière cohérente. On peut appliquer des styles généraux au site entier ou spécifiques à certains blocs comme les titres ou les boutons sans toucher au code, garantissant une cohérence graphique sur toutes les pages :

1. **Dans le tableau de bord WordPress, cliquez sur le menu Apparence puis sur Éditeur et, enfin, sur Styles.**

La page Styles apparaît, avec cinq sous-menus au centre (*Typographie*, *Couleurs*, *Arrière-plan*, *Ombres* et *Mise en page*) et une prévisualisation en directe à droite de l'écran (voir Figure 8.11).

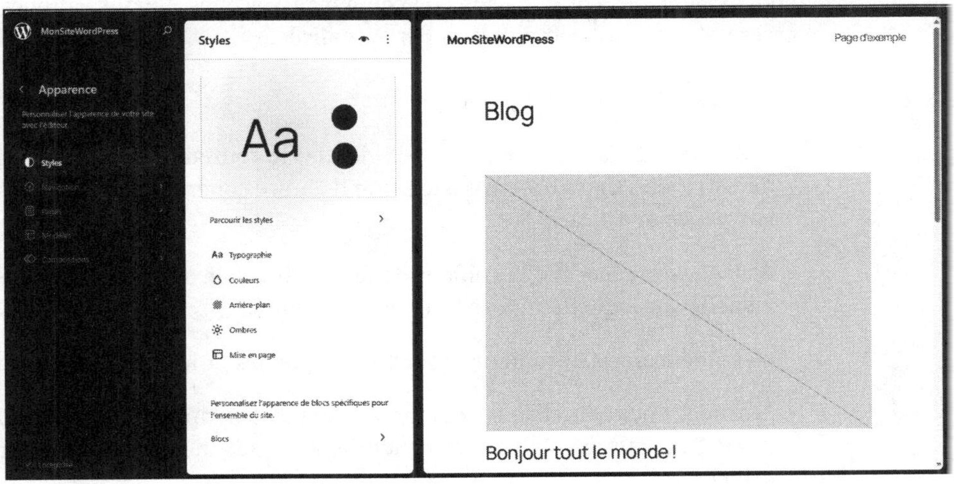

Figure 8.11 Le menu Styles de la section éditeur de site du thème *Twenty Twenty-Five*.

❷ Cliquez sur la section Typographie.

Cette section sert à définir l'apparence typographique par défaut de votre site, sans modifier chaque page une par une (voir Figure 8.12). Définissez le jeu de la police de caractères à utiliser (le style), la police de caractères, les éléments (le texte simple, les liens hypertexte, les titres, les légendes, les boutons) et la taille des caractères. C'est à cet endroit que vous pouvez télécharger des Polices de caractères Google Font (voir Chapitre 6).

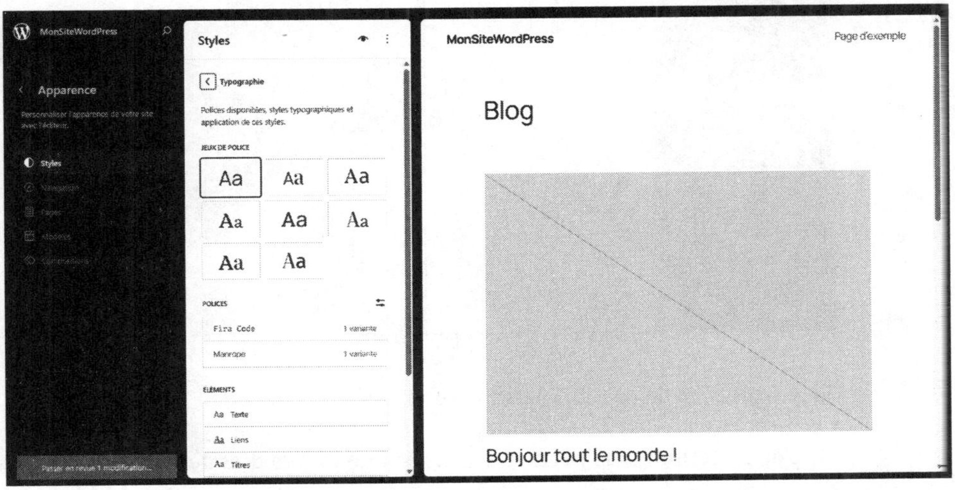

Figure 8.12 Réglage de la typographie.

❸ Cliquez sur la section Couleurs.

Cette section sert à définir la couleur par défaut de votre site, sans modifier chaque page une par une (voir Figure 8.13). Cliquez sur Modifier la palette pour choisir l'une des combinaisons de couleur prédéfinies. Il vous est possible de créer votre propre combinaison personnalisée.

Cliquez sur l'un des éléments suivants :

- *Texte* : définit la couleur par défaut de tout le contenu textuel (paragraphes) de votre site. Cette option assure une lisibilité cohérente sur l'ensemble de vos pages et articles.
- *Arrière-plan* : modifie la couleur de fond principale de vos pages. C'est la base visuelle sur laquelle repose tout votre contenu.
- *Lien* : détermine la couleur des textes cliquables et leur couleur au survol.
- *Légendes* : personnalise la couleur des textes descriptifs situés sous vos images ou galeries. Elles sont généralement plus discrètes que le texte principal.
- *Bouton* : permet de choisir à la fois la couleur du texte et celle du fond pour tous les boutons du site. C'est un élément-clé pour vos appels à l'action (ou CTA – Call To Action en anglais).
- *Titre* : définit la couleur de tous des niveaux de titre. Vous pouvez appliquer une couleur unique ou différencier chaque niveau pour structurer votre hiérarchie visuelle.

Figure 8.13 Réglage des couleurs.

❹ Cliquez sur la section Arrière-plan.

Cette section vous permet d'insérer une image d'arrière-plan pour le site.

❺ Cliquez sur la section Ombres.

Cette section sert à définir les ombres portées appliquées aux éléments du site (voir Figure 8.14). Cela permet de personnaliser l'aspect des blocs, comme les boutons, images ou cartes, en ajoutant de la profondeur ou du relief pour améliorer le design et la lisibilité.

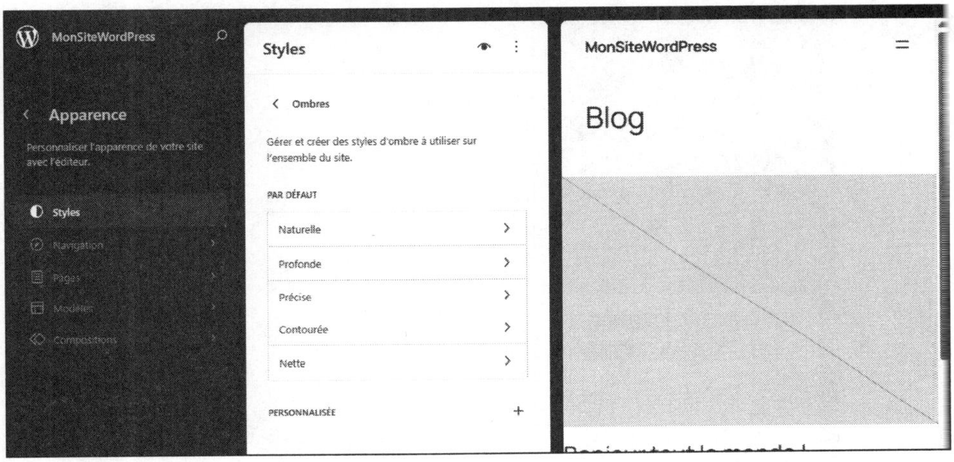

Figure 8.14
Réglage des ombres.

❻ Cliquez sur la section Mise en page.

Cette section sert à définir la structure et les espacements globaux du site (voir Figure 8.15). Il permet de régler la largeur du contenu, les marges et les espaces intérieurs/extérieurs par défaut, ainsi que l'alignement des blocs. Ces réglages assurent une cohérence visuelle et une mise en page harmonieuse sur toutes les pages et sections du site.

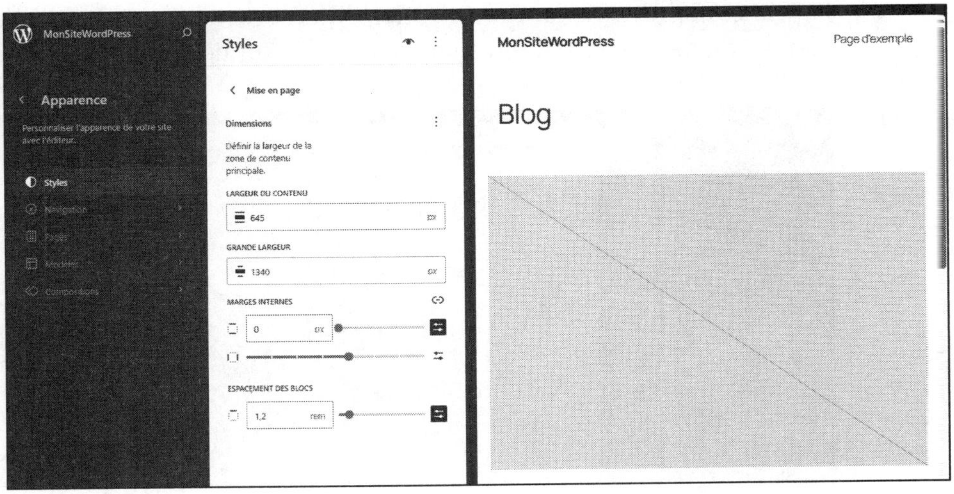

Figure 8.15
Réglage de la mise en page.

N'OUBLIEZ PAS

Les valeurs de couleur sont définies par des codes hexadécimaux à six chiffres commençant par le signe #, par exemple #000000 pour le noir ou #FFFFFF pour le blanc (comme indiqué au Chapitre 9, l'ajustement des couleurs en hexadécimal est l'un des moyens les plus simples de modifier les couleurs de votre thème).

Figure 8.16 Les valeurs de couleur sont définies en hexadécimal.

Construire et gérer la structure de navigation

Le menu Navigation de l'éditeur de thème permet de créer, modifier et organiser les menus de navigation du site (voir Figure 8.17). Avec un thème compatible FSE, la gestion des menus de navigation diffère sensiblement de celle des thèmes classiques, car elle se fait directement *via* l'éditeur de site et les blocs.

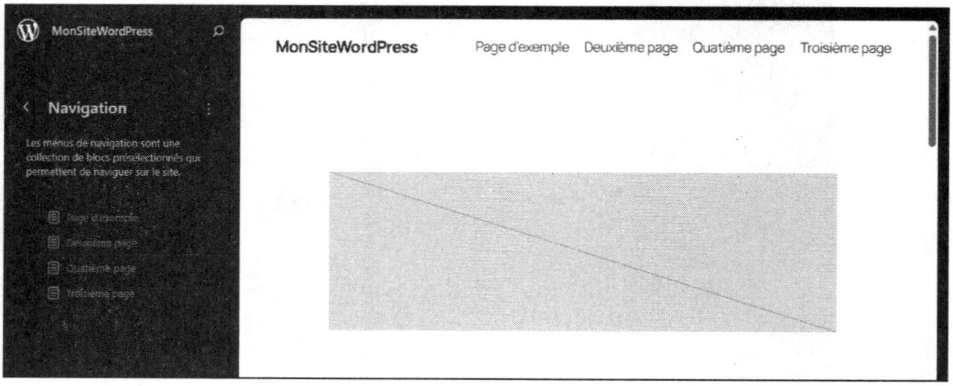

Figure 8.17 Réglage des menus de navigation.

Dans un thème FSE, les menus ne sont plus gérés depuis l'écran Apparence -> Menus, qui a d'ailleurs disparu. Ils sont intégrés à la structure du site à l'aide du bloc Navigation. Ce bloc permet de créer, modifier et organiser les éléments du menu directement dans l'éditeur de site, de manière visuelle. Les menus sont des liens qui peuvent pointer vers des pages, des articles, des catégories ou des URL personnalisées, et leur ordre se modifie par simple glisser-déposer.

Reportez-vous au Chapitre 6 pour plus d'informations sur la configuration et l'optimisation des menus dans WordPress, aussi bien avec un thème classique qu'avec un thème FSE.

Créer et gérer le contenu des pages

Le menu Pages de l'éditeur de thèmes permet d'accéder aux pages du site afin de les créer, modifier ou supprimer. Il offre une vue intégrée des pages directement depuis l'éditeur de site, en complément du menu classique Pages du tableau de bord.

Les pages gérées ici sont les mêmes que celles du menu Pages du panneau d'administration WordPress, mais cette interface s'inscrit dans une logique d'édition et de conception globale du site propre aux thèmes FSE.

1. **Dans le tableau de bord WordPress, cliquez sur le menu Apparence, puis sur Éditeur et, enfin, sur Pages.**

   La page Pages affiche les différentes pages de votre site (voir Figure 8.18). Vous pouvez créer une nouvelle page en cliquant sur le bouton Ajouter une page. Cette action a le même effet que si vous étiez passé par le Menu Pages -> Ajouter une page du tableau de bord WordPress. Avec un thème FSE, on peut gérer les pages *via* deux accès différents.

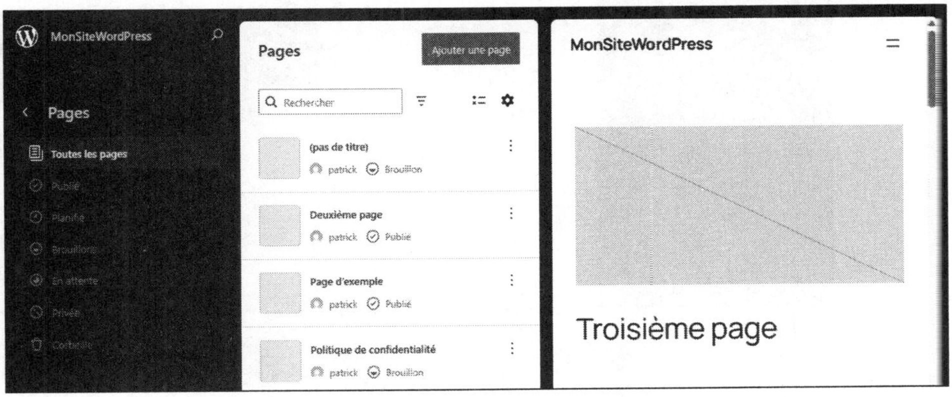

Figure 8.18 Réglage des pages du site.

❷ Filtrez vos pages selon leur statut.

Le menu de gauche permet de filtrer les pages selon leur statut (publiées, en brouillon, planifiées, *etc.*) afin de retrouver et gérer facilement les pages selon leur état d'avancement dans le site.

Contrôler la structure et l'affichage du site

Le menu Modèles de l'éditeur de thèmes (voir Figure 8.19) permet de gérer les modèles du site, qui définissent la structure et la mise en page des différents types de contenus comme les pages, les articles ou les archives. Les modèles contrôlent l'agencement global des blocs et l'affichage du contenu. Ils peuvent être créés, modifiés, personnalisés ou réinitialisés, et constituent un élément central de la conception du site dans un thème FSE.

Concrètement, ce menu permet de consulter les modèles disponibles, fournis par le thème ou créés par l'utilisateur. Chaque modèle correspond à une mise en page particulière prédéfinie et prête à l'emploi.

Il est possible de créer ou modifier des modèles existants afin de personnaliser l'organisation de contenus spécifiques. Par exemple, vous pouvez ajouter une colonne latérale à une page standard. La personnalisation repose sur la manipulation directe des blocs, que ce soit en ajustant leur agencement, en intégrant de nouvelles options ou en retirant les éléments superflus.

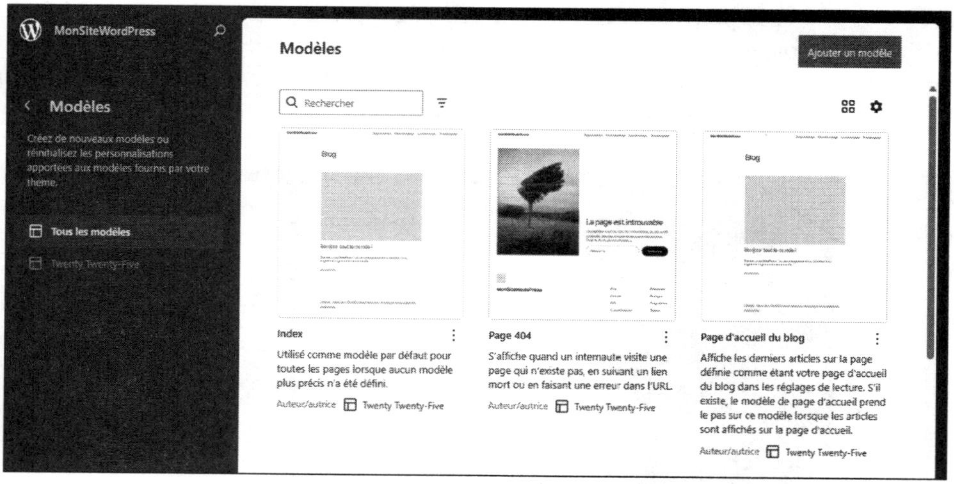

Figure 8.19 Visualisation des modèles du thème Twenty Twenty-Five.

La section Modèles de l'éditeur de site (voir Figure 8.19) permet de consulter ou de modifier les différents modèles fournis par le thème. Je vous explique dans la section « Modifier le gabarit d'un modèle » comment personnaliser un gabarit et, dans la section « Créer un nouveau modèle » comment en créer un à partir de zéro.

Dans l'exemple qui suit, j'utilise le thème Twenty Twenty-Four pour illustrer la manière d'appliquer un modèle spécifique à une page :

1. **Activez le thème Twenty Twenty-For de WordPress.**

   J'utilise le thème Twenty Twenty-Four car il est plus didactique et propose un plus grand nombre de modèles, y compris pour une simple page.

2. **Dans le tableau de bord WordPress, cliquez sur le menu Pages puis éditez une page de votre choix.**

   Dans le menu de droite, onglet Page (voir Figure 8.20), cliquez sur le lien Modèle Pages –> Changer de modèle.

Figure 8.20 Sélection du modèle d'une page.

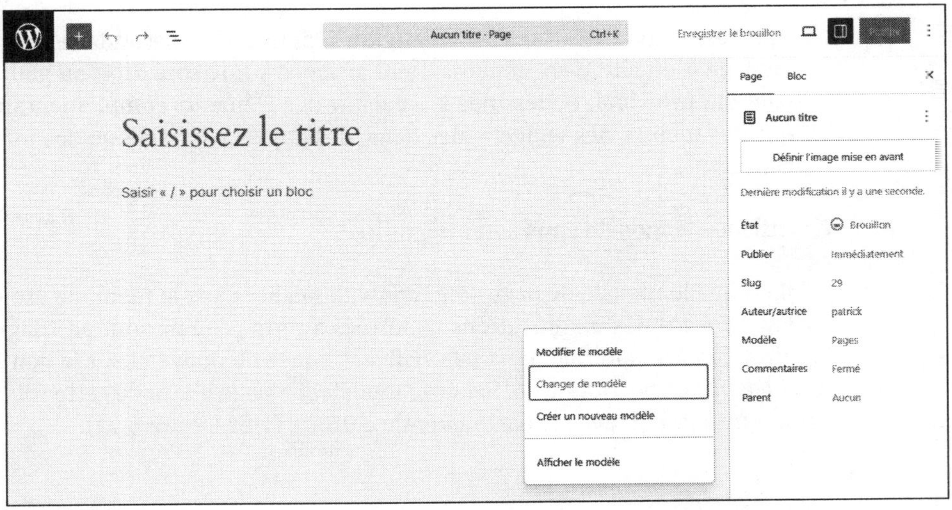

3. **Sélectionnez l'un des modèles proposés.**

   Le thème Twenty Twenty-Four propose trois types de modèles de pages : un modèle avec une barre latérale, un modèle avec une image et un modèle de page simple sans titre (voir Figure 8.21).

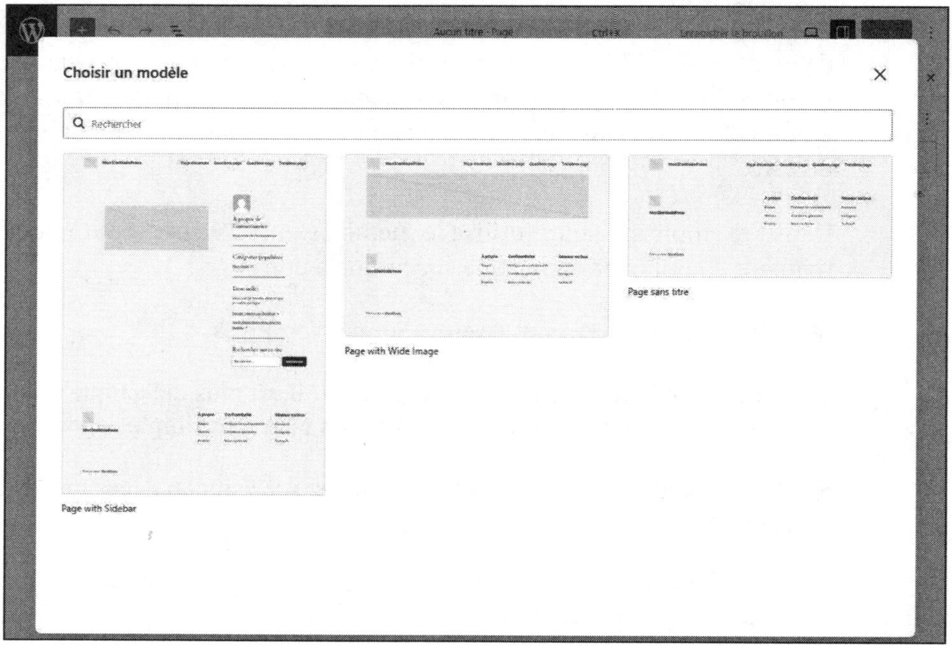

Figure 8.21 Les modèles de pages du thème Twenty Twenty-Four.

N'OUBLIEZ PAS

Une barre latérale (ou *sidebar* en anglais) est une zone secondaire de mise en page d'un site Web, généralement affichée sur le côté droit ou gauche du contenu principal, et destinée à accueillir des éléments complémentaires tels que des menus, des widgets, des liens, des appels à l'action ou des informations contextuelles.

4. Affichez le modèle dans son intégralité.

Bien que le modèle de page soit *Page with sidebar* dans le menu de droite (voir Figure 8.22), les modifications apportées à cette page ne sont pas flagrantes. En effet, la barre latérale n'est pas visible. Cliquez de nouveau sur le lien *Pages with sidebars* et sélectionnez Afficher le modèle. La page s'affiche cette fois-ci dans son intégralité, avec la barre latérale à droite (voir Figure 8.23).

Figure 8.22 L'option Afficher le modèle permet de voir la page dans son intégralité.

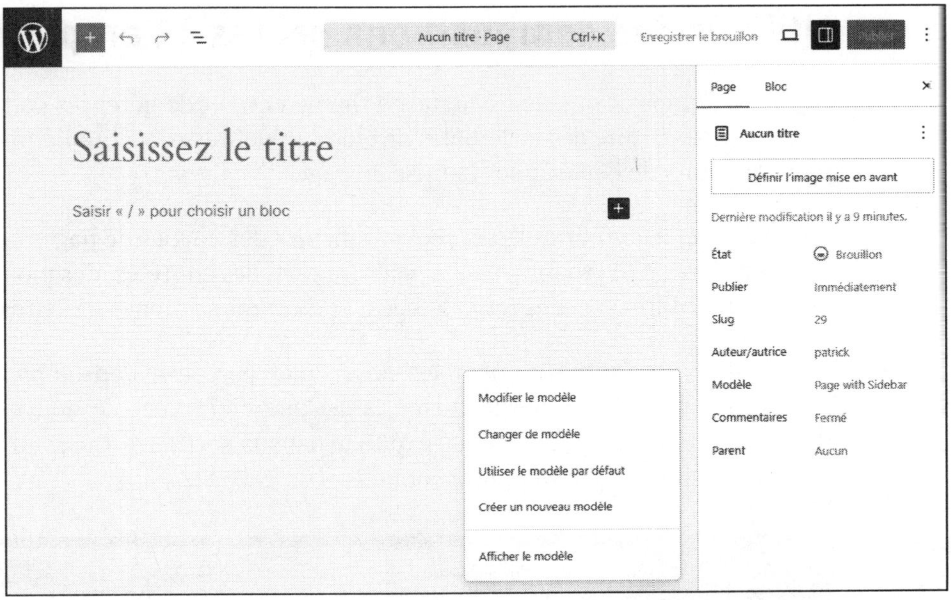

Figure 8.23 Une page du thème TwentyTwenty-Four avec une barre latérale.

Utiliser des compositions prêtes à l'emploi

Le menu Compositions de l'éditeur de thème permet de gérer les compositions du site, c'est-à-dire des ensembles de blocs prédéfinis « prêts à l'emploi » servant de points de départ pour la mise en page.

Par exemple, des compositions peuvent inclure des parties de pages comme des appels à l'action, des bannières, la page Contact, des en-têtes, des pieds de page, des galeries d'images, des témoignages, et d'autres sections similaires.

Depuis le menu Compositions, il est possible de parcourir l'ensemble des compositions disponibles dans le thème, ainsi que d'en créer de nouvelles en en dupliquant une existante. Je vous explique dans la section « Créer ou dupliquer une composition » comment personnaliser un gabarit.

Figure 8.24 Réglage des compositions.

On peut depuis ce menu prévisualiser les compositions disponibles et comprendre leur structure, mais pour les sélectionner comme points de départ d'une nouvelle page, il faut procéder différemment. L'utilisation des compositions s'effectue lors de leur insertion dans une page ou un nouvel article.

Dans l'exemple qui suit, je vous montre comment utiliser les compositions avec le thème Twenty Twenty-Five :

1. Dans le tableau de bord WordPress, cliquez sur le menu Pages puis créez (ou éditez) une nouvelle page.

Par défaut, WordPress propose de choisir une composition dès la création d'une page. Cette fenêtre ne s'affiche que si l'option *Toujours afficher les compositions de démarrage pour les nouvelles pages* est cochée (voir Figure 8.25). Si elle ne s'affiche pas, c'est probablement que cette option a été décochée (voir plus loin comment la réactiver).

Figure 8.25
Choix d'une composition à la création d'une page.

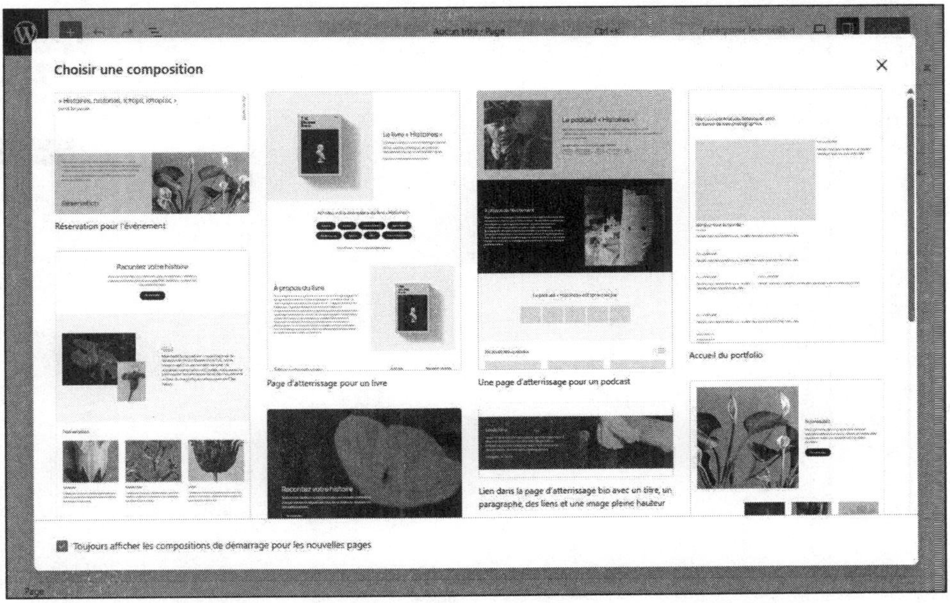

Cliquez sur la croix en haut à droite pour fermer cette fenêtre, sans choisir de composition. À la place, utilisez l'outil d'insertion de blocs (icône « + » bleue), situé en haut à gauche de l'écran, pour ajouter des blocs manuellement (voir Figure 8.26).

Figure 8.26
Le menu d'insertion de blocs.

❷ Sélectionnez une composition.

Ouvrez l'onglet Compositions (voir Figure 8.27). Les différentes compositions fournies par le thème s'affichent à l'écran. Cliquez sur celle de votre choix pour l'insérer dans votre page ; vous pouvez combiner plusieurs compositions au sein d'une même page pour créer un contenu original.

Figure 8.27 Une page peut être construite à partir de plusieurs compositions.

N'OUBLIEZ PAS

Pour réactiver l'option *Toujours afficher les compositions de démarrage pour les nouvelles pages*, ouvrez ou créez une nouvelle page, puis cliquez sur le menu des options en haut à droite (icône en forme de trois points verticaux – voir Figure 8.27) et sélectionnez Préférences tout en bas. Dans la section Général, réactivez l'option *Afficher les compositions de démarrage* (voir Figure 8.28). Les quatre sous-menus servent à configurer différents aspects de l'éditeur : Général pour les comportements globaux, Apparence pour l'affichage et le style, Accessibilité pour les options facilitant l'usage du site, et Blocs pour les réglages spécifiques aux blocs.

Figure 8.28 Page de personnalisation de l'interface.

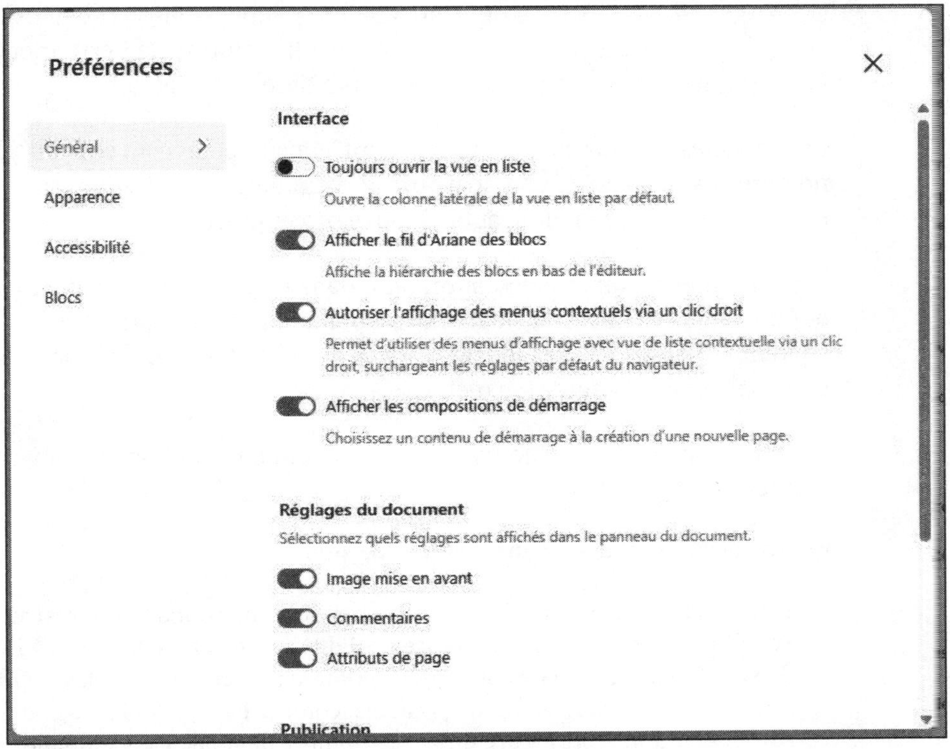

Modifier le gabarit d'un modèle

Les thèmes FSE (Full Site Editing) ont introduit une nouvelle manière de structurer un site WordPress. L'un des changements majeurs concerne la gestion des modèles. Là où les thèmes classiques reposaient sur des fichiers PHP souvent invisibles pour l'utilisateur, les thèmes FSE rendent ces modèles compréhensibles, accessibles, et modifiables directement depuis l'interface d'administration.

Un modèle définit la structure générale d'un type de page. Il ne contient pas le contenu en lui-même, mais le cadre dans lequel ce contenu s'affiche. Par exemple, un modèle peut décrire la disposition d'un article de blog, d'une page standard, d'une page 404, d'une page des résultats d'une recherche ou encore de la page des archives du site.

N'OUBLIEZ PAS

Une page 404 est une page qui s'affiche lorsqu'un visiteur tente d'accéder à une adresse qui n'existe pas ou plus sur le site. Elle informe de l'erreur et peut proposer des liens ou des solutions pour poursuivre la navigation.

Les modèles fournis par un thème sont conçus pour convenir au plus grand nombre. Ils proposent une structure fonctionnelle et visuellement cohérente, mais pas nécessairement adaptée à votre projet précis.

Contrairement à une modification faite dans une page isolée, une modification de modèle a un impact global. Elle s'applique automatiquement aux pages ou contenus qui utilisent ce modèle. C'est ce qui en fait un outil puissant, mais aussi une zone où il faut agir avec méthode.

Dans l'exemple suivant, je vous montre comment modifier le gabarit *Page* du thème Twenty Twenty-Five :

❶ **Accédez aux modèles dans l'éditeur de site.**

Pour modifier le gabarit d'un modèle, rendez-vous dans l'administration WordPress, puis ouvrez Apparence -> Éditeur. Vous accédez alors à l'éditeur de site. Dans le menu de gauche, sélectionnez la section Modèles. WordPress affiche la liste des modèles disponibles, comme Page, Article, Page d'accueil, Archive ou 404 (voir Figure 8.19). Le nombre de modèles disponibles dépend du thème choisi.

❷ **Personnalisez le modèle Page.**

En cliquant sur le modèle Page (voir Figure 8.29), vous ouvrez son gabarit dans l'éditeur. Vous pouvez alors interagir avec lui comme avec n'importe quelle page construite avec des blocs, à savoir réorganiser les blocs, en rajouter, en supprimer, ajouter du texte, modifier les couleurs, *etc.*

❸ **Ne confondez pas modèle et page.**

Par défaut, le modèle Page commence par le bloc Image mise en avant (il s'agit du bloc grisé – voir Figure 8.29). Comprenez que si vous remplacez ce bloc par une image de votre médiathèque, toutes les pages construites à partir de ce modèle auront la même image ! Pour cette raison, il ne faut pas insérer directement une image fixe dans un modèle. Il convient d'utiliser le bloc Image mise en avant, qui agira comme un emplacement dynamique et affichera automatiquement l'image mise en avant propre à chaque page.

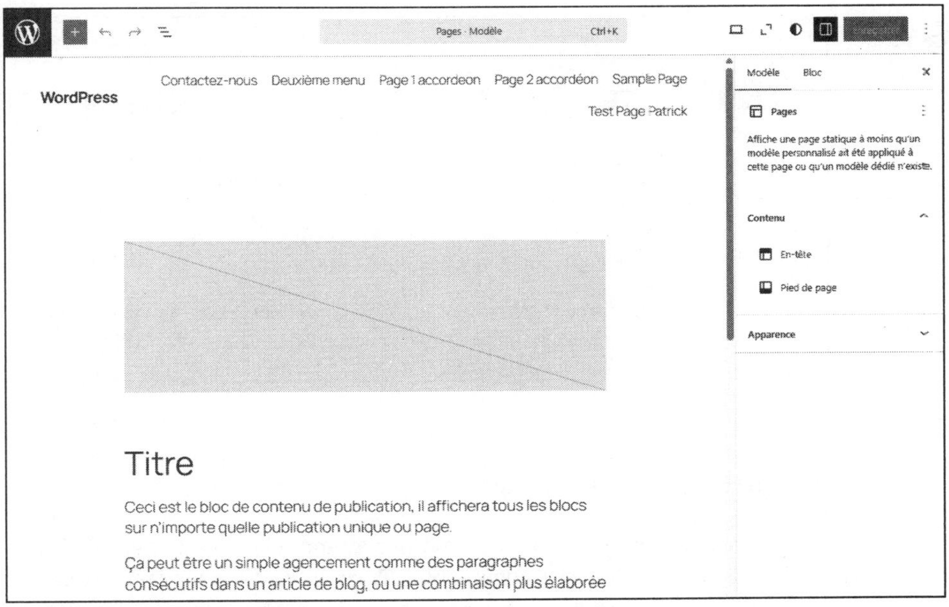

Figure 8.29

Personnalisation d'un gabarit de modèle.

Cliquez désormais sur le titre (voir Figure 8.30). Le titre est créé à l'aide du bloc Titre de la publication, qui vous assure de disposer d'un titre distinct pour chaque page de votre site. Toutefois, si vous remplacer ce titre par du texte, toutes les pages de votre site utilisant le modèle Page disposeront du même titre (qu'il vous faudra alors modifier page par page).

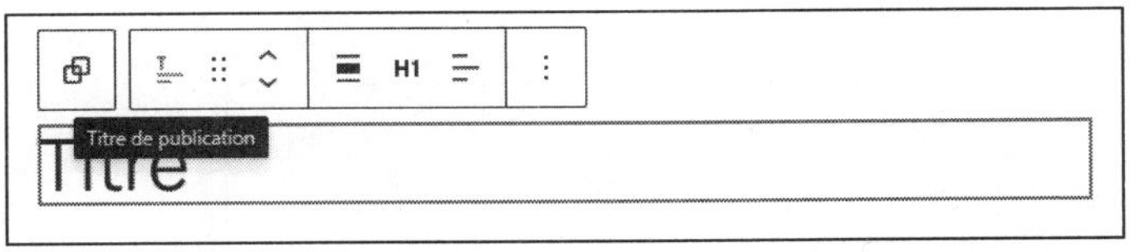

Figure 8.30

Le bloc Titre de publication.

Cliquez sur le bloc suivant, Contenu (voir Figure 8.31). Il s'agit du contenu de votre page que vous personnalisez au niveau de la page, mais pas au niveau du gabarit. Si vous remplacez ce bloc par un bloc Paragraphe contenant du texte, comme dans les exemples précédents, toutes les pages de votre site utilisant le modèle Page disposeront du même texte !

Il devient donc clair que, dans un modèle, il faut, *a priori*, éviter de saisir du texte ou d'insérer des images et plutôt utiliser des blocs génériques dont le contenu dynamique s'adaptera à la page en cours.

Figure 8.31
Le bloc Contenu.

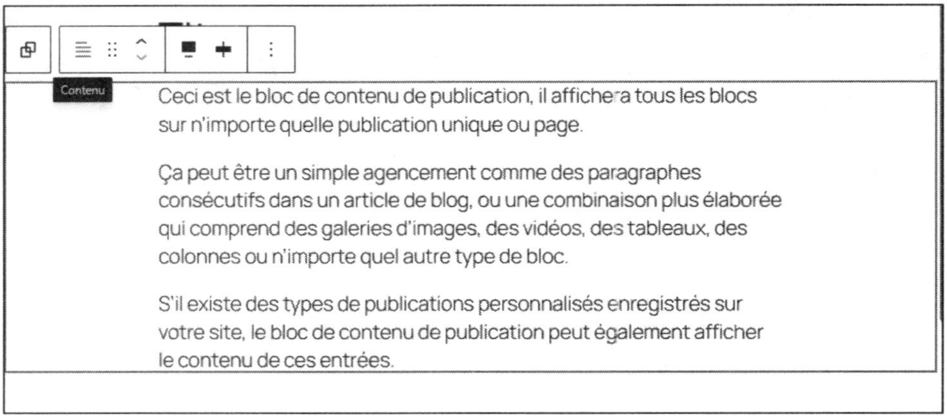

❹ Ajoutez l'auteur d'une page.

À titre d'exemple, je souhaite ajouter au modèle Page le nom de l'auteur qui a écrit la page. Sélectionnez le bloc Titre, allez dans les options de la barre d'outils (à droite) et sélectionner *Ajouter après* pour ajouter un bloc juste après le titre.

Vous aurez compris qu'il ne s'agit pas d'inscrire vos nom et prénom car toutes les pages utilisant ce modèle seraient supposées être écrites par vous-même, même si vous n'en êtes pas l'auteur ou l'autrice. Au lieu de cela, ajoutez le bloc Auteur ou Autrice de la publication (voir Figure 8.32) qui s'adaptera pour chaque page de votre site.

Figure 8.32
Insertion du bloc Auteur ou Autrice de la publication.

Avant d'enregistrer un modèle modifié, comprenez que toute modification s'applique à l'ensemble des contenus utilisant ce modèle. Modifier le modèle Article affectera tous les articles du site, présents et futurs.

❺ Réinitialisez un modèle.

Si vous modifiez le gabarit d'un modèle et constatez que le résultat est désastreux, vous pouvez restaurer le modèle à son état d'origine tel que défini par le thème, en annulant toutes les personnalisations effectuées. Ouvrez le menu Apparence –> Éditeur –> Modèles, cliquez sur les trois points verticaux et sélectionnez Réinitialiser (voir Figure 8.33).

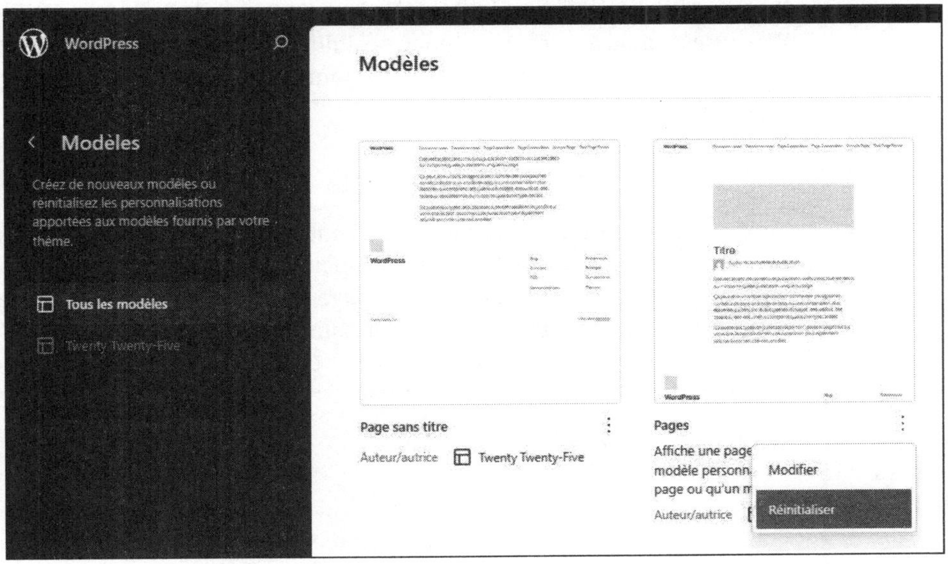

Figure 8.33 Réinitialiser un thème annule toutes les personnalisations effectuées.

NOTE TECHNIQUE

Les modèles sont la colonne vertébrale d'un thème FSE. En les rendant accessibles *via* l'éditeur de site, WordPress donne aux utilisateurs un contrôle direct sur la structure de leur site, sans passer par le code. Savoir modifier un modèle, comprendre son rôle et mesurer l'impact de chaque changement permet de construire des sites plus cohérents, plus maintenables et mieux adaptés aux objectifs du projet. C'est une compétence-clé pour toute personne souhaitant exploiter pleinement le potentiel du Full Site Editing.

Créer un nouveau modèle

Précédemment, je vous ai montré comment modifier le gabarit d'un modèle existant de Twenty Twenty-Five en y ajoutant le nom de l'auteur. Cependant, vous ne souhaitez pas forcément que toutes les pages de votre site suivent la même structure : certaines seulement pourraient afficher le nom de l'auteur.

Je vous propose donc de créer votre propre modèle. Dans cet exemple, nous allons concevoir un modèle affichant la date de publication de la page. Bien sûr, il ne s'agit que d'un exemple : vous pouvez créer autant de modèles que vous le souhaitez selon vos besoins et votre imagination !

1 Accédez aux modèles dans l'éditeur de site.

Pour modifier le gabarit d'un modèle, rendez-vous dans l'administration WordPress, puis ouvrez Apparence –> Éditeur. Vous accédez alors à l'éditeur de site. Dans le menu de gauche, sélectionnez la section Modèles (voir Figure 8.19).

❷ Créez un nouveau modèle.

Tout en haut de l'écran, cliquez sur le bouton bleu Ajouter un modèle (voir Figure 8.19). Si vous le souhaitez, vous pouvez appliquer le nouveau modèle que vous vous apprêtez à créer à une page ou un article déjà existant. Au lieu de cela, cliquez en bas sur Modèle personnalisé (voir Figure 8.34).

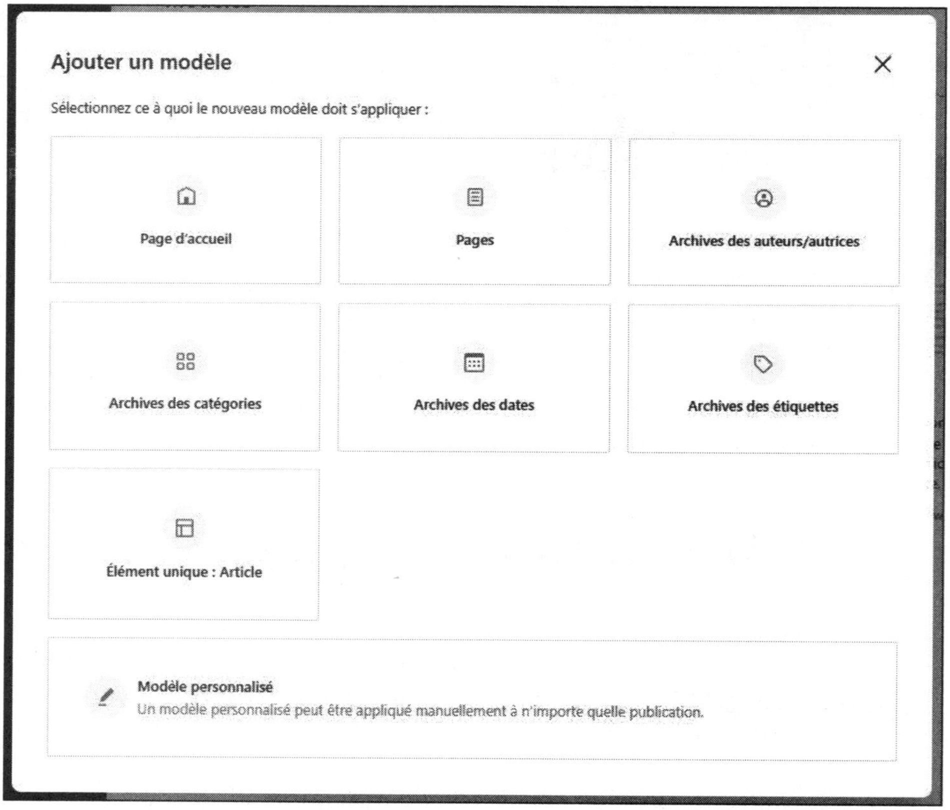

Figure 8.34 Création d'un modèle personnalisé.

❸ Donnez un nom à votre modèle.

Il vous est demandé de donner un nom à votre modèle. Dans cet exemple, je vais l'appeler « *Page (avec date publication)* ».

❹ Sélectionnez une composition.

Pour vous simplifier la vie, n'hésitez pas à repartir d'un modèle existant plutôt que de tout créer à partir de rien. Vous avez évidemment la liberté de fermer cette fenêtre pour personnaliser le tout à votre guise. Dans cet exemple, cliquez sur le modèle de page situé le plus à gauche pour éviter de repartir de zéro (voir Figure 8.35).

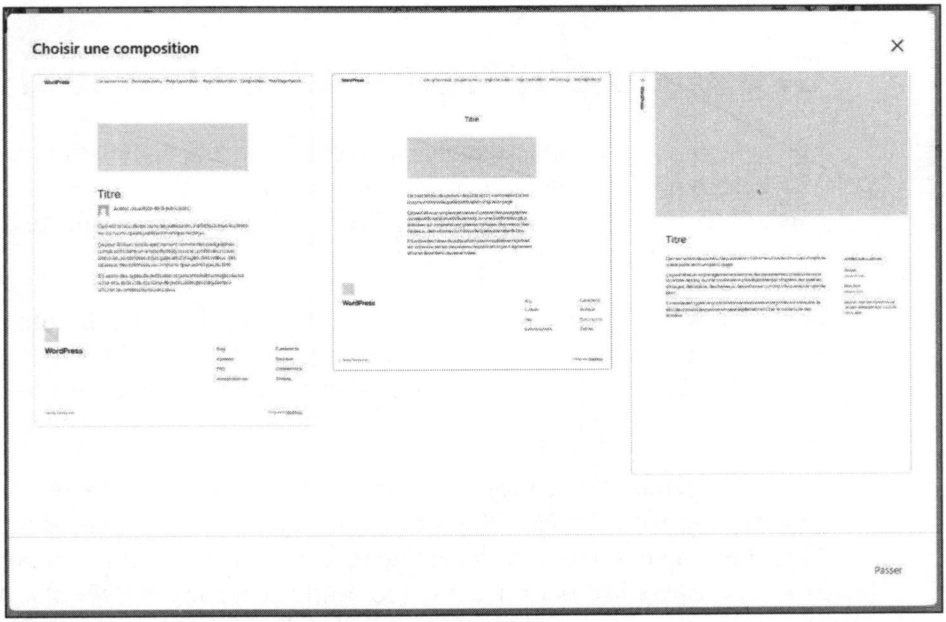

Figure 8.35 Choix d'une composition au moment de la création d'un modèle.

❺ Ajoutez la date de publication de la page.

Inspirez-vous de la section précédente où j'ajoutais au modèle de page le nom de l'auteur. Cette fois-ci, j'ajoute à mon gabarit le bloc dynamique Date de la publication (voir Figure 8.36). Enregistrez votre modèle.

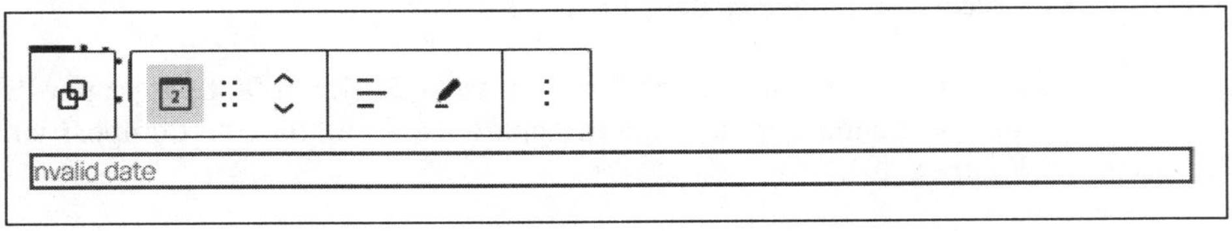

Figure 8.36 Ajout du bloc Date de la publication au nouveau modèle.

6. Appliquez ce nouveau modèle à une page.

   Le moment est venu de créer une page, ou d'en modifier une déjà existante, pour lui appliquer ce nouveau modèle. Si vous avez un doute sur la manipulation, n'hésitez pas à consulter la section « Contrôler la structure et l'affichage du site », précédemment dans ce chapitre, où je détaille la marche à suivre. Une fois l'opération terminée, vous verrez que la page affiche bien sa propre date de publication.

Créer ou dupliquer une composition

Une composition est un ensemble de blocs préconçus, organisés pour répondre à un besoin précis. Il peut s'agir par exemple d'un en-tête de page, d'un pied de page, d'une section de témoignages, d'un appel à l'action ou encore d'une mise en page complète pour une page d'accueil.

Contrairement à un simple bloc, une composition combine plusieurs éléments : textes, images, boutons, colonnes, espacements, parfois même des blocs dynamiques. L'objectif est double : faire gagner du temps et garantir une cohérence visuelle sur l'ensemble du site.

Dans un thème FSE, les compositions sont pensées comme des briques de construction réutilisables. Elles servent de point de départ, pas de modèle figé. Dans l'exemple suivant, je vous explique comment modifier la composition « Bannière avec la description du livre » afin de lui adjoindre le bloc Accordéon (qui me permettra de préciser les caractéristiques du livre) depuis l'éditeur de site.

N'OUBLIEZ PAS

Un accordéon est un élément interactif composé d'un titre cliquable qui, une fois activé, se déplie pour révéler un contenu masqué. C'est l'outil idéal pour aérer vos pages en cachant les textes longs.

1. Accédez aux modèles dans l'éditeur de site.

   Pour modifier une composition au niveau du site, il faut passer par l'éditeur du site, accessible depuis le menu Apparence -> Éditeur -> Compositions (voir Figure 8.24).

   Les compositions proposées par le thème ne sont pas modifiables pour éviter d'altérer le design original. Il vous faudra créer une nouvelle composition à partir d'une existante.

❷ Dupliquez la composition « Bannière avec la description du livre ».

Cliquez sur les trois points dans la barre d'outils de la composition « Bannière avec la description du livre ». Choisissez Dupliquer (voir Figure 8.37).

Figure 8.37

Duplication d'une composition.

❸ Synchronisez votre bannière.

Donnez un nom à votre bannière, par exemple « Bannière avec la description du livre (avec accordéon) », et indiquez si vous souhaitez que votre composition soit synchronisée ou non (voir Figure 8.38) :

- *Synchronisée* : permet d'utiliser une composition *à plusieurs* endroits de votre site (pages, articles, pieds de page, *etc.*), avec une particularité essentielle : toutes les copies sont liées entre elles. Concrètement, si vous insérez cette composition sur dix pages différentes et que vous décidiez plus tard d'en modifier le texte ou la couleur, vous n'avez besoin de faire la modification qu'une seule fois. Le changement sera automatiquement répercuté sur les dix pages instantanément.

- *Non synchronisée* : consiste à créer une composition de départ. Une fois insérée dans un contenu, elle devient indépendante. Si vous la modifiez sur une page, cela ne change rien ailleurs.

Figure 8.38
Synchronisation d'une composition.

❹ Transformez la composition pour la rendre unique.

Dirigez-vous dans la section Mes compositions pour retrouver la copie de votre composition (voir Figure 8.37). Inspirez-vous de la section précédente où j'ajoutais au modèle de page le nom de l'auteur. Cette fois-ci, j'ajoute à mon modèle le bloc Accordéon (voir Figure 8.39). J'indique le titre de l'accordéon (c'est la partie visible) et j'insère un bloc Paragraphe pour son contenu masqué (c'est ce qui apparaît uniquement lorsque l'on développe le bloc). Enregistrez votre modèle.

Figure 8.39
Ajout du bloc Accordéon à une composition.

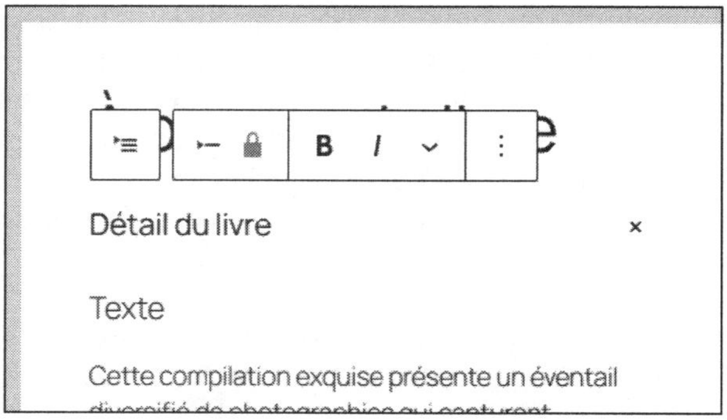

❺ Utilisez la nouvelle composition.

Les compositions sont accessibles au moment d'insérer un bloc dans une page (voir « Utiliser des compositions prêtes à l'emploi » précédemment dans ce chapitre). En cliquant sur le bouton d'ajout de blocs, puis en ouvrant l'onglet

Compositions –> Mes compositions, vous verrez la composition que vous venez de créer. Il ne vous reste plus qu'à compléter le texte masqué de l'accordéon en y intégrant les caractéristiques précises du livre que vous souhaitez mettre en avant.

Rappel : une composition non synchronisée devient une structure de blocs classique. Une fois insérée, elle n'est plus liée à sa version d'origine. Cela signifie que vous pouvez la modifier librement sans impacter les autres pages, ni le modèle d'origine. Cette approche est volontaire. Elle évite les effets de bord et permet d'adapter chaque page à son contexte.

En revanche, si vous modifiez le gabarit d'une composition synchronisée, toutes les modifications apportées au gabarit seront répercutées sur les pages ou articles utilisant la composition (et uniquement si elle est synchronisée !).

Comprendre le rôle du fichier *theme.json*

Avec l'évolution de WordPress et l'arrivée des thèmes FSE (Full Site Editing), un nouveau fichier est devenu central dans la manière de concevoir un site : le fichier **theme.json**. Même s'il reste invisible pour la plupart des utilisateurs, il joue un rôle fondamental dans l'apparence, la cohérence et le comportement de l'éditeur.

Dans cette partie, je vous explique à quoi sert ce fichier, pourquoi il a été introduit, et en quoi il change la logique par rapport aux thèmes dits « classiques ».

Pourquoi WordPress a introduit le fichier *theme.json* ?

Avant l'arrivée des thèmes FSE, la personnalisation d'un site WordPress reposait sur plusieurs mécanismes distincts. Les couleurs pouvaient être définies à un endroit, les polices à un autre, les largeurs de contenu ailleurs encore. Certaines options dépendaient du thème, d'autres de l'éditeur, d'autres enfin de l'outil de personnalisation et certaines des extensions !

Cette fragmentation rendait l'ensemble difficile à comprendre et parfois incohérent. Le fichier **theme.json** a été introduit pour répondre à ce problème. Il agit comme un point central de configuration, un lieu unique où le thème peut définir ses règles générales.

Le rôle du fichier *theme.json*

Le fichier theme.json sert de centre de configuration centralisé pour définir les paramètres techniques et l'apparence visuelle d'un thème. On peut le voir comme une sorte de contrat entre le thème et l'éditeur WordPress.

Concrètement, ce fichier sert notamment à :

» **définir les couleurs disponibles dans l'éditeur ;**

» **préciser les tailles de texte proposées ;**

» **encadrer les espacements et les largeurs ;**

» **activer ou désactiver certaines options de blocs ;**

» **poser des règles de style communes à l'ensemble du site.**

Grâce à cela, l'éditeur de blocs sait exactement quelles options afficher et comment se comporter. L'utilisateur n'est plus face à une infinité de réglages arbitraires, mais à un ensemble cohérent, pensé par le thème.

Comprendre la structure d'un fichier *theme.json*

Modifier le fichier theme.json directement peut sembler tentant, surtout lorsque l'on souhaite ajuster rapidement le rendu d'un site. Pourtant, cette pratique comporte un risque important que je vais vous expliquer.

Le fichier theme.json fait partie du thème. Lorsqu'une mise à jour du thème est appliquée, l'ensemble de ses fichiers est remplacé par la nouvelle version. Toute modification effectuée directement dans theme.json sera alors perdue, sans avertissement. Le site revient au comportement prévu par le thème d'origine, ce qui peut entraîner des changements visuels soudains et parfois difficiles à identifier.

C'est pour cette raison qu'il est déconseillé de modifier le fichier theme.json directement dans un thème. WordPress propose aujourd'hui des alternatives plus sûres, comme les styles globaux ou l'utilisation d'un thème enfant (voir Chapitre 11), qui permettent de personnaliser le site sans mettre en danger les réglages existants.

Comprendre ce danger ne signifie pas qu'il ne faut jamais toucher à **theme.json** mais plutôt qu'il faut le faire en connaissance de cause, en sachant où et comment les modifications sont appliquées.

Je vous explique comment éditer (ou consulter) votre fichier **theme.json** :

1. **Téléchargez le fichier theme.json sur votre ordinateur avec FTP.**

   Le fichier theme.json se situe à la racine du thème FSE. Pour le thème Twenty Twenty-Five, il se trouve dans le dossier /wp-content/themes/twentytwentyfive. Il fait partie intégrante du thème, au même titre que les modèles ou les fichiers de styles.

   Il s'agit d'un fichier texte écrit au format JSON. Ce format impose une syntaxe stricte : accolades, clés, valeurs, virgules. Une erreur de syntaxe peut empêcher WordPress d'interpréter correctement le fichier, ce qui explique pourquoi toute modification doit être faite avec attention. En pratique, on édite ce fichier à l'aide d'un éditeur de texte et non depuis l'interface d'administration de WordPress.

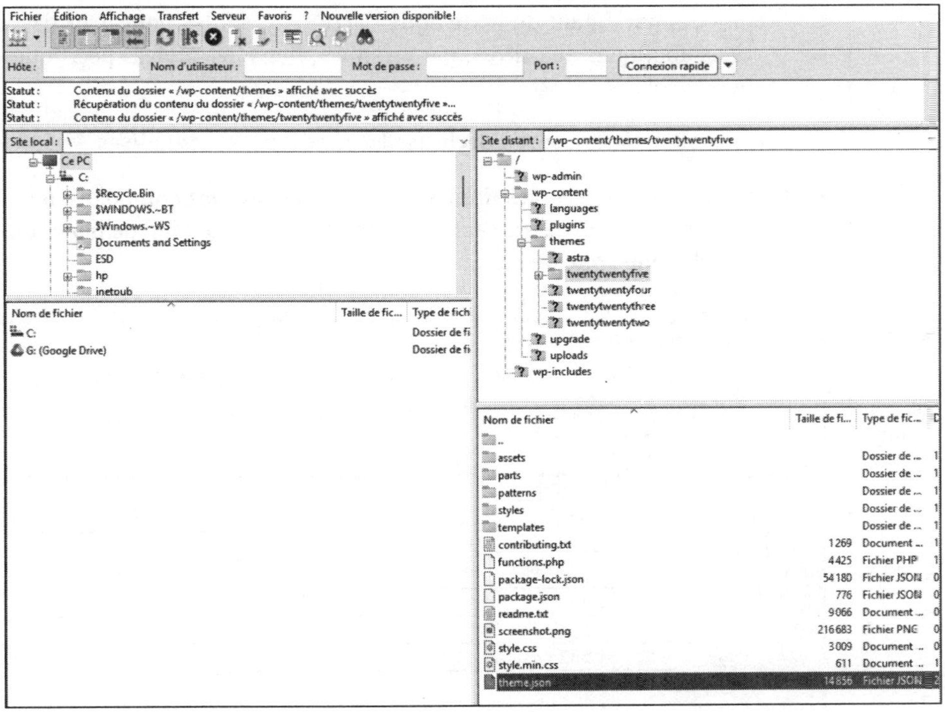

Figure 8.40

Emplacement du fichier *theme.json*.

❷ Observez la structure du fichier theme.json.

Le fichier theme.json est organisé en grandes sections. Sa longueur varie beaucoup en fonction de la complexité ou la simplicité de votre thème. La Figure 8.41 montre un fichier theme.json dont toutes les sections ont été repliées tandis que la Figure 8.42 montre un court extrait du fichier déplié. Les parties les plus importantes sont :

- *version* : indique la version du schéma utilisé par WordPress. Elle permet à WordPress de savoir comment interpréter le contenu du fichier. Dans la pratique, cette valeur est rarement modifiée manuellement. Elle évolue avec les versions de WordPress et sert surtout à assurer la compatibilité.
- *settings* : cette section peut s'appliquer globalement ou bloc par bloc. Elle définit ce que l'utilisateur a le droit de faire dans l'éditeur. Elle ne décrit pas l'apparence du site, mais les options disponibles. On y trouve par exemple les palettes de couleurs autorisées, les tailles de texte proposées, les options d'espacement, l'activation ou la désactivation de certaines fonctionnalités des blocs.
- *styles* : définit l'apparence par défaut du site. On y décrit notamment les couleurs par défaut du texte et de l'arrière-plan, les polices utilisées, les styles appliqués aux titres, paragraphes, liens, les styles spécifiques à certains blocs.
- *customTemplates* : sert à déclarer des modèles personnalisés.
- *templateParts* (selon les thèmes) : sert à déclarer les compositions, c'est-à-dire les éléments réutilisables comme l'en-tête, le pied de page, une barre latérale, une zone de navigation.

Figure 8.41 Exemple de fichier *theme.json* replié.

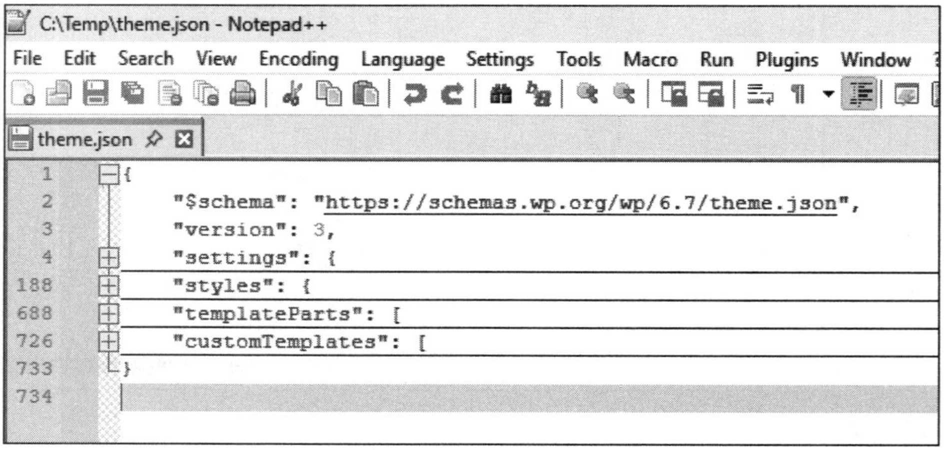

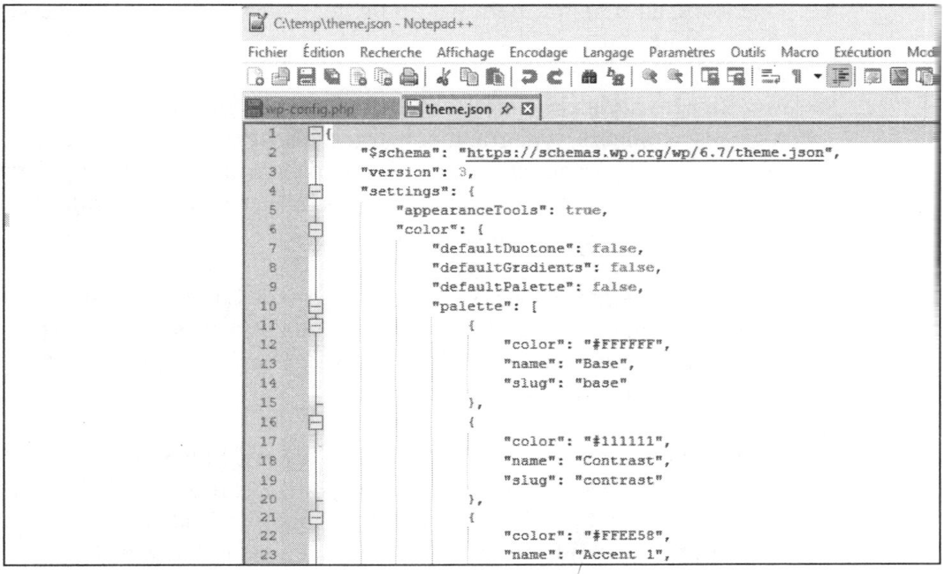

Figure 8.42 Extrait d'un fichier *theme.json* déplié.

Personnaliser son thème sans modifier *theme.json*

Il existe aujourd'hui plusieurs façons de modifier un site WordPress moderne sans jamais toucher au fichier **theme.json**. C'est même, dans la majorité des cas, l'approche la plus sûre. Je vous présente un panorama clair des options disponibles :

- **Utiliser les styles globaux depuis l'éditeur de site :** la première option, et la plus courante, consiste à passer par les styles globaux de l'éditeur de site (voir « Examen du thème par défaut : Twenty Twenty-Five »).

  Depuis l'éditeur de site, la section Styles permet de modifier les couleurs, les typographies, les styles des titres, paragraphes, boutons, les espacements et certains réglages de mise en page. Ces modifications sont enregistrées en base de données (MySQL), mais sans modifier le fichier theme.json. WordPress enregistre ces choix séparément, sous forme de surcharges. La mise à jour de votre thème ne perturbera pas les modifications effectuées qui sont enregistrées dans MySQL.

- **Modifier les modèles dans l'éditeur de site :** les modèles peuvent être modifiés directement depuis l'éditeur de site, sans passer par le code PHP. Ces modifications sont enregistrées en base de données, comme des personnalisations du site, et non comme des changements du thème.

Là encore, elles ne touchent pas au fichier theme.json et sont conservées lors des mises à jour.

» **Modifier les styles au niveau des blocs :** chaque bloc dispose de ses propres réglages : couleurs, typographie, marges, alignements, *etc.* Ces réglages permettent de personnaliser finement une page ou une section précise, sans impacter le reste du site. C'est une approche locale, utile pour des exceptions ou des mises en valeur ponctuelles.

  Bien que ces réglages locaux offrent une grande liberté, leur utilisation excessive risque de briser l'unité visuelle de votre projet. Multiplier les exceptions sur chaque bloc finit par nuire à l'harmonie générale du site et complique sa maintenance à long terme.

» **Ajouter du CSS personnalisé :** WordPress permet toujours d'ajouter du CSS personnalisé. Avec cette méthode, vous pouvez corriger un détail visuel, ajuster un comportement précis, intervenir sans modifier la structure du thème, *etc.* Elle doit rester mesurée, mais elle constitue une option valable dans la plupart des cas.

» **Utiliser un thème enfant :** le thème enfant reste une solution sûre pour personnaliser fortement un site qui contiendrait beaucoup de CSS et qui risquerait de le ralentir. Cette approche est particulièrement adaptée lorsque les styles globaux ne suffisent plus.

Examen minutieux d'un thème WordPress classique

Dans la partie précédente, nous avons exploré la structure d'un thème compatible avec l'édition intégrale du site (FSE) en utilisant l'exemple du thème par défaut Twenty Twenty-Five. Cette approche permet de concevoir directement l'apparence du site à l'aide de blocs, sans passer par des réglages séparés pour chaque élément.

Cependant, tous les thèmes WordPress ne reposent pas sur ce principe. Une grande partie des thèmes disponibles dans le catalogue officiel sont encore des thèmes dits « classiques », qui utilisent une organisation différente et des outils spécifiques. Dans cette nouvelle partie, je vais revenir sur ces thèmes classiques afin de vous expliquer leur fonctionnement et leurs particularités.

Pour créer des thèmes, vous devez entrer dans le code source des modèles, ce qui peut sembler parfois effrayant – surtout si vous ne savez pas vraiment ce que vous êtes en train de faire. Pour bien commencer, il faut comprendre la structure d'un site WordPress et les parties qui le composent. Prises séparément, ces parties ne vous rendront aucun service ; mais dès lors que vous les assemblerez, le miracle surviendra !

N'OUBLIEZ PAS

Vous n'avez pas besoin de connaître le langage HTML pour utiliser WordPress. Toutefois, si vous comptez créer et concevoir des thèmes WordPress, vous aurez besoin d'une connaissance de base de HTML et des CSS (*Cascading Style Sheets*).

Les modèles WordPress s'assemblent et permettent à un thème WordPress de fonctionner. Ces modèles comprennent :

» **La feuille de styles du thème (style.css) : la feuille de styles fournit le nom du thème, ainsi que les règles CSS qui s'appliquent au thème.**

» **Le modèle d'index principal (index.php) : le fichier index.php est le premier fichier qui est chargé lorsqu'un visiteur arrive sur votre site. Il contient le code HTML ainsi que toutes les fonctions WordPress et les modèles nécessaires à votre page d'accueil.**

» **Un fichier de fonctions optionnel (functions.php) : ce fichier optionnel est un endroit où vous pourrez ajouter des fonctionnalités supplémentaires à votre site *via* des fonctions spécifiques à PHP et/ou WordPress.**

Les fichiers des modèles et des fonctions se terminent par l'extension **.php**. PHP est le langage de programmation utilisé dans WordPress, que votre serveur Web reconnaît et interprète comme tel. Cependant, ces fichiers contiennent plus que de simples scripts. Les fichiers PHP contiennent également des balises HTML, qui est le langage de description des pages Web.

Dans cet ensemble de fichiers PHP se trouvent toutes les informations dont votre navigateur et votre serveur Web ont besoin pour créer votre site Web, de la couleur de l'arrière-plan à la mise en page du contenu.

NOTE TECHNIQUE

Un thème WordPress est composé d'un ensemble de modèles WordPress et de fonctions associées. Lorsque je me réfère à un *thème* WordPress, je parle d'un groupe de modèles qui forme le thème. Lorsque je parle d'un *modèle* WordPress, je me réfère seulement aux fichiers du thème qui contiennent les fonctions codées en PHP. Ces fonctions permettent aux modèles de fonctionner ensemble pour former le thème (vous en apprendrez plus à ce sujet plus loin dans ce chapitre).

Comprendre la structure d'un thème classique

Il est primordial de savoir où se trouvent les fichiers de votre thème WordPress afin de pouvoir les modifier selon vos besoins. Deux méthodes vous permettent d'afficher et de modifier les fichiers de votre thème WordPress :

❶ **Installez le thème Twenty Twenty-One.**

Pour expliquer la structure d'un thème WordPress classique, je vous propose d'installer le thème Twenty Twenty-One (par WordPress) qui est un thème classique, non FSE.

❷ **Connectez-vous à votre serveur Web *via* FTP, et jetez un œil sur les thèmes WordPress disponibles sur votre serveur.**

Les thèmes se trouvent dans le dossier /wp-content/themes. Lorsque vous ouvrez ce dossier (voir Figure 8.43), vous voyez notamment le dossier /twentytwentyone.

Si un thème est installé dans un autre dossier que /wp-content/themes, il ne fonctionnera pas.

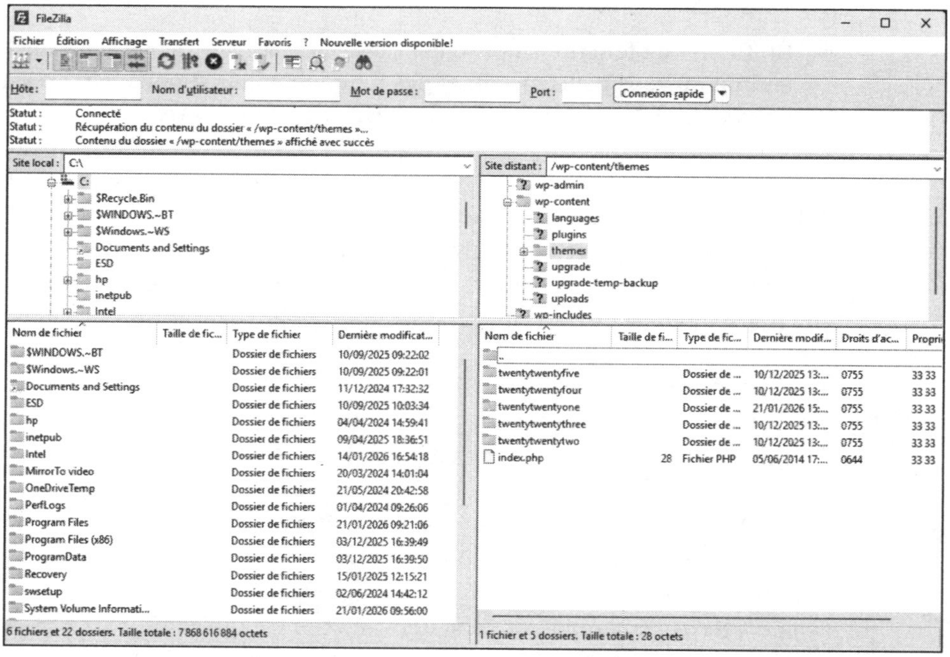

Figure 8.43
Emplacement des thèmes WordPress.

3. Ouvrez le dossier du thème par défaut (/wp-content/themes/twentytwentyone), et notez les fichiers modèles qui s'y trouvent.

   Lorsque vous ouvrez le dossier du thème Twenty Twenty-One, vous voyez plusieurs fichiers. Vous trouverez au minimum cinq modèles pour le thème par défaut :

   - Feuille de styles (style.css) ;
   - Fichier des fonctions (functions.php) ;
   - En-tête (header.php) ;
   - Page d'accueil (index.php) ;
   - Pied de page (footer.php).

   Ces fichiers sont les principaux modèles WordPress. Il existe cependant plusieurs autres modèles, vous pouvez tous les explorer si vous le souhaitez. Jetez un coup d'œil à leur contenu afin de voir les différentes fonctions PHP qu'ils contiennent. Ces noms de fichiers sont les mêmes dans chaque thème WordPress.

4. Revenez au panneau d'administration WordPress et cliquez sur Apparence, puis sur Éditeur des fichiers des thèmes pour accéder aux fichiers du thème.

   Cette page dresse la liste des divers modèles disponibles dans le thème actif (la Figure 8.44 montre les modèles qui composent le thème Twenty Twenty-One). Une boîte de saisie qui occupe la partie gauche de l'écran affiche le contenu du modèle sélectionné ; elle vous permet aussi de modifier ce contenu. Pour visualiser et modifier un fichier modèle, cliquez sur le nom de ce dernier dans la liste qui occupe le côté droit de la page.

Cette page affiche également du code HTML (voir Chapitre 10) et des fonctions PHP. Ces fonctions sont au cœur de votre site Web ; elles connectent entre eux tous les modèles pour former un thème.

N'OUBLIEZ PAS

Le menu déroulant Documentation (voir Figure 8.44) contient toutes les fonctions PHP du modèle sélectionné. Cette liste est utile lorsque vous modifiez un modèle, et vous permet d'accéder à la documentation de la fonction sélectionnée (le menu déroulant Documentation apparaît non pas lorsque vous affichez la feuille de styles style.css, mais uniquement pour un autre modèle ayant l'extension .php).

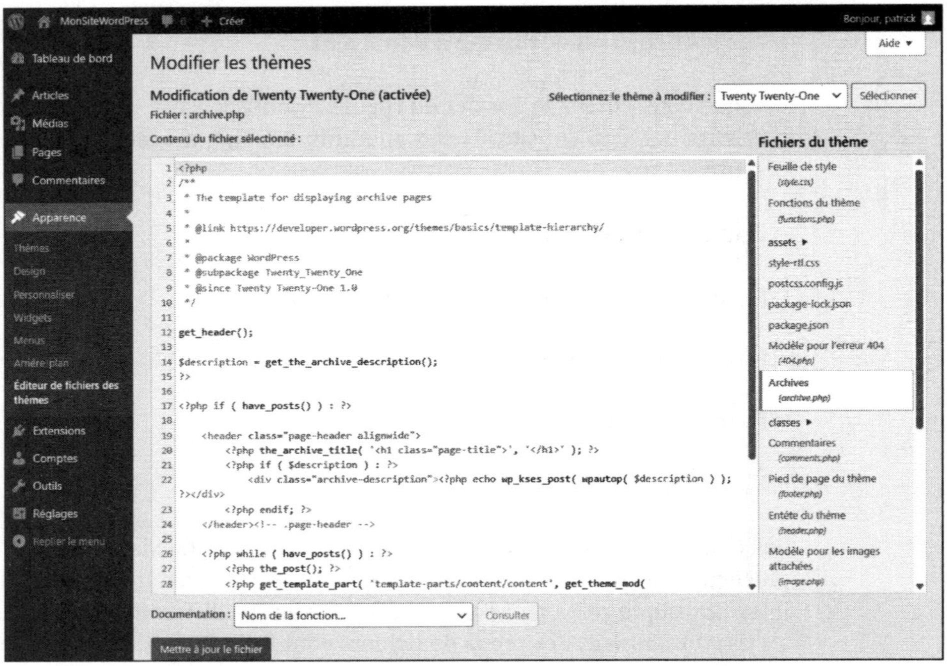

Figure 8.44 La liste des modèles qui composent le thème WordPress Twenty Twenty-One.

Les fichiers ne se suffisent pas à eux seuls ; pour qu'un thème fonctionne, il faut lier ces fichiers de manière qu'ils forment une entité unique. Pour cela, vous des fonctions particulières permettent d'inclure les informations de chaque modèle (**header.php**, **sidebar.php**, et **footer.php**) dans le fichier principal **index.php**. Cela consiste à appeler un modèle dans un autre.

Comprendre la structure d'un site WordPress

Un site WordPress, dans sa forme de base, est souvent composé de quatre zones principales. Les modèles pour ces quatre domaines apparaissent dans le thème par défaut fourni dans chaque version de WordPress :

» **En-tête (*header*) : cette zone contient généralement le nom du site ainsi qu'un slogan ou un sous-titre. Parfois, l'en-tête contient aussi un graphisme ou une photo.**

» **Corps (*body*) : c'est la zone où vos articles apparaissent par ordre chronologique.**

» **Colonne latérale (*sidebar*) : c'est ici que vous trouvez les listes des éléments liés au site, comme les archives ou la liste des articles récents.**

» **Pied de page (*footer*) : cette zone, qui se trouve en bas de la page, contient souvent des liens permettant d'accéder à plus d'informations sur le site, comme une présentation de son designer, de l'entreprise qui fournit l'hébergement, le copyright, *etc.***

Ces quatre zones représentent la structure d'un modèle de site WordPress de base. Vous pouvez étendre ces zones et créer de nouvelles sections qui contiendront des informations supplémentaires mais, dans ce chapitre, je me concentre sur les bases.

Le thème WordPress appelé Twenty Twenty-One est un thème à une seule colonne, ce qui signifie qu'il n'y a pas de barre latérale pour les articles ou les pages de votre blog.

Les thèmes WordPress par défaut sont, à mon avis, un bon point de départ, surtout si vous êtes juste en train de vous mouiller les pieds dans l'édition Web. Je ne couvre pas tous les modèles et fonctions que comprend le thème Twenty Twenty-One. Au lieu de cela, j'aborde les bases pour vous aider à comprendre les modèles et les fonctions WordPress.

N'OUBLIEZ PAS

De nombreux thèmes développés par WordPress sont libres d'utilisation ; je vous recommande de chercher celui qui vous convient le mieux et de le télécharger. Utilisez des thèmes gratuits comme base pour vous lancer dans le développement de thèmes. Pourquoi réinventer la roue ? Avec tous les thèmes gratuits aujourd'hui disponibles, la plus grande partie du travail a certainement déjà été accomplie par d'autres, et il vous sera probablement plus aisé de réutiliser l'un de ces thèmes que de commencer à en produire un à partir de rien.

Chaque thème WordPress est livré avec une feuille de styles (**style.css**) qui définit l'apparence et l'agencement de votre modèle en spécifiant l'endroit où les éléments sont positionnés dans la page, les polices de caractères à utiliser, les couleurs des liens hypertexte, *etc.* Comme vous devez déjà le supposer, vous utilisez CSS non pas pour produire le contenu de votre site, mais pour modifier la manière dont ce contenu s'affiche.

N'OUBLIEZ PAS

Ce chapitre vous a permis de découvrir la structure d'un thème WordPress classique et de comprendre comment ses modèles et fonctions s'articulent pour bâtir un site. Nous avons vu que, contrairement aux thèmes FSE qui se modifient directement depuis l'éditeur de site, les thèmes classiques reposent sur des fichiers PHP et CSS interconnectés, et demandent des connaissances en programmation informatique.

Quatrième partie

Personnalisation avancée, gestion et maintenance de WordPress

Dans cette partie...

- » Utilisez les balises HTML et CSS de base pour modifier l'apparence de votre thème existant.
- » Découvrez le concept de base des thèmes parent/enfant dans WordPress et apprenez à créer votre propre thème personnalisé basé sur un thème existant.
- » Activez le mode multisite de WordPress.
- » Gérez les mises à jour et les sauvegardes de WordPress.
- » Migrez votre site Web existant vers WordPress (s'il utilise actuellement une plateforme de publication différente) ou déplacez-le vers un nouvel hébergeur.
- » Utilisez l'historique des révisions pour restaurer une version antérieure d'un article ou d'une page en cas d'erreur.

DANS CE CHAPITRE :

- Comprendre l'essentiel du HTML.
- Explorer les bases de CSS.
- Optimiser le référencement d'un site WordPress.
- Respecter les règles du RGPD.

Chapitre 9

Optimiser un site WordPress

Dans ce chapitre, vous allez acquérir les bases essentielles pour comprendre comment WordPress affiche et met en forme le contenu d'un site. Le HTML y est présenté comme le socle de la structure des pages, tandis que le CSS intervient pour en définir l'apparence visuelle.

À l'aide d'exemples simples et concrets, vous apprendrez à intégrer des images, créer des liens, organiser des listes et améliorer la lisibilité du contenu. Le chapitre explique également comment cibler précisément les éléments d'un thème grâce aux classes et aux identifiants CSS.

Vous découvrirez enfin comment optimiser votre site pour les moteurs de recherche et respecter les exigences réglementaires telles que le RGPD, afin de concevoir un site fiable et professionnel.

ASTUCE

Avant de vous lancer dans la personnalisation de votre site, faites une sauvegarde de votre thème afin de disposer des fichiers originaux, que vous pourrez restaurer si besoin. Je vous livre au Chapitre 13 une extension pour sauvegarder votre site.

Comprendre les techniques de base de HTML

HTML est le langage de base qui structure le contenu d'un site WordPress. Il permet de définir les titres, paragraphes, images, liens et autres éléments visibles par vos visiteurs. Connaître les notions essentielles de HTML est un véritable atout, car cela permet de comprendre le fonctionnement du site et d'ajuster certains éléments plus facilement lorsqu'on personnalise son thème.

Pour comprendre comment HTML et CSS travaillent ensemble, on peut faire l'analogie suivante : si un site Web était un bâtiment, HTML en serait la structure (les montants et la fondation) et CSS serait la peinture.

HTML contient les éléments pour lesquels CSS fournit les styles. Tout ce que vous avez à faire pour appliquer un style CSS est d'utiliser le bon élément HTML :

```
<body>
  <div id="content">
    <h1>Le titre commence ici</h1>
    <p>
       Ceci est un exemple de phrase.
       <blockquote>
          Le voyage de mille kilomètres commence par la première
          étape.
       </blockquote>
       Je vais continuer sur cette phrase et la terminer ici.
    </p>
    <p>
     Cliquez <a href="https://www.google.fr">ici</a> pour visiter
le moteur de recherche Google.
     </p>
   </div>
</body>
```

Tous les éléments HTML disposent de balises d'ouverture et de fermeture. Les balises d'ouverture sont contenues dans des symboles inférieur à (<) et supérieur à (>).

Par exemple :

```
<h1>Le titre commence ici</h1>
```

Notez que les éléments HTML doivent être correctement imbriqués. Dans l'exemple précédent, une balise de paragraphe est ouverte (<p>). Plus loin sur cette ligne, une citation de bloc est ouverte (`<blockquote>`) et est contenue dans la balise de paragraphe. Si vous modifiez cette ligne, vous ne pourrez pas terminer le paragraphe (`</p>`) avant de mettre fin au bloc (`</blockquote>`). Les éléments imbriqués doivent se fermer avant que les éléments soient imbriqués à l'intérieur.

Enfin, il est important de définir correctement les tabulations (les *indentations*) lors de l'écriture du code HTML, principalement pour la lisibilité, afin que vous puissiez explorer rapidement le code pour trouver ce que vous recherchez. Si vous n'avez pas fermé une balise, faites une tabulation supplémentaire. Cette pratique vous permettra de voir où chaque élément commence et se termine. Cela peut également être très utile lors du diagnostic des problèmes.

Comprendre les attributs HTML

Les attributs HTML servent à fournir des détails supplémentaires à une balise, définissant son apparence ou la manière dont elle se comporte. Ils aident à gérer la présentation d'un élément et son interaction avec l'utilisateur. Savoir les utiliser est un atout pour ajuster et personnaliser un site WordPress, y compris lorsqu'on travaille avec un thème FSE.

Un attribut se place à l'intérieur d'une balise d'ouverture et suit ce format :

```
nom="valeur"
```

Syntaxe HTML :

```
<a href="https://www.monsite.fr">Lien vers le site</a>
```

Ici, `href` est l'attribut, et `https://www.monsite.fr` est sa valeur. Il indique où le lien doit diriger l'utilisateur. Les attributs les plus courants sont :

- **`href` : utilisé avec <a> pour définir l'URL de destination.**
- **`src` : utilisé avec `<img>` pour indiquer la source de l'image (voir la section suivante, « Insérer des images »).**
- **`alt` : utilisé avec `<img>` pour fournir un texte alternatif si l'image ne s'affiche pas.**

» `title` : fournit un texte explicatif qui apparaît au survol de l'élément.

» `id` : identifie de manière unique un élément, utile pour le CSS ou JavaScript (voir la section « Styliser avec CSS : les bases »).

» `class` : permet de regrouper des éléments pour appliquer un style CSS commun (voir la section « Styliser avec CSS : les bases »).

» `target` : avec `<a>`, indique où ouvrir le lien (`_blank` pour un nouvel onglet). Voir ci-après « Insérer les liens hypertextes ».

» `type` : utilisé dans les formulaires pour spécifier le type d'un champ de formulaire HTML (texte, mot de passe, bouton, *etc.*).

Il existe également des attributs booléens qui n'ont pas besoin de valeur. Leur simple présence active la fonction.

Syntaxe HTML :

```
<input type="checkbox" checked> : la case est cochée par défaut.
<button disabled> : le bouton est désactivé.
```

Les sections suivantes présentent des exemples de balises HTML courantes que vous pouvez utiliser comme références pour votre site Web.

Insérer des images

Sur un site WordPress, les images sont ajoutées à l'aide des blocs de l'éditeur Gutenberg, ce qui permet de les insérer rapidement sans écrire de code. Cela dit, il peut être utile de savoir comment intégrer une image directement en HTML, notamment lorsque vous travaillez avec le bloc HTML personnalisé ou lorsque vous devez ajuster finement l'affichage. Comprendre cette méthode apporte plus de flexibilité et permet de mieux maîtriser certaines situations particulières. La balise HTML utilisée pour afficher une image est la suivante :

```
<img src="/chemin/vers/le_fichier.jpg" alt="texte"/>
```

Je vais découper ce code pour vous aider à comprendre cette balise :

» `<img src=` : c'est la balise HTML qui indique au navigateur que le site recherche une image.

» `"/chemin/vers/le_fichier.jpg"` : il s'agit du chemin d'accès réel du répertoire par lequel le navigateur Web trouvera l'image physique. Par exemple si vous avez téléchargé une image sur votre serveur Web dans le répertoire `/wp-content/uploads`, le chemin physique pour ce fichier d'image sera `/wp-content/uploads/le_fichier.jpg`.

» `alt = "texte"` : l'attribut `alt` fait partie de la balise HTML et fournit une description de l'image que les moteurs de recherche récupéreront et reconnaîtront comme un ensemble de mots-clés. La description de l'attribut `alt` sera également affichée sous forme de texte sur un navigateur qui ne peut pas, pour une raison quelconque, charger l'image. Par exemple, si le temps de chargement du serveur est lent ou si l'utilisateur possède un lecteur d'écran avec des images désactivées, la description du texte se chargera au moins de fournir aux visiteurs une description de l'image.

» `/>` : cette balise HTML ferme la balise initiale `<img src="`, indiquant au navigateur Web quand l'appel à l'image est terminé.

Insérer des liens hypertexte

Lors de la création ou de l'enrichissement d'un site WordPress, il est fréquent d'avoir besoin d'ajouter un lien vers une autre page ou un site externe. Ce type de lien, appelé « hyperlien », permet de rediriger l'internaute vers une adresse Web précise lorsqu'il clique sur le texte affiché. Les liens jouent un rôle essentiel dans la navigation, l'accès à l'information et la structuration du contenu d'un site.

La balise HTML pour insérer un lien hypertexte ressemble à ceci :

```
<a href="http://www.google.fr">Moteur de recherche Google</a>
```

Je vais découper ce code pour vous aider à comprendre cette balise :

» `<a href=` : c'est la balise HTML qui indique au navigateur que l'on s'apprête à créer un lien hypertexte.

» `http://www.google.fr` : c'est l'adresse Web ou l'URL du site vers lequel diriger le visiteur. Elle doit être entourée par des guillemets.

» `>` : ferme `<a href=` précédemment ouvert.

» *`Moteur de recherche Google`* : dans cet exemple, il s'agit du texte qui sera affiché et sur lequel on clique pour accéder au site Web.

» **</a> : cette balise ferme la balise HTML `<a href` et indique au navigateur Web que le lien hypertexte est fermé. Tout ce qui existe entre `<a href="..">` et </a> sera cliquable.**

Généralement, les webmasters utilisent des liens hypertexte qui pointent vers des sites Web ; cependant, vous pouvez également mettre en place des hyperliens qui pointent vers des fichiers PDF, Microsoft Word (.doc) ou tout autre type de fichiers.

Insérer des listes

HTML permet de mettre en forme très facilement des listes, numérotées ou à puces, selon vos besoins.

Les listes dites « numérotées » sont numérotées séquentiellement. Un exemple est une liste étape par étape de choses à faire, comme ceci :

1. **Écrire les chapitres de mon livre.**
2. **Soumettre les chapitres à mon éditeur.**
3. **Ne pas stresser lors de la publication du livre !**
4. **Respirer lorsque les avis sont extrêmement positifs !**

Les listes numérotées sont faciles à créer avec un traitement de texte tel que Microsoft Word, mais également avec l'éditeur de texte de WordPress car vous pouvez utiliser l'éditeur visuel. Toutefois, si vous souhaitez coder une liste ordonnée à l'aide du HTML, l'expérience sera un peu différente. Mon exemple précédent ressemblerait à ceci :

```
<ol>
  <li>Écrire les chapitres de mon livre. </li>
  <li>Soumettre les chapitres à mon éditeur. </li>
  <li>Ne pas stresser lors de la publication du livre ! </li>
  <li>Respirer lorsque les avis sont extrêmement positifs ! </li>
</ol>
```

La balise `<ol>` indique à votre navigateur Web d'afficher cette liste comme une liste numérotée, ce qui signifie qu'elle sera ordonnée avec des nombres commençant par le numéro 1.

La liste complète se termine par la balise HTML </ol>, qui indique à votre navigateur Web que la liste numérotée est maintenant terminée.

Entre <ol> et </ol> figurent les éléments de liste désignés comme tels par la balise HTML <li>. Chaque élément de liste commence par <li> et se termine par </li>, ce qui indique au navigateur Web d'afficher la ligne de texte en tant qu'élément d'une liste.

ATTENTION

Si vous ne fermez pas une balise HTML ouverte – par exemple, si vous démarrez une liste ordonnée avec <ol> mais n'incluez pas la fermeture </ol> à la fin – cela affectera l'affichage de votre page Web car le navigateur Web considère que tout ce qui se trouve après <ol> fait partie de la liste ordonnée jusqu'à ce qu'il reconnaisse la balise de fermeture : </ol>.

Les listes à puces, c'est-à-dire non ordonnées, sont très semblables aux listes ordonnées, sauf qu'elles utilisent des points à la place des nombres pour afficher la liste, comme ceci :

» **Écrire les chapitres de mon livre.**

» **Soumettre les chapitres à mon éditeur.**

» **Ne pas stresser lors de la publication du livre !**

» **Respirer lorsque les avis sont extrêmement positifs !**

La balise HTML pour une liste à puces ressemble à la liste ordonnée, sauf qu'elle prend la forme <ul> (UL = *unordered list*) à la place de <ol> :

```
<ul>
  <li>Écrire les chapitres de mon livre. </li>
  <li>Soumettre les chapitres à mon éditeur. </li>
  <li>Ne pas stresser lors de la publication du livre ! </li>
  <li>Respirer lorsque les avis sont extrêmement positifs ! </li>
</ul>
```

Notez que les listes ordonnées et non ordonnées utilisent les balises d'éléments de liste <li> et </li>, et la seule différence se trouve dans la première et la dernière balise :

» **Listes ordonnées :** <ol> **et** </ol>.

» **Listes non ordonnées :** <ul> **et** </ul>.

» **Les éléments de la liste :** <li> **et** </ li>.

Trouver des ressources supplémentaires sur CSS

Vous souhaiterez à un moment ou un autre aller plus loin dans la personnalisation de votre site avec CSS. Voici quelques ressources recommandées :

- » WordPress Codex (**https://developer.wordpress.org/advanced-administration/wordpress/css/**).
- » Le didacticiel CSS de W3Schools (**https://www.w3schools.com/css/default.asp**).
- » Wikipédia (**https://fr.wikipedia.org/wiki/Feuilles_de_style_en_cascade**).

S'initier au CSS

CSS joue un rôle central dans l'apparence visuelle d'un site WordPress, notamment dans la gestion des polices de caractères. Il permet d'améliorer la lisibilité et de donner une identité graphique cohérente à votre thème en contrôlant le choix, la taille et le style des textes. En appliquant quelques règles simples, vous pouvez différencier les titres du contenu principal ou des widgets afin de rendre votre site plus agréable à lire. Le Tableau 9.1 présente les propriétés CSS les plus couramment utilisées pour personnaliser les polices.

Le Web est assez pointilleux sur la façon dont il affiche les polices, ainsi que sur le type de polices que vous pouvez utiliser avec la propriété `font-family`. Toutes les polices ne s'affichent pas correctement sur le Web. Pour plus de sécurité, envisagez de vous en tenir à certaines familles de polices courantes qui s'affichent correctement dans la plupart des navigateurs :

- » **Polices serif (avec empattement) : Times New Roman, Georgia, Garamond, Bookman Old Style.**
- » **Polices sans-serif (sans empattement) : Verdana, Arial, Tahoma, Trebuchet MS.**

NOTE TECHNIQUE

Une police avec empattement se reconnaît aux petites extensions ou traits décoratifs situés à l'extrémité des lettres. Ces détails guident naturellement l'œil le long des lignes de texte, ce qui peut faciliter la lecture sur des contenus longs, comme des articles ou des livres. Des polices comme **Times New Roman** ou Georgia en sont des exemples courants. À l'inverse, une police sans empattement présente des lettres aux formes plus simples et épurées, sans ornements supplémentaires. Ce style offre un rendu plus moderne et clair, particulièrement adapté aux écrans et aux interfaces numériques. Des polices telles que Arial, Verdana ou Helvetica sont souvent utilisées dans ce contexte pour leur lisibilité.

Tableau 9.1 Les styles CSS de polices de caractères les plus utilisés.

Propriétés CSS	Valeurs les plus utilisées	Exemple de CSS
`font-family`	`Georgia, Times, serif`	`body {font-family: Georgia; serif;}`
`font-size`	`px, %, em`	`body {font-size: 14px;}`
`font-style`	`Italic, underline`	`body {font-style: italic;}`
`font-weight`	`Bold, bolder, Normal`	`body {font-weight: normal}`

Modifier la couleur des caractères

Avec plus de 16 millions de combinaisons de couleurs HTML possibles, vous trouverez à coup sûr la bonne valeur de couleur pour votre projet. Après un certain temps, vous mémoriserez vos codes couleur préférés. Par exemple, j'utilise souvent les nuances de gris listées dans le Tableau 9.2 pour les arrière-plans, les bordures sur les éléments de conception et les en-têtes de widgets.

Tableau 9.2 Les couleurs les plus utilisées et leur code hexadécimal.

Couleur	Code hexadécimal
Blanc	#FFFFFF
Noir	#000000
Rouge	#FF0000
Orange	#FFA500
Jaune	#FFFF00
Vert	#008000
Bleu	#0000FF
Indigo	#4B0082
Violet	#EE82EE
Gris	#CCCCCC #DDDDDD #333333 #E0E0E0

Vous pouvez facilement modifier la couleur de votre police de caractères en modifiant la propriété `color` du sélecteur CSS que vous souhaitez personnaliser. Utilisez les codes hexadécimaux pour définir une couleur.

Vous pouvez définir la couleur générale de la police de votre site dans le sélecteur CSS du corps comme ceci :

```
body {
color: #333333;
}
```

Modifier la taille des caractères

Pour personnaliser en CSS la taille de votre police de caractères, modifiez la propriété `font-size` du sélecteur CSS sur lequel vous souhaitez agir. Les tailles de polices sont généralement déterminées dans l'une des unités de mesure suivantes :

» `px` : mesure en pixels. Vous augmentez ou diminuez la taille de la police en spécifiant un nombre plus ou moins grand (12 px est plus grand que 10 px).

» `pt` : mesure en points. Vous augmentez ou diminuez la taille de la police en spécifiant un nombre plus ou moins grand (12 pt est plus grand que 10 pt).

» `em` : mesure en largeur. Un em est une unité de mesure évolutive qui est égale à la taille de police actuelle (à l'origine, un espace em était égal à la largeur de la lettre majuscule M.) Si la taille de police du corps du site est définie comme 12 px, 1 em est égal à 12 px ; de même, 2 em est égal à 24 px.

» `%` : mesure en pourcentage. Vous augmentez ou diminuez la taille de la police en spécifiant un nombre plus ou moins grand (50 % est équivalent à 7 pixels ; 100 % est équivalent à 14 pixels).

Dans la feuille de styles du modèle par défaut, la taille de la police est définie en pixels, comme ceci :

```
font-size: 12px;
```

En assemblant ces trois éléments (`font-family`, `color` et `font-size`) du style associé à la balise `<body>`, vous modifiez la police de caractères pour tout votre site. Voici comment ces éléments sont combinés dans le cas de la feuille de styles du modèle par défaut :

```
body {
font-size: 12px;
font-family: Georgia, "Bitstream Charter", serif;
color: #666666;
}
```

Si vous souhaitez modifier la police de caractères de votre feuille de styles ouvrez le fichier `style.css` et recherchez `property:font-family`, modifiez la valeur de la propriété et sauvegardez vos modifications.

Dans la feuille de styles du modèle par défaut, la police est définie pour la balise <body> ainsi :

```
font-family: Georgia, "Bitstream Charter", serif;
```

N'OUBLIEZ PAS

Les polices de caractères dont le nom est composé de plusieurs mots doivent figurer entre guillemets dans votre feuille de styles. Je vous ai expliqué au Chapitre 6 comment ajouter de nouvelles polices de caractères Google Fonts. Par ailleurs, il existe des extensions qui permettent d'utiliser la vaste librairie de polices de Caractères Google. À titre d'exemple, vous pouvez tester Google Fonts Typography : `https://wordpress.org/plugins/olympus-google-fonts/`.

Ajouter des bordures

Les bordures CSS permettent de structurer visuellement une page et de mettre en valeur certains éléments de votre thème WordPress. Utilisées avec parcimonie, elles contribuent à renforcer l'identité graphique du site et à améliorer la lisibilité de l'interface.

Le Tableau 9.3 présente les propriétés CSS les plus courantes ainsi que des exemples concrets pour créer et personnaliser des bordures.

Tableau 9.3 Les propriétés CSS pour les bordures.

Propriétés CSS	Valeurs les plus utilisées	Exemple de CSS
`border-size`	`px, em`	`body {border-size: 1px;}`
`border-style`	`solid, dotted, dashed`	`body {border-style: solid}`
`border-color`	Valeur hexadécimale	`body {border-color: #CCCCCC}`

Styliser avec CSS : les bases

Chaque thème WordPress repose sur des feuilles de styles CSS, qui définissent l'apparence globale du site : couleurs, typographie, espacements et mise en page.

Dans les thèmes dits « classiques », ces styles sont principalement regroupés dans le fichier `style.css` et appliqués *via* les fichiers de modèles, comme l'en-tête.

Avec les thèmes FSE, l'approche évolue : une grande partie des styles est définie dans le fichier `theme.json` et à travers les réglages visuels de l'éditeur de site, WordPress se chargeant ensuite de générer automatiquement le CSS correspondant.

Les sélecteurs CSS

En CSS, un sélecteur permet de dire au navigateur quels éléments HTML doivent recevoir un style particulier. Parmi les sélecteurs les plus utilisés, on trouve les classes, les ID, qui permettent de cibler les éléments avec précision.

Sélecteur d'ID

Un *ID* est un identifiant unique attribué à un élément HTML. Il doit apparaître une seule fois par page. On l'utilise quand on veut appliquer un style spécifique à un élément précis ou quand on souhaite manipuler cet élément *via* JavaScript.

Syntaxe HTML :

```
<div id="en-tete">Bienvenue sur mon site</div>
```

Syntaxe CSS :

```
#en-tete {
    background-color: #f2f2f2;
    text-align: center;
    padding: 20px;

}
```

Ici, le symbole « # » indique que le style s'applique à un ID.

Sélecteur de classe

Une *classe* peut être attribuée à plusieurs éléments sur une même page. Elle est idéale pour appliquer le même style à plusieurs objets ou pour créer des variations dans la mise en page.

Syntaxe CSS :

```
.rouge {
    font-weight: bold;
    color: red;
}
```

Syntaxe HTML :

```
<p class="rouge">Texte important</p>
<p class="rouge">Autre texte important</p>
```

Le symbole « . » indique que le style s'applique à une classe.

Sélecteurs de type

Leur principe est très simple : ils ciblent tous les éléments d'un certain type dans le document HTML, sans se soucier de leurs classes, ID ou autres attributs, par exemple tous les <p> ou tous les <h1> :

Syntaxe CSS :

```
p {
    line-height: 1.5;
}
h1 {
    color: blue;
}
```

Syntaxe HTML :

```
<p>Voici un paragraphe avec un interligne plus grand.</p>
<p>Un autre paragraphe également affecté.</p>
<h1>Titre principal bleu</h1>
```

Sélecteurs de groupe

L'idée est de cibler plusieurs types d'éléments avec une seule règle, plutôt que de répéter la même déclaration pour chacun :

Syntaxe CSS :

```
h1, h2, h3 {
    font-family: Arial, sans-serif;
}
```

Syntaxe HTML :

```
<h1>Titre principal</h1>
<h2>Sous-titre</h2>
<h3>Sous-sous-titre</h3>
```

Sélecteurs d'attribut

Leur rôle est de cibler un élément HTML en fonction d'un attribut qu'il possède, et parfois selon la valeur de cet attribut. Nous allons voir les deux cas en détail. Dans cet exemple, la première règle applique une couleur verte aux liens <a> dont l'attribut `target` vaut `_blank`, et la seconde ajoute une bordure aux champs `<input>` de type `texte` :

Syntaxe CSS :

```
a[target="_blank"] {
    color: green;
}
input[type="text"] {
    border: 1px solid #ccc;
}
```

Syntaxe HTML :

```
<a href="https://www.monsite.fr" target="_blank">Lien externe</a>
<form>
    <input type="text" placeholder="Votre nom">
</form>
```

Sélecteurs de descendant et d'enfant

Un sélecteur Descendant cible les éléments à l'intérieur d'un autre élément, peu importe le niveau. Par exemple, cette règle CSS cible tous les paragraphes <p> qui se trouvent à l'intérieur d'un <div>.

Syntaxe CSS :

```
div p {
    margin-bottom: 10px;
}
```

Syntaxe HTML :

```
<div>
  <p>Premier paragraphe dans le div.</p>
  <p>Deuxième paragraphe dans le div.</p>
</div>
```

Un sélecteur Enfant direct ne cible que les enfants immédiats. Dans cet exemple seul le premier paragraphe (direct enfant du <div>) aura une marge de 5px. Le paragraphe à l'intérieur du <span> n'est pas affecté.

Syntaxe CSS :

```
div > p {
    margin-bottom: 5px;
}
```

Syntaxe HTML :

```
<div>
  <p>Paragraphe direct dans le div - concerné par la règle</p>
  <span>
    <p>Paragraphe imbriqué dans un span - non concerné</p>
  </span>
</div>
```

Sélecteurs de pseudo-classes

Les pseudo-classes CSS sont comme des « conditions » que vous appliquez à des éléments HTML pour changer leur apparence seulement dans certaines situations, sans toucher au code HTML lui-même. Elles permettent de rendre vos pages interactives et plus lisibles.

La première règle CSS modifie l'apparence d'un lien quand l'utilisateur passe sa souris dessus, la deuxième règle la bordure du champ qui deviendra bleue dès que l'utilisateur cliquera dedans ou utilisera la touche Tab pour y accéder.

Syntaxe CSS :

```
a:hover {
    text-decoration: underline;
}
input:focus {
    border-color: blue;
}
```

Exemples courants : `:first-child`, `:last-child`, `:nth-child(n)`, `:hover`, `:focus`.

Le Tableau 9.4 fournit quelques exemples de sélecteurs CSS et de leur usage.

Tableau 9.4

Des sélecteurs CSS de base.

Sélecteur CSS	Description	HTML	CSS
body	Définit le style du corps global du site, comme la couleur d'arrière-plan et les polices par défaut.	`<body>`	`body {background-color:white}`
p	Définit comment les paragraphes sont affichés.	`<p>Ceci est un paragraphe</p>`	`p {color:black}` La couleur de la police de caractères des paragraphes est noire.
`h1, h2, …, h6`	Différents niveaux de titres.	`<h1>Ceci est le titre du site</h1>`	`h1 {font-weight : bold;}` Le texte délimité par `<h1>…</h1>` est en gras.
a	Définit comment les liens hypertexte sont affichés.	`<a href= "http://www.google.com">Moteur de recherche</a>`	`a {color: red}` Tous les hyperliens apparaissent en rouge.

Le Tableau 9.5 montre quelques exemples d'identifiants ID et de classes extraits du modèle `header.php` du thème par défaut de WordPress. Sachant cela, vous saurez où regarder dans votre feuille de styles lorsque vous voudrez modifier le style d'une région particulière de votre thème.

Tableau 9.5 Relier l'HTML avec les sélecteurs CSS.

HTML	Sélecteur CSS	Description
`<header id="site-header">`	`#site-header`	Stylise les éléments qui sont associés à l'ID *side-header.*
`<button class="search-toggle">`	`.search-toggle`	Stylise les éléments qui sont associés à la classe *site-toggle.*
`<div class= "header-titles">`	`.header-titles`	Stylise les éléments qui sont associés à la classe *header-titles.*
`<ul class= "primary-menu ">`	`.primary-menu`	Stylise les éléments qui sont associés à classe *primary-menu.*

Bonne pratique :

» **Donnez des noms clairs et descriptifs : *#menu-principal*, *.bouton-principal*.**

» **Utilisez les classes pour les styles répétitifs et les ID pour les éléments uniques.**

» **Évitez de surcharger votre page avec trop d'ID inutiles, cela rend le CSS plus difficile à maintenir.**

Les propriétés et les valeurs CSS

En CSS, chaque règle se compose de propriétés et de valeurs. La propriété indique ce que vous voulez modifier sur un élément, et la valeur précise comment vous voulez le modifier.

Par exemple, dans :

```
p {
    color: red;
}
```

`color` est la propriété qui concerne la couleur du texte tandis que `red` est la valeur qui définit la couleur à appliquer.

Le sélecteur `body` ci-après définit l'apparence générale de votre page Web. La propriété est `.background` et `#DDDDDD` est sa valeur (bleu clair). Il en est de même pour la propriété `color` dont la valeur est *#222222* (gris foncé).

```
body {
background:#DDDDDD;
color:#222222;
}
```

N'OUBLIEZ PAS

Chaque propriété CSS doit être suivie d'un deux-points (:) et chaque valeur CSS doit être suivie d'un point-virgule (;).

Le dernier mot en matière de styles

Les sélecteurs CSS et les valeurs que vous leur attribuez offrent une grande liberté pour personnaliser votre site. En jouant avec les couleurs, les polices, les tailles de texte et d'autres réglages, vous pouvez transformer l'apparence de votre thème selon vos préférences.

En CSS, `!important` est un mot-clé qui permet de forcer l'application d'une règle, même si d'autres règles concurrentes existent. Lorsqu'une propriété est déclarée avec `!important`, elle prend le dessus sur les règles normales, indépendamment de leur ordre dans la feuille de styles ou de leur spécificité.

Cependant, l'usage de `!important` doit rester exceptionnel. Il complique la maintenance du code, rend les styles plus difficiles à comprendre et peut entraîner une escalade où chaque nouvelle règle doit à son tour utiliser `!`.

Voici un exemple simple de règle CSS utilisant `!important` :

```
p {
  color: red !important;
}
```

Dans cet exemple, tous les paragraphes auront une couleur de texte rouge, même si une autre règle CSS définit une couleur différente pour les balises `p` ailleurs dans la feuille de styles ou dans un autre fichier, tant que cette autre règle n'utilise pas elle aussi `!important`.

Gérer les images avec CSS

Les images et CSS travaillent ensemble pour améliorer l'apparence et la mise en page d'un site. En CSS, vous ne vous contentez pas d'insérer une image : vous pouvez contrôler sa taille, sa position, son espacement et même son comportement lorsqu'elle s'adapte à différents écrans.

Par exemple, avec CSS, vous pouvez :

» **définir la largeur et la hauteur d'une image pour qu'elle s'intègre parfaitement dans votre page ;**

» **ajouter des marges ou des bordures pour créer de l'espace autour de l'image ou un effet visuel ;**

» **appliquer des filtres comme le flou, le contraste ou la saturation pour modifier son rendu ;**

» **ajouter des marges ou des bordures pour créer de l'espace autour de l'image ou un effet visuel.**

Dans cet exemple, l'image est redimensionnée, entourée d'une bordure arrondie, espacée du texte et légèrement en noir et blanc grâce au filtre CSS. Cela montre comment CSS permet de styliser une image sans toucher au HTML lui-même :

Syntaxe CSS :

```
img {
    width: 300px;               /* taille fixe */
    border: 3px solid #555;     /* bordure autour de l'image */
    border-radius: 10px;        /* coins arrondis */
    margin: 20px 0;             /* espace au-dessus et en dessous */
    filter: grayscale(50%);     /* image en niveaux de gris à 50% */
}
```

Syntaxe HTML :

```
<img src="photo.jpg" alt="Exemple d'image">
```

Explorer des ressources visuelles gratuites et payantes

L'utilisation d'une image en arrière-plan est un moyen facile de distinguer votre site des autres qui utilisent le même thème. Trouver une image d'arrière-plan pour votre site revient à trouver le bon fond d'écran pour votre ordinateur. Vous pouvez choisir parmi une variété de graphiques d'arrière-plan pour votre site tels que la photographie, l'art abstrait et les motifs reproductibles.

Il existe de nombreuses bibliothèques d'images en ligne, certaines payantes comme iStockphoto, d'autres gratuites comme Pexels, Pixabay ou Unsplash, qui permettent de trouver des visuels de qualité pour illustrer vos projets, avec des conditions d'utilisation variables selon la licence :

» **iStockphoto** (https://www.istockphoto.com/fr) : iStockphoto propose une vaste bibliothèque de photographies, d'illustrations vectorielles, de clips vidéo et audio et de supports Adobe Flash. Vous pouvez vous créer un compte et rechercher dans la bibliothèque d'images celles qui conviennent le mieux à vous-même ou à votre client. Les fichiers que vous utilisez sur iStockphoto ne sont pas gratuits ; vous devez payer pour en disposer. Assurez-vous de prendre connaissance de la licence pour chaque image que vous utilisez.

  Le site a plusieurs licences. La moins chère est la licence standard, qui a quelques limitations. Vous pouvez utiliser une illustration d'iStockphoto dans la conception d'un site Web, par exemple, mais vous ne pouvez pas utiliser cette même illustration dans un thème que vous avez l'intention de vendre en multiples exemplaires (par exemple, sur un magasin de thèmes premium). Soyez sûr de lire la bonne page !

» **Pexels** (https://www.pexels.com/fr-fr/) : Pexels est une banque d'images et de vidéos libres de droits gratuites qui propose une grande variété de contenus visuels de haute qualité, mis à disposition par une vaste communauté de photographes et vidéastes du monde entier. Toutes les photos et vidéos peuvent être téléchargées et utilisées gratuitement pour des projets personnels ou commerciaux, sans obligation d'attribution, et sont bien classées et faciles à rechercher par mots-clés. La plateforme fonctionne dans plusieurs langues, dont le français, et couvre un large éventail de thèmes visuels pour blogs, sites Web, présentations et autres créations.

» **Pixabay** (https://pixabay.com/fr/) : Pixabay est une banque multimédia gratuite et libre de droits qui propose des millions de ressources visuelles et sonores (photos, illustrations, images vectorielles, vidéos, musiques, effets sonores, GIF et modèles 3D) que l'on peut rechercher, filtrer et télécharger pour un usage personnel ou commercial sans obligation d'attribution dans la plupart des cas. La plateforme est disponible en français et fonctionne comme une communauté mondiale d'artistes partageant des contenus de haute qualité pour illustrer des sites, des projets graphiques, des présentations, des vidéos ou d'autres créations.

» **Unsplash** (https://unsplash.com/fr) : Unsplash propose des images sous licence à la fois pour un usage personnel et commercial. Mieux encore, les images sont gratuites.

ATTENTION

Vous devez utiliser uniquement des graphiques et des images pour lesquels vous disposez d'autorisations (*via* une autorisation expresse ou des licences d'utilisation).

Comprendre les formats d'images pour le Web

Choisir le bon format d'image est essentiel pour équilibrer qualité et performance sur votre site.

Pour la conception Web, les caractéristiques de chaque format de fichier d'image peuvent vous aider à décider lequel utiliser pour votre site. Les formats de fichiers d'images les plus courants sont les suivants :

» **JPG** : convient pour des photographies et des petites images. Bien que le format JPG compresse les images avec perte, vous pouvez ajuster le taux de compression lorsque vous enregistrez un fichier au format JPG. C'est-à-dire que vous pouvez choisir la quantité de compression, de 1 à 100. Habituellement, vous ne verrez pas beaucoup de perte de qualité avec des niveaux de compression de 1 à 20.

» **PNG** : convient pour les graphiques plus grands utilisés dans la conception de sites Web, tels que le logo ou l'en-tête principal qui contribue à l'image globale du site Web. Un fichier .png utilise une compression d'image sans perte ; par conséquent, aucune perte de données ne se produit pendant la compression, vous obtenez ainsi une image plus fine et plus nette. Vous pouvez également créer et enregistrer un fichier .png avec un fond transparent.

» **WebP** : WebP est un format d'image de nouvelle génération qui améliore ses prédécesseurs, tels que JPEG et PNG. Il propose des technologies de compression avancées qui permettent de conserver la qualité de l'image tout en réduisant la taille des fichiers, avec prise en charge de la transparence.

» **GIF** : format d'image obsolète, plus très utilisé aujourd'hui, il convient pour afficher des images simples avec seulement quelques couleurs ou pour créer des petites images animées.

Positionner, répéter et faire défiler les images

Pour maîtriser l'affichage des images d'arrière-plan sur une page Web, il est utile de connaître certaines propriétés CSS. Celles-ci permettent de définir où se place l'image, si elle se répète, comment elle se comporte lors du défilement et quelles parties de l'élément elle recouvre, offrant ainsi plus de contrôle sur le rendu visuel du site.

Après avoir chargé une image d'arrière-plan, vous pouvez utiliser les propriétés d'arrière-plan CSS pour la positionner comme vous le souhaitez. Les propriétés CSS principales – `background-position`, `background-repeat` et `background-attachment` – vous aident à obtenir l'effet désiré.

Le Tableau 9.6 décrit les propriétés d'arrière-plan CSS et les valeurs disponibles. Si vous êtes sensible à l'apparence de votre site, vous aimerez tester et ajuster les valeurs pour voir les effets associés.

Tableau 9.6 Les propriétés CSS d'arrière-plan.

Propriété	Description	Valeurs	Exemple

`background-position`	Détermine le point de départ de votre image d'arrière-plan sur votre page Web.	`bottom center`
		`bottom right`
		`left center`
		`right center`
		`center center`
			`Background-position: bottom center;`

`background-repeat`	Détermine si votre image d'arrière-plan se répète ou non.	`repeat` (répétition infinie) `repeat-y` (répétition verticale) `repeat-x` (répétition horizontale) `no-repeat` (pas de répétition)	`Background-repeat: repeat-y;`
`background-attachment`	Détermine si votre image d'arrière-plan est fixe ou défile avec la fenêtre du navigateur.	`fixed` `scroll`	`Background-attachment: scroll;`

`background-origin`	Spécifie la zone de positionnement des images d'arrière-plan.	`padding-box`
		`border-box`
		`content-box`
		`initial`
		`inherit`
			`background-origin: content-box;`

`background-clip`	Détermine les limites de l'arrière-plan à l'intérieur de la boîte représentée par l'élément.	`border-box`
		`padding-box`
		`content-box`
		`initial`
		`inherit`
			`background-clip: padding-box;`

Supposons que votre objectif soit de créer une mosaïque et de répéter l'image d'arrière-plan afin qu'elle s'adapte à la largeur du navigateur sur n'importe quel ordinateur. Pour atteindre cet objectif, ouvrez à nouveau la feuille de styles et modifiez :

```
background: #f1f1f1;
```

en

```
background: #FFFFFF;
background-image: url(images/newbackground.png);
background-repeat: repeat;
```

Si votre objectif est d'afficher une image fixe qui ne défile pas ou ne se déplace pas lorsque le visiteur de votre site déplace les barres de défilement du navigateur, vous pouvez utiliser les propriétés `background-position`, `background-repeat` et `background-attachment` pour l'afficher exactement là où vous voulez.

Pour obtenir ce look, changez le code ainsi :

```
background: #FFFFFF;
background-image: url(images/newbackground.png);
background-repeat: no-repeat;
background-attachment: fixed;
```

À mesure que vous vous familiariserez avec les propriétés CSS, vous commencerez à optimiser le code CSS. Le bloc de code précédent, par exemple, ressemble à ceci avec un code CSS raccourci et optimisé :

```
background: #ffffff url(images/newbackground.png) no-repeat fixed;
```

Comme vous pouvez le voir à partir de ces exemples, modifier l'image d'arrière-plan en utilisant CSS implique des options qui dépendent de votre créativité et de votre style de conception plus que toute autre chose.

Améliorer votre thème avec CSS

Maintenant que vous connaissez les bases de HTML et CSS, il est temps de voir comment utiliser ces connaissances pour personnaliser un site WordPress avec un thème FSE. Dans ce contexte, chaque partie du site – en-tête, contenu, pied de page – est construite avec des blocs, ce qui change légèrement la manière d'appliquer du CSS. Vous allez apprendre à cibler ces blocs, à ajouter vos propres styles et à ajuster la présentation globale de votre site pour obtenir exactement l'apparence souhaitée.

Avec un thème FSE (Full Site Editing) dans WordPress, il existe plusieurs endroits pour appliquer du CSS selon le niveau de personnalisation que vous voulez atteindre :

» Bloc HTML personnalisé : vous pouvez insérer un bloc HTML Personnalisé dans n'importe quelle page ou modèle et y placer du code HTML voire quelques règles CSS avec la balise `<style>`. C'est pratique pour des ajustements ponctuels mais son usage est rarement recommandé pour du CSS global.

» **Classes CSS supplémentaires d'un bloc** : chaque bloc dispose d'une zone de CSS personnalisée directement dans l'éditeur, appelée « Classe(s) CSS additionnelle(s) » dans le panneau de réglages du bloc. L'avantage est que vous pouvez styliser ponctuellement un bloc en ajoutant le nom d'une classe que vous avez déclarée préalablement au niveau de l'éditeur de site (voir plus loin dans cette section).

» **Éditeur de site** : depuis l'éditeur FSE, certains thèmes permettent d'ajouter du CSS directement *via* les options de styles globaux. Vous pouvez définir des couleurs, polices et espacements sans toucher au code.

» **Fichier `style.css` du thème enfant** : la méthode la plus robuste consiste à créer un thème enfant et à placer votre CSS dans le fichier `style.css`. Cela permet de conserver vos personnalisations même si le thème principal est mis à jour.

» **Extension de CSS personnalisé** : des extensions permettent d'ajouter du CSS qui s'appliquera à tout le site. Cela est notamment utile si vous ne voulez pas modifier les fichiers des thèmes dits « classiques ».

» **Fichier `theme.json`** : pour les thèmes FSE modernes, certaines propriétés CSS peuvent être définies *via* le fichier `theme.json` pour contrôler les styles globaux comme les couleurs, les polices ou les espacements. Si vous éditez le `theme.json` de votre thème, vos changements seront écrasés lors de la mise à jour. C'est pourquoi il est fortement conseillé de ne jamais modifier directement un thème parent, sauf à utiliser un thème enfant.

Dans cette section, nous allons voir comment appliquer des styles directement depuis l'éditeur de site du thème Twenty Twenty-Five :

1. Accédez aux modèles dans l'éditeur de site.

   Pour modifier le gabarit d'un modèle, rendez-vous dans le panneau d'administration WordPress, puis ouvrez Apparence -> Éditeur. Vous accédez alors à l'éditeur de site. Dans le menu de gauche, sélectionnez la section Styles.

❷ Accédez au menu CSS additionnel.

Pour appliquer du CSS personnalisé à l'ensemble du site, et non à un bloc spécifique, cliquez sur le menu à trois points verticaux situé en haut de l'éditeur, à côté de l'icône en forme d'œil, puis choisissez l'option CSS additionnel.

Figure 9.1

Ajout de CSS *via* l'éditeur de site.

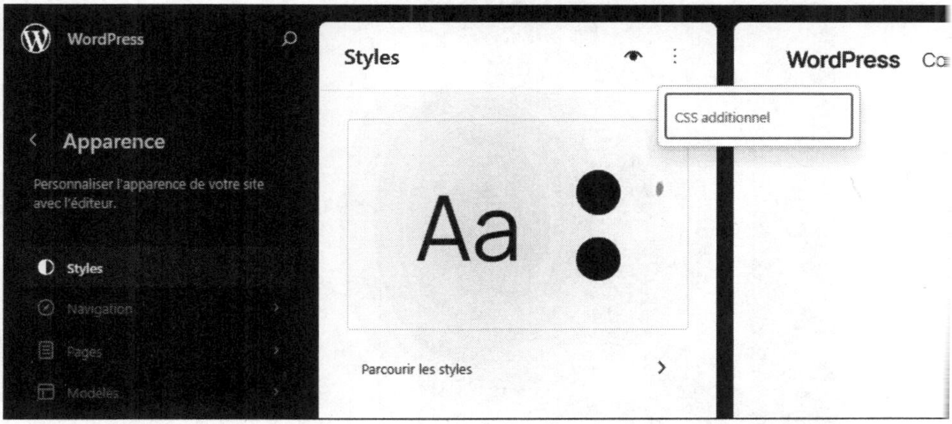

❸ Ajoutez le CSS de votre choix.

Collez le code CSS souhaité dans le panneau situé à droite ; les modifications sont alors appliquées immédiatement au site, à condition qu'elles concernent la page affichée. Cela vous permet d'observer en temps réel l'impact des ajustements effectués.

Dans cet exemple (voir Figure 9.3), je crée un contenu bien espacé et lisible : `<main>` avec un fond gris clair et des coins arrondis, `<h1>` rouge avec une ligne de soulignement, et une classe `.mon-texte-beau` pour la mise en valeur avec une bordure colorée et un fond clair.

Pensez à valider les modifications en cliquant sur le bouton bleu en bas à gauche Passer en revue les modifications (voir Figure 9.3).

Figure 9.2 Ajout et modification du code CSS.

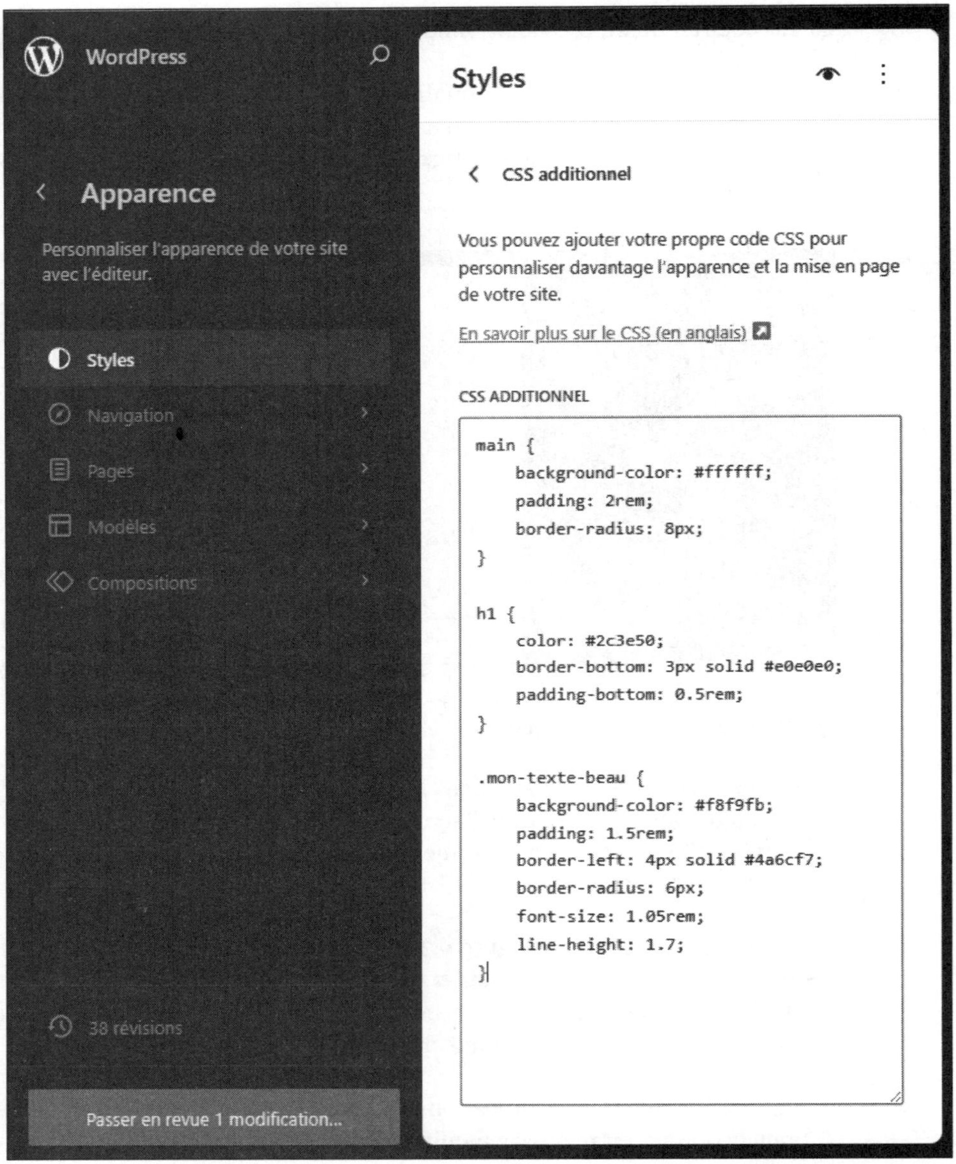

❹ Modifiez un bloc Paragraphe.

À titre d'exemple, j'applique la règle CSS `.mon-texte-beau` à un bloc Paragraphe d'une page en utilisant l'attribut Classe(s) CSS additionnelle(s) dans la section CSS additionnel.

Figure 9.3
Ajout de de la classe `.mon-texte-rouge` à un bloc Paragraphe.

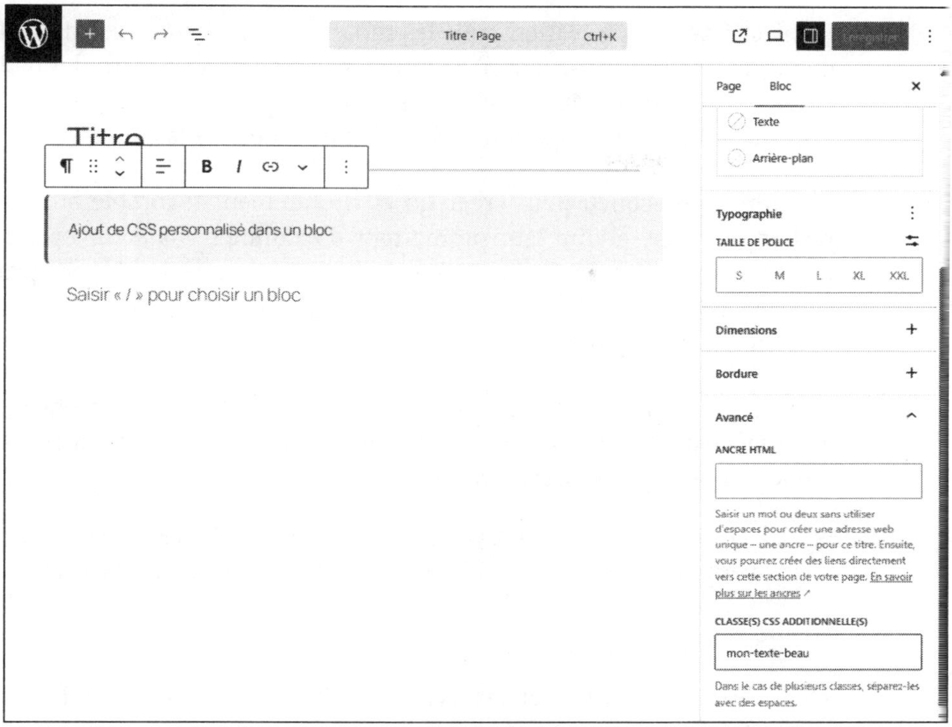

Optimiser votre site WordPress

L'optimisation pour les moteurs de recherche (SEO, pour *Search Engine Optimization*) est la pratique qui consiste à préparer votre site pour qu'il soit facile aux moteurs de recherche de le parcourir et de conserver son contenu dans leur système afin de le faire apparaître à la meilleure place possible dans les résultats de recherche.

Si vous visitez la page du moteur de recherche Google sur `https://google.fr` et que vous effectuiez une recherche sur les mots-clés (en anglais) *WordPress website design and development*, vous noterez que mon propre site WebDevStudios apparaît dans les premiers résultats qui vous sont retournés (du moins, à l'heure où j'écris ces lignes). Ces résultats peuvent changer du jour au lendemain, si bien qu'au moment où vous lirez ces lignes, quelqu'un d'autre peut parfaitement avoir pris cette position tant convoitée. La réalité avec le classement dans les résultats des moteurs de recherche est que rien n'est jamais acquis.

L'objectif de l'optimisation pour les moteurs de recherche est de vous assurer que *votre* site est classé à la plus haute position possible étant donné les mots-clés que vous pensez que les gens vont utiliser pour le trouver. Une fois que vous avez atteint une telle position, l'objectif suivant est de la conserver.

WordPress est conçu pour créer un environnement favorable aux moteurs de recherche, c'est-à-dire leur permettant d'examiner vos archives, vos catégories, vos pages. Cet environnement est constitué d'une base de code propre, d'un contenu qui est facilement mis à jour *via* l'interface de WordPress et d'une solide structure de navigation.

Pour améliorer la visibilité de votre site sur les moteurs de recherche et offrir une expérience utilisateur optimale, plusieurs éléments-clés de vos articles, pages et modèles doivent être pris en compte :

» **Les permaliens personnalisés** : préférez des URL claires et lisibles plutôt que les permaliens par défaut de WordPress. Incluez des mots-clés pertinents qui reflètent le contenu réel de la page (voir « Implanter des mots-clés dans votre site ».

» **Les titres des articles et des pages** : les titres doivent indiquer clairement le sujet de la page et intégrer naturellement les mots-clés principaux. Un bon titre facilite l'indexation par les moteurs de recherche et améliore la compréhension du contenu par vos visiteurs.

» **Le texte** : plus que répéter des mots-clés, rédigez des phrases claires et informatives. Utilisez des titres hiérarchisés (`h2`, `h3`) et des paragraphes concis pour rendre votre contenu facile à lire et à parcourir. La lisibilité et la pertinence sont essentielles pour le SEO moderne.

» **Les noms des catégories** : les catégories de votre blog ou de votre site doivent avoir des noms clairs et pertinents, qui aident à organiser le contenu et à inclure des mots-clés dans vos permaliens si nécessaire.

» **Les images et l'attribut `<alt>`** : décrivez chaque image avec un texte alternatif précis. Cela permet aux moteurs de recherche de comprendre le contenu visuel et garantit que les personnes utilisant des lecteurs d'écran puissent accéder à l'information. L'attribut `alt` est donc à la fois un levier SEO et un élément d'accessibilité.

Implanter des mots-clés dans votre site

Si vous voulez renforcer le référencement de votre site, adopter des permaliens personnalisés est un excellent point de départ. Ce système permet d'inclure automatiquement des mots-clés dans les URL de vos articles et pages, ce qui facilite la compréhension du contenu par les moteurs de recherche tout en améliorant la lisibilité pour vos visiteurs.

Le système de permaliens par défaut de WordPress génère des URL peu parlantes, par exemple :

```
http://votredomaine.com/p?=105
```

Ces liens sont difficiles à mémoriser et peu optimisés pour le SEO. Avec des permaliens personnalisés, l'URL devient plus claire et descriptive, par exemple :

```
http://votredomaine.com/titre-de-votre-article
```

Cela favorise non seulement le référencement, mais aussi le partage de liens sur les réseaux sociaux ou par e-mail, car les URL sont compréhensibles et esthétiques.

Pour que cette optimisation reste efficace, il est important de garder une structure cohérente de permaliens sur tout le site. Cela évite les erreurs 404 et préserve le référencement existant.

J'explique comment activer et utiliser les permaliens personnalisés en détail au Chapitre 4.

Optimiser les titres pour le référencement

Le référencement naturel ne repose pas uniquement sur des réglages techniques effectués dans WordPress. Il dépend aussi, et surtout, de la manière dont vous rédigez et présentez votre contenu. En tant qu'auteur, vous jouez un rôle central dans la façon dont les moteurs de recherche comprennent et valorisent vos pages.

Les titres de vos articles et de vos pages constituent l'un des premiers éléments analysés par les moteurs de recherche. Un titre clair, précis et en lien direct avec le contenu aide non seulement les algorithmes à classer votre page, mais permet aussi aux visiteurs de comprendre immédiatement ce qu'ils vont lire. Lorsque vous abordez un sujet donné, il est donc essentiel d'intégrer dans le titre un ou deux termes représentatifs du thème principal.

Par exemple, un article intitulé « Le livre que je lis » reste trop vague. Ni l'internaute ni le moteur de recherche ne peuvent deviner le sujet exact du contenu. À l'inverse, un titre comme « WordPress pour les Nuls : mon avis détaillé » apporte des informations explicites. Il indique clairement le thème abordé, utilise des mots-clés pertinents et donne envie de cliquer.

Ce type de titre présente plusieurs avantages. Les mots-clés sont visibles dans le titre affiché dans les résultats de recherche, ils sont généralement repris dans l'URL lorsque les permaliens personnalisés sont activés, et ils apparaissent naturellement dans le contenu de l'article. Ces trois éléments combinés renforcent la cohérence sémantique de la page.

Aujourd'hui, il est également important de penser aux lecteurs. Un bon titre ne sert pas uniquement à plaire aux moteurs de recherche : il doit répondre à l'intention de recherche de l'internaute et annoncer clairement la valeur du contenu proposé. Un titre bien formulé améliore ainsi le référencement, l'accessibilité et l'expérience utilisateur.

Enfin, gardez à l'esprit qu'un titre efficace est généralement concis. Dans la majorité des cas, une longueur raisonnable permet d'éviter qu'il ne soit tronqué dans les résultats de recherche, tout en restant lisible et compréhensible. En soignant vos titres, vous posez une base solide pour améliorer durablement la visibilité et la qualité globale de votre site.

Écrire du contenu en pensant aux lecteurs

Lorsque vous écrivez des articles et des pages, et que vous souhaitez vous assurer qu'ils apparaîtront sur la première page de résultats des moteurs de recherche, vous devez garder à l'esprit vos lecteurs.

Lorsque les moteurs de recherche visitent votre site pour passer en revue son contenu, ils ne font pas attention à l'apparence de ce dernier. Ce qu'ils cherchent, ce sont des mots – qu'ils vont « aspirer » pour les enregistrer dans leurs bases de données. Vous, l'auteur du site, vous devez vous assurer que vos articles et vos pages utilisent les mots et les phrases sur lesquels vous souhaitez attirer l'attention des moteurs de recherche.

Par exemple, si votre article porte sur une recette à base de tomates vertes grillées, vous devez ajouter un mot-clé ou une phrase que vous pensez que les gens vont utiliser lorsqu'ils effectueront une recherche sur le sujet. Si vous pensez que les gens saisiront *recette à base de tomates vertes grillées* dans leur moteur de recherche, alors faites-la figurer dans le contenu ou le titre de votre article.

Un titre tel que « Une recette que j'adore » n'est pas aussi efficace que « Une recette à base de tomates vertes grillées », n'est-ce pas ? En faisant figurer ce groupe de mots dans le contenu de votre page ou de votre article, vous donnez aux moteurs de recherche une double ration de mots-clés.

Structurer les catégories pour booster le référencement

Les catégories de votre site ne servent pas uniquement à organiser vos articles pour vos visiteurs : elles jouent un rôle important pour le référencement. Des catégories claires et bien choisies aident les moteurs de recherche à comprendre de quoi traite votre site et à associer vos pages aux bons mots-clés.

Pour tirer le meilleur parti des catégories, privilégiez des noms précis et évocateurs. Par exemple, si vous publiez des recettes, au lieu d'une seule catégorie générique « Recettes », vous pouvez créer plusieurs catégories thématiques : « Recettes de dessert », « Recettes de poulet », « Recettes à la casserole ». Les sous-catégories permettent d'ajouter de la granularité et d'aider les moteurs à situer chaque article dans son contexte.

Ne négligez pas la description de chaque catégorie : un texte concis et explicatif enrichit l'archive de la catégorie et offre aux moteurs de recherche davantage d'indices sur son contenu. Pensez aussi à la cohérence globale : chaque catégorie doit correspondre à un thème précis et vos catégories (la partie de l'URL après le nom de domaine) doivent contenir vos mots-clés principaux, rester courts et lisibles.

Enfin, n'oubliez pas l'expérience utilisateur : une structure simple, lisible et intuitive améliore la navigation, notamment sur mobile, et incite vos visiteurs à explorer davantage vos contenus. Grâce à des catégories bien pensées, vous optimisez à la fois votre SEO et l'engagement de vos lecteurs.

Les liens vers vos catégories WordPress constituent donc une source de mots-clés pour aider les moteurs de recherche – et, finalement, leurs utilisateurs – à trouver le contenu. Si vous utilisez un permalien personnalisé pour une catégorie, l'URL de cette dernière ressemblera assez à ceci :

```
http://votredomaine.com/category/nom_categorie
```

La partie *`nom_categorie`* de l'URL permet d'offrir des mots-clés aux moteurs de recherche.

Utiliser l'attribut alt pour les images

Lorsque vous ajoutez une image à un article, une page ou un bloc WordPress, il est essentiel de remplir le champ *Texte alternatif*. Ce texte devient l'attribut `alt` de l'image et remplit plusieurs fonctions importantes.

D'abord, il permet aux personnes qui utilisent des lecteurs d'écran ou qui ont désactivé l'affichage des images de comprendre le contenu visuel. Il améliore ainsi l'accessibilité de votre site. Les images purement décoratives peuvent, quant à elles, recevoir un `alt=""` vide pour ne pas perturber la lecture.

Ensuite, l'attribut `alt` est un signal pris en compte par les moteurs de recherche. Une description claire et précise de l'image, intégrant naturellement les mots-clés pertinents, aide Google à comprendre le contenu de votre page et améliore votre référencement.

Par exemple :

» **Mauvais** : `alt="image"`.

» **Bon** : `alt="Chien brun jouant dans un parc avec une balle rouge"`.

Dans WordPress, que vous utilisiez un thème classique ou un thème FSE, vous pouvez remplir facilement ce champ depuis l'éditeur de blocs, sans avoir besoin de toucher au code. Pour des images complexes comme des graphiques ou des infographies, il est conseillé de compléter le texte alternatif par une description plus détaillée dans le contenu de la page, afin que tous les utilisateurs comprennent le visuel.

Enfin, privilégiez un texte concis, descriptif et pertinent plutôt que de multiplier artificiellement les mots-clés. Cette approche respecte les bonnes pratiques

SEO actuelles et offre une expérience utilisateur optimale pour tous. Vous pouvez consulter les recommandations officielles sur l'accessibilité et les images : `https://www.w3.org/WAI/people-use-web/fr`

Vous trouverez une excellente documentation pour en savoir plus sur l'attribut `alt` à l'adresse `https://developers.google.com/search/docs/appearance/google-images?hl=fr`

Se conformer au RGPD

Le Règlement général sur la protection des données (RGPD) encadre la collecte, le traitement et la conservation des données personnelles dans l'Union européenne. En France, la CNIL veille à l'application de ce règlement et fournit des recommandations concrètes pour aider les éditeurs de sites à rester en conformité. Vous pouvez consulter toutes les informations sur le site de la CNIL : `https://www.cnil.fr/fr/rgpd-passer-a-laction`

Sur WordPress, plusieurs outils et fonctionnalités facilitent la mise en conformité :

» **Page de politique de confidentialité** : WordPress peut générer automatiquement une page que vous devrez personnaliser selon les données réellement collectées sur votre site (formulaires, newsletters, commentaires, *etc.*).

» **Export et suppression des données personnelles** : vous pouvez répondre aux demandes des utilisateurs qui souhaitent accéder, corriger ou supprimer leurs informations.

» **Consentement explicite** : tout formulaire de contact, commentaire ou newsletter doit inclure une case à cocher permettant aux utilisateurs d'accepter l'enregistrement de leurs données. Ce consentement doit être libre, clair, spécifique et réversible.

» **Cookies et traceurs** : la CNIL impose d'informer les visiteurs et de leur laisser le choix d'accepter ou de refuser les cookies. WordPress peut être complété par des extensions comme Complianz ou GDPR Cookie Consent pour gérer automatiquement ces bandeaux.

En respectant ces bonnes pratiques, vous protégez non seulement les données de vos visiteurs, mais vous renforcez aussi la confiance dans votre site et vous limitez les risques légaux liés au non-respect du RGPD.

ASTUCE

L'extension Complianz (`http://fr.wordpress.org/plugins/complianz-gdpr/`) automatise la mise en conformité de votre site WordPress face aux exigences du RGPD. Elle scanne vos cookies, génère des documents juridiques sur mesure et bloque les scripts tiers avant le consentement. C'est un outil robuste qui transforme une contrainte légale complexe en un processus simple et sécurisé pour rassurer vos visiteurs.

Définir la politique de confidentialité

De sorte à vous conformer au RGPD, vous devez prévoir une page relative à la politique de confidentialité de votre site. WordPress prévoit une page dédiée à cet usage, qui doit être utilisée comme modèle ou point de départ, cette page n'ayant pas vocation à couvrir toutes les situations :

1. **Dans votre tableau de bord, sélectionnez Réglages puis Confidentialité.**

   La page relative aux réglages de la politique de confidentialité s'ouvre (Figure 9.4).

Figure 9.4
Réglages de la politique de confidentialité.

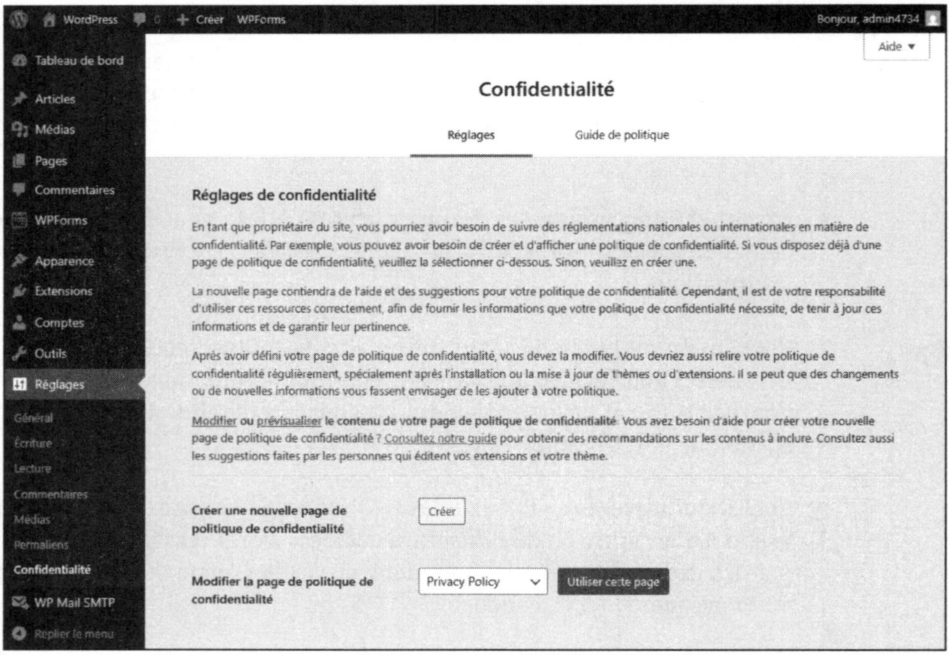

2. **Créez une nouvelle page de politique de confidentialité.**

Cliquez sur le bouton Créer (voir Figure 9.4) et adaptez la politique de confidentialité que propose WordPress (voir Figure 9.5). Si vous avez défini votre propre politique de confidentialité dans une page différente, sélectionnez-la dans le menu déroulant.

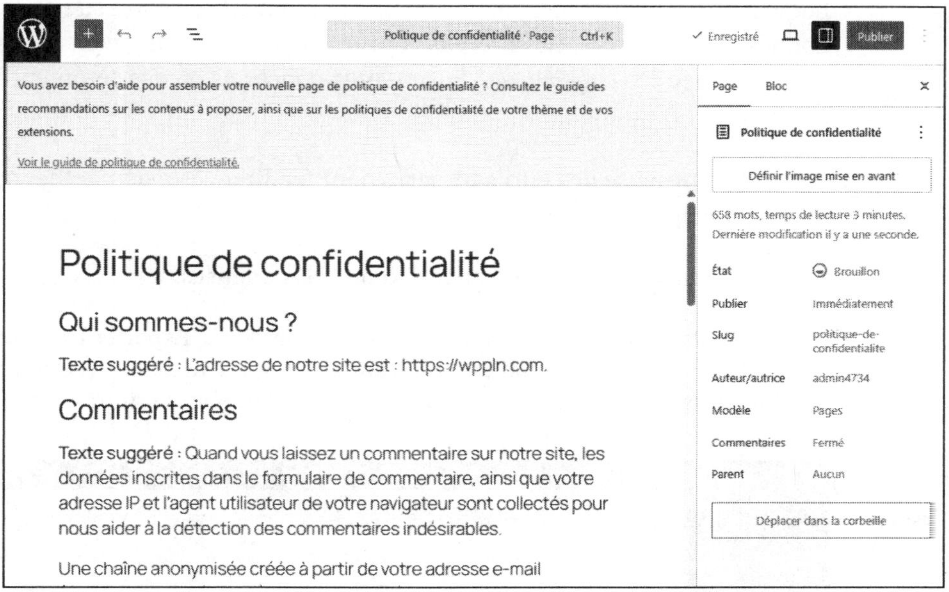

Figure 9.5 Personnalisation de la politique de confidentialité.

❸ Inspirez-vous des exemples fournis par WordPress.

WordPress vous aide à construire votre politique de confidentialité à l'aide d'exemples concrets. Cliquez sur le lien Consultez notre guide pour en savoir plus sur le sujet.

NOTE TECHNIQUE

Rédiger la politique de confidentialité et les conditions générales d'utilisation (CGU) ou de vente (CGV) n'est pas chose aisée. Pour ceux qui n'ont ni les compétences ni le temps de se pencher sur la question du RGPD, le recours aux cabinets de conseil spécialisés est fortement conseillé.

Exporter les données d'un utilisateur

Le RGPD offre aux internautes le droit d'accéder à leurs données et de les récupérer pour un usage personnel. Ce droit de portabilité implique que vous devez pouvoir fournir aux visiteurs une copie de toutes les informations personnelles qu'ils ont données sur votre site, de manière claire et sécurisée.

Cette partie traite exclusivement des utilisateurs inscrits sur votre site. Les fonctionnalités d'exportation (et de suppression de données) présentées ici s'appliquent uniquement aux visiteurs qui possèdent un compte WordPress ou qui ont laissé des informations personnelles *via* une inscription.

N'OUBLIEZ PAS

Les visiteurs non inscrits, qui naviguent simplement sur votre site sans laisser de données identifiables, ne sont pas concernés par ces outils, bien qu'ils puissent interagir avec des cookies, des formulaires ponctuels ou des commentaires anonymes.

WordPress propose des outils intégrés pour faciliter cette démarche, même sans extension supplémentaire :

1. **Sélectionnez le menu Outils puis Exporter les données.**

   Dans le tableau de bord, rendez-vous dans Outils –> Exporter les données. Saisissez l'adresse e-mail de l'utilisateur qui fait la demande (voir Figure 9.6). Cela déclenche l'envoi d'un mail de confirmation pour vérifier son identité.

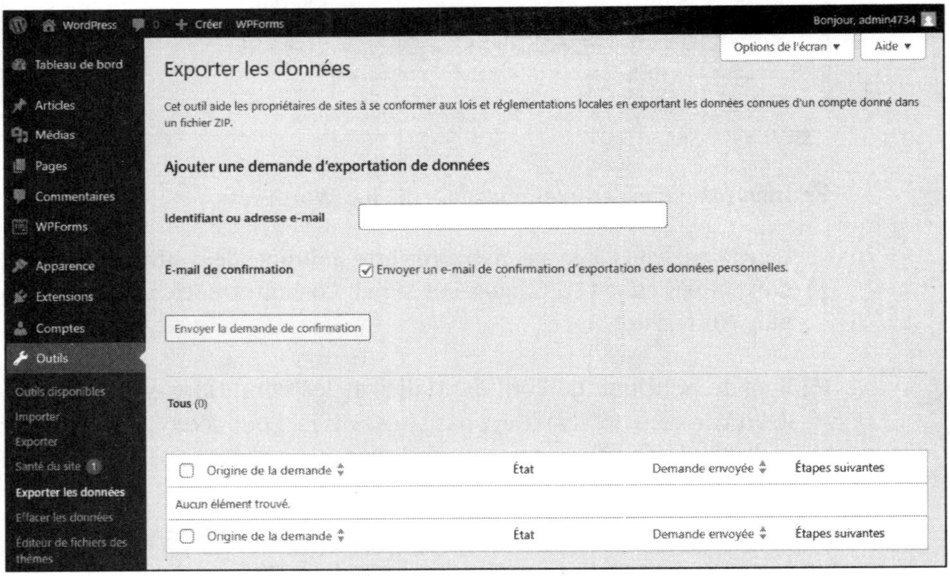

Figure 9.6 Écran d'export des données personnelles.

2. **L'utilisateur confirme la demande.**

   L'utilisateur doit cliquer sur le lien reçu pour confirmer sa demande. Ce mécanisme garantit que les données ne sont pas envoyées à une personne non autorisée. Une fois confirmé, l'état de la demande passe à *Confirmée* dans WordPress (Figure 9.7)

Figure 9.7

Demande d'export des données confirmée par l'utilisateur.

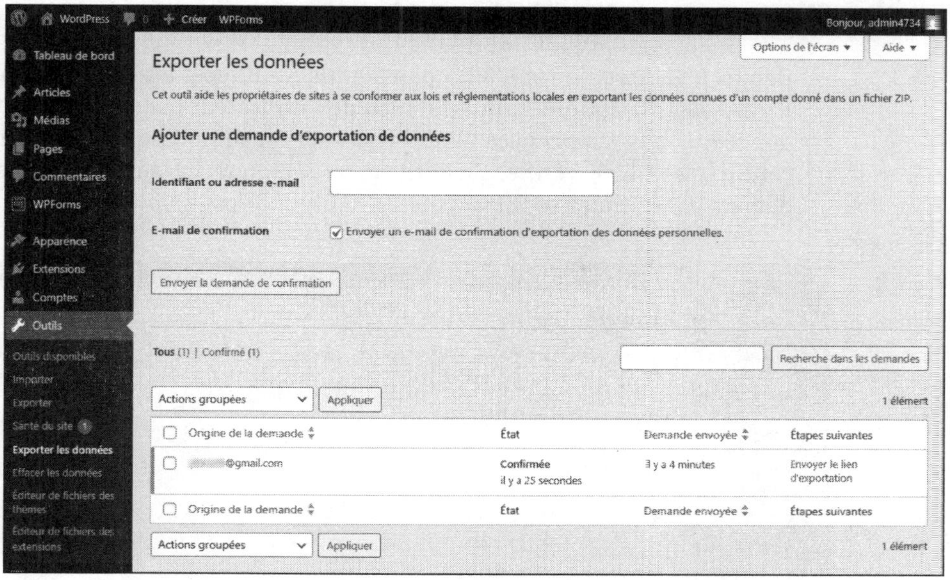

❸ Envoyez le fichier généré.

Lorsque la demande est confirmée, cliquez sur Envoyer le lien d'exportation (Figure 9.7). L'utilisateur dispose d'un délai limité (par défaut, trois jours) pour télécharger ses données. Ces fichiers contiennent l'ensemble des informations personnelles collectées : commentaires, données de formulaire, informations liées aux comptes et éventuellement données générées par des extensions compatibles.

❹ Conservez et tracez les demandes.

Le tableau de bord WordPress vous permet de conserver un historique des demandes d'export afin de pouvoir justifier vos actions en cas de contrôle CNIL. Chaque demande doit rester traçable tout en garantissant la confidentialité des informations.

Supprimer les données d'un utilisateur

Le RGPD donne à chaque internaute le droit de demander la suppression de ses données personnelles, appelé aussi « droit à l'oubli ». Ce droit s'applique à toutes les informations collectées sur votre site, qu'elles proviennent des formulaires d'inscription, des commentaires, des newsletters ou d'extensions tierces.

WordPress intègre un outil qui facilite la gestion de ces demandes :

❶ Sélectionnez le menu Outils puis Effacer les données.

Depuis le tableau de bord, allez dans Outils –> Effacer les données (voir Figure 9.8). Saisissez l'adresse e-mail de l'utilisateur qui souhaite que ses données soient supprimées. WordPress enverra automatiquement un mail de confirmation pour vérifier l'identité de la personne, garantissant que seules les demandes légitimes sont traitées.

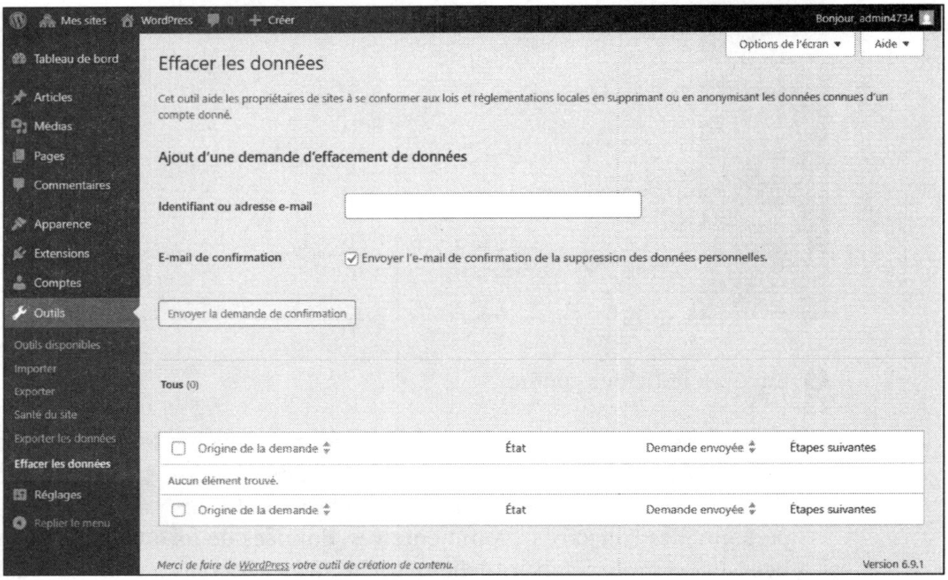

Figure 9.8 Écran de suppression des données personnelles.

❷ L'utilisateur confirme la demande.

L'utilisateur doit cliquer sur le lien reçu pour confirmer sa demande. Tant que ce lien n'est pas validé, les données restent intactes. Une fois confirmé, l'état de la demande passe à *Confirmée* dans le tableau de bord.

❸ Supprimez les données de l'utilisateur.

Vous pouvez alors procéder à la suppression. Les informations personnelles collectées par le site seront effacées, tout en veillant à ce que cette opération ne perturbe pas d'autres contenus ou fonctionnalités du site (articles, commentaires, comptes liés).

❹ Conservez et tracez les demandes.

Conservez un historique des demandes traitées, sans inclure de données personnelles, pour pouvoir démontrer votre conformité au RGPD.

Assurez-vous également que les liens de suppression ont une durée limitée pour éviter toute exploitation abusive.

ASTUCE

L'extension GDPR Data Request Form simplifie le respect du RGPD en ajoutant un formulaire de demande d'accès ou de suppression des données personnelles directement sur votre site. Elle s'appuie sur les outils natifs de WordPress pour automatiser l'export et l'effacement des informations privées en quelques clics : `https://fr.wordpress.org/plugins/gdpr-data-request-form/`

Consentement à l'enregistrement des données sur les formulaires

Tout formulaire en ligne qui collecte des informations personnelles (nom, e-mail, adresse, *etc.*) doit obtenir le consentement explicite de l'utilisateur, conformément au RGPD. Cette obligation concerne également les champs de commentaires ou tout autre champ qui enregistre des données personnelles.

Chaque formulaire doit inclure une case à cocher non précochée, permettant à l'utilisateur de donner son accord pour la collecte de ses données. Il est recommandé de différencier les consentements selon leur usage :

» **collecte de données pour traitement du formulaire ou commentaire ;**

» **collecte pour marketing ou newsletter ;**

» **collecte *via* cookies et traceurs.**

Le consentement doit être libre, spécifique, éclairé et réversible, conformément aux recommandations de la CNIL.

Compte tenu que WordPress ne permet pas de créer de formulaires de contact sans recourir à une extension *ad hoc*, consultez le Chapitre 6 pour apprendre à créer un formulaire avec WPForms.

Obtenir un consentement à l'utilisation des cookies

Même si une installation « propre » de WordPress ne dépose que des cookies liés à l'administration du site, tout ajout de fonctionnalités ou d'extensions peut générer des cookies supplémentaires. Ces cookies peuvent être liés aux statistiques, au marketing ou aux services externes, et nécessitent alors le consentement explicite de l'utilisateur avant d'être activés.

Les cookies doivent être distingués selon leur finalité :

» **Cookies strictement nécessaires** : indispensables au fonctionnement du site, ils peuvent être déposés sans consentement.

» **Cookies analytiques, marketing ou de suivi** : nécessitent un consentement explicite (*opt-in*) avant tout dépôt.

Pour être conforme au RGPD et aux recommandations de la CNIL, l'utilisateur doit pouvoir :

» accepter ou refuser chaque type de cookie ;

» modifier ses choix à tout moment ;

» être informé de la finalité de chaque cookie.

Les extensions modernes (CookieYes, Complianz, GDPR Cookie Consent) enregistrent chaque consentement avec la date, l'heure et les types de cookies acceptés. Cela permet de prouver la conformité en cas de contrôle.

L'extension Cookie Notice permet de créer une barre d'alerte élégante pour informer vos visiteurs sur l'usage des cookies. Très léger, il propose des options simples pour personnaliser le design, gérer le consentement au clic et s'intégrer parfaitement aux outils de conformité actuels : `https://fr.wordpress.org/plugins/cookie-notice/`

L'extension CookieYes (GDPR Cookie Consent & Compliance Notice) permet de créer une bannière de cookies discrète et élégante pour mettre votre site en règle avec le RGPD. Elle offre un contrôle total sur le design tout en gérant automatiquement le blocage des scripts avant que l'internaute n'ait donné son accord : `https://wordpress.org/plugins/cookie-law-info/`

DANS CE CHAPITRE :

Comprendre la relation entre parent et enfant.

Personnaliser des thèmes enfants avec des images.

Modifier la structure des thèmes enfants.

Chapitre 10

Comprendre les thèmes parents et enfants

Depuis toujours, le thème enfant répond à une préoccupation centrale : éviter que des modifications disparaissent lors de la mise à jour d'un thème. Avec l'arrivée du FSE (Full Site Editing), cette notion est souvent mal comprise, ce qui rend indispensable une clarification dès le départ.

Je vais lever un malentendu courant : non, vous ne perdrez pas vos réglages de couleurs, vos typographies ou vos mises en page créées dans l'éditeur de site lors d'une mise à jour du thème ! Avec FSE, WordPress enregistre les modifications réalisées *via* l'interface visuelle directement dans la base de données (MySql). Ces réglages ne font donc pas partie des fichiers du thème et ne sont pas écrasés lorsqu'une nouvelle version du thème parent est installée (et heureusement !).

Alors pourquoi parle-t-on encore de risque de perte de données ? Ce risque ne concerne pas les contenus ni les réglages stockés en base de données, mais uniquement les fichiers sources du thème.

Dès que vous modifiez manuellement un fichier à l'intérieur du dossier du thème parent, qu'il s'agisse d'un fichier CSS, d'un fichier `theme.json` ou d'un fichier PHP, vous intervenez directement sur un élément qui sera remplacé lors de la prochaine mise à jour. WordPress supprime alors l'ancienne version du thème pour la remplacer par la nouvelle, effaçant au passage toute modification effectuée dans ces fichiers.

C'est précisément à ce niveau que le thème enfant joue son rôle de protection. Il agit comme un bouclier entre vos personnalisations techniques et le thème parent, en offrant un espace dédié où vos modifications peuvent vivre durablement sans jamais être écrasées par une mise à jour.

L'utilisation d'un thème enfant est donc avant tout une question de méthode de travail et de pérennité. Il devient indispensable dès que l'on souhaite dépasser les possibilités de l'éditeur visuel, par exemple pour écrire du CSS avancé, ajouter du JavaScript ou modifier le comportement du site à l'aide de code PHP. Il offre également un avantage important en matière de portabilité : toutes les personnalisations sont regroupées dans un dossier unique, facilement sauvegardable, duplicable ou transférable vers un autre site.

N'OUBLIEZ PAS

Un thème enfant n'est pas systématiquement nécessaire. Si vous restez dans une logique 100 % visuelle, en utilisant uniquement l'éditeur de site et les réglages de blocs, WordPress gère parfaitement ces modifications en base. De même, si vos personnalisations passent par des extensions dédiées, ou si vous développez votre propre thème de A à Z, le thème enfant perd sa raison d'être.

En résumé, le critère de décision est simple : si vous envisagez d'ouvrir un éditeur de code pour modifier des fichiers liés à votre thème, le thème enfant s'impose immédiatement. Si ce n'est pas le cas, l'édition intégrale du site (Full Site Editing) suffit et les mises à jour du thème parent ne représentent aucun danger pour vos réglages visuels. La plupart des utilisateurs n'auront pas à créer de thème enfant, mais comprendre son fonctionnement reste important.

Ce chapitre explique ce que sont les thèmes enfants, comment créer un thème enfant depuis un thème parent et comment tirer le meilleur parti des thèmes enfants.

Créer un thème enfant

Un thème enfant est un thème WordPress qui repose sur un autre thème, appelé « thème parent ». Il n'est pas autonome au sens strict : sans le thème parent, il ne peut pas fonctionner.

Le thème enfant utilise automatiquement les fichiers, les styles, les fonctionnalités du thème parent, tout en permettant d'en modifier ou d'en ajouter sans jamais toucher aux fichiers d'origine.

Le fonctionnement repose sur une règle simple : WordPress charge d'abord le thème parent, puis applique les modifications du thème enfant. Concrètement

» **Si un fichier n'existe que dans le parent, il est utilisé tel quel.**

» **Si un fichier existe aussi dans l'enfant, celui de l'enfant prend la priorité.**

» **Les fichiers de l'enfant complètent ceux du parent, ils ne les remplacent pas globalement.**

La façon la plus simple de comprendre ce qu'est un thème enfant est de l'expliquer par un exemple. Dans cette section, je vais créer un thème enfant simple qui modifie le style du thème parent Twenty Twenty-Five.

Un thème enfant doit être copié dans le même répertoire que les autres thèmes, à savoir dans `/wp-content/themes`. La première étape pour créer un thème enfant consiste à créer le répertoire qui le contiendra. Pour cet exemple, connectez-vous avec FTP sur votre hébergement et créez un nouveau répertoire appelé, par exemple, `twentytwentyfive-child` dans le répertoire `/wp-content/themes`. Notez que vous auriez pu l'appeler complètement autrement !

Dans le dossier du thème enfant, créez un fichier nommé `style.css`. Ce fichier est obligatoire, même pour un thème FSE. Il doit contenir un en-tête qui permet à WordPress d'identifier le thème et de savoir de quel thème il dépend. Pour ce faire, tapez le code suivant dans votre éditeur de texte préféré (tel que le Bloc-notes sur PC ou TextEdit sur Mac) :

```
/*
Theme Name: Twenty Twenty-Five Child
Theme URI: https://wppln.fr
Description: Thème enfant basé sur Twenty Twenty-Five
Author: Votre nom
```

```
Template: twentytwentyfive
Version: 1.0
*/

/* Vous pouvez ajouter votre CSS personnalisé ici après cette ligne
*/
```

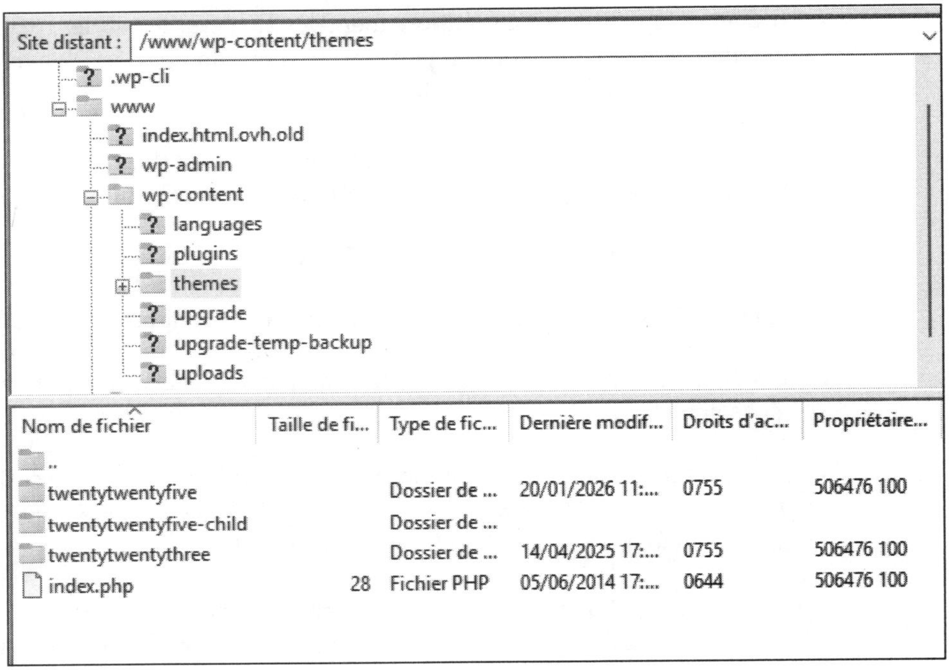

Figure 10.1 Création d'un dossier pour le thème enfant.

En règle générale, vous trouverez les en-têtes suivants dans un thème WordPress :

» **Theme Name :** c'est le nom qui apparaîtra dans votre tableau de bord WordPress (Apparence -> Thèmes).

» **Theme URI :** c'est l'adresse Web où l'on peut trouver des informations sur le thème. C'est surtout utile si vous comptez distribuer votre thème. Sinon, vous pouvez mettre votre propre site.

» **Description :** un court texte qui décrit l'utilité du thème. Il s'affiche lorsque vous cliquez sur les *Détails du thème* dans le panneau d'administration WordPress.

» **Author :** c'est ici que vous signez votre œuvre. Votre nom apparaîtra comme le créateur du thème dans l'interface WordPress.

» **Template :** important ! Cet en-tête transforme un thème standard en thème enfant. La valeur de cet en-tête indique à WordPress le nom de répertoire du thème parent. Étant donné que votre thème enfant utilise Twenty Twenty-Five comme parent, la variable Template doit correspondre à `twentytwentyfive` (le nom de répertoire du thème Twenty Twenty-Five – voir Figure 10.1).

» **Version :** c'est le numéro de version de votre travail. C'est utile pour forcer le rafraîchissement du cache du navigateur chez vos visiteurs lorsque vous faites des modifications CSS importantes.

Vous pouvez désormais ajouter vos propres règles CSS dans le fichier `style.css`. Toutefois, nous verrons un peu plus loin que le fichier `theme.json` est également prévu pour gérer une grande partie des styles, et qu'il doit être privilégié dès que cela est possible (voir la section « Où placer son CSS personnalisé ? »).

Contrairement aux anciens thèmes, vous n'avez pas besoin de charger le CSS du parent *via* PHP. Tout se passe dans le `theme.json`. Ce fichier va « écraser » sélectivement les réglages du parent.

Créez ensuite un fichier nommé `theme.json` à la racine de votre thème enfant. Ce fichier peut commencer par une structure minimale, suffisante pour être reconnue par WordPress :

```
{
  "$schema": "https://schemas.wp.org/trunk/theme.json",
  "version": 3,
  "settings": {},
  "styles": {}
}
```

Cette version minimale ne modifie encore rien visuellement. Elle sert principalement à déclarer que le thème enfant dispose de son propre fichier `theme.json` et qu'il est prêt à recevoir des personnalisations.

Vous pouvez toutefois aller un cran plus loin dès cette étape en ajoutant une première modification concrète. Par exemple, le code suivant change la couleur du texte de tous les titres de niveau *h1* :

```
{
  "$schema": "https://schemas.wp.org/trunk/theme.json",
  "version": 3,
  "styles": {
    "elements": {
```

```
      "h1": {
        "color": {
          "text": "#ff0000"
        }
      }
    }
  }
}
```

Dans ce cas, le fichier `theme.json` du thème enfant hérite toujours de celui du thème parent, mais il surcharge uniquement la règle définie ici. Cette modification est immédiatement visible sur le site et reste protégée lors des mises à jour du thème parent.

Le fichier `functions.php` permet d'ajouter des fonctionnalités spécifiques à un thème WordPress sans modifier le thème parent. Dans le cadre d'un thème enfant, il constitue l'espace dédié au code PHP personnalisé, comme l'ajout de filtres, d'actions ou de comportements particuliers. Avec les thèmes Full Site Editing, son utilisation n'est pas systématique, mais il devient indispensable dès que l'on souhaite aller au-delà des possibilités offertes par l'éditeur de site. Un contenu minimal acceptable est donc :

```
<?php
// Fonctions du thème enfant Twenty Twenty-Five
```

Vérifiez maintenant que les fichiers sont bien en place. Votre dossier `twentytwentyfive-child` doit contenir les éléments suivants :

» **`style.css` : fichier indispensable. Il permet à WordPress d'identifier le thème enfant et de le rattacher à son thème parent.**

» **`theme.json` : fortement recommandé dans le contexte du Full Site Editing. Il sert à définir ou surcharger les styles globaux et les réglages du thème.**

» **`functions.php` : facultatif. Il n'est nécessaire que si vous souhaitez ajouter du code PHP, par exemple pour modifier le comportement du site ou enregistrer des fonctionnalités spécifiques.**

» **`screenshot.png` : facultatif. Cette image illustre le thème dans le panneau d'administration WordPress. La taille recommandée est de 1200 par 900 pixels.**

Activez maintenant le nouveau thème (voir Figure 10.2) comme thème actif (si vous avez besoin d'un rappel sur la façon d'activer un thème sur votre site, consultez le Chapitre 8).

Figure 10.2
Activation du thème enfant.

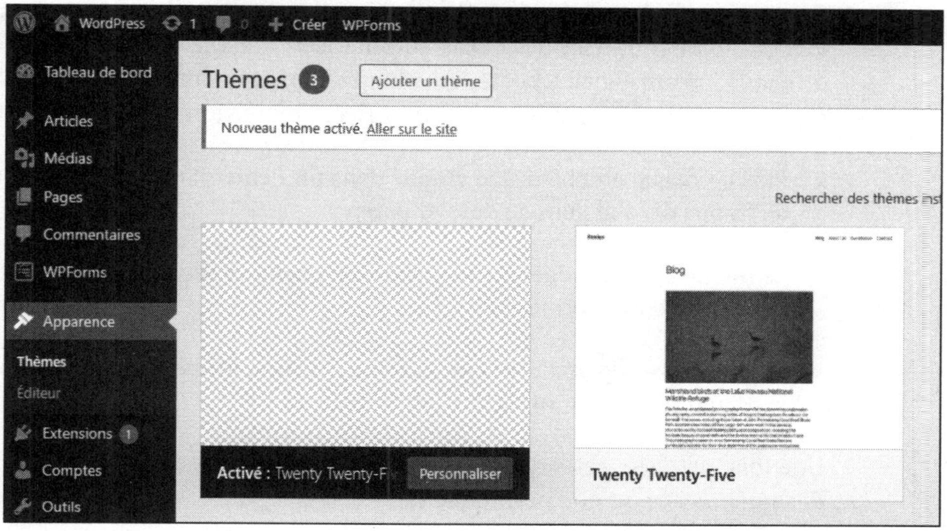

Un thème enfant n'est jamais mis à jour automatiquement, ce qui est à la fois volontaire et souhaitable, car son rôle n'est pas d'évoluer seul mais d'accompagner les mises à jour du thème parent en s'y adaptant lorsque cela devient nécessaire.

NOTE TECHNIQUE

Lors de la création d'un thème enfant avec un thème FSE, certains dossiers sont facultatifs et ne doivent être ajoutés qu'en fonction des besoins. Les dossiers `templates` et `parts` servent à définir la structure des pages et les éléments globaux comme l'en-tête ou le pied de page, mais ils ne sont pas indispensables si aucune modification de mise en page n'est prévue. Tant qu'il s'agit uniquement d'ajustements graphiques ou de styles globaux, le thème enfant peut se limiter à `theme.json` et `style.css`. Les dossiers `templates` et `parts` n'interviennent que lorsque l'on souhaite personnaliser ou remplacer des modèles existants du thème parent.

Découvrir Create Block Theme

Je vous ai expliqué comment créer un thème enfant « à la main ». Cette étape était essentielle : comprendre la hiérarchie des fichiers, le rôle du `style.css` et la structure du `theme.json`. Ces fichiers vous donnent un contrôle total et une compréhension fine des mécanismes du Full Site Editing (FSE). Vous savez désormais ce qui se passe sous le capot.

Cependant, dans le cadre d'un flux de travail quotidien, il est souvent plus convivial et rapide d'utiliser des outils automatisés. C'est là qu'intervient l'extension officielle Create Block Theme, développée par les contributeurs de WordPress.org. Si la méthode manuelle est formatrice, l'extension offre un confort inégalé :

» Plus de risque d'oublier une virgule dans un fichier JSON ou de faire une faute de frappe dans le nom du dossier parent.

» Le thème enfant est généré et installé en quelques secondes, sans quitter votre tableau de bord WordPress.

» Tout se passe *via* une interface graphique claire, idéale pour se concentrer sur le design plutôt que sur la gestion de fichiers FTP.

Une fois installée, cette extension devient un véritable couteau suisse pour votre design. Voici ce qu'elle permet de faire :

» **Génération de thème enfant :** elle analyse votre thème parent et crée automatiquement le dossier enfant avec tous les fichiers nécessaires (`style.css`, `theme.json`, *etc.*).

» **Exportation complète :** vous avez passé des heures à personnaliser votre site *via* l'Éditeur ? Vous pouvez exporter l'intégralité de votre travail sous forme de nouveau thème prêt à être installé sur un autre site.

» **Sauvegarde des changements :** c'est sans doute sa fonction la plus puissante. Elle permet de transférer les modifications stockées dans votre base de données (vos réglages faits depuis l'éditeur de site) directement dans les fichiers physiques de votre thème enfant.

» **Gestionnaire de polices (Font Manager) :** elle permet d'ajouter des polices de caractères locales en quelques clics. Elle s'occupe de télécharger les fichiers et de générer le code nécessaire, vous assurant ainsi une conformité totale au RGPD sans effort technique.

N'OUBLIEZ PAS

Le lien entre les polices de caractères et le RGPD tient à la manière dont elles sont chargées sur un site. Quand une police est hébergée à distance (par exemple, une police Google Fonts), chaque visiteur de votre site fait une requête vers le serveur du fournisseur de polices. Cela peut entraîner la collecte d'adresses IP ou d'autres données personnelles, ce qui entre dans le champ du RGPD.

Créer un thème enfant avec Create Block Theme

Dans la suite de cette partie, je vous explique comment utiliser Create Block Theme (`https://fr.wordpress.org/plugins/create-block-theme/`) pour créer un thème enfant fondé sur le thème TwentyTwenty-Five.

❶ **Installez l'extension Create Block Theme.**

Avant tout, assurez-vous que votre thème parent (par exemple Twenty Twenty-Five) est actif. Installez et activez l'extension Create Block Theme (par WordPress.org).

❷ **Accédez à l'interface de création.**

Une fois l'extension activée, un nouveau menu apparaît dans Apparence -> Create Block Theme. Vous arrivez sur une page proposant plusieurs options (voir Figure 10.3).

- *Exporter Twenty Twenty-Five en tant que fichier zip :* permet de générer une archive du thème actuellement actif. Le fichier zip obtenu est prêt à être importé tel quel dans un autre site WordPress. Cette fonctionnalité est particulièrement utile pour déplacer un thème d'un environnement à un autre ou pour conserver une sauvegarde locale du thème à un instant donné (cette option n'altère pas le thème et ne crée pas de nouveau thème, ni de thème enfant).

- *Créer un nouveau thème vierge :* permet de partir de zéro et de générer un thème bloc minimal, sans dépendre d'un thème parent. Le thème créé contient uniquement la structure de base nécessaire à un thème Full Site Editing : un dossier propre, un fichier `style.css`, un fichier `theme.json` minimal et les éléments indispensables pour être reconnu par WordPress. Cette option s'adresse avant tout à ceux qui souhaitent apprendre à construire un thème FSE, expérimenter leurs propres idées ou développer un thème entièrement personnalisé sans héritage préalable. En contrepartie, tout est à concevoir : styles, modèles, structure et identité visuelle.

- *Créer un clone de Twenty Twenty-Five :* permet de créer un nouveau thème totalement indépendant. Le thème actuellement actif est copié dans un nouveau dossier, avec ses fichiers, ses modèles et son fichier `theme.json`. Le thème obtenu n'a plus aucun lien technique avec Twenty Twenty-Five. Il ne s'agit pas d'un thème enfant, mais d'un thème autonome. Les futures mises à jour de Twenty Twenty-Five ne s'appliqueront pas à ce clone. Cette option est adaptée si vous souhaitez partir d'une base existante pour créer votre propre thème, fortement personnalisé, ou destiné à être distribué ou maintenu séparément.

- *Créer un thème enfant de Twenty Twenty-Five :* correspond à la méthode classique et recommandée pour personnaliser un thème existant. Le thème créé dépend du thème parent Twenty Twenty-Five et en hérite automatiquement tous les styles, modèles et fonctionnalités. Seules les modifications ajoutées dans le thème enfant viennent compléter ou surcharger le parent. Les mises à jour de Twenty Twenty-Five continuent donc de s'appliquer sans écraser vos personnalisations.

Sélectionnez Créer un thème enfant de Twenty Twenty-Five (voir Figure 10.3).

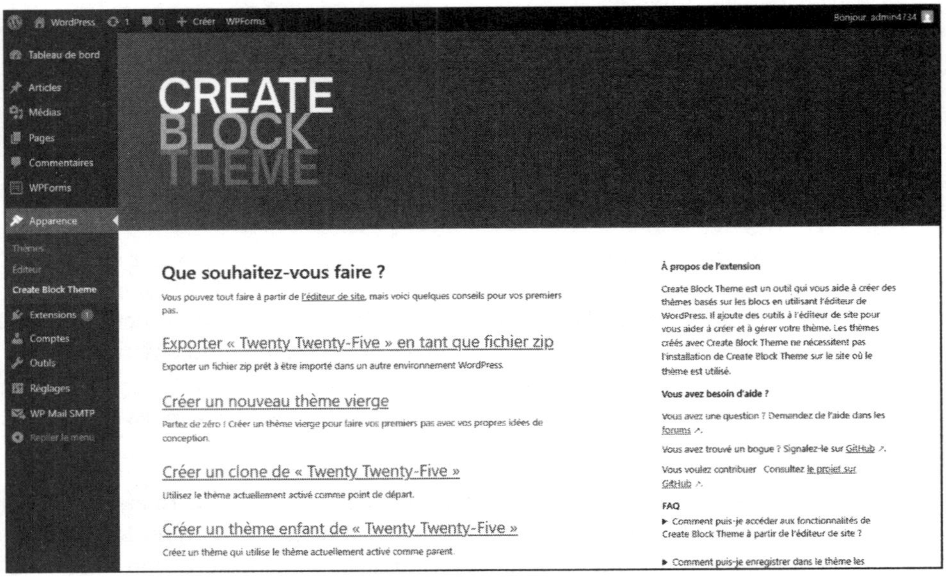

Figure 10.3 Page des options de l'extension Create Block Theme.

❸ **Renseignez les informations du thème.**

Un formulaire simple s'affiche. C'est ici que vous générez l'en-tête du fichier `style.css` sans coder :

- *Nom du thème :* donnez un nom à votre thème (par exemple, *Mon Thème Enfant*).
- *Description :* expliquez brièvement l'objet du thème.
- *Author :* indiquez le nom de l'auteur du thème.

Figure 10.4 Description du thème enfant.

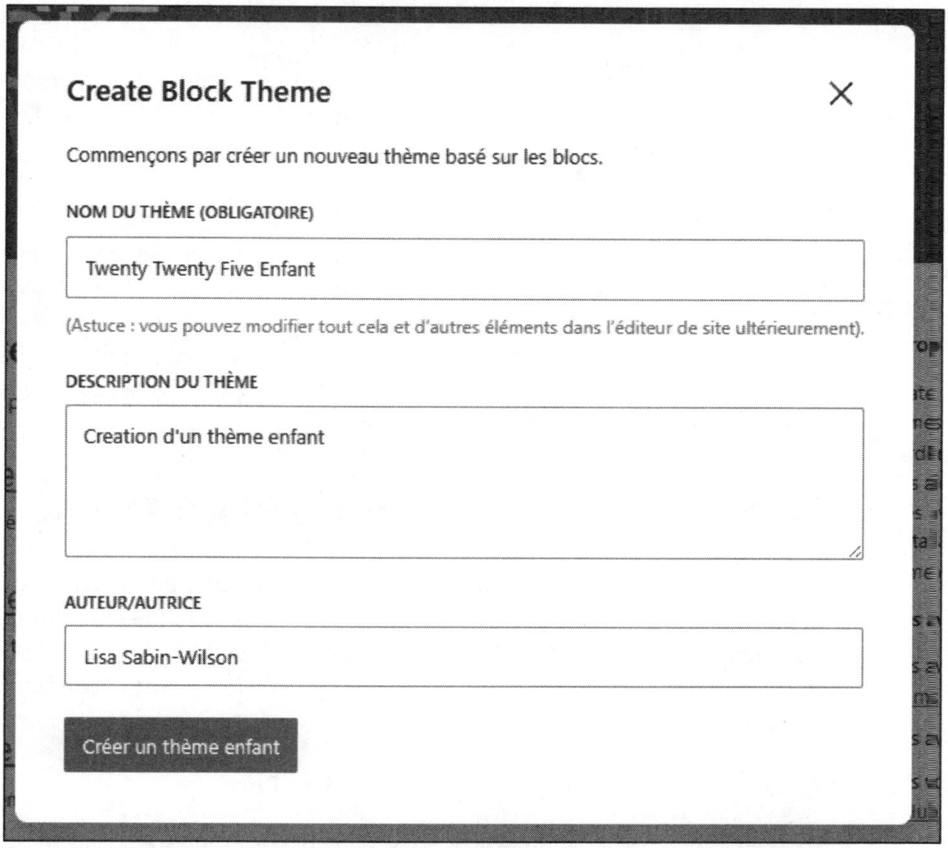

❹ **Générez le nouveau thème.**

Cliquez sur le bouton Créer un thème enfant. L'extension va créer instantanément le dossier dans votre installation WordPress. L'extension va extraire vos réglages personnalisés de la base de données et les écrire directement dans le fichier `theme.json` de votre thème enfant. Vos modifications sont désormais « gravées dans le marbre ».

Le thème enfant est automatiquement activé à la fin du processus. Vous trouverez votre nouveau thème dans Apparence —> Thèmes.

Une question revient très souvent : faut-il d'abord personnaliser le thème parent *via* l'Éditeur de site, puis créer un thème enfant, ou au contraire créer le thème enfant dès le départ avant toute personnalisation ? Il est recommandé de créer le thème enfant dès le départ, avant toute personnalisation. Les modifications effectuées directement sur le thème parent *via* l'éditeur de site sont enregistrées dans la base de données et restent liées au thème parent, ce qui complique leur réutilisation ou leur transfert. En travaillant immédiatement dans un thème enfant, vous conservez une séparation claire entre le code du thème parent et vos adaptations, ce qui facilite la maintenance, les mises à jour et la portabilité du projet.

N'OUBLIEZ PAS

Comment créer un thème enfant avec un thème « classique » non FSE ? L'extension Child Theme Configurator (**https://fr.wordpress.org/plugins/child-theme-configurator/**) est conçue pour concevoir des thèmes enfants pour des thèmes WordPress classiques, c'est-à-dire les thèmes traditionnels basés sur des fichiers PHP (`style.css`, `functions.php`, `templates`). Elle analyse le thème parent, génère un thème enfant et permet de gérer les styles et les modèles hérités sans toucher au thème d'origine.

Maîtriser l'extension Create Block Theme

L'éditeur de site (FSE) permet de modifier visuellement votre site mais, par défaut, WordPress enregistre ces modifications dans la base de données et non dans les fichiers du thème. L'extension Create Block Theme comble ce fossé en transformant l'interface de WordPress en un véritable environnement de développement de thèmes.

❶ Ouvrez le site public de votre instance WordPress.

Depuis le panneau d'administration WordPress, cliquez sur WordPress (en haut à gauche – voir Figure 10.5) puis cliquez sur Aller sur le site pour ouvrir la page publique du site. Cliquez ensuite sur le lien Modifier le site, situé en haut à gauche de l'écran. La page d'accueil s'ouvre alors en mode édition.

Figure 10.5
Lien vers la page publique du site.

❷ Ouvrez le menu Create Block Theme.

Un nouveau menu (en forme de clé à molette) apparaît dans la barre d'option de la page, en haut à droite (voir Figure 10.6). Il s'agit d'un menu d'options spécifiques à Create Block Theme.

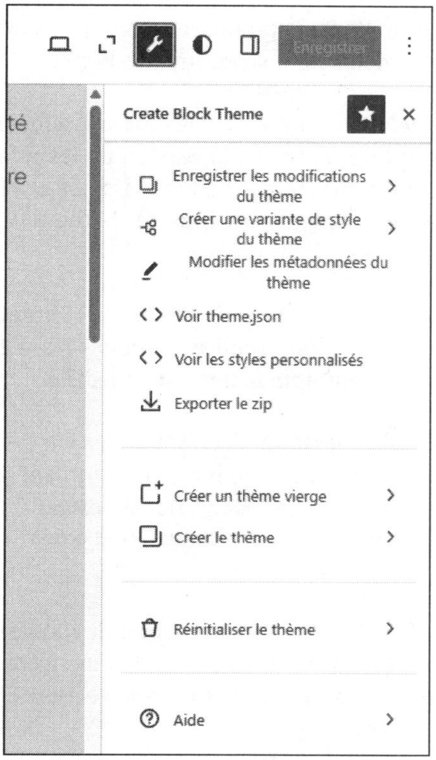

Figure 10.6 Les différentes option de l'extension Create Block Theme.

❸ Parcourez les différentes options.

Parcourez les options propres à l'extension Create Block Theme (voir Figure 10.6) :

- *Enregistrer les modifications du thème* : lorsque vous changez une couleur ou déplacez un bloc, ces modifications sont stockées dans votre base de données MySQL, et non dans les fichiers de votre thème (sur votre serveur). Le lien *Enregistrer les modifications du thème* de Create Block Theme permet de « pousser » ces modifications de la base de données vers les fichiers physiques (`theme.json` ainsi que les dossiers `templates` et `parts` si nécessaire). L'enregistrement des modifications dans les fichiers du thème optimise les performances en évitant les requêtes inutiles vers la base de données et assure la portabilité de votre design lors de l'exportation vers d'autres projets.

- *Créer une variante de style du thème* : il est possible de créer une variante de style. Cette action génère un fichier JSON distinct dans le dossier des styles du thème, contenant uniquement les réglages visuels (couleurs, typographie, espacements). Les variantes permettent de proposer plusieurs identités graphiques sans dupliquer les modèles ni la structure du thème.

- *Modifier les métadonnées du thème* : permet d'éditer les métadonnées du thème, comme le nom, la description, l'auteur, la version ou les informations de licence. Ces données sont écrites directement dans le fichier `style.css`. Il vous est proposé de téléverser une image pour illustrer le thème dans le panneau d'administration WordPress.

- *Voir le fichier* `theme.json` : l'outil offre une vue directe sur le contenu généré du fichier `theme.json`. Cela permet de comprendre comment les réglages ont été appliqués dans l'interface sans toutefois pouvoir les modifier.

- *Voir les styles personnalisés* : les styles personnalisés appliqués *via* l'éditeur de site peuvent être visualisés séparément. Cela inclut notamment les réglages spécifiques à certains blocs. Create Block Theme permet d'identifier clairement ce qui relève du style global et ce qui correspond à des ajustements ciblés.

- *Exporter le ZIP* : une fois le thème prêt, l'extension permet de l'exporter sous forme d'archive ZIP de sorte qu'il puisse être installé dans un autre site. Il s'agit du même menu que celui vu précédemment dans la section « Créer un thème enfant avec Create Block Theme ».

- *Créer un thème vierge* : cette option génère une structure minimale de thème FSE, sans styles ni modèles prédéfinis, servant de base propre pour un projet sur mesure ou un apprentissage approfondi. Il s'agit du même menu que celui vu précédemment dans la section « Créer un thème enfant avec Create Block Theme ».

- *Réinitialiser le thème :* cette option permet de réinitialiser les personnalisations du thème actif. Elle supprime les modifications enregistrées dans la base de données depuis la dernière sauvegarde effectuée *via* l'option *Enregistrer les modifications du thème* et restaure le thème dans l'état correspondant à cette sauvegarde.

Où placer son CSS personnalisé ?

Avec l'arrivée du FSE, la manière de personnaliser un thème enfant a radicalement changé. On ne se demande plus simplement « quel code écrire ? », mais surtout « où le stocker ? » pour que le site reste performant et facile à administrer.

Le choix entre le fichier `style.css` (la méthode historique) et le fichier `theme json` (la méthode moderne) n'est pas qu'une question de préférence technique : c'est une décision qui impacte directement la cohérence de votre interface.

Pour bien choisir votre camp selon la situation, imaginez que :

» **Le fichier `theme.json` est le point d'entrée principal pour les styles globaux. Il permet de définir les couleurs, la typographie, les espacements et les styles des blocs de manière structurée et cohérente avec l'éditeur de site. Les règles définies dans ce fichier sont comprises par WordPress, visibles dans l'interface et pleinement intégrées au fonctionnement des blocs. Dès qu'un style peut être exprimé *via* `theme.json`, c'est à cet endroit qu'il doit être placé.**

» **Le fichier `style.css`, quant à lui, conserve un rôle complémentaire. Il est destiné aux ajustements spécifiques que `theme.json` ne permet pas encore de gérer simplement : sélecteurs CSS complexes, corrections ponctuelles, effets visuels particuliers ou règles très ciblées. Le CSS qui s'y trouve s'applique uniquement côté rendu, sans interaction avec l'éditeur visuel.**

La bonne pratique consiste donc à utiliser `theme.json` pour construire le socle stylistique du thème, et `style.css` comme un outil de précision.

Maîtriser la priorité des règles CSS dans un thème enfant

Les règles CSS peuvent se substituer les unes aux autres : si vous déclarez la même règle deux fois dans votre CSS, la règle qui vient en dernier a priorité. Par exemple :

```
a {
color: blue;
}
a {
color: red;
}
```

Cet exemple est très simple, mais il illustre bien mon propos. La première règle dit que tous les liens (les balises a) doivent être en bleu, tandis que la seconde règle indique que les liens doivent être en rouge. Les dernières déclarations de règles CSS ayant priorité, les liens seront rouges.

Le fichier `style.css` du thème parent est chargé en premier, puis celui du thème enfant. Cette organisation permet précisément au thème enfant de modifier ou d'ajuster les styles du thème parent sans en altérer le code.

Ainsi, si une même règle CSS est déclarée à la fois dans le `style.css` du thème parent et dans celui du thème enfant, et que les sélecteurs aient la même spécificité, c'est la règle du thème enfant qui a priorité, car elle est chargée après celle du parent. Le navigateur applique donc la dernière déclaration rencontrée.

Ce mécanisme permet au thème enfant de surcharger proprement les styles existants. Si la règle du thème parent est plus spécifique, ou utilise `!important`, elle peut conserver la priorité. Dans ce cas, le thème enfant devra soit utiliser un sélecteur plus précis, soit recourir lui aussi à `!important`, avec parcimonie.

Dans un thème enfant FSE, le fichier `theme.json` ne remplace jamais celui du thème parent. Il fonctionne selon un principe de fusion hiérarchique. WordPress commence par charger le `theme.json` du thème parent, puis applique par-dessus les réglages définis dans le `theme.json` du thème enfant. Seules les clés explicitement redéfinies dans le thème enfant viennent surcharger celles du parent, tandis que l'ensemble des autres réglages continue d'être hérité automatiquement.

ATTENTION

On pourrait être tenté de copier intégralement le fichier `theme.json` du thème parent dans celui du thème enfant, mais ce serait une mauvaise idée. Une telle duplication annule le principe même de l'héritage et transforme le thème enfant en une simple copie figée du parent. Les mises à jour du thème parent seraient beaucoup plus difficiles à intégrer. La bonne approche consiste à ne redéfinir dans le `theme.json` de l'enfant que les clés strictement nécessaires, afin de bénéficier pleinement de la logique de surcharge et d'héritage prévue par WordPress.

DANS CE CHAPITRE :

Décider si l'hébergement multisite vous est destiné.

Explorer les considérations d'hébergement Web.

Activer les fonctionnalités réseau de WordPress.

Administrer et gérer un réseau.

Se protéger des spammeurs.

Chapitre 11

Hébergement de plusieurs sites avec WordPress

Ce chapitre a pour objectif de vous faire découvrir la fonctionnalité réseau native de WordPress, communément appelée « multisite ». Elle permet de créer, gérer et administrer plusieurs sites Web à partir d'une seule et même installation de WordPress. Vous apprendrez à activer et configurer le réseau, à parcourir ses paramètres et options spécifiques, à comprendre le rôle et les responsabilités de l'administrateur réseau, ainsi qu'à choisir l'architecture la plus adaptée à vos besoins, entre sous-répertoires et sous-domaines.

Une fois le mode réseau activé, les utilisateurs de votre installation peuvent gérer leur propre site de manière autonome, tout en restant intégrés à l'écosystème global. Chacun dispose de son propre tableau de bord, offrant des fonctionnalités similaires à celles présentées dans les chapitres précédents. Il peut donc être pertinent que chaque membre du réseau dispose de ce livre, afin de se familiariser pleinement avec l'interface et les possibilités offertes par WordPress.

Déterminer quand utiliser la fonctionnalité multisite

Généralement, lorsque plusieurs utilisateurs publient du contenu sur un même site, une installation WordPress classique suffit amplement. Le terme « multisite » peut prêter à confusion : il ne désigne pas la gestion de nombreux utilisateurs, mais bien la possibilité d'exécuter plusieurs sites distincts à partir d'une seule installation de WordPress. L'expression « réseau de sites » décrit d'ailleurs plus précisément cette fonctionnalité.

Au sein d'un réseau, chaque site partage la même base de code et la même base d'utilisateurs, tout en restant indépendant dans son fonctionnement. Les utilisateurs peuvent accéder à l'interface d'administration de leurs sites respectifs afin de gérer les paramètres et publier du contenu. Certaines options, en revanche, s'appliquent à l'ensemble du réseau et sont administrées de manière centralisée.

Il est également possible d'utiliser un réseau multisite pour donner l'impression qu'un seul site existe. En appliquant le même thème, les mêmes couleurs et une identité visuelle homogène à chaque site, le visiteur ne percevra pas la séparation. Cette approche est particulièrement adaptée à des projets comme un magazine en ligne, où chaque section peut être gérée de façon autonome, sans pour autant donner accès aux autres parties du réseau ni aux interfaces d'administration des sites voisins.

Un autre élément important à prendre en compte concerne l'accès et la modification des fichiers sur le serveur. La mise en place d'un réseau multisite nécessite un accès direct au serveur, et la maintenance technique devient rapidement une responsabilité centrale. Le gestionnaire du réseau doit souvent intervenir pour assurer le support et le bon fonctionnement de l'ensemble des sites.

Généralement, vous aurez recours à un réseau de sites dans les cas suivants :

» **Vous souhaitez gérer plusieurs sites à partir d'une seule installation WordPress.** Vous êtes par exemple blogueur ou propriétaire de site et vous désirez créer un second site, éventuellement *via* un sous-domaine ou un domaine distinct, tout en conservant un hébergement commun. Vous êtes à l'aise avec l'édition de fichiers, vous souhaitez simplifier la maintenance en utilisant une base de code unique, et vos thèmes et extensions doivent être disponibles pour tous les sites. Vous disposez d'un compte administrateur réseau, tout en conservant la possibilité de gérer chaque site individuellement.

» **Vous souhaitez héberger des sites ou des blogs pour d'autres utilisateurs.** Ce scénario est plus complexe : vous mettez en place un réseau dans lequel les utilisateurs s'inscrivent afin de créer leur propre site à partir de votre installation principale, tandis que vous prenez en charge les aspects techniques, la maintenance et la sécurité.

Comme les fichiers sont mutualisés, certaines restrictions sont mises en place pour des raisons de sécurité. L'une des mesures les plus déroutantes pour les nouveaux utilisateurs est la désactivation de l'affichage des erreurs. La plupart des erreurs PHP, par exemple lors de l'installation d'une extension défectueuse ou d'une modification incorrecte d'un fichier, ne s'affichent pas à l'écran. À la place, WordPress peut simplement présenter une page blanche, souvent appelée « l'écran blanc de la mort ».

La consultation des journaux d'erreurs et l'utilisation des outils de débogage demandent des compétences techniques spécifiques. Même si votre hébergeur automatise certaines tâches de maintenance, l'administration d'un réseau multisite implique généralement une courbe d'apprentissage plus exigeante.

ASTUCE

Lorsque vous activez la fonctionnalité multisite, le site WordPress existant devient automatiquement le site principal du réseau.

Bien que WordPress puisse être assez puissant, dans les situations suivantes, la gestion de plusieurs sites présente certaines limites :

» L'ensemble du réseau repose sur un seul compte d'hébergement ; il n'est pas possible d'utiliser plusieurs comptes distincts.

» WordPress ne permet pas, par défaut, de publier simultanément un même article sur plusieurs sites du réseau.

» Dans le cas d'une architecture basée sur des sous-répertoires, le site principal ajoute automatiquement `/blog/` aux permaliens afin d'éviter les conflits avec les sous-sites. Des extensions existent toutefois pour contourner ce comportement.

L'exemple le plus emblématique d'un vaste réseau multisite reste WordPress.com, qui héberge des millions de sites et d'utilisateurs. Ce service repose précisément sur la fonctionnalité réseau de WordPress, en permettant à chacun de créer un site après inscription.

Lorsque vous activez l'inscription des utilisateurs, fonctionnalité abordée plus loin dans ce chapitre, vous offrez la possibilité aux visiteurs de :

» créer leur propre compte ;

» créer leur propre site sur votre installation WordPress (sur votre domaine) ;

» créer du contenu en publiant des articles ;

» télécharger des fichiers multimédias tels que des photos, des fichiers audio et vidéo ;

» inviter des amis à consulter ces blogs ou à s'inscrire pour leurs propres besoins.

Comprendre la différence entre sites et blogs

Dans un réseau WordPress multisite, chaque élément ajouté est considéré comme un site à part entière, et non comme un simple blog. Cette distinction peut sembler subtile, mais elle repose avant tout sur une question de perception plutôt que de fonctionnement technique.

En pratique, les mécanismes restent identiques. Toutefois, le fait de parler de sites plutôt que de blogs ouvre le champ des possibles. WordPress ne se limite pas à la publication d'articles : il peut servir à créer des sites institutionnels, des portails, des magazines ou encore des plateformes de contenus plus complexes :

» Lors de l'installation du réseau, vous devez choisir la structure des adresses de vos sites. Vous pouvez opter pour des sous-domaines ou pour des sous-répertoires. Si WordPress est installé à la racine de votre hébergement, les sites du réseau utiliseront des adresses de type `sousdomaine.votredomaine.com` ou `votredomaine.com/sousdossier/`, selon l'option retenue. Ce choix est définitif une fois le réseau configuré et les sites créés.

  Ces sites n'existent pas physiquement sous forme de dossiers ou de fichiers sur le serveur. Ils sont entièrement gérés de manière virtuelle *via* la base de données. L'acheminement vers le bon site est assuré par des règles de réécriture définies dans le fichier `.htaccess`, qui indiquent au navigateur la destination appropriée.

» **Le site principal du réseau, parfois appelé « site parent », peut jouer un rôle central en servant de point d'entrée pour l'ensemble du réseau. Il peut par exemple afficher ou mettre en avant les contenus des autres sites, contribuant ainsi à renforcer la visibilité globale et à attirer davantage de visiteurs.**

Les services d'hébergement Web

Ce chapitre part du principe que WordPress est déjà installé et fonctionne correctement sur votre serveur Web, et que celui-ci respecte les prérequis techniques nécessaires à l'exécution du logiciel (voir le Chapitre 2).

Avant d'activer la fonctionnalité réseau de WordPress, il est nécessaire de définir clairement l'usage que vous comptez en faire. Plusieurs scénarios sont possibles

» **gérer un nombre limité de sites ou de blogs WordPress ;**

» **déployer un réseau de grande envergure regroupant plusieurs centaines de sites et de nombreux utilisateurs.**

Si votre objectif se limite à l'administration de quelques sites au sein d'un réseau, votre solution d'hébergement actuelle sera généralement suffisante (reportez-vous au Chapitre 3 pour plus de détails sur les offres d'hébergement Web). En revanche, si vous envisagez de créer un réseau important et très actif il est fortement recommandé de contacter votre hébergeur afin d'augmenter la bande passante disponible et de lever d'éventuelles restrictions liées à l'espace de stockage.

ATTENTION

Au-delà des considérations de sécurité, du temps à consacrer à l'administration et des tâches liées à la gestion d'une communauté de sites, un autre aspect doit être anticipé : l'augmentation de la consommation des ressources serveur. Un réseau en croissance sollicitera davantage la bande passante et l'espace disque Dépasser les limites imposées par votre hébergeur peut entraîner une hausse significative des coûts. Il est donc indispensable d'estimer en amont vos besoins réels en ressources avant de lancer un réseau de grande taille (je vous aurai averti !).

De nombreux projets multisites naissent avec l'ambition de devenir des communautés vastes et dynamiques. Il est toutefois préférable d'adopter une approche réaliste quant à leur fonctionnement et à leur développement, afin de choisir une solution d'hébergement adaptée, tant pour vous que pour vos utilisateurs.

Les réseaux multisites de petite taille peuvent fonctionner sans difficulté sur un hébergement mutualisé. En revanche, les communautés plus importantes et plus actives auront tout intérêt à s'orienter vers un serveur dédié. La différence entre ces deux types d'hébergement est simple :

» **Serveur mutualisé :** correspond à un environnement dans lequel plusieurs comptes partagent les ressources d'un même serveur. Cela s'apparente à un immeuble collectif, où plusieurs logements cohabitent sous un même toit.

» **Serveur dédié :** à l'inverse, cet hébergement vous est entièrement réservé. Vous disposez de l'ensemble des ressources du serveur, exclusivement pour votre projet. Cette situation est comparable à une maison individuelle, occupée par un seul propriétaire.

Le serveur dédié représente un investissement plus important, tandis que l'hébergement mutualisé reste la solution la plus économique. Le choix doit donc reposer sur une estimation réaliste de la taille et du niveau d'activité de votre réseau. S'il est toujours possible d'évoluer d'un hébergement mutualisé vers un serveur dédié, il reste plus simple et plus efficace de sélectionner dès le départ une solution adaptée aux ambitions du projet.

Activer les fonctionnalités réseau

WordPress simplifie grandement l'activation du mode réseau, mais cette opération nécessite la modification d'un fichier de configuration situé sur votre serveur Web : `wp-config.php`. Pour lancer le processus, suivez ces étapes :

1. **Téléchargez le fichier `wp-config.php` de WordPress.**

   À l'aide de votre client FTP, récupérez une copie du fichier `wp-config.php` situé à la racine de votre installation WordPress et enregistrez-la sur votre ordinateur. Pour plus d'informations sur l'utilisation de FTP, reportez-vous au Chapitre 3.

2. **Ouvrez le fichier `wp-config.php` avec un éditeur de texte.**

   Les utilisateurs de PC peuvent utiliser le Bloc-notes, tandis que les utilisateurs de Mac peuvent se tourner vers TextEdit.

3. Repérez la ligne `/* C'est tout, ne touchez pas à ce qui suit ! Bonne publication. */`.

   Insérez une nouvelle ligne juste au-dessus de ce commentaire.

4. Saisissez cette instruction :

```
define('WP_ALLOW_MULTISITE', true);
```

   Enregistrez ensuite le fichier sur votre ordinateur sans modifier le nom du fichier.

5. Téléversez le fichier modifié sur votre serveur Web.

   Remplacez le fichier existant dans le répertoire d'installation de WordPress par la version que vous venez de modifier.

6. Connectez-vous à votre tableau de bord WordPress à l'aide de votre navigateur.

   Cliquez sur le menu Outils, puis sélectionnez Création du réseau. La page intitulée *Création du réseau* s'affiche alors dans votre navigateur, comme illustré à la Figure 11.1.

ATTENTION

Si des extensions sont installées et activées sur votre site WordPress, vous devez impérativement les désactiver avant de poursuivre. WordPress ne vous autorisera pas à continuer tant que toutes les extensions n'auront pas été désactivées.

Avant de finaliser l'activation du mode réseau, certains réglages doivent être effectués sur votre serveur Web. Vous devrez également définir la manière dont les différents sites du réseau seront organisés et gérés. Ces paramètres sont indispensables pour garantir le bon fonctionnement du réseau WordPress.

Si vous disposez des accès nécessaires et que vous soyez à l'aise avec la configuration serveur, notamment les fichiers de configuration Apache, vous pouvez effectuer ces ajustements vous-même. Dans le cas contraire, ou si vous ne vous sentez pas à l'aise avec ces manipulations, il est conseillé de faire appel à votre hébergeur ou à un consultant spécialisé.

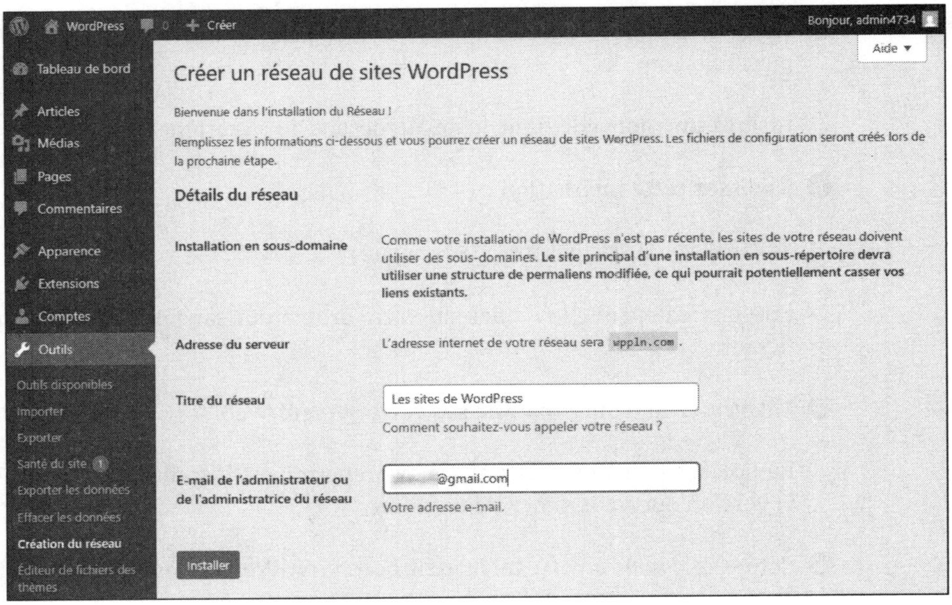

Figure 11.1 La page de configuration d'un réseau de sites.

DNS (*Domain Name Server*)

La fonctionnalité Multisite de WordPress permet de gérer un réseau de sites de deux manières distinctes sur un même nom de domaine : en utilisant des sous-domaines ou des sous-répertoires. La solution la plus répandue, et généralement recommandée, repose sur l'utilisation des sous-domaines.

Avec la configuration en sous-domaines, l'identifiant du site ou de l'utilisateur précède le nom de domaine principal. À l'inverse, dans une configuration en sous-répertoires, le nom de domaine principal apparaît en premier, suivi de l'identifiant du site.

Le choix entre ces deux structures dépend de vos besoins et de vos préférences. Il est toutefois utile de comparer leur apparence pour bien comprendre la différence :

» **Un sous-domaine ressemble à ceci :**

```
https://utilisateur.votredomaine.com
```

» **Un sous-répertoire ressemble à ceci :**

```
https://votredomaine.com/utilisateur
```

Si vous optez pour une architecture en sous-domaines pour votre réseau WordPress, une configuration spécifique du DNS est nécessaire. Vous devrez ajouter un enregistrement *wildcard* dans la zone DNS de votre domaine. Cet enregistrement permet de rediriger tous les sous-domaines vers votre serveur Web.

Concrètement, il s'agit de créer un enregistrement de type nom d'hôte pointant vers votre serveur, sous la forme `*.votredomaine.com`, en remplaçant *votredomaine.com* par votre nom de domaine réel. Cette étape se réalise depuis l'outil de gestion DNS fourni par votre hébergeur ou par votre interface d'administration serveur.

Apache et réécriture des URL

Un réseau WordPress multisite permet de gérer plusieurs sites à partir d'une seule installation. Pour fonctionner correctement, WordPress doit pouvoir utiliser des adresses de page claires et lisibles, appelées « permaliens ».

Ce fonctionnement dépend du serveur Web utilisé par l'hébergeur. Historiquement Apache était le plus répandu, mais aujourd'hui d'autres solutions comme Nginx ou LiteSpeed sont tout aussi courantes. Du point de vue de l'utilisateur, cette différence est généralement invisible : WordPress multisite fonctionne de la même manière quel que soit le serveur, à condition que l'hébergement soit correctement configuré.

Sur les hébergements modernes, la gestion des URL nécessaires au multisite est activée par défaut. Il est donc rarement nécessaire d'intervenir sur la configuration du serveur. Une règle simple permet de s'en assurer : si les permaliens WordPress fonctionnent déjà correctement, l'environnement est compatible avec le multisite.

La plupart des hébergeurs spécialisés WordPress utilisent des serveurs Linux ce qui facilite le support et la maintenance. Les contraintes techniques autrefois associées au multisite, comme l'utilisation d'une adresse IP fixe, ne sont plus d'actualité pour la majorité des utilisateurs.

Avant d'activer le mode multisite, il est surtout important de choisir un hébergement récent et adapté à WordPress.

Virtual Host

La configuration des hôtes virtuels est un élément-clé dans la mise en place d'un réseau WordPress, en particulier lorsque celui-ci utilise une architecture en sous-domaines. Les Virtual Hosts permettent à Apache de traiter correctement les requêtes associées à un domaine principal et à l'ensemble de ses sous-domaines.

Sur les environnements Linux actuels, notamment Debian et Ubuntu, Apache utilise une organisation modulaire de ses fichiers de configuration. Les hôtes virtuels sont définis dans des fichiers dédiés, stockés dans le répertoire `/etc/apache2/sites-available`. Chaque fichier correspond à un site ou à un domaine spécifique.

Pour qu'un Virtual Host soit pris en compte par Apache, il doit être activé. Cette activation crée un lien symbolique vers le fichier de configuration dans le répertoire `/etc/apache2/sites-enabled`. Une fois activé, Apache peut utiliser cette configuration pour répondre aux requêtes entrantes.

Cette organisation facilite la gestion de plusieurs sites sur un même serveur, tout en limitant les risques liés à des modifications globales de configuration.

Dans le cadre d'un réseau WordPress reposant sur des sous-domaines, le Virtual Host associé au domaine principal doit être configuré de manière à accepter toutes les requêtes de sous-domaines. Pour cela, certaines directives sont indispensables.

La directive AllowOverride doit autoriser l'utilisation des fichiers `.htaccess`, nécessaires au fonctionnement des permaliens et du mode multisite de WordPress. Une configuration adaptée ressemble à ceci :

```
AllowOverride FileInfo Options
```

Une configuration plus restrictive empêcherait WordPress de gérer correctement les règles de réécriture des URL.

Il est également indispensable d'ajouter une directive ServerAlias générique afin qu'Apache reconnaisse l'ensemble des sous-domaines du réseau :

```
ServerAlias *.votredomaine.com
```

Cette directive indique au serveur Web de traiter toutes les variantes de sous-domaines associées au domaine principal.

Après toute modification de la configuration des Virtual Hosts, Apache doit être rechargé ou redémarré afin que les changements soient appliqués.

La configuration Apache doit être complétée par une configuration DNS appropriée. Un réseau WordPress basé sur des sous-domaines nécessite un enregistrement DNS générique permettant de rediriger toutes les requêtes de sous-domaines vers le serveur Web. Cet enregistrement est généralement configuré chez le *registrar* ou directement dans l'interface DNS de l'hébergeur.

Une fois la requête reçue par le serveur, WordPress se charge d'identifier le site correspondant en consultant sa base de données.

Le mode multisite implique une consommation accrue des ressources serveur. Chaque site supplémentaire augmente l'utilisation de la mémoire, du processeur et de la base de données, car plusieurs sites fonctionnent simultanément au sein d'une même installation.

Il est donc recommandé de prévoir un hébergement disposant d'au moins 256 Mo de mémoire vive pour démarrer un réseau multisite dans de bonnes conditions. Cette valeur constitue une base minimale et devra être ajustée en fonction de la taille et du trafic du réseau.

Sur le plan de la base de données, WordPress Multisite utilise une base unique. Chaque nouveau site ajouté au réseau entraîne la création de neuf tables supplémentaires, identifiées par un préfixe de type *wp_BLOG-ID_tablename*, où *BLOG-ID* correspond à l'identifiant unique du site.

Le site principal conserve ses tables d'origine, tandis que les sites additionnels sont ajoutés de manière incrémentielle. Cette organisation permet une gestion efficace de plusieurs sites tout en conservant une séparation logique des données.

N'OUBLIEZ PAS

Dans la pratique, cette configuration est presque toujours prise en charge par l'hébergeur. L'utilisateur n'a généralement aucune manipulation technique à effectuer. Une fois le multisite activé, WordPress identifie automatiquement le site à afficher en fonction de l'adresse utilisée.

PHP

WordPress multisite repose sur PHP, le langage qui permet au site de fonctionner côté serveur. Pour garantir la stabilité et les performances du réseau, l'environnement PHP doit être correctement configuré :

» **Sur les hébergements modernes, la plupart des réglages essentiels sont déjà appliqués par défaut. Les messages d'erreur PHP ne sont pas affichés aux visiteurs, ce qui évite de divulguer des informations techniques sensibles. Ce comportement est standard en production et ne nécessite généralement aucune intervention.**

» **La mémoire allouée à PHP est en revanche un point important pour le multisite. Un réseau WordPress consomme plus de ressources qu'un site unique, car plusieurs sites fonctionnent en parallèle. Aujourd'hui, les hébergeurs proposent généralement des limites de mémoire largement suffisantes pour un usage courant.**

N'OUBLIEZ PAS

WordPress définit lui-même une limite de mémoire par défaut, qui est plus élevée en mode multisite. Si nécessaire, cette limite peut être ajustée directement dans le fichier de configuration de WordPress, sans modifier la configuration globale du serveur. Une valeur de 64 Mo constitue un minimum raisonnable, mais des valeurs plus élevées sont courantes sur les hébergements récents :

```
define( 'WP_MEMORY_LIMIT', '64M' );
```

Dans la pratique, tant que l'hébergement utilise une version récente de PHP et offre des ressources adaptées à WordPress, aucune configuration spécifique n'est requise pour démarrer un réseau multisite. Les ajustements éventuels se font progressivement, en fonction de la taille du réseau et des extensions utilisées.

Installer le réseau sur votre site

La page de création du réseau WordPress affiche automatiquement plusieurs informations, comme l'adresse du site, le titre du réseau et l'adresse e-mail de l'administrateur (voir Figure 11.1). Ces données proviennent de votre site existant, qui devient le site principal du réseau.

Pour terminer l'installation du multisite, WordPress vous demande d'effectuer quelques actions simples. Munissez-vous d'un éditeur de texte, car vous allez modifier deux fichiers de configuration :

❶ Cliquez sur le bouton Installer (voir Figure 11.1) sur la page de création du réseau, accessible depuis le menu Outils du tableau de bord.

WordPress affiche alors une page indiquant les étapes à suivre pour activer le réseau. Les lignes de code qui apparaissent sur la page Activer le réseau sont uniques à votre installation de WordPress (voir Figure 11.2).

Figure 11.2

La page de configuration du réseau.

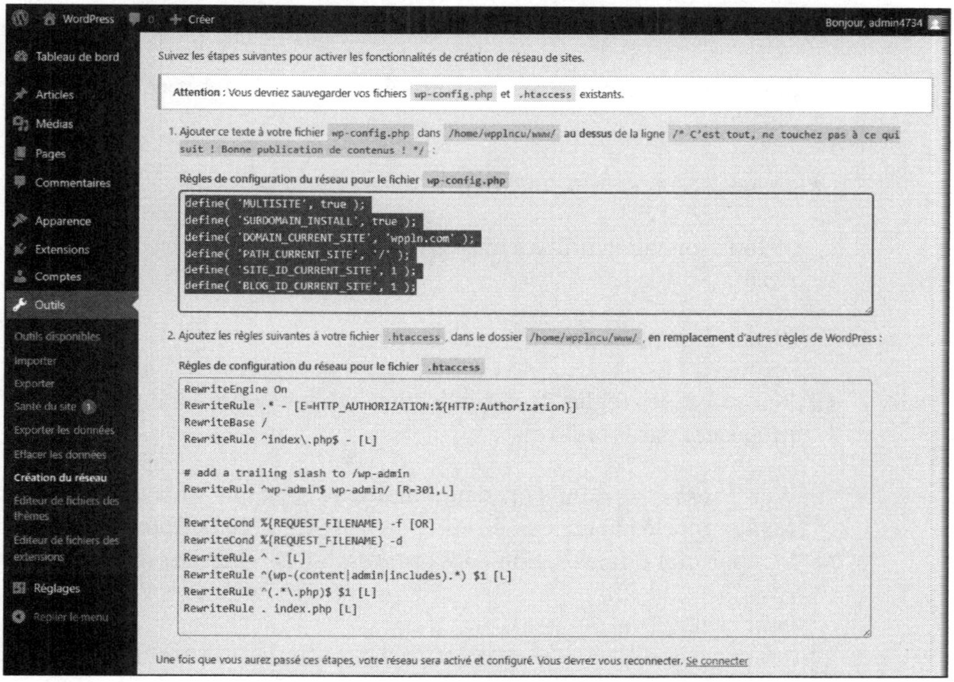

❷ Modifiez le fichier `wp-config.php` en y ajoutant les lignes de code proposées par WordPress.

Ajoutez ces lignes juste après l'instruction vue précédemment, qui indique à WordPress qu'il fonctionne désormais en mode multisite :

```
define ('WP_ALLOW_MULTISITE', true);
```

Collez à la suite de cette ligne les instructions fournies par WordPress. Dans cet exemple, elles précisent le type d'organisation choisi (sous-domaines ou sous-dossiers) :

```
define( 'MULTISITE', true );
define( 'SUBDOMAIN_INSTALL', false );
define( 'DOMAIN_CURRENT_SITE', 'wppln.com' );
```

```
define( 'PATH_CURRENT_SITE', '/' );
define( 'SITE_ID_CURRENT_SITE', 1 );
define( 'BLOG_ID_CURRENT_SITE', 1 );
```

Ce code fournit des paramètres de configuration pour WordPress en lui indiquant si des sous-domaines sont utilisés, quels sont l'URL de base et le chemin d'accès actuel de votre site Web. Ce code attribue également un ID unique de 1 à votre site Web et blog pour le site d'installation principal de votre réseau WordPress.

Si vous souhaitez utiliser des sous-domaines, modifiez cette ligne de code ainsi :

```
define ('SUBDOMAIN_INSTALL', true);
```

Si vous souhaitez utiliser un sous-répertoire, modifiez cette ligne de code ainsi :

```
define ('SUBDOMAIN_INSTALL', false);
```

3. Remplacez les règles de votre fichier `.htaccess` par les lignes de code proposées par WordPress.

   WordPress vous donne plusieurs lignes de code que vous devez ajouter au fichier appelé `.htaccess` de votre serveur Web (vous trouverez ce fichier dans le répertoire d'installation de WordPress). Ces lignes ressemblent à ceci :

```
RewriteEngine On
RewriteRule .* - [E=HTTP_AUTHORIZATION:%{HTTP:Authorization}]
RewriteBase /
RewriteRule ^index\.php$ - [L]

# add a trailing slash to /wp-admin
RewriteRule ^wp-admin$ wp-admin/ [R=301,L]

RewriteCond %{REQUEST_FILENAME} -f [OR]
RewriteCond %{REQUEST_FILENAME} -d
RewriteRule ^ - [L]
RewriteRule ^(wp-(content|admin|includes).*) $1 [L]
RewriteRule ^(.*\.php)$ $1 [L]
RewriteRule . index.php [L]
```

4. Enregistrez le fichier `.htaccess` et téléchargez-le à nouveau sur votre serveur Web.

5. Revenez à votre tableau de bord WordPress et cliquez sur le lien Tableau de bord en haut à droite.

   Vous serez déconnecté de WordPress, car en suivant les étapes précédentes, vous avez modifié certaines des règles de gestion des cookies du navigateur pour les fichiers `wp-config.php` et `.htaccess`.

6. Connectez-vous au tableau de bord comme vous le faites habituellement.

Explorer le menu du tableau de bord de l'administrateur réseau

Une fois le réseau WordPress activé, un nouveau menu apparaît dans la barre supérieure du tableau de bord d'administration : Mes sites. En passant la souris sur ce lien, l'option *Admin du réseau* devient disponible. C'est depuis cet espace que vous gérez l'ensemble du réseau WordPress (voir Figure 11.3).

Figure 11.3 Lien vers le tableau de bord d'administration réseau.

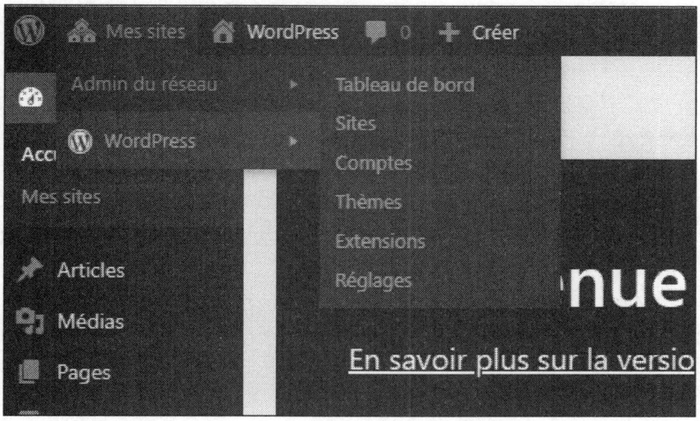

WordPress distingue volontairement l'administration d'un site et l'administration du réseau. Cette séparation permet de savoir clairement sur quel périmètre vous travaillez. Les actions courantes, comme publier des contenus ou gérer les pages se font depuis le tableau de bord classique d'un site. En revanche, les réglages globaux du multisite se font depuis l'administration du réseau.

ASTUCE

Gardez toujours à l'esprit cette distinction entre les deux interfaces. Si une option que vous utilisez habituellement semble avoir disparu, vérifiez que vous êtes bien dans la bonne section du tableau de bord. WordPress indique en général clairement si vous travaillez sur un site ou sur le réseau.

Le tableau de bord de l'administration réseau ressemble à celui d'un site WordPress classique (voir Figure 11.4), mais les informations affichées concernent l'ensemble des sites du réseau. Il permet notamment de créer de nouveaux sites, d'ajouter des utilisateurs et de rechercher rapidement des sites ou des comptes existants.

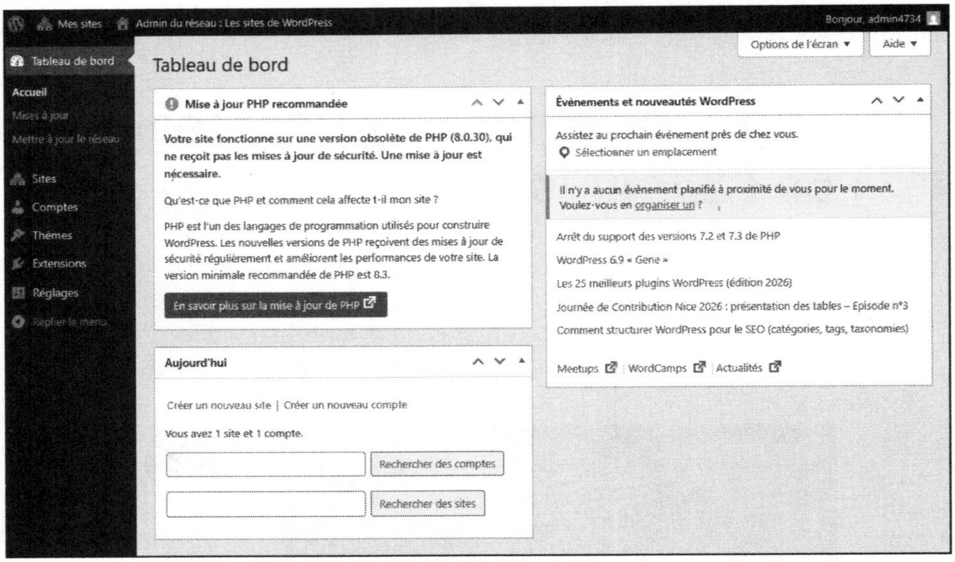

Figure 11.4 Le tableau de bord d'administration réseau.

ASTUCE

Comme le tableau de bord standard, celui de l'administration réseau est personnalisable. Vous pouvez déplacer les modules et ajuster leur affichage selon vos besoins.

La page d'administration du réseau propose deux liens importants en haut de l'interface :

» **Créer un nouveau site :** permet d'ajouter un nouveau site au réseau. Il ouvre une page dédiée à la création de site, que nous détaillerons plus loin dans ce chapitre.

» **Créer un nouveau compte :** permet d'ajouter un nouvel utilisateur au réseau. L'utilisateur pourra ensuite être associé à un ou plusieurs sites.

Enfin, l'administration du réseau affiche des indicateurs utiles, comme le nombre total de sites et d'utilisateurs. Ces informations offrent une vue d'ensemble rapide et précieuse pour gérer efficacement un réseau WordPress.

Gérer le réseau de sites

Le tableau de bord de l'administration réseau dispose de menus spécifiques distincts de ceux du tableau de bord classique d'un site WordPress. Ces menus permettent de gérer l'ensemble des sites, des utilisateurs et des réglages du multisite. Cette section présente chaque élément afin de comprendre son rôle et son utilisation.

La liste complète des menus disponibles dans l'administration du réseau comprend :

» **Sites :** affiche la liste de tous les sites du réseau, avec des informations détaillées pour chacun d'eux. Ce menu permet notamment de consulter, modifier, désactiver ou supprimer un site.

» **Comptes :** affiche les utilisateurs enregistrés sur le réseau. Vous pouvez y consulter les informations des utilisateurs, rechercher un compte par nom ou adresse e-mail, et gérer les accès aux différents sites.

» **Thèmes :** affiche l'ensemble des thèmes disponibles sur l'installation. Depuis ce menu, vous choisissez quels thèmes peuvent être utilisés par les sites du réseau, sans les activer automatiquement pour tous.

» **Extensions :** permet de gérer les extensions au niveau du réseau. Les extensions activées ici sont disponibles sur tous les sites. Ce menu peut, si vous le souhaitez, être masqué aux administrateurs de sites individuels.

» **Réglages :** regroupe les paramètres globaux du réseau, comme les options générales, les limites de création de sites ou les règles d'inscription des utilisateurs.

Tous ces menus jouent un rôle important dans la gestion quotidienne d'un réseau WordPress et seront utilisés régulièrement. Dans les sections suivantes, les menus seront présentés dans l'ordre de leur apparition dans le tableau de bord. Toutefois, certaines configurations de base étant indispensables dès le départ, la présentation commencera par le menu Réglages, avant d'aborder les autres éléments.

Réglages

Cliquez sur le menu Réglages depuis le tableau de bord de l'administration réseau. Cette page regroupe les options essentielles qui définissent le fonctionnement global de votre réseau WordPress. (voir Figure 11.5).

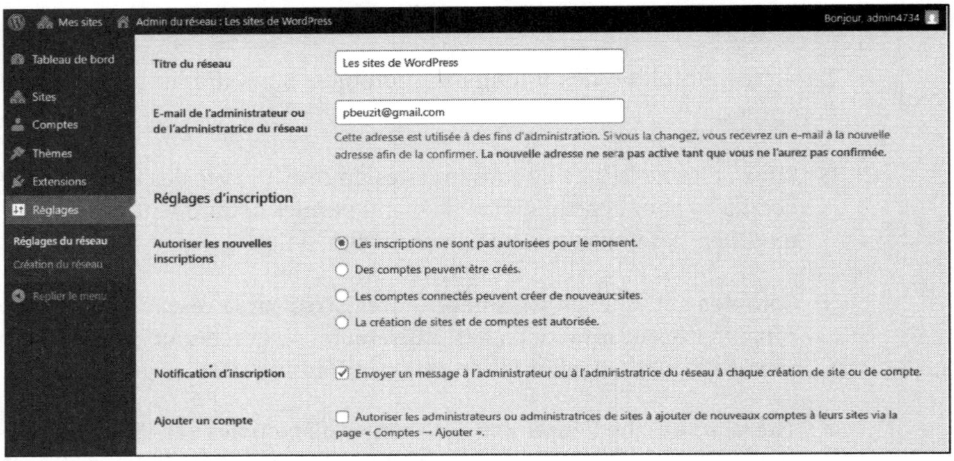

Figure 11.5 La section Réglages du réseau.

Réglages de fonctionnement

La section des réglages de fonctionnement contient notamment le nom du réseau et l'adresse e-mail principale utilisée pour l'administration :

» **Titre du réseau :** il s'agit du nom global de votre réseau de sites. Ce titre apparaît dans l'interface d'administration et dans toutes les communications automatiques liées au réseau, par exemple les e-mails envoyés aux nouveaux utilisateurs lors de la création d'un site. Saisissez ici le nom que vous souhaitez donner à votre réseau.

» **E-mail de l'administrateur ou de l'administratrice du réseau :** cette adresse e-mail est utilisée pour toutes les communications officielles du réseau. Elle sert notamment à l'envoi des messages d'inscription lorsqu'un utilisateur crée un compte ou un nouveau site. Indiquez une adresse valide et régulièrement consultée.

Réglages d'inscription

La section Réglages d'inscription (voir Figure 11.5) vous permet de définir qui peut s'inscrire sur votre réseau WordPress et dans quelles conditions. C'est l'un des réglages les plus importants, car il détermine le degré d'ouverture de votre réseau.

Vous devez d'abord choisir comment l'inscription est gérée, en sélectionnant l'une des options suivantes :

» **Les inscriptions ne sont pas autorisées pour le moment :** empêche totalement la création de nouveaux comptes. Les visiteurs ne peuvent ni s'inscrire ni créer de site.

» **Des comptes peuvent être créés :** autorise la création de comptes utilisateurs uniquement. Les utilisateurs peuvent se connecter, mais ne peuvent pas créer de site dans le réseau.

» **Les comptes connectés peuvent créer de nouveaux sites :** permet aux utilisateurs déjà existants et connectés de créer un site. L'inscription de nouveaux comptes est désactivée. Cette option est adaptée si vous souhaitez garder un contrôle total sur la création des utilisateurs, tout en leur laissant la possibilité de créer des sites.

» **La création de sites et de comptes est autorisée :** permet aux visiteurs de créer à la fois un compte utilisateur et un site lors de l'inscription. Cette option est couramment utilisée pour les plateformes communautaires ouvertes.

Ces réglages s'appliquent uniquement aux visiteurs et aux utilisateurs externes. En tant qu'administrateur du réseau, vous pouvez à tout moment créer des sites et des utilisateurs depuis le tableau de bord de l'administration réseau (voir plus loin dans ce chapitre).

Les autres options disponibles dans cette section sont les suivantes :

» **Notification d'inscription :** lorsque cette option est activée, un e-mail est envoyé à l'administrateur du réseau à chaque création de compte ou de site, y compris lorsque l'action est effectuée par l'administrateur lui-même.

» **Ajouter un compte :** permet aux administrateurs de sites individuels d'ajouter des utilisateurs à leur propre site, sans passer par l'administrateur réseau.

» **Noms bannis :** WordPress bloque par défaut certains noms sensibles comme *www*, *web*, *root*, *admin*, *main*, *invite*, *administrator*, *files* ou *blog*. Vous pouvez compléter cette liste avec autant de noms que vous le souhaitez afin d'éviter toute confusion ou tentative d'usurpation.

» **Enregistrement réservé aux noms de domaines :** limite la création de sites aux utilisateurs disposant d'une adresse e-mail associée à des domaines spécifiques. Ce réglage est particulièrement adapté aux écoles, universités ou entreprises.

» **Noms de domaines bannis :** empêche l'inscription à partir de certaines adresses e-mail. Par exemple, en ajoutant *gmail.com*, toute tentative d'inscription avec une adresse Gmail sera automatiquement refusée.

Réglages des nouveaux sites

La section Réglages des nouveaux sites permet de définir les contenus par défaut qui seront appliqués automatiquement lors de la création d'un nouveau site dans le réseau (voir Figure 11.6). Ces réglages concernent notamment les messages envoyés par e-mail et les premiers contenus visibles sur un site fraîchement créé.

Ces éléments servent de point de départ aux nouveaux utilisateurs et peuvent être personnalisés afin de refléter l'identité et les objectifs de votre réseau.

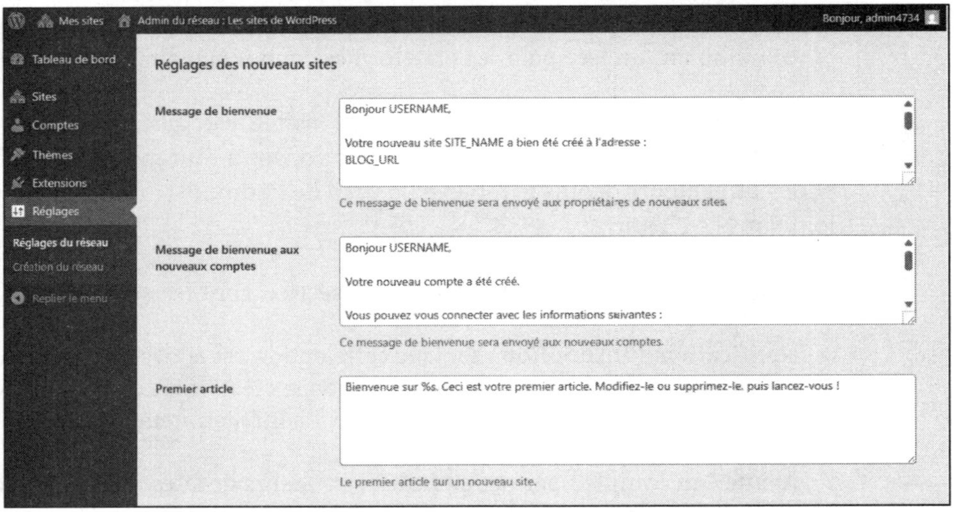

Figure 11.6 La section Réglages des nouveaux sites.

» **Message de bienvenue :** correspond au contenu de l'e-mail envoyé aux propriétaires de nouveaux sites une fois leur inscription terminée. Vous pouvez conserver le message proposé par défaut ou le personnaliser selon vos besoins.

Il est possible d'utiliser des variables qui seront remplacées automatiquement lors de l'envoi du message, par exemple :

- `SITE_NAME` : insère le nom de votre réseau WordPress.
- `BLOG_URL` : insère l'adresse du site du nouvel utilisateur.
- `USERNAME` : insère le nom d'utilisateur.
- `PASSWORD` : insère le mot de passe.
- `BLOG_URLwp-login.php` : insère l'URL de connexion du site du nouveau membre.
- `SITE_NAME` : insère l'adresse de connexion au site.

» **Message de bienvenue aux nouveaux comptes :** correspond à l'e-mail envoyé aux utilisateurs lors de la création de leur compte, même s'ils ne créent pas immédiatement de site. Les mêmes variables que pour le message précédent peuvent être utilisées afin de personnaliser le contenu.

» **Premier article :** il s'agit de l'article par défaut créé sur chaque nouveau site. WordPress fournit un exemple que vous pouvez modifier ou remplacer. Ce contenu peut servir à présenter votre réseau, expliquer son fonctionnement ou guider les nouveaux utilisateurs. Il constitue également un bon exemple de mise en forme, visible dans l'éditeur d'articles.

» **Première page :** fonctionne sur le même principe que le premier article, mais concerne une page statique. Si ce champ est laissé vide, aucune page par défaut ne sera créée sur les nouveaux sites.

» **Premier commentaire :** définit le commentaire affiché par défaut sous le premier article. Vous pouvez y saisir un texte de bienvenue ou un message explicatif.

» **Auteur ou autrice du premier commentaire :** permet de définir le nom affiché comme auteur de ce premier commentaire.

» **E-mail du premier commentaire :** correspond à l'adresse e-mail associée à l'auteur du commentaire.

» **Adresse du premier commentaire :** permet d'indiquer une adresse Web associée à l'auteur. Le nom affiché dans le commentaire pointera vers cette URL.

Ces réglages permettent d'offrir une expérience cohérente et accueillante aux nouveaux utilisateurs, tout en leur donnant immédiatement des repères clairs pour démarrer avec leur site.

Réglages des téléversements

La section Réglages des téléversements permet de définir les règles globales concernant les fichiers que les sites du réseau peuvent importer *via* la bibliothèque de médias de WordPress (voir Figure 11.7). Ces réglages s'appliquent à tous les sites du réseau et concernent principalement l'espace de stockage et les types de fichiers autorisés.

Figure 11.7

La section relative aux réglages des téléversements.

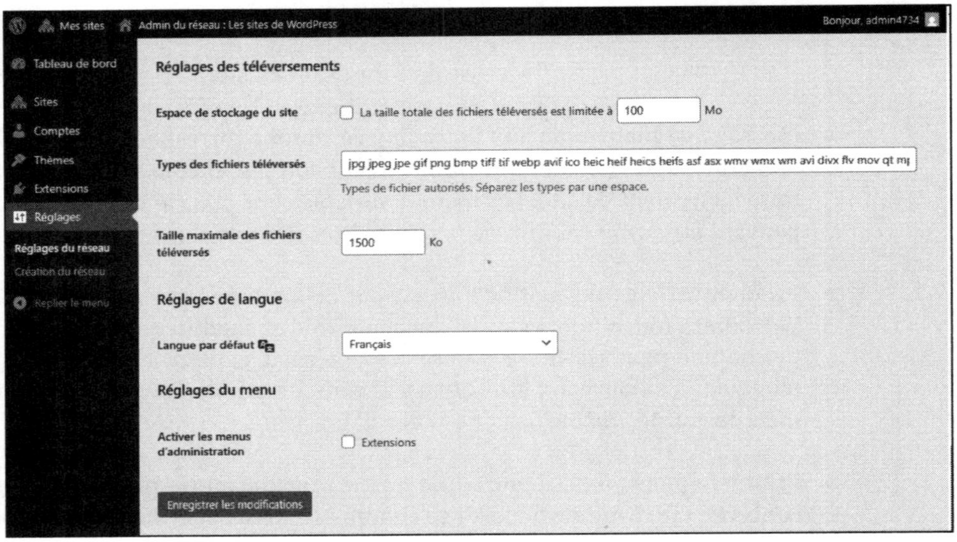

Les propriétaires de sites peuvent téléverser différents types de contenus, comme des images, des vidéos, des documents ou des fichiers audio, dans la limite des règles définies ici :

» **Espace de stockage du site : si cette option reste désactivée, les sites du réseau peuvent utiliser tout l'espace disque disponible, sans limite spécifique. En activant cette option, vous imposez une limite de stockage par site. Il suffit alors d'indiquer la quantité allouée en mégaoctets (Mo). La valeur proposée par défaut est de 100 Mo. Cette limite correspond à l'espace maximal que chaque site peut utiliser pour stocker ses fichiers médias.**

» **Types des fichiers téléversés : ce champ permet de définir précisément quels formats de fichiers sont autorisés. Les utilisateurs ne pourront téléverser que les types listés ici. Par défaut, WordPress autorise notamment les formats suivants : jpg, jpeg, png, gif, mov, avi, mpg. Vous pouvez supprimer certains formats ou en ajouter d'autres selon les besoins de votre réseau.**

» **Taille maximale des fichiers téléversés :** ce réglage définit la taille maximale autorisée pour chaque fichier importé. La valeur est exprimée en kilo-octets (ko). Par défaut, la limite est fixée à 1 500 ko, ce qui empêche le téléversement de fichiers plus volumineux. Vous pouvez ajuster cette valeur en saisissant un nouveau nombre, en fonction des capacités de votre hébergement et des usages prévus.

Réglages de langue

Cette section définit la langue par défaut des sites du réseau (voir Figure 11.7).

Réglages du menu Extensions

Par défaut, le menu Extensions n'est pas visible dans le tableau de bord des sites du réseau. Seul l'administrateur du réseau dispose de cet accès, ce qui permet de garder un contrôle centralisé sur les fonctionnalités utilisées.

Si vous le souhaitez, vous pouvez toutefois autoriser les administrateurs des sites du réseau à accéder au menu de gestion des extensions. Il suffit pour cela de cocher l'option correspondante dans cette section des réglages. Cette possibilité peut être utile dans certains contextes, mais elle doit être utilisée avec précaution car les extensions ont un impact direct sur le fonctionnement du réseau.

Une fois l'ensemble des réglages configurés, pensez à cliquer sur le bouton Enregistrer les modifications avant de quitter la page. Sans cette action, aucun changement ne sera pris en compte et vous devrez recommencer la configuration.

Sites

En cliquant sur le menu Sites depuis le tableau de bord de l'administration réseau, vous accédez à la page qui permet de gérer l'ensemble des sites du multisite (voir Figure 11.8). Même si chaque site dispose de son propre tableau de bord pour les tâches courantes, comme la publication de contenus ou la gestion des thèmes, cette page centrale permet d'intervenir sur les sites à un niveau global.

La page Sites est particulièrement utile pour créer, supprimer ou modifier les propriétés des sites du réseau, notamment lorsque l'accès au tableau de bord d'un site pose problème.

Cette page liste tous les sites du réseau et affiche, pour chacun, plusieurs informations :

» **URL :** l'adresse du site. Par exemple, dans la Figure 11.8, on distingue le site principal ainsi qu'un second site dont l'adresse est `wppln.com/site1`. La distinction entre sous-domaines et sous-répertoires a été détaillée plus tôt dans ce chapitre, dans la section consacrée au DNS.

» **Dernière mise à jour :** la date à laquelle le site a été modifié ou publié pour la dernière fois.

» **Inscription :** la date d'enregistrement du site au sein du réseau.

» **Comptes :** le nombre d'utilisateurs associés à ce site.

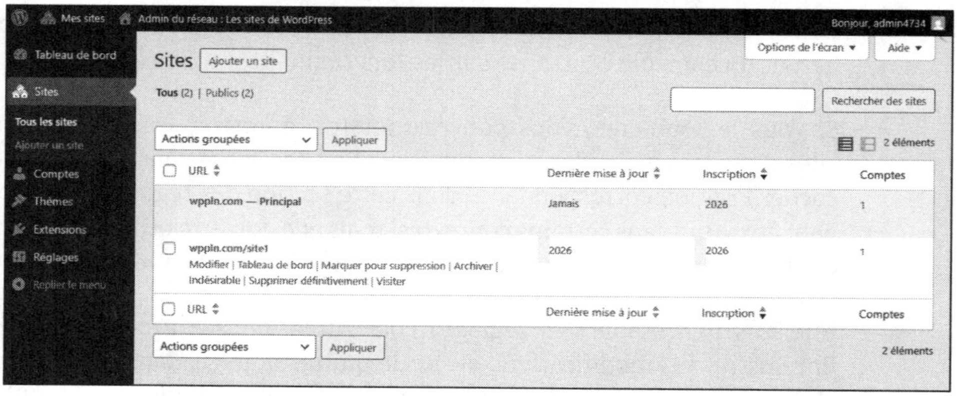

Figure 11.8 La page Sites affiche le site principal et un site secondaire.

Lorsque vous placez le pointeur de la souris sur l'adresse Web d'un site du réseau, une série de liens apparaît pour en faciliter la gestion. Ces mêmes actions sont également accessibles sous forme d'onglets et de cases à cocher sur l'écran Modifier le site, illustré à la Figure 11.8.

» **Modifier :** permet d'accéder aux paramètres détaillés du site.

» **Tableau de bord :** ouvre le tableau de bord du site concerné.

» **Désactiver :** ce lien permet de marquer le site comme désactivé dans le réseau. Une fenêtre de confirmation s'affiche afin de valider l'opération. Une fois désactivé, le site affiche un message indiquant qu'il a été supprimé. Il reste toutefois possible de le réactiver *via* le lien Activer, qui n'apparaît que pour les sites désactivés.

» **Archiver :** archive le site et empêche son affichage aux visiteurs. Lorsqu'un utilisateur tente d'y accéder, un message indique que le site n'existe plus. Le lien *Désarchiver*, visible uniquement pour les sites archivés, permet d'annuler cette action.

» **Indésirable :** marque le site comme spam et bloque l'accès à son tableau de bord. À la consultation, un message signale que le site a été archivé ou suspendu. Il est possible de lever ce statut *via* le lien N'est pas un indésirable, disponible uniquement pour les sites concernés.

» **Supprimer :** supprime définitivement le site du réseau. Cette action est irréversible.

» **Visiter :** ouvre le site public dans le navigateur Web.

En pratique, la page Modifier est surtout utilisée lorsque certains paramètres ne sont pas accessibles depuis le tableau de bord du site. Elle permet de configurer les options regroupées sous quatre onglets, comme illustré à la Figure 11.9.

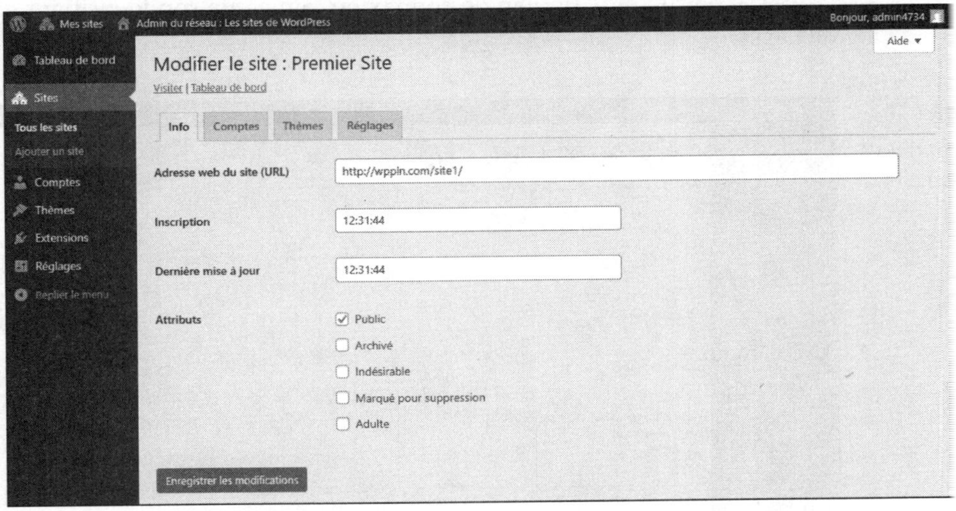

Figure 11.9 La page d'édition d'un site.

» **Info :** cet onglet permet de modifier le domaine, le chemin, la date d'enregistrement, la date de mise à jour ainsi que les attributs du site : Public, Archivé, Indésirable, Supprimé, Adulte, afin notamment de le retirer de la liste publique.

» **Comptes :** cet onglet sert à gérer les utilisateurs associés au site.

» **Thèmes :** permet d'activer les thèmes disponibles pour le site. Cette option est particulièrement utile lorsque certains thèmes ne sont pas compatibles avec le mode multisite (voir la section « Thèmes », plus loin dans ce chapitre). Les thèmes sélectionnés deviennent alors visibles dans le tableau de bord du site.

» **Réglages :** cet onglet regroupe les paramètres stockés en base de données pour le site en cours d'édition. En règle générale, il n'est pas nécessaire de modifier ces options ici, car l'administrateur réseau peut accéder directement au tableau de bord de chaque site pour effectuer les réglages nécessaires.

Depuis le tableau de bord réseau, le menu Sites propose également un lien Ajouter, qui permet de créer un nouveau site (Figure 11.10). Renseignez les champs *Adresse du site*, *Titre du site* et *e-mail de l'administrateur*, puis cliquez sur le bouton Ajouter un site. Si l'adresse e-mail indiquée correspond à un utilisateur existant, le site lui est automatiquement attribué. Dans le cas contraire, un nouvel utilisateur est créé et un message électronique de notification lui est envoyé.

Le site est immédiatement opérationnel. L'utilisateur reçoit un courriel contenant l'adresse de son site, un lien de connexion, ainsi que son identifiant et son mot de passe.

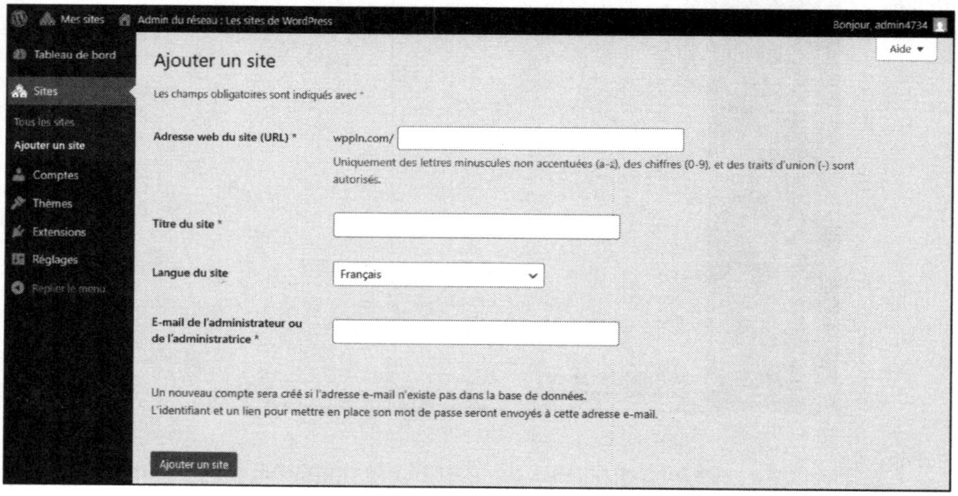

Figure 11.10 Ajout d'un nouveau site.

Comptes

En sélectionnant le lien Comptes dans le tableau de bord de l'administration réseau, vous accédez à la page dédiée à la gestion des utilisateurs du multisite. Cet écran permet d'afficher la liste complète des membres inscrits sur votre réseau

WordPress. La page Utilisateurs (Figure 11.11) présente, pour chaque compte, les informations suivantes :

- **Identifiant :** il s'agit du nom d'utilisateur utilisé lors de la connexion au compte sur le réseau.
- **Nom :** correspond au nom réel renseigné dans le profil de l'utilisateur. Si aucun nom n'a été saisi, ce champ reste vide.
- **Adresse de messagerie :** l'adresse e-mail fournie par l'utilisateur au moment de son inscription.
- **Inscription :** la date à laquelle l'utilisateur a créé son compte sur le réseau.
- **Sites :** lorsque plusieurs sites sont actifs dans le réseau WordPress, cette colonne indique l'ensemble des sites auxquels l'utilisateur est rattaché.

Figure 11.11 La page Utilisateurs.

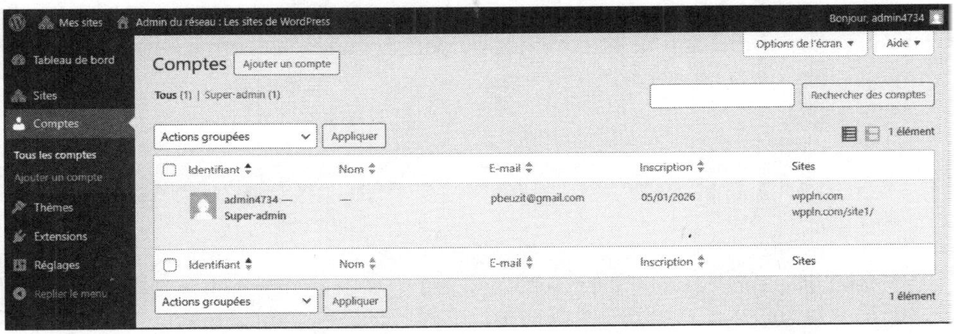

À l'instar de la page Sites, cette interface permet d'ajouter, de modifier ou de supprimer des utilisateurs. Lorsque vous placez le curseur de la souris sur le nom d'un utilisateur, des liens d'action tels que Modifier ou Supprimer apparaissent sous celui-ci.

Pour supprimer un utilisateur, positionnez le pointeur sur son nom, puis cliquez sur le lien Supprimer. Un nouvel écran s'ouvre et vous invite à transférer le contenu associé à ce compte vers un autre utilisateur, généralement le vôtre Après avoir effectué ce choix, cliquez sur le bouton Confirmer cette action WordPress supprime alors définitivement l'utilisateur du réseau.

ATTENTION

Cette opération est irréversible ; assurez-vous donc de votre décision avant de la valider !

Il est également possible de modifier les informations d'un utilisateur en cliquant sur le lien Modifier affiché sous son nom. Cette action ouvre la page Modifier l'utilisateur. Vous y retrouvez plusieurs options, qui correspondent, dans la majorité des cas, à celles disponibles pour votre propre profil, telles que décrites au Chapitre 4.

La principale différence avec votre page de profil réside dans l'option Donner les privilèges de super-admin à cet utilisateur pour le réseau. Cette case est décochée par défaut. En l'activant, vous accordez à l'utilisateur les droits d'administrateur réseau sur l'ensemble du multisite, ce qui lui confère exactement les mêmes permissions que les vôtres.

Enfin, le menu Comptes du tableau de bord d'administration réseau propose un lien Ajouter, destiné à la création de nouveaux utilisateurs. Cliquez sur ce lien, puis renseignez les champs *Identifiant* et *Adresse de messagerie* du compte à créer. Une fois le compte généré, l'utilisateur reçoit un message électronique contenant les informations relatives à son accès, notamment l'URL du site, son nom d'utilisateur et son mot de passe, généré automatiquement par WordPress lors de la création du compte.

Super administrateur versus administrateur de réseau

À ce stade, les termes super administrateur et administrateur du réseau peuvent être considérés comme équivalents. Lors de l'intégration initiale de WordPress MU (multisite) au cœur de WordPress, l'appellation super administrateur était utilisée. Aujourd'hui, le terme administrateur réseau est davantage privilégié, même si la dénomination super administrateur subsiste encore dans certaines parties de l'interface. Cette incohérence pourrait être corrigée à l'avenir, à mesure que l'équipe WordPress harmonisera la terminologie.

Thèmes

Lorsqu'un réseau multisite est activé, seuls les utilisateurs disposant des droits d'administrateur réseau sont autorisés à installer de nouveaux thèmes. Une fois un thème installé, il doit être activé au niveau du réseau afin qu'il soit visible dans le menu Apparence de chaque site. Les administrateurs de sites peuvent alors choisir de l'activer ou non pour leur propre site.

Pour accéder à l'écran Thèmes, présenté à la Figure 11.12, cliquez sur le lien Thèmes depuis le tableau de bord de l'administration réseau.

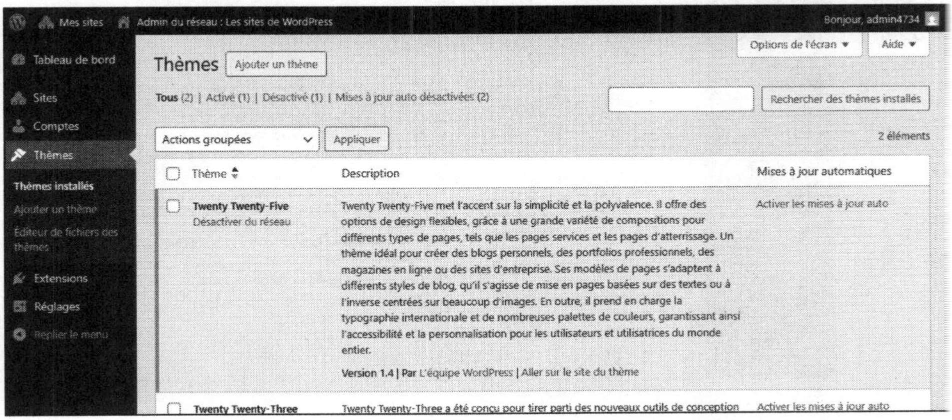

Figure 11.12 La page des Thèmes.

Extensions

En principe, la plupart des extensions WordPress sont compatibles avec un environnement multisite. Toutefois, certaines extensions spécifiques nécessitent une attention particulière lorsqu'elles sont utilisées au sein d'un réseau.

Pour plus de détails sur la recherche, l'installation et l'activation des extensions WordPress, reportez-vous au Chapitre 7.

Lorsque vous ouvrez la page Extensions depuis le tableau de bord de l'administration réseau, l'interface vous semblera très proche de celle décrite au Chapitre 7. En observant plus attentivement, une différence notable apparaît. Comme illustré à la Figure 11.13, un lien *Activer sur le réseau* est visible sous le nom de certaines extensions.

Ce lien représente la principale distinction entre les extensions affichées dans le tableau de bord classique et celles accessibles depuis le tableau de bord de l'administrateur réseau. En tant qu'administrateur réseau, vous avez la possibilité d'activer une extension pour l'ensemble du réseau, ce qui entraîne son activation automatique sur tous les sites qui le composent.

Figure 11.13

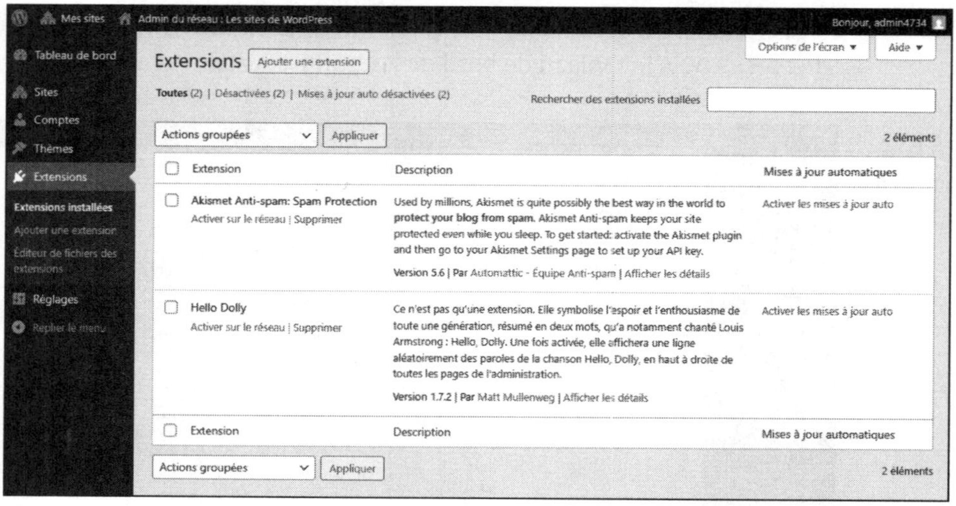

La page Extensions du tableau de bord d'administration réseau.

N'OUBLIEZ PAS

Si vous activez l'option Activez les menus d'administration (voir « Réglages du menu Extensions », précédemment dans ce chapitre) dans la page Paramètres réseau, les utilisateurs peuvent voir la liste des extensions dans leur propre tableau de bord. Cette liste ne contient que les extensions que vous n'avez pas activées au niveau du réseau, c'est-à-dire celles installées dans WordPress mais non imposées à tous les sites. Les utilisateurs peuvent alors activer ou désactiver ces extensions librement.

Seuls les administrateurs réseau sont autorisés à installer de nouvelles extensions sur le réseau. Les utilisateurs des sites n'y ont pas accès, sauf s'ils ont été explicitement définis comme administrateurs réseau dans leurs paramètres de compte.

Stopper les spams et les splogs

Lorsque vous activez les inscriptions ouvertes, permettant à tout visiteur de créer un compte et éventuellement un nouveau site dans votre réseau, vous vous exposez inévitablement aux tentatives d'inscription automatisées. Des robots, opérés par des acteurs malveillants, ciblent régulièrement les installations WordPress multisites afin de créer des sites destinés à publier des contenus indésirables ou à générer des liens artificiels vers des sites externes. Ces sites frauduleux sont communément appelés « splogs ».

Dans la majorité des cas, les spammeurs ne cherchent pas à exploiter une faille de sécurité. Ils utilisent les mécanismes d'inscription prévus par WordPress, en particulier les pages standard comme *wp-signup.php*. Il est donc essentiel d'adopter une approche préventive et structurée afin de limiter ces abus.

Les réglages d'inscription du réseau constituent un premier niveau de protection. Comme évoqué précédemment dans la section consacrée aux réglages d'inscription, WordPress permet de restreindre l'accès en autorisant ou en bloquant certaines adresses ou domaines de messagerie (par exemple, *gmail*). Bien que cette méthode reste disponible, elle doit aujourd'hui être considérée comme un filtrage basique, car de nombreux spammeurs utilisent des services de messagerie temporaires ou des domaines compromis.

La désactivation de l'option Autoriser les administrateurs ou administratrices de sites à ajouter de nouveaux comptes à leurs sites *via* la page Comptes –> Ajouter (voir Figure 11.5) demeure une bonne pratique. Lorsqu'elle est désélectionnée, cette option empêche les administrateurs de sites de créer massivement des comptes, ce qui réduit considérablement l'impact des scripts automatisés utilisés pour propager des sites ou des utilisateurs indésirables.

Pour renforcer efficacement la protection, il est aujourd'hui recommandé d'ajouter des mécanismes de vérification humaine aux formulaires d'inscription. Des solutions telles que reCAPTCHA, hCaptcha ou Turnstile de Cloudflare peuvent être intégrées à WordPress multisite *via* des extensions spécialisées. Ces outils bloquent la majorité des inscriptions automatisées tout en restant relativement transparents pour les utilisateurs légitimes.

Une autre mesure efficace consiste à limiter le rythme des inscriptions. La mise en place de quotas ou de restrictions basées sur l'adresse IP, la plage IP ou la fréquence des inscriptions permet de ralentir significativement les attaques automatisées. Ces fonctionnalités sont souvent proposées par des extensions de sécurité ou directement au niveau du serveur.

Concernant la visibilité de la page d'inscription, il est toujours possible de limiter son exposition aux moteurs de recherche. Toutefois, l'ajout d'attributs `rel="nofollow,noindex"` sur les liens pointant vers la page d'inscription n'est plus suffisant à lui seul. Les robots connaissent déjà les URL standard de WordPress. Il est donc préférable d'utiliser des réglages SEO globaux, des en-têtes HTTP appropriés ou des extensions dédiées pour empêcher l'indexation des pages sensibles.

Lorsque vous souhaitez proposer un lien d'inscription à des visiteurs légitimes, vous pouvez néanmoins continuer à utiliser un lien explicite, par exemple :

```
<a href="http://votredomaine.com/wp-signup.php"
rel="nofollow,noindex">
Créez votre propre site WordPress
</a>
```

Ce lien peut être placé dans une page d'information ou dans une barre latérale, tout en étant accompagné des autres mesures de protection évoquées précédemment.

Enfin, une surveillance régulière du réseau reste indispensable. La consultation fréquente de la liste des sites et des utilisateurs, associée à la désactivation rapide des sites suspects, permet de maintenir un réseau sain. Certaines extensions multisites offrent également des outils de détection automatique fondés sur le comportement des sites, comme la publication massive de liens ou l'absence totale de contenu légitime.

En combinant restrictions d'inscription, protections antibots, validation humaine et surveillance continue, vous mettez en place une stratégie de défense en profondeur, aujourd'hui indispensable pour exploiter un réseau WordPress multisite avec inscriptions ouvertes.

DANS CE CHAPITRE :

Surveiller les notifications de mise à jour.

•

Sauvegarder votre base de données avant la mise à jour.

•

Mettre à jour WordPress automatiquement et manuellement.

•

Migrer d'une plateforme différente vers WordPress.

•

Transférer votre site WordPress vers un autre hébergeur.

•

Gérer et restaurer les versions précédentes de vos contenus.

Chapitre 12

Mise à jour, révisions, sauvegarde et migration

À un moment donné, vous devrez peut-être déplacer votre site, soit vers un nouveau serveur, soit vers un hébergement différent. Vous devrez également déplacer un blog d'une plateforme complètement différente vers WordPress. Vous constaterez que la mise à jour du logiciel WordPress est importante, tout comme les sauvegardes de votre site, afin de ne pas perdre des mois précieux ou des années de contenu et de travail.

Dans ce chapitre, vous découvrirez le système de notifications de mise à jour de WordPress et ce qu'il faut faire lorsque WordPress vous informe qu'une nouvelle version du logiciel est disponible. Ce chapitre explique comment mettre à jour la plateforme WordPress afin d'assurer le meilleur résultat possible, c'est-à-dire comment ne pas compromettre votre site Web après une mise à jour.

Ce chapitre traite également de la façon de déplacer un blog d'une autre plateforme de blogging (comme Movable Type ou TypePad) vers WordPress. Vous verrez comment sauvegarder vos fichiers WordPress, données et contenus, et les déplacer vers un nouveau fournisseur d'hébergement ou un autre domaine.

Enfin, vous découvrirez comment maîtriser le module de révisions, un véritable filet de sécurité qui vous permet de restaurer une version antérieure de vos pages ou articles en cas d'erreur ou de mauvaise manipulation.

Notification de mise à jour

Lorsque vous vous connectez au tableau de bord, vous pouvez voir le numéro de version dans le panneau d'administration. Donc, si quelqu'un vous demande quelle version vous utilisez, vous savez maintenant exactement où trouver cette information.

Vous avez installé WordPress et vous avez publié du contenu durant plusieurs semaines, voire durant plusieurs mois. Un jour, vous vous connectez et voyez un message en haut de l'écran de votre tableau de bord que vous n'aviez jamais remarqué auparavant : *WordPress 6.9 est disponible ! Veuillez le mettre à jour maintenant* (Figure 12.1).

Figure 12.1 Notification relative à la mise à niveau de WordPress.

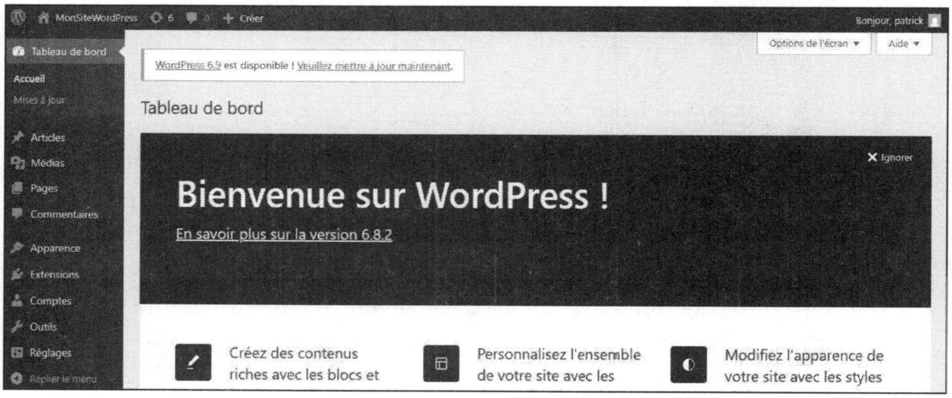

Le message en haut de l'écran et la bulle de notification dans le menu Tableau de bord sont des indicateurs visuels de l'obsolescence de votre version de WordPress. C'est le signal que vous pouvez (et devez) mettre à jour le logiciel.

Le message en haut de votre tableau de bord propose deux liens sur lesquels vous pouvez cliquer pour plus d'informations. Le premier, à la Figure 12.1, est appelé *WordPress 6.9*. En cliquant dessus, vous accédez à la page du Codex WordPress qui contient un certain nombre d'informations sur la mise à niveau de la version telles que :

» **informations relatives à l'installation et à la mise à niveau ;**

» **résumé du cycle de développement de cette version ;**

» **liste des fichiers révisés.**

Le deuxième lien, *Veuillez le mettre à jour maintenant*, vous amène à la page Mises à jour de WordPress du tableau de bord WordPress, illustré à la Figure 12.2.

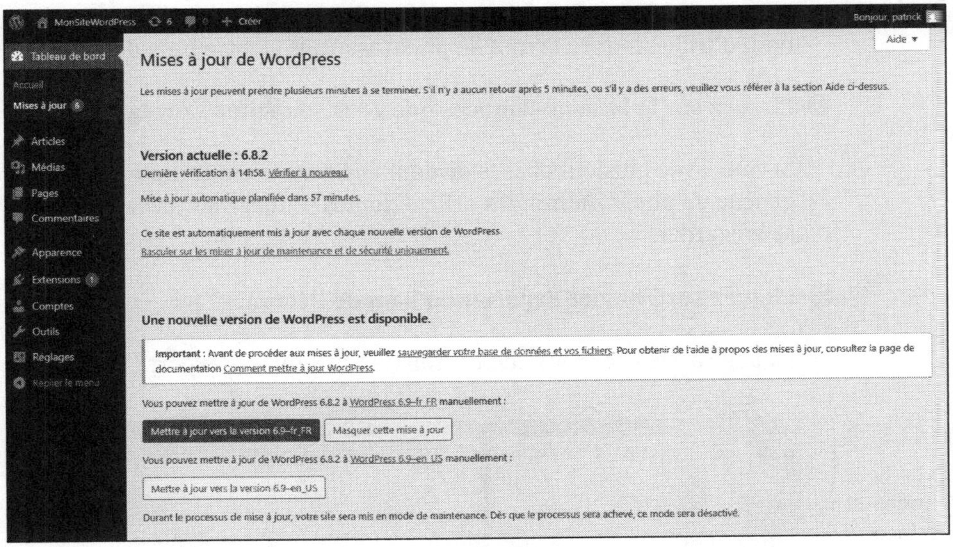

Figure 12.2 Obtenez la dernière version de WordPress à travers la page Mises à jour de WordPress.

Sauvegarder votre instance WordPress

Avant de mettre à jour votre installation WordPress, il est recommandé de sauvegarder votre site. Cela inclut non seulement la base de données, mais aussi tous les fichiers du dossier `/wp-content/` (thèmes, extensions, médias) afin de pouvoir restaurer votre site intégralement en cas de problème.

N'OUBLIEZ PAS

Vous pouvez effectuer la sauvegarde de la base de données manuellement *via* phpMyAdmin ou cPanel, mais l'usage d'extensions spécialisées comme UpdraftPlus ou BackWPup simplifie grandement le processus et permet d'automatiser les sauvegardes pour les mises à jour futures. Ce réflexe garantit que toute mise à jour, même si elle échoue, ne compromettra pas vos données ni votre site en production.

Pour créer une sauvegarde de votre base de données à l'aide de phpMyAdmin, procédez comme suit. Si votre hébergeur propose plutôt cPanel, adaptez la procédure en conséquence pour utiliser les outils d'export disponibles dans ce dernier :

1. **Connectez-vous à phpMyAdmin.**

   Pour accéder à phpMyAdmin, utilisez l'URL fournie par votre hébergeur (pour plus de détails sur la connexion, reportez-vous au Chapitre 3). Entrez ensuite le nom d'utilisateur et le mot de passe associés à votre base de données.

2. **Cliquez sur la base de données que vous souhaitez sauvegarder.**

   Si vous avez plusieurs bases de données dans votre compte, le menu de gauche de phpMyAdmin les affiche toutes. Cliquez sur celle que vous voulez sauvegarder.

3. **Cliquez sur l'onglet Exporter en haut de l'écran.**

   La page actualise et affiche l'écran de l'utilitaire d'export (Figure 12.3).

Figure 12.3 Sauvegarde de la base de données depuis l'interface phpMyAdmin.

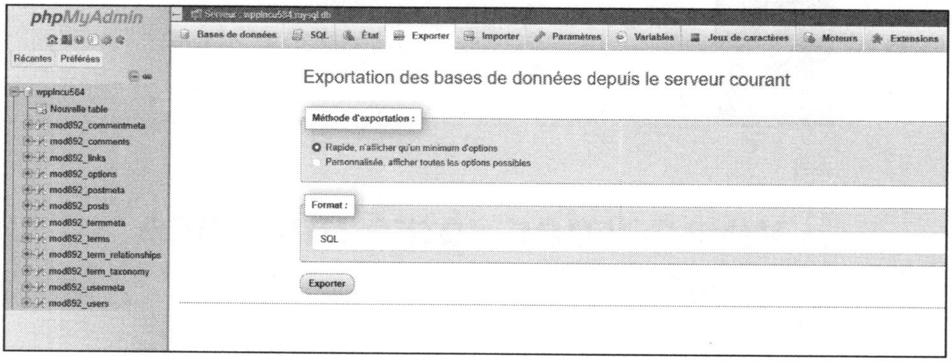

4. **Cochez la méthode d'exportation *rapide* et conservez le format SQL.**

   Cliquez sur le bouton Exporter. Un fichier sera automatiquement téléchargé sur votre ordinateur. Conservez-le précieusement !

5. **Connectez-vous à votre serveur Web *via* FTP.**

   Connectez-vous à votre serveur Web avec un client FTP et récupérez sur votre ordinateur les éléments essentiels :

   - tout le contenu du dossier `/wp_content` ;
   - le fichier `.htaccess` ;
   - le fichier `wp_config.php`.

Le dossier `wp-content` de votre site WordPress contient des fichiers et dossiers essentiels au fonctionnement et à l'apparence de votre site, parmi lesquels :

» **Fichiers multimédias :** ce sont les fichiers que vous avez téléchargés à l'aide de la fonctionnalité de téléchargement des médias (les images, les vidéos, les fichiers audio et les documents). Les fichiers multimédias se trouvent dans le dossier `/wp-content/uploads/`.

» **Extensions :** bien que tous les paramètres relatifs aux extensions soient stockés en base de données, les fichiers des extensions qui contiennent le code php ne le sont pas. Ces fichiers se trouvent dans le dossier `/wp-content/plugins/`.

» **Fichiers des thèmes :** les widgets et les options que vous avez définis pour votre thème actuel sont stockés dans la base de données ; toutefois, les fichiers de modèles de thèmes, les images et les feuilles de styles ne le sont pas. Ils sont stockés dans le dossier `/wp-content/themes`.

Une fois vos données et fichier WordPress sauvegardées en toute sécurité, vous pouvez procéder à la mise à niveau de WordPress. Si quelque chose se passe mal, vous aurez une copie complète du contenu de votre site Web, qui pourra être restaurée si nécessaire.

Mettre à jour WordPress

WordPress vous fournit une méthode simple, fiable et rapide pour mettre à jour le logiciel à partir du panneau d'administration. Je recommande d'utiliser cette option chaque fois que possible.

1. **Sauvegardez votre site WordPress.**

   Ne sautez pas cette étape ! La sauvegarde de votre site Web comprend la sauvegarde de votre base de données et des fichiers essentiels (voir la section précédente).

2 Désactivez toutes les extensions.

Cela vous garantit que les éventuels conflits d'extensions causés par la version mise à jour de WordPress ne peuvent pas affecter le processus de mise à niveau. Cela vous garantit aussi que votre site reste accessible après que la mise à jour est terminée. Vous trouverez plus d'informations sur le fonctionnement et la gestion des extensions au Chapitre 7. Pour les besoins de cette étape, vous pouvez désactiver les plug-ins en procédant comme suit :

a. Cliquez sur le lien Extensions du tableau de bord.

b. Sélectionnez toutes les extensions en cochant la case située à gauche de la colonne Extensions (Figure 12.4).

c. Dans le menu déroulant en haut, sélectionnez Désactiver.

d. Cliquez sur le bouton Appliquer.

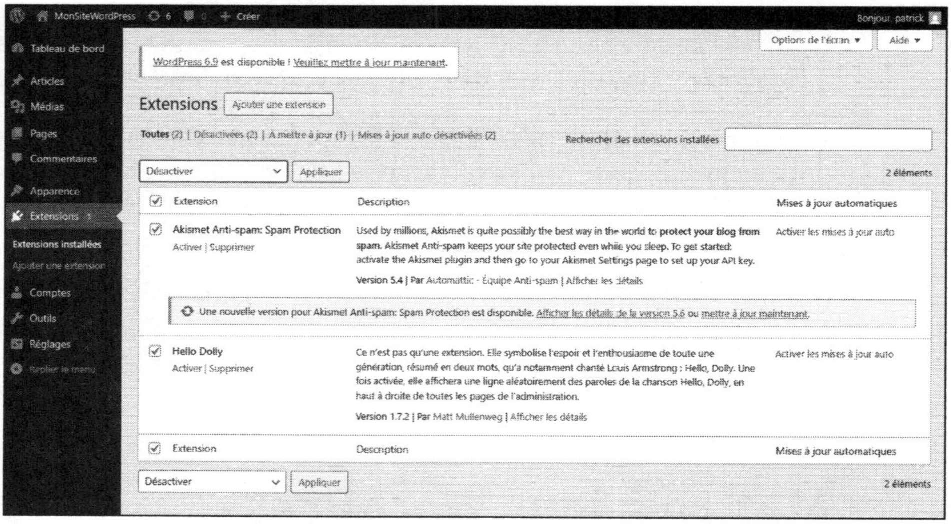

Figure 12.4
Désactivez toutes les extensions en une seule fois.

5 Cliquez sur le bouton Mettre à jour maintenant de la page Mises à jour de WordPress.

La page d'accueil affiche une liste des nouvelles fonctionnalités de la version que vous venez d'installer, comme illustré dans la Figure 12.5. Vous utilisez désormais la toute dernière version de WordPress.

Lorsque vous avez terminé la mise à niveau du logiciel WordPress, vous pouvez réactiver les extensions que vous aviez désactivées à l'Étape 2.

Figure 12.5 La page de bienvenue de WordPress.

Déplacer votre site WordPress vers un autre hébergeur

Il arrive un moment où vous pouvez décider de changer de fournisseur d'hébergement, que ce soit pour des raisons de performance, de coûts, de support ou parce que votre hébergeur actuel n'est plus fiable. Transférer un site WordPress existant, avec tous ses fichiers, sa base de données et son contenu, peut sembler complexe, mais cette section vous guide étape par étape pour simplifier le processus.

Vous pouvez procéder de deux façons :

» **Migration manuelle :** vous sauvegardez votre base de données et téléchargez les fichiers essentiels pour les transférer sur le nouvel hébergement. Les fichiers essentiels comprennent :

- le dossier `wp-content` qui contient vos thèmes, extensions et médias ;
- le fichier `wp-config.php` de configuration de WordPress ;
- le fichier `.htaccess` et autres fichiers personnalisés si présents.

» **Migration avec une extension spécialisée des outils comme Duplicator, All-in-One WP Migration ou WP Migrate** : permet d'automatiser le transfert complet du site, incluant fichiers, base de données, thèmes, extensions et réglages. Ces extensions réduisent le risque d'erreurs et accélèrent considérablement le processus. Utiliser un outil pour automatiser le processus est le moyen le plus facile, mais au cas où vous auriez besoin de le faire manuellement, la section suivante vous donne toutes les instructions nécessaires.

Déplacer un site manuellement

La section « Sauvegarder votre instance WordPress », précédemment dans ce chapitre, décrit étape par étape la façon de sauvegarder votre fichiers et base de données à l'aide de phpMyAdmin. En suivant ces instructions, vous disposez d'une copie complète de votre site incluant tout le contenu récent.

Maintenant que vos fichiers WordPress et votre base de données sont sécurisés sur votre ordinateur, le transfert vers un nouvel hébergement se déroule en plusieurs étapes :

1. **Créez une nouvelle base de données sur votre nouveau compte d'hébergement.**

   Sur votre nouveau compte d'hébergement, créez ou récupérez les informations relatives à la base de données. Vous devez disposer du nom du serveur SQL, du nom de la base de données, du nom de l'utilisateur associé et d'un mot de passe sécurisé. Toutes ces informations sont fournies par votre hébergeur.

2. **Importez votre sauvegarde de base de données dans la nouvelle base de données que vous venez de créer :**

   - Connectez-vous à phpMyAdmin depuis votre hébergement et sélectionnez la nouvelle base de données dans le menu de gauche.

   - Cliquez sur l'onglet Importer en haut. Choisissez le fichier de sauvegarde de votre base de données (.sql) depuis votre ordinateur.

   - Cliquez sur Importer pour importer les données. Vérifiez que l'importation se termine sans erreur.

3. **Téléchargez une version adéquate de WordPress.**

   Pour éviter toute incompatibilité, récupérez la même version de WordPress que celle utilisée sur votre ancien site depuis WordPress.org. Par exemple, si votre site est en version 6.9, téléchargez exactement cette version, et non une version ultérieure comme 6.9.1. Vous trouvez les différentes versions (*releases*) de WordPress ici : `https://wordpress.org/download/releases/`

4. **Installez WordPress sur le nouvel hébergement.**

   Dézippez le fichier téléchargé sur Wordpress.org et transférez l'intégralité des fichiers sur votre nouvel hébergement *via* FTP. Supprimez le dossier `wp-content` et le fichier `wp-config.php`, car ils seront remplacés par votre sauvegarde.

5. **Restaurez votre sauvegarde.**

   Transférez par FTP, à la racine du site, l'intégralité du dossier `wp-content`, ainsi que les fichiers `wp-config.php` et `.htaccess`. Ceux-ci contiennent vos thèmes, extensions, médias et configurations essentielles.

6. **Adaptez le fichier `wp-config.php`**

   Modifiez le fichier `wp-config.php` pour mettre à jour le nom du serveur SQL, le nom de la base de données, le nom d'utilisateur et le mot de passe correspondant à votre nouvel hébergement.

   Vous devez mettre à jour les constantes suivantes :

```
define('DB_NAME','nom_de_la_base_de_données');
define('DB_USER','utilisateur_de_la_base_de_données');
define('DB_PASSWORD','mot_de_passe_de_la_base_de_données');
define('DB_HOST','nom_du_serveur_SQL');
```

   Vérifiez également que le préfixe des tables correspond à celui utilisé dans votre base de données importée. Dans l'exemple de la Figure 12.3, on constate que le préfixe des tables est : `mod892_`. Il faudrait donc adapter la variable `$table_prefix` du fichier `wp-config.php` ainsi :

```
$table_prefix = 'wp_';
```

   en

```
$table_prefix = 'mod892_';
```

7. Depuis votre navigateur Web, accédez à votre domaine.

   Accédez à votre domaine *via* un navigateur. Connectez-vous au tableau de bord WordPress avec vos anciens identifiants. Vérifiez que tous les articles, pages, images, extensions et réglages fonctionnent correctement.

ASTUCE

BackWPup est une extension WordPress dédiée à la sauvegarde complète de votre site. Elle permet de sauvegarder la base de données, les fichiers WordPress, les thèmes et les extensions, et de les stocker soit localement sur le serveur, soit sur des services externes comme Dropbox, Google Drive ou Amazon S3. L'extension offre également la possibilité de planifier des sauvegardes automatiques et de restaurer facilement votre site en cas de problème. C'est un outil pratique pour sécuriser votre contenu et assurer la continuité de votre site : `https://fr.wordpress.org/plugins/backwpup/`

ASTUCE

UpdraftPlus est une extension WordPress puissante pour la sauvegarde et la restauration de sites. Elle permet de sauvegarder automatiquement la base de données, les fichiers, thèmes et extensions, et de stocker ces sauvegardes sur des services *cloud* comme Google Drive, Dropbox, Amazon S3 ou OneDrive. L'extension facilite la restauration complète ou partielle du site en un seul clic et propose des options de planification flexibles, rendant la gestion des sauvegardes simple et sécurisée. C'est l'une des solutions les plus populaires pour protéger efficacement un site WordPress : `https://fr.wordpress.org/plugins/updraftplus/`

Migrer un site non WordPress vers WordPress

Migrer un site vers WordPress ne consiste plus uniquement à importer des articles dans un nouveau CMS. Aujourd'hui, il s'agit d'un véritable projet de transition numérique qui touche à la fois aux contenus, à la structure du site, à son référencement et à son évolution future.

WordPress, grâce à son écosystème ouvert, permet d'absorber des contenus provenant de plateformes très variées, qu'il s'agisse de CMS traditionnels, de services éditoriaux hébergés ou de constructeurs de sites clés en main.

WordPress propose par défaut plusieurs outils d'importation destinés à récupérer des contenus depuis des plateformes comme Blogger, Tumblr ou WordPress lui-même (voir Figure 12.6). Ces outils fonctionnent à partir de fichiers d'export ou de flux RSS, lorsque ceux-ci sont accessibles. Dans la pratique, toutes les plateformes ne proposent pas le même niveau d'ouverture. Certains services modernes comme Medium, Ghost, Notion, Wix ou Squarespace imposent des limitations techniques qui obligent parfois à combiner plusieurs méthodes : export partiel, fichiers CSV, flux RSS ou reconstruction manuelle du contenu.

Figure 12.6 La page Importer du tableau de bord WordPress.

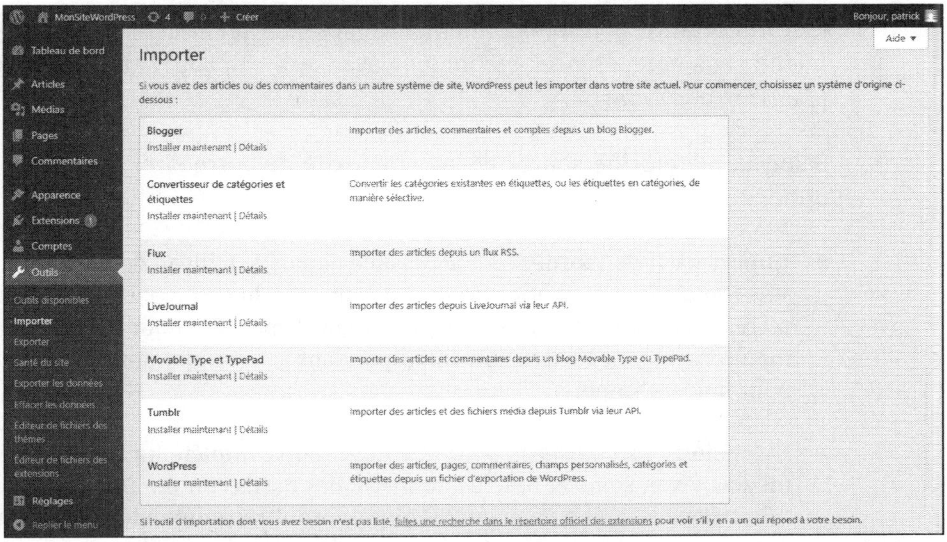

Les fonctions d'import sont proposées sous forme d'extensions afin de rester légères et ponctuelles. Elles peuvent être installées directement depuis l'interface d'administration ou depuis le répertoire officiel des extensions WordPress. D'autres solutions, non présentes dans le dépôt officiel, existent pour des cas plus spécifiques et nécessitent parfois des recherches complémentaires.

N'OUBLIEZ PAS

Pour certaines plateformes, WordPress.org fournit une extension rapide et facile à installer qui permet d'importer et d'utiliser le contenu immédiatement. Les fonctionnalités d'import sont proposées sous forme d'extensions, car la plupart du temps, vous ne l'utiliserez qu'une seule fois, voire jamais ! Enfin, sachez que WordPress.com intègre ces modules d'import au logiciel.

Lorsque la migration concerne un site WordPress existant ou un environnement complet, des extensions dédiées permettent de transférer l'ensemble du site, fichiers et base de données inclus. Des outils comme Duplicator, All-in-One WP Migration ou WP Migrate facilitent ce type d'opération et sont particulièrement adaptés aux changements d'hébergement, aux clonages ou aux mises en production depuis un environnement de test.

ASTUCE

Duplicator est une extension WordPress dédiée à la sauvegarde, à la duplication et à la migration de sites. Elle permet de créer un paquet complet du site (fichiers et base de données) afin de le déplacer ou de le restaurer facilement sur un autre hébergement ou un autre domaine. L'outil est particulièrement utilisé pour cloner un site, déployer un environnement de test ou sécuriser un site avant une mise à jour importante. Son fonctionnement repose sur un assistant simple, accessible même sans compétences techniques avancées : `https://fr.wordpress.org/plugins/duplicator/`

Selon la plateforme source et la complexité de votre site, vous avez plusieurs options :

» **Import natif de WordPress :** accessible depuis le tableau de bord sous Outils —> Importer, cette option permet d'importer du contenu depuis certaines plateformes populaires comme Blogger ou Typepad. Cliquez sur Installer maintenant pour l'extension correspondant à votre plateforme, puis activez-la pour lancer l'import.

» **Extensions spécialisées :** pour une migration complète incluant fichiers médias, extensions et base de données, des outils comme Duplicator, All-in-One WP Migration ou WP Migrate sont recommandés. Ils offrent plus de flexibilité et réduisent le risque d'erreurs lors du transfert.

» **Export/Import manuel :** pour les CMS propriétaires ou les sites statiques, il peut être nécessaire d'exporter votre contenu sous forme de fichiers XML ou CSV, puis de les importer *via* des outils dédiés ou *via* SQL pour la base de données.

Le Tableau 12.1 vous donne des conseils sur les exportations depuis les plateformes de blogs du moment. Notez que vous devez être connecté à votre logiciel de blog pour réaliser ces exportations.

Tableau 12.1 Sauvegarde de vos données de blog sur les plateformes majeures.

Plateforme de blog	Sauvegarde
Movable Type	Cliquez sur le bouton Importer/Exporter depuis le menu de votre tableau de bord Movable Type, puis cliquez sur le lien Exporter. Lorsque la page est chargée, enregistrez-la sur votre ordinateur en tant que fichier .txt.
TypePad	Cliquez sur le nom du blog que vous souhaitez exporter, puis cliquez sur Importer/Exporter dans le menu Vue d'ensemble. Cliquez sur le lien Exporter au bas de la page. Lorsque la page est chargée, enregistrez-la sur votre ordinateur en tant que fichier .txt.
Blogger	Cliquez sur le blog à sauvegarder. Dans le menu de gauche, cliquez sur Paramètres, puis sur Autre. Dans la section Importer et sauvegarder, cliquez sur Sauvegarder le contenu, puis Enregistrer sur l'ordinateur.
Live Journal	Accédez à `http://livejournal.com/export.bml` et entrez vos informations d'identification. Choisissez XML comme format. Enregistrez ce fichier sur votre ordinateur.

Tableau 12.1 Sauvegarde de vos données de blog sur les plateformes majeures (*suite*).

Plateforme de blog	Sauvegarde
Tumblr	Accédez à `https://www.tumblr.com/oauth/apps` et suivez les instructions pour créer une application Tumblr. Lorsque vous aurez terminé, copiez la clé client et la clé secrète OAuth et collez-les dans un fichier texte sur votre ordinateur. Utilisez ces clés pour connecter votre site WordPress à votre compte Tumblr.
WordPress	Cliquez sur le lien Exporter du menu Outils du tableau de bord ; la page Exporter s'ouvre. Choisissez vos options sur la page d'exportation, cliquez sur le bouton Télécharger le fichier d'export, puis enregistrez-le sur votre ordinateur.
Flux RSS	Pointez votre navigateur vers l'URL du flux RSS que vous souhaitez importer. Attendez qu'il soit complètement chargé (vous devrez peut-être régler votre flux pour afficher tous les messages). Affichez le code source de la page, copiez et collez ce code source dans un fichier .txt et enregistrez le fichier sur votre ordinateur.

N'OUBLIEZ PAS

Le script d'importation prend en charge des fichiers d'une taille maximale de 128 Mo. Si vous rencontrez une erreur liée à la mémoire, vous pouvez diviser votre fichier d'import en plusieurs parties et les téléverser séparément. Le script est suffisamment intelligent pour détecter et ignorer les doublons, ce qui vous permet de relancer l'import autant de fois que nécessaire sans risque de créer des entrées répétées.

Explorer d'autres ressources d'importation

Le Codex WordPress propose une vaste collection de scripts, d'extensions et de solutions pour importer du contenu depuis d'autres plateformes. Vous pouvez y accéder ici :

```
https://developer.wordpress.org/advanced-administration/
wordpress/import/
```

ATTENTION

Gardez toutefois à l'esprit que le Codex est maintenu par des bénévoles. Certaines informations peuvent être obsolètes ou incomplètes, y compris celles concernant les méthodes d'importation. Il est donc recommandé de compléter vos recherches avec la documentation officielle des extensions ou des tutoriels récents.

Vérifier l'état de santé du site

Depuis la version 5.2, WordPress inclut nativement un outil qui inspecte certains éléments relatifs à l'état de santé du site. L'outil exécute une série de tests puis vous soumet les résultats et des recommandations.

Cliquez sur le menu Outils, puis Santé du site. L'écran se décompose en deux onglets :

» **État :** propose une analyse des réglages importants qui doivent être correctement paramétrés pour que votre site fonctionne normalement. Ne stressez pas si des améliorations recommandées apparaissent ; en revanche, essayez de résoudre les problèmes critiques.

» **Informations :** liste un ensemble d'informations utiles sur l'environnement WordPress. Le bouton *Copier les informations du site dans le presse-papiers* vous permet de copier facilement les informations et de les coller dans un fichier texte pour les partager avec un tiers.

Je vous invite à parcourir l'ensemble des critères de ces deux onglets, tout particulièrement les autorisations du système de fichiers de l'onglet Information.

Figure 12.7 L'état de santé effectue un certain nombre de vérifications sur l'installation de WordPress.

Vous pouvez compléter cette analyse à l'aide d'extensions *ad hoc* disponibles dans le répertoire officiel. Les éditeurs d'extensions peuvent ajouter leurs propres points de contrôle dans cet outil de Santé du site. Cela permet de centraliser au même endroit un grand nombre d'informations utiles sur la configuration de votre site.

ASTUCE

WordPress a introduit une nouvelle fonctionnalité appelée « protection contre les erreurs fatales » qui protège de « l'écran blanc de la mort ». Avec cette protection, WordPress reconnaîtra quand une erreur fatale se produit et mettra en pause le thème ou l'extension en question dans le tableau de bord d'administration de WordPress.

Restaurer des versions précédentes de vos contenus

Catastrophe ! Vous venez de supprimer par mégarde un paragraphe entier ou, pire, vous avez modifié par excès de confiance la mise en page de votre article. On connaît tous ce petit moment de panique où l'on cherche désespérément le bouton Annuler. Heureusement, WordPress possède une mémoire d'éléphant.

Dans cette section, nous allons voir comment utiliser le module de révisions. C'est votre filet de sécurité personnel : il enregistre silencieusement chaque étape de votre travail pour vous permettre, en cas de pépin, de revenir à une version précédente de votre page ou de votre article en quelques clics.

1. **Localisez le bouton des révisions.**

   Ouvrez la page ou l'article concerné. Dans le panneau latéral droit, sélectionnez l'onglet Article ou Page selon le cas. Si des modifications ont déjà été enregistrées, vous y verrez une ligne nommée *Révisions* accompagnée d'un chiffre (voir Figure 12.8). Cliquez dessus pour entrer dans l'historique.

   Si vous ne voyez pas le lien « Révisions » dans votre barre latérale, pas d'inquiétude ! C'est peut-être simplement parce que votre page n'a jamais été modifiée depuis sa création. WordPress ne commence à archiver l'historique qu'à partir du moment où vous enregistrez au moins deux versions différentes.

Figure 12.8 Le module de révisions WordPress.

❷ **Remontez le temps !**

Une nouvelle fenêtre s'affiche avec une barre de défilement horizontale en haut de l'écran (voir Figure 12.9).

- Faites glisser le curseur (au centre de l'écran en haut) vers la gauche pour remonter plus loin dans le passé.
- WordPress affiche deux colonnes : à gauche l'ancienne version (en rouge), à droite la nouvelle (en vert). Cela vous permet de repérer précisément ce qui a changé.

❸ **Comparez les différentes versions pour être sûr.**

Si vous hésitez entre deux dates, cochez l'option *Comparer n'importe quelles révisions*. Cette dernière vous permet de faire une comparaison libre entre deux versions de votre contenu, pas seulement la version actuelle et la précédente.

❹ **Rétablissez une version précédente.**

Dès que vous avez identifié la version de secours, cliquez sur le bouton bleu Rétablir cette sauvegarde automatique. Magie : votre page revient exactement dans l'état où elle était.

Figure 12.9

Comparaison de deux versions d'un article.

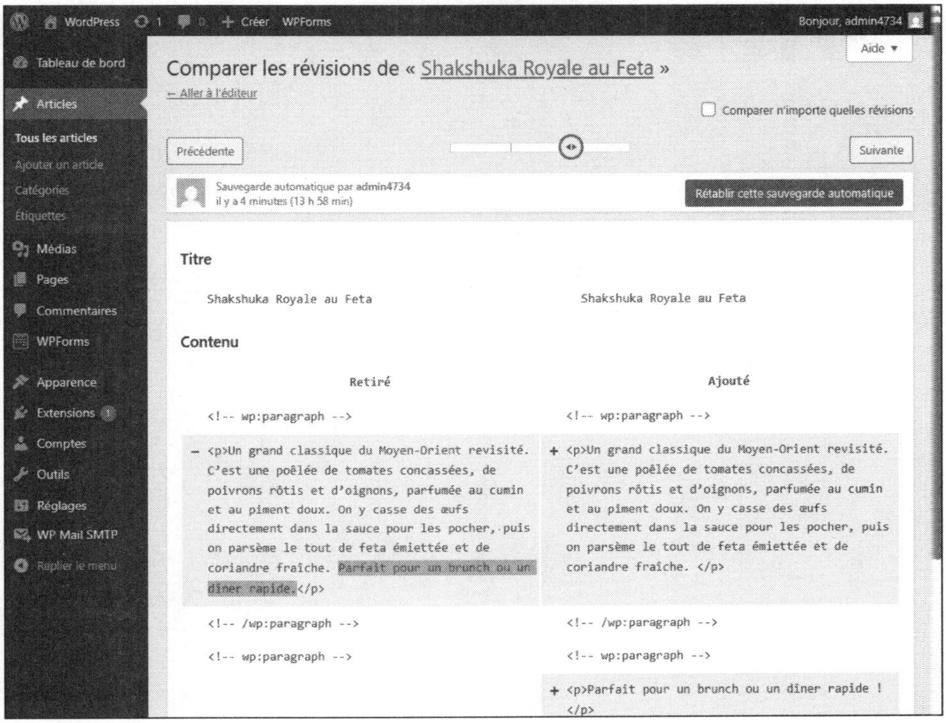

Dans le fichier wp-config.php, la constante define(' WP_POST_REVISIONS', false); permet de désactiver complètement le système de révisions pour les pages et les articles WordPress. Concrètement, cela signifie qu'à chaque modification d'un contenu, WordPress ne conserve plus aucune version intermédiaire : seule la version finale enregistrée est gardée. Cette configuration peut être utile sur des sites très volumineux ou fortement éditoriaux afin de réduire la taille de la base de données et d'améliorer légèrement les performances. En contrepartie, elle supprime toute possibilité de revenir à une version antérieure d'un contenu, ce qui augmente le risque en cas d'erreur de manipulation ou de modification involontaire.

ASTUCE

À l'inverse, l'instruction define('WP_POST_REVISIONS', 3); associée à define('WP_POST_REVISIONS', true);, permet de limiter le nombre de révisions conservées par WordPress à trois versions par page ou article (trois dans cet exemple). Cette approche représente un bon compromis entre sécurité et performance : elle conserve un historique suffisant pour corriger une erreur récente tout en évitant l'accumulation excessive de données inutiles dans la base de données.

Cinquième partie

Les Dix Commandements

Dans cette partie...

- Dix extensions populaires pour WordPress.
- Dix thèmes gratuits pour WordPress.

DANS CE CHAPITRE :

Trouver des extensions utiles pour WordPress.

•

Utiliser des extensions pour améliorer votre site.

Chapitre 13

Dix extensions populaires pour WordPress

Dans ce chapitre, je présente une sélection de dix extensions parmi les plus utiles pour votre site. Cette sélection ne prétend pas être complète : il existe des centaines d'excellentes extensions WordPress permettant d'enrichir et d'adapter les fonctionnalités de votre site de multiples façons. Si ces dix extensions ne suffisent pas à répondre à vos besoins, vous en découvrirez beaucoup d'autres dans le répertoire officiel des extensions WordPress, accessible à l'adresse `https://fr.wordpress.org/plugins/`

Parmi les extensions les plus connues figure Akismet, déjà évoquée au Chapitre 7. Akismet apporte une solution efficace à la gestion des commentaires indésirables et des rétroliens.

Elementor

Développeur : Elementor.com

https://fr.wordpress.org/plugins/elementor/

Elementor est un constructeur de pages très puissant qui permet de concevoir rapidement des mises en page complexes grâce à un éditeur visuel en temps réel, une large bibliothèque de widgets et de modèles prêts à l'emploi. Il offre un contrôle précis du design sans avoir besoin de coder, mais cette richesse peut entraîner des pages plus lourdes, une dépendance forte à l'extension et, dans de nombreux cas, l'obligation de passer à une version payante pour exploiter tout son potentiel.

Les constructeurs de pages ont longtemps été utilisés pour compenser les limites de l'éditeur natif de WordPress. Avec les évolutions récentes de l'éditeur de blocs et l'arrivée des thèmes FSE (Full Site Editing, édition intégrale du site), il est désormais possible de concevoir des mises en page avancées et de personnaliser l'ensemble d'un site sans recourir systématiquement à un constructeur externe. Néanmoins, les constructeurs de pages restent largement utilisés, notamment pour leur richesse fonctionnelle, leur interface visuelle intuitive et leurs nombreux modèles prêts à l'emploi.

ASTUCE

Parmi les constructeurs de pages les plus populaires, on trouve notamment Elementor, Divi Builder, Beaver Builder, Page Builder by SiteOrigin et Thrive Architect. Certains sont proposés sous forme d'extensions, tandis que d'autres sont étroitement intégrés à des thèmes. Bien qu'ils poursuivent des objectifs similaires, ces outils se distinguent par leur ergonomie, leurs performances, leur niveau de personnalisation et leur modèle économique. Le choix d'un constructeur dépend donc avant tout des besoins du projet, du niveau de maîtrise technique et de la volonté de s'inscrire dans une approche plus ou moins proche de l'écosystème natif de WordPress.

Imagify Image Optimization

Développeur : WP Media

https://fr.wordpress.org/plugins/imagify/

Imagify est une extension WordPress destinée à optimiser automatiquement les images de votre site pour réduire leur taille sans perte (ou avec perte contrôlée) de qualité, ce qui améliore la vitesse de chargement des pages et les performances globales.

Elle propose une version gratuite avec un quota mensuel d'optimisation d'images inclus (souvent autour de 20 à 25 Mo par mois selon l'offre actuelle), ce qui permet de compresser un certain volume d'images sans frais. Pour des besoins plus importants ou des optimisations régulières sur des sites volumineux, des plans payants sont disponibles, offrant des quotas mensuels plus élevés ou illimités, selon le forfait choisi.

Parmi ses avantages, Imagify s'intègre directement à WordPress avec une interface simple, elle supporte plusieurs formats d'images et propose différents niveaux de compression (normal, agressif, ultra), une optimisation en masse et une compatibilité avec les principaux constructeurs et galeries. Ces fonctionnalités permettent d'améliorer efficacement les performances du site sans nécessiter d'outil externe ou de compétences techniques avancées.

Attention, une optimisation trop agressive peut parfois diminuer la qualité visuelle si le réglage n'est pas adapté !

JetFormBuilder

Développeur : jetmonsters

https://wordpress.org/plugins/jetformbuilder/

JetFormBuilder est une extension gratuite pour WordPress qui permet de créer des formulaires directement dans l'éditeur de blocs Gutenberg, sans code.

Elle propose de nombreux champs (texte, e-mail, date, fichier, cases à cocher, *etc.*), la gestion de formulaires multi-étapes, la logique conditionnelle et des champs calculés. Après soumission, elle peut envoyer un e-mail, créer ou modifier un contenu WordPress, enregistrer un utilisateur ou déclencher un *webhook*. Elle est particulièrement adaptée aux sites modernes utilisant l'éditeur de blocs et les thèmes FSE.

N'OUBLIEZ PAS

Un *webhook* est un système qui transmet automatiquement les données d'un formulaire vers une autre application dès qu'un événement se produit, sans action manuelle. Par exemple, ajouter un contact dans un CRM, créer un ticket dans un outil de support, enregistrer une demande dans un logiciel interne, déclencher un *workflow* dans Zapier/Make ou envoyer une notification dans Microsoft Teams.

ASTUCE

Si vous cherchez d'autres extensions pour créer des formulaires, weForms permet de générer rapidement des formulaires personnalisés avec de nombreux champs et modèles, sans coder. Il inclut des outils pour prévisualiser en direct, collecter et gérer les soumissions, exporter les données, et protéger les formulaires contre le spam. La version de base est gratuite et offre déjà des fonctionnalités solides pour créer et afficher des formulaires. Des versions payantes existent avec des options plus avancées et des intégrations supplémentaires : `https://fr.wordpress.org/plugins/weforms/`

Jetpack

Développeur : Automattic

https://fr.wordpress.org/plugins/jetpack/

Jetpack est une extension tout-en-un pour WordPress qui ajoute à votre site des fonctions de sécurité, de performance, de gestion des contenus, de statistiques, de partage social et d'outils de croissance, regroupées dans une seule extension et maintenues par l'équipe d'Automattic. Elle sert à rendre le site plus sûr, plus rapide et plus facile à administrer, tout en proposant des moyens de suivre et développer votre audience.

Jetpack propose un ensemble de fonctionnalités regroupées en plusieurs grandes catégories :

- **Sécurité :** protection contre les attaques par force brute, surveillance des temps d'arrêt, analyse basique de sécurité, journal d'activité du site selon les offres.
- **Performance :** accélération du chargement des images, réseau de diffusion de contenu pour les fichiers statiques, optimisation automatique des médias.
- **Statistiques :** suivi du trafic du site, des pages les plus consultées, des sources de visiteurs et des interactions, directement depuis le tableau de bord WordPress.

» **Partage et réseaux sociaux :** partage automatique des nouveaux articles sur les réseaux sociaux, boutons de partage pour les visiteurs.

» **Outils de contenu :** création de formulaires simples, intégration de galeries, carrousels, vidéos et autres blocs enrichis.

» **Marketing et croissance :** abonnements par e-mail, notifications aux abonnés lors de la publication de nouveaux contenus.

Certaines de ces fonctionnalités sont disponibles gratuitement, tandis que les options les plus avancées nécessitent un abonnement payant.

Parce que Jetpack fonctionne et est hébergé sur le serveur WordPress.com, les mises à jour de cette collection d'extensions se produisent automatiquement. Pour utiliser Jetpack, vous devez disposer d'un compte WordPress.com.

N'OUBLIEZ PAS

Jetpack AI Assistant est un outil d'intelligence artificielle intégré à WordPress *via* l'extension Jetpack, conçu pour aider à créer, améliorer et optimiser du contenu directement dans l'éditeur Gutenberg. Il permet de générer des articles, des listes, des tableaux, des titres et des résumés, d'ajuster le ton des textes, de corriger l'orthographe et la grammaire, et même de proposer des traductions automatiques. L'outil s'utilise comme un assistant à qui l'on donne des indications en langage naturel pour produire ou transformer du contenu sans quitter l'éditeur. Le service est disponible gratuitement avec un quota limité à une vingtaine de demandes ; après quoi, un abonnement payant est nécessaire pour continuer à l'utiliser plus intensément et accéder à des capacités supérieures : `https://jetpack.com/fr/ai/`

ASTUCE

Limit Login Attempts Reloaded est une extension conçue pour renforcer la sécurité de votre site WordPress en réduisant les risques d'attaques par force brute. WordPress, par défaut, permet un nombre illimité de tentatives de connexion, ce qui laisse une porte ouverte aux pirates qui essaient de deviner des mots de passe par essais successifs. Limit Login Attempts Reloaded bloque automatiquement l'adresse IP ou l'identifiant après un certain nombre d'échecs, empêchant toute nouvelle tentative pendant une durée définie et diminuant ainsi les chances d'une intrusion malveillante : `https://fr.wordpress.org/plugins/limit-login-attempts-reloaded/`

Loco Translate

Développeur : Tim Whitlock

https://fr.wordpress.org/plugins/loco-translate/

Cette extension permet de traduire facilement les thèmes et les extensions de votre site WordPress en modifiant les fichiers de traduction directement depuis l'interface d'administration, sans avoir besoin d'éditer manuellement du code ou des fichiers externes. Il offre aussi des outils de localisation et peut s'intégrer à des services de traduction automatique pour simplifier le processus.

ASTUCE

Polylang est une extension qui permet de transformer un site WordPress en site multilingue en ajoutant et en gérant facilement plusieurs langues, avec traduction de contenus, menus et taxonomies, et sans limite de langues ajoutées, tout en restant intégrée à l'interface native de WordPress. Cette extension est gratuite mais il existe une version professionnelle à 99 euros avec des fonctionnalités supplémentaires et un support premium : (**https://fr.wordpress.org/plugins/polylang/**

ASTUCE

GTranslate est un plug-in WordPress qui utilise le service de traduction automatique de Google pour rendre rapidement votre site multilingue dans plus de cent langues, avec une configuration simple et sans nécessiter de traduction manuelle complète. Il est facile à mettre en place, propose une couverture linguistique étendue et peut offrir des options SEO (URL traduites indexables) dans sa version payante. L'inconvénient : la qualité des traductions automatiques peut être limitée, sans corrections manuelles. **https://fr.wordpress.org/plugins/gtranslate/**

All-In-One Security (AIOS)

Développeur : David Anderson / Team Updraft.

https://fr.wordpress.org/plugins/all-in-one-wp-security-and-firewall/

All-In-One WP Security & Firewall est une extension de sécurité tout-en-un pour WordPress qui aide à protéger votre site contre les attaques courantes, en proposant des fonctions de blocage des tentatives de connexion, un pare-feu, des contrôles de fichiers et de base de données, des alertes de sécurité et des protections antispam. Elle est installée sur plus d'un million de sites et bien notée pour sa facilité d'utilisation et son approche progressive de la sécurité.

L'extension de base est gratuite mais une version Premium est disponible à partir d'environ 67 euros par site par an, offrant des outils supplémentaires comme la surveillance du temps de disponibilité, le blocage par pays, des alertes avancées et un support dédié.

Parmi les avantages, on trouve une large gamme de protections disponibles sans coût initial, une interface claire avec un système de score de sécurité et des options accessibles même aux débutants.

ASTUCE

Sucuri Security est une extension facile à installer et à utiliser qui permet, en outre, de renforcer la sécurité d'un site WordPress en un clic, de bloquer certaines IP « douteuses » qui tentent d'accéder à votre site, de surveiller en temps réel l'activité et les modifications qui pourraient intervenir sur vos dossiers et fichiers afin de supprimer un *malware* éventuel. **https://fr.wordpress.org/plugins/sucuri-scanner/**

MailPoet

Développeur : MailPoet

https://fr.wordpress.org/plugins/mailpoet/

MailPoet est une extension WordPress qui permet de créer, envoyer et gérer des newsletters, des e-mails automatisés et des listes d'abonnés directement depuis l'administration de WordPress. Elle offre une interface intuitive pour concevoir des e-mails avec un éditeur visuel, gérer les abonnés et suivre les statistiques d'ouvertures et de clics.

L'extension est disponible en version gratuite qui permet d'envoyer des newsletters et e-mails depuis WordPress jusqu'à mille abonnés, avec une limite d'envoi d'environ cinq mille e-mails par mois lorsque vous utilisez le service d'envoi intégré. Des plans payants sont proposés pour des fonctionnalités plus avancées, comme l'envoi à un plus grand nombre d'abonnés, des automatisations plus complexes, de meilleurs rapports et un support prioritaire.

Parmi ses fonctionnalités principales figurent la création de newsletters avec glisser-déposer, la gestion des listes d'abonnés, des formulaires d'inscription, des e-mails de bienvenue automatisés et des statistiques diverses et variées.

Rank Math SEO

Développeur : Rank Math SEO

https://fr.wordpress.org/plugins/seo-by-rank-math/

Rank Math SEO est une extension WordPress de référencement qui aide à optimiser votre site pour les moteurs de recherche en générant automatiquement un *sitemap* XML, en fournissant des outils d'analyse SEO. La version de base est gratuite et très riche en fonctionnalités, ce qui en fait une solution puissante sans abonnement, et une version Pro payante ajoute des fonctions avancées pour les utilisateurs plus exigeants. Parmi ses avantages, on trouve un ensemble complet d'outils SEO intégrés dans une seule extension, une interface claire avec assistant de configuration, et des options personnalisables pour les *sitemaps* et l'optimisation *on-page*. En revanche, ses inconvénients incluent une configuration parfois complexe pour les débutants et certaines fonctionnalités utiles réservées à la version Pro.

ASTUCE

Une autre extension incontournable est Yoast SEO. Elle fait partie des solutions les plus complètes en son genre. Avec Yoast SEO, vous avez à la fois un *sitemap* et d'autres outils SEO utiles dans une seule extension gratuite, ce qui en fait une solution pratique ! **https://fr.wordpress.org/plugins/wordpress-seo/**

ASTUCE

Google Sitemap Generator est une extension WordPress qui génère automatiquement des *sitemaps* afin de faciliter l'exploration et l'indexation du site par les moteurs de recherche. Elle prend en charge les pages, les articles et les contenus personnalisés, et se met à jour automatiquement lors de la publication de nouveaux contenus. L'extension est entièrement gratuite et simple à configurer. Elle constitue une solution efficace pour créer un *sitemap* sans complexité, mais ses options restent limitées et elle ne propose pas de fonctionnalités SEO avancées. **https://fr.wordpress.org/plugins/google-sitemap-generator/**

TablePress

Développeur : Tobias Bäthge

https://fr.wordpress.org/plugins/tablepress/

TablePress est une extension gratuite pour WordPress qui permet de créer, gérer et afficher facilement des tableaux sans coder. Les tableaux peuvent être intégrés dans des articles, pages ou widgets à l'aide d'un *shortcode*, et l'interface d'administration facilite l'édition et l'organisation des données.

La version de base de TablePress est entièrement gratuite. Des extensions complémentaires payantes existent pour ajouter des fonctionnalités avancées des filtres, des exportations personnalisées ou l'import/export amélioré.

Parmi ses avantages, on trouve une prise en main simple, la possibilité de gérer des données sans HTML, la compatibilité avec différents formats d'import/export (CSV, Excel, JSON) et des options pour ajouter des fonctions interactives grâce à des extensions. En revanche, ses inconvénients incluent des fonctions limitées sans extensions supplémentaires et une personnalisation visuelle qui demande parfois du CSS.

WooCommerce

Développeur : Automattic

https://fr.wordpress.org/plugins/woocommerce/

WooCommerce est une extension WordPress gratuite qui transforme un site en boutique en ligne complète. Elle est développée pour gérer les produits, les paiements, les commandes et bien d'autres aspects du e-commerce directement depuis WordPress.

Voici quelques-unes des fonctionnalités que vous apprécierez avec l'extension WooCommerce :

» **gestion des produits (physiques, numériques, variables) ;**

» **panier et caisse intégrés ;**

» **options de paiement (intégration avec PayPal, Stripe, virements bancaires, *etc.*) ;**

» **gestion des taxes et frais de livraison ;**

» **suivi des commandes et des clients ;**

» **codes promo et réductions ;**

» **rapports de vente et statistiques de base ;**

» **extensions et passerelles supplémentaires disponibles.**

Le cœur de l'extension est gratuit, mais de nombreuses fonctionnalités avancées comme des passerelles de paiement spécifiques, des systèmes d'abonnement, des réservations ou des outils marketing reposent sur des extensions payantes, ce qui peut augmenter le coût global selon vos besoins.

En revanche, la configuration peut sembler complexe pour les débutants, et la nécessité d'ajouter des modules payants et de nombreuses extensions pour certaines fonctions avancées peut alourdir le site et compliquer sa maintenance.

DANS CE CHAPITRE :

Trouver de bons thèmes pour WordPress.

Utiliser des thèmes populaires pour styliser votre site.

Chapitre 14

Dix thèmes gratuits pour WordPress

Dans ce chapitre, je propose une sélection de thèmes WordPress, majoritairement conçus en FSE (Full Site Editing, édition intégrale du site). J'ai fait le choix de me concentrer sur ces thèmes FSE, car ils incarnent désormais la direction stratégique privilégiée par WordPress. Le FSE repose sur l'éditeur de blocs et permet de concevoir l'ensemble du site, de l'en-tête au pied de page, directement depuis l'interface d'édition, sans dépendre d'options propriétaires ou de constructeurs externes.

Dans un livre qui s'inscrit pleinement dans une approche moderne et tournée vers l'avenir de WordPress, il était donc cohérent de privilégier une solution durable comme le Full Site Editing, plutôt que les thèmes dits « classiques », reposant sur des structures désormais plus anciennes.

Enfin, lorsque le répertoire officiel de thèmes WordPress atteint ses limites, d'autres plateformes permettent d'élargir encore le champ des possibilités.

Plateforme	URL
AppThemes	**https://www.appthemes.com/themes/**
BizzThemes	**https://bizzthemes.com/themes/**
Cyberchimps	**https://cyberchimps.com/**
Elegant Themes	**https://www.elegantthemes.com/**
Gabfire	**https://www.gabfirethemes.com/**
MyThemeShop	**https://mythemeshop.com/**
StudioPress	**https://www.studiopress.com/**
ThemeForest	**https://themeforest.net/category/wordpress**
Themify.me	**https://themify.me/**
WooThemes	**https://woocommerce.com/product-category/themes/**
WordPress.org	**https://wordpress.org/themes/**
ZigzagPress	**https://zigzagpress.com/**

Astra

Designer : Brainstorm Force

https://fr.wordpress.org/themes/astra/

Astra fonctionne avec l'éditeur de blocs pour la mise en page des contenus, mais il n'est pas compatible avec l'édition intégrale du site complet (FSE) natif de WordPress. Il s'agit donc d'un thème hybride.

Astra est l'un des thèmes WordPress les plus populaires et les plus utilisés au monde, reconnu pour sa légèreté, sa rapidité et sa grande personnalisation. Il fonctionne avec toutes les configurations WordPress classiques et s'adapte à de nombreux constructeurs de pages comme Elementor, Beaver Builder et Spectra. Le thème est optimisé pour le référencement grâce à un code propre et un design *mobile-first.*

N'OUBLIEZ PAS

Un design *mobile-first* est une approche de conception Web qui consiste à penser et concevoir d'abord l'interface pour les écrans mobiles, puis à l'adapter progressivement aux écrans plus grands comme les tablettes et les ordinateurs.

Astra propose aussi des modèles prêts à l'emploi et une compatibilité complète avec des extensions e-commerce comme WooCommerce. Astra dispose d'une communauté active et d'un support pour les utilisateurs, même en version gratuite.

Astra convient à presque tous les types de projets WordPress : blogs, sites vitrines pour petites ou grandes entreprises, portfolios, boutiques en ligne, sites d'adhésion ou projets professionnels variés. Que vous soyez débutant ou développeur expérimenté, il offre une base flexible pour créer un site personnalisé sans coder, tout en restant compatible avec des outils avancés si nécessaire.

Astra est proposé en version gratuite, téléchargeable et utilisable sans frais depuis le répertoire officiel WordPress. Une version premium (Astra Pro ou bundles plus complets) existe également pour ceux qui souhaitent des fonctionnalités avancées.

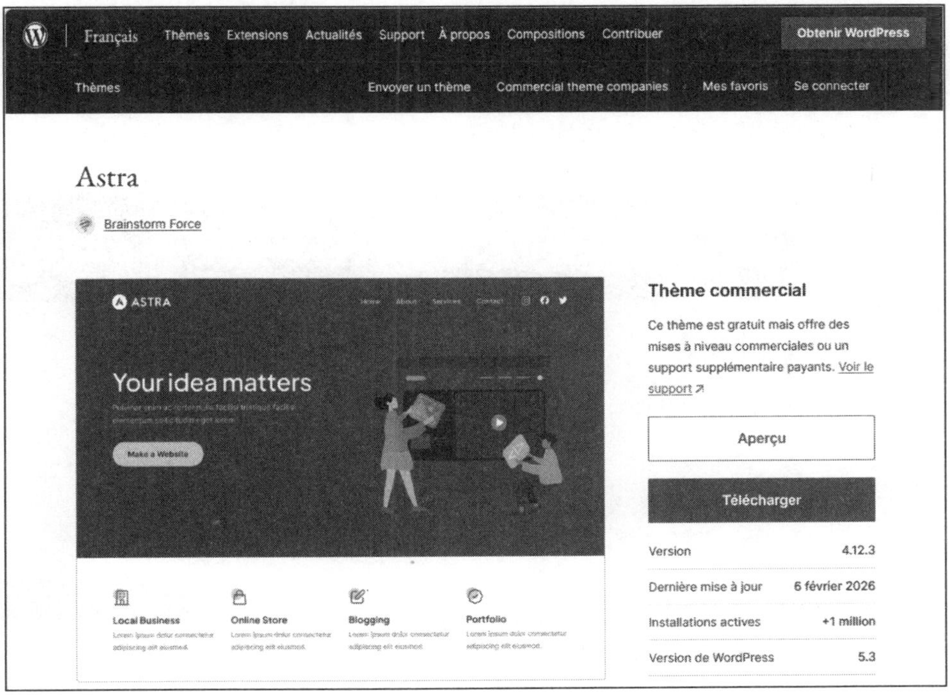

Figure 14.1 Astra, thème WordPress rapide et personnalisable, capable de s'adapter à tous vos projets.

Frost

Designer : WP Engine

https://fr.wordpress.org/themes/frost/

Frost est un thème compatible Full Site Editing (FSE), ce qui signifie qu'il fonctionne entièrement avec l'éditeur de blocs Gutenberg de WordPress. Il a un design propre, minimaliste et moderne, pensé pour des sites professionnels, créatifs ou d'agence, mais il est suffisamment flexible pour presque tous les types de projets.

Le thème est fourni avec huit variations de style global, ce qui facilite la personnalisation rapide de l'apparence générale, et de nombreux modèles de blocs (compositions) pour construire des sections comme des portfolios, des boutons d'appel à l'action ou des témoignages.

Frost est un thème totalement gratuit disponible sur le répertoire officiel de WordPress. Il n'existe pas de version payante : toutes les fonctionnalités sont incluses dans la version gratuite que vous pouvez installer directement depuis votre tableau de bord WordPress.

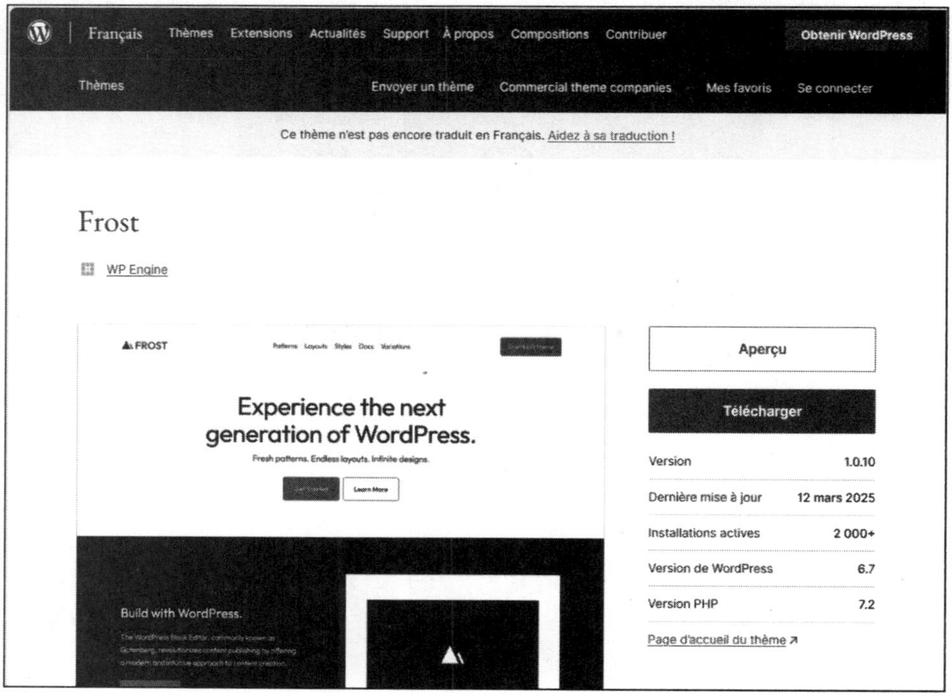

Figure 14.2 Frost, Un thème WordPress simple et compatible FSE.

Frost est particulièrement adapté si vous souhaitez un thème léger, propre et personnalisable, exploitable sans code, pour des sites professionnels, portfolios créatifs ou pages d'entreprise.

Jadro

Designer : WPShout

https://fr.wordpress.org/themes/jadro/

Jadro est un thème WordPress Full Site Editing, gratuit et disponible dans le répertoire officiel. Son principal atout est sa légèreté et son approche minimaliste. Il est optimisé pour la performance, propose plusieurs variations de styles et reste compatible avec WooCommerce. Il convient particulièrement aux blogs, sites vitrines, petites entreprises ou projets créatifs qui recherchent une base simple et moderne.

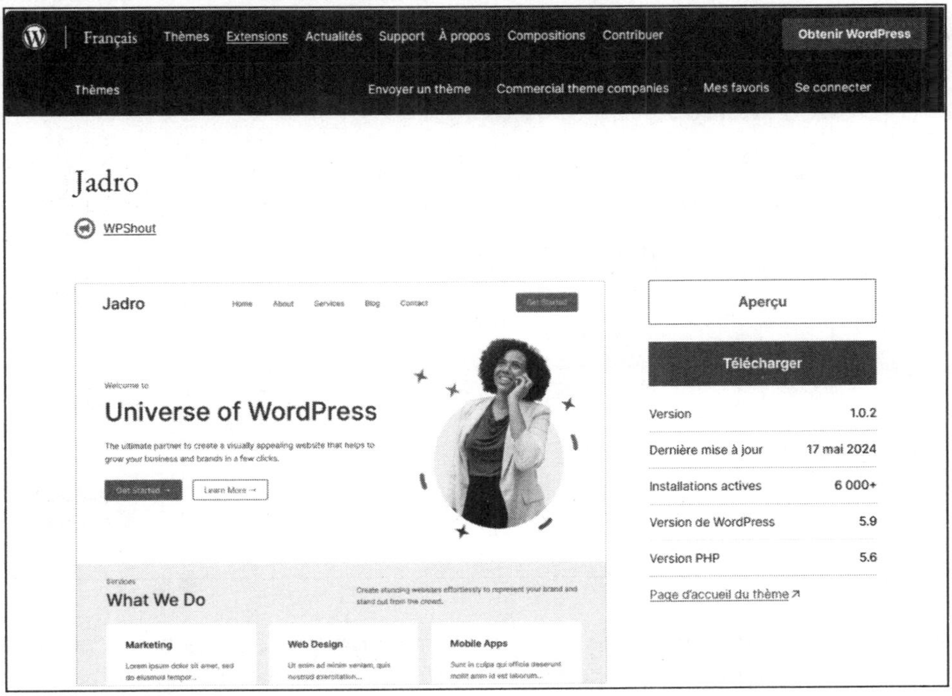

Figure 14.3 Jadro, un thème WordPress orienté e-commerce.

Parmi les fonctionnalités prises en charge, on trouve notamment : blog, couleurs personnalisées, logo personnalisé, menus personnalisés, compatibilité e-commerce, images mises en avant, options de thème et compositions.

En revanche, son minimalisme peut être perçu comme une limite pour des projets nécessitant des fonctionnalités avancées ou un design très élaboré sans ajouter d'extensions complémentaires.

Kanso

Designer : Rich Tabor

https://fr.wordpress.org/themes/kanso/

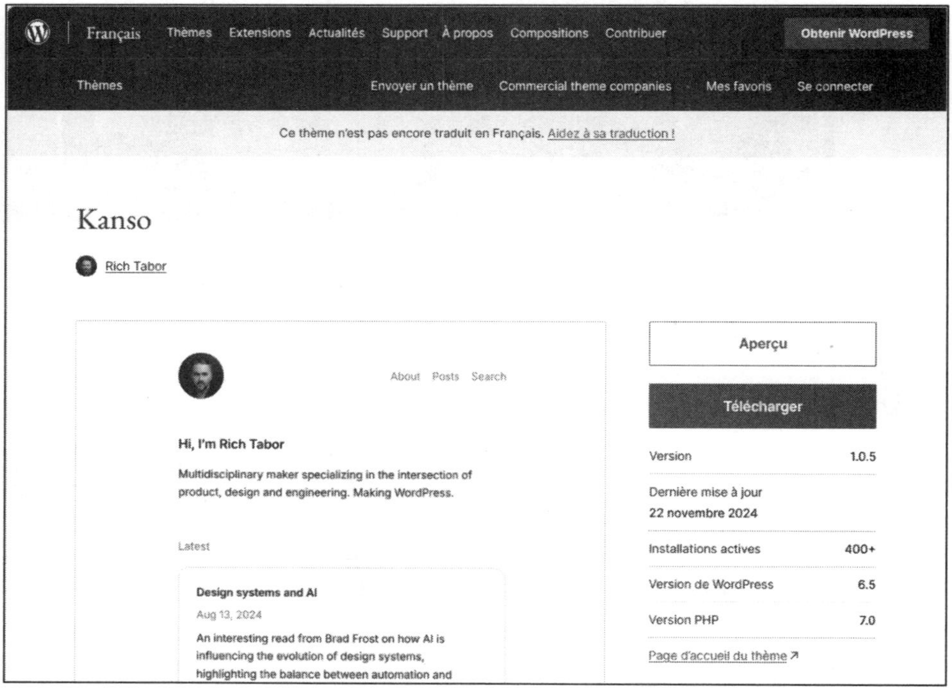

Figure 14.4 Kanso, un thème WordPress orienté blogueurs.

Kanso est un thème WordPress moderne basé sur les blocs, pensé avant tout pour le blogging et l'écriture. Il offre une mise en page épurée et une expérience de lecture sans distraction, mettant le contenu au centre de l'attention. Le design repose sur la simplicité et la clarté pour valoriser les articles et faciliter l'engagement des lecteurs. Il inclut des variations de style, des palettes de couleurs et des options de typographie, ainsi que des compositions pour newsletters et des mises en page prêtes à l'emploi.

Kanso est 100 % gratuit *via* le répertoire officiel de WordPress.

Ce thème est particulièrement adapté aux blogueurs, écrivains, journalistes ou créateurs de contenu qui veulent une plateforme élégante et épurée pour partager des articles. L'accent étant mis sur le texte et la lecture, il est moins adapté pour des sites fortement orientés vers des images, des portfolios ou du e-commerce.

Neve FSE

Designer : ThemeIsle

https://fr.wordpress.org/themes/neve-fse/

Neve FSE est un thème WordPress gratuit et polyvalent, conçu autour de l'édition intégrale du site comme son nom l'indique. Il fait partie de la famille de Neve mais se distingue par son approche moderne, minimaliste et 100 % basée sur les blocs, avec plusieurs variations de style et des modèles prêts à l'emploi pour construire rapidement des pages. Le thème est léger, compatible avec WooCommerce et adapté à de nombreux types de sites.

Neve FSE est adapté à une large gamme de projets. Il peut convenir à des blogs personnels, petites entreprises, start-up, agences, boutiques en ligne, portfolios ou sites professionnels qui souhaitent un design propre et moderne. Il est particulièrement intéressant pour ceux qui souhaitent exploiter pleinement l'éditeur de site WordPress sans recourir à un constructeur externe.

Le thème est entièrement gratuit et peut être téléchargé et installé directement depuis le répertoire officiel des thèmes WordPress sans coût supplémentaire.

Neve FSE est une solution intéressante si vous recherchez un thème WordPress moderne, léger et entièrement personnalisable *via* l'éditeur de blocs. Il offre suffisamment de flexibilité et de modèles pour créer des sites variés tout en restant simple à prendre en main une fois que l'on maîtrise le Full Site Editing.

ASTUCE

Hestia est un thème dit « classique » (non FSE) proposé par le même développeur ThemeIsle et basé sur le *Material Design*. Le *Material Design* est une norme ou charte graphique utilisée pour unifier le style graphique des applications et, ainsi, uniformiser leur ergonomie, quel que soit le support de lecture utilisé. Avec un tel design, Hestia est plutôt adapté aux sites vitrines des petites entreprises, telles que des start-up, des agences de communication, des business en ligne, *etc.*

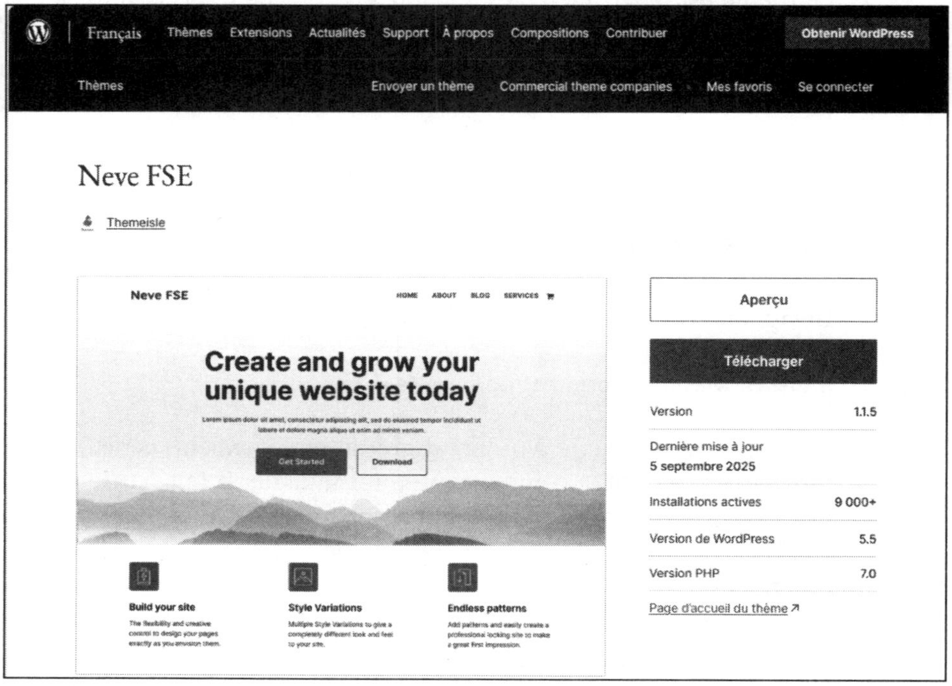

Figure 14.5 Neve FSE, un thème WordPress moderne et léger, pensé pour exploiter pleinement l'édition intégrale du site.

Ollie

Designer : Mike McAlister

https://fr.wordpress.org/themes/ollie/

Ollie est un thème basé sur des blocs (*block theme*) conçu pour le Full Site Editing. Il met l'accent sur la rapidité, la personnalisation visuelle poussée et l'utilisation de compositions pour construire des pages sans code.

Ollie est disponible en version gratuite dans le répertoire officiel de WordPress. Le thème est totalement utilisable sans dépenser un centime, mais il propose une option payante (Ollie Pro) offrant des modèles supplémentaires, un assistant de configuration et d'autres outils avancés si vous souhaitez aller plus loin.

Une extension spécifique appelé Ollie Menu Designer permet de créer des menus avancés (menus déroulants, menus mobiles riches, méga menus) en utilisant les blocs WordPress tout en s'intégrant parfaitement avec le thème Ollie. Il donne plus de liberté pour concevoir des menus personnalisés avec images, boutons formulaires ou autres contenus de bloc. Cette extension fonctionne aussi avec d'autres thèmes qui supportent les blocs, mais l'expérience est optimisée avec Ollie grâce aux modèles de menu préconçus.

Ollie est idéal si vous cherchez un thème moderne, rapide et visuellement flexible, utilisable sans constructeur externe et conçu pour exploiter pleinement le Full Site Editing de WordPress. Il convient à des sites professionnels, portfolios, blogs ou pages d'entreprise qui veulent une esthétique contemporaine sans surcharge d'extensions.

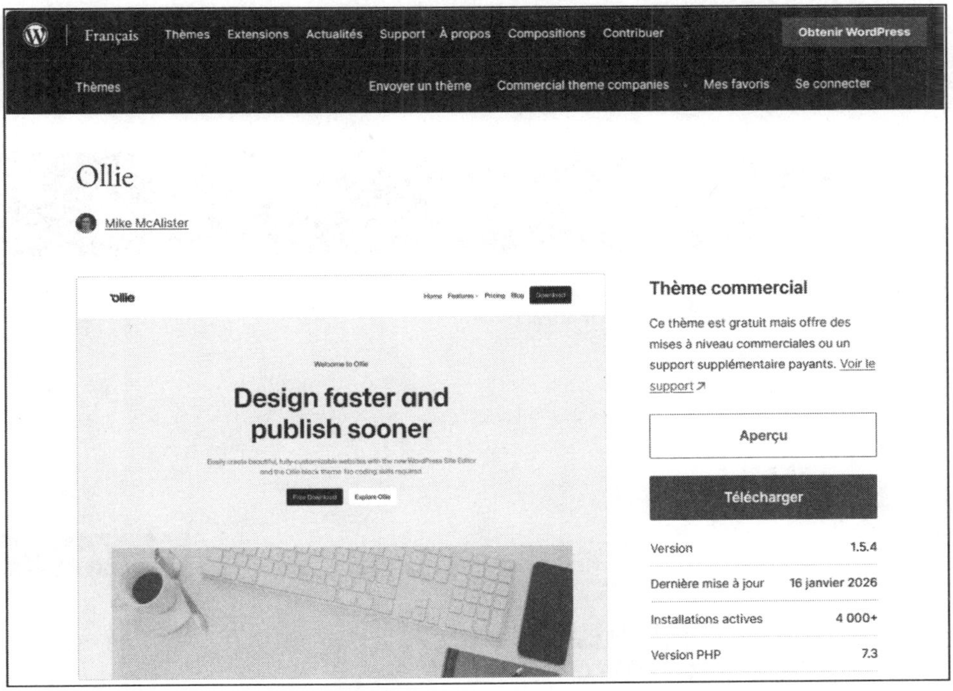

Figure 14.6 Ollie, un thème WordPress rapide et moderne pour créer des sites élégants.

Prime FSE

Designer : jetmonsters

https://fr.wordpress.org/themes/prime-fse/

Prime FSE est un thème 100 % Full Site Editing (FSE) pour WordPress, conçu pour être entièrement personnalisé avec l'éditeur de blocs sans recourir à des constructeurs externes. Il propose plus de cinquante compositions de blocs, plusieurs styles globaux, du contenu de démonstration et un méga menu intégré (voir Chapitre 6), ce qui facilite la construction de sites modernes et performants pour différents usages. Le thème met l'accent sur la flexibilité, la rapidité et la création visuelle *via* l'éditeur natif de WordPress.

Prime FSE est particulièrement adapté aux entreprises, agences, freelances, portfolios personnels, start-up, associations ou tout projet professionnel qui souhaite créer un site moderne et entièrement personnalisable sans coder. Grâce à ses nombreux modèles et styles, il convient aussi bien aux sites vitrines qu'aux pages plus complexes, tout en restant facile à prendre en main grâce à l'éditeur de blocs.

Prime FSE est un thème entièrement gratuit disponible dans le répertoire officiel de WordPress. Vous pouvez l'installer et l'utiliser sans frais pour tous vos projets

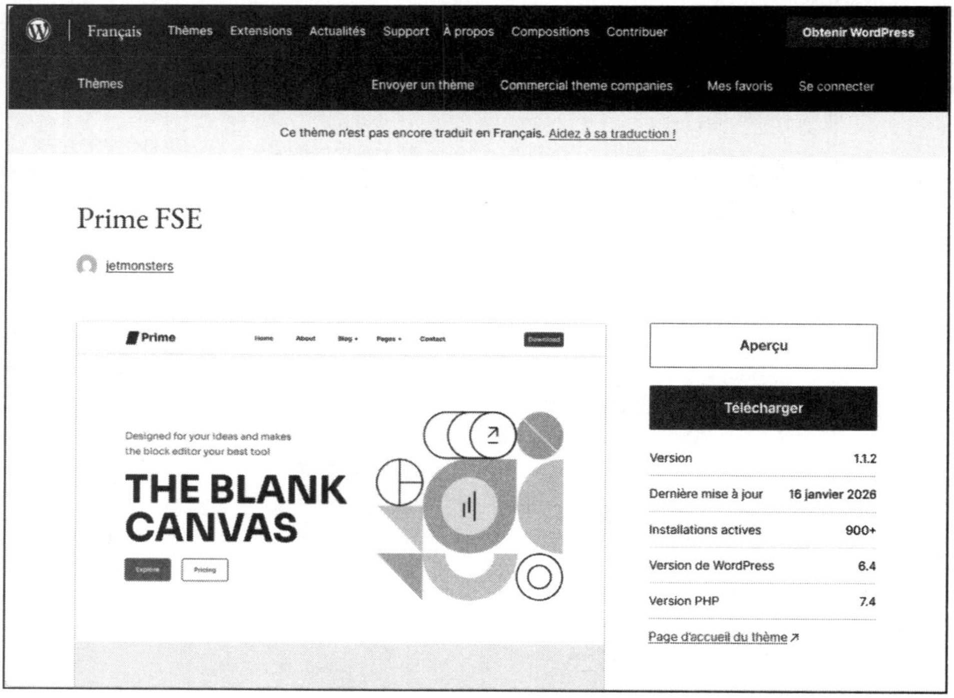

Figure 14.7 Prime FSE, Un thème WordPress FSE moderne et entièrement personnalisable.

Raft

Designer : Themeisle

https://fr.wordpress.org/themes/raft/

Raft est un thème WordPress léger, rapide et compatible avec l'édition intégrale du site (Full Site Editing, FSE). Il propose des modèles de compositions ainsi que différentes variations de style pour vous aider à créer un site moderne et sans surcharge. Le thème est également *responsive*, prêt pour WooCommerce et traduit en plusieurs langues, ce qui facilite son utilisation pour de nombreux projets.

Raft convient à une grande variété de sites : blogs personnels, petites entreprises, start-up, agences, cabinets professionnels, boutiques en ligne (vitrine WooCommerce) ainsi que portfolios personnels. Il s'adapte aussi bien aux projets simples qu'à ceux qui demandent une base flexible et facile à personnaliser.

Raft est entièrement gratuit et téléchargeable directement depuis le répertoire officiel de WordPress.

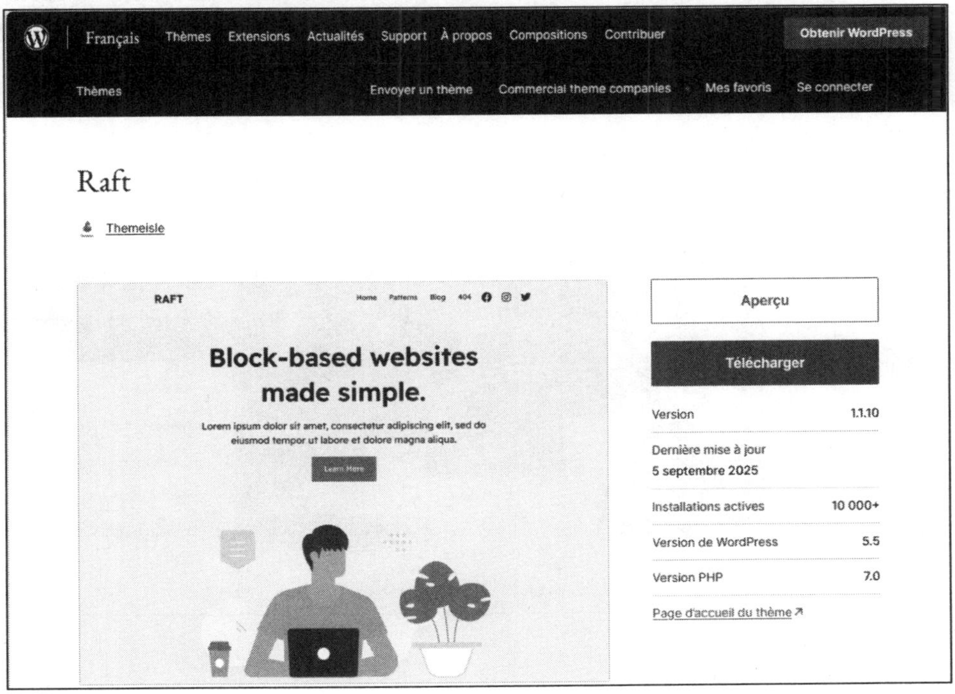

Figure 14.8 Raft, un thème WordPress léger et rapide, pensé pour s'adapter à tous vos projets.

Spectra One

Designer : Brainstorm Force

https://fr.wordpress.org/themes/spectra-one/

Spectra One est un thème WordPress moderne conçu pour fonctionner avec l'édition intégrale du site (Full Site Editing, FSE) de WordPress. Il offre un design élégant, épuré et professionnel, avec plusieurs variations de style visuel qui permettent de donner rapidement une identité visuelle cohérente à votre site. Il inclut des options pour les blogs, propose une mise en page pleine largeur et est prêt à être traduit dans plusieurs langues.

Le thème est polyvalent et peut être utilisé pour différents types de sites : il est adapté aux blogueurs, artistes, petites et moyennes entreprises, portfolios, sites professionnels ou vitrines. Il convient bien à ceux qui veulent un thème WordPress moderne sans recourir à un constructeur externe, mais plutôt en exploitant pleinement les capacités du Full Site Editing.

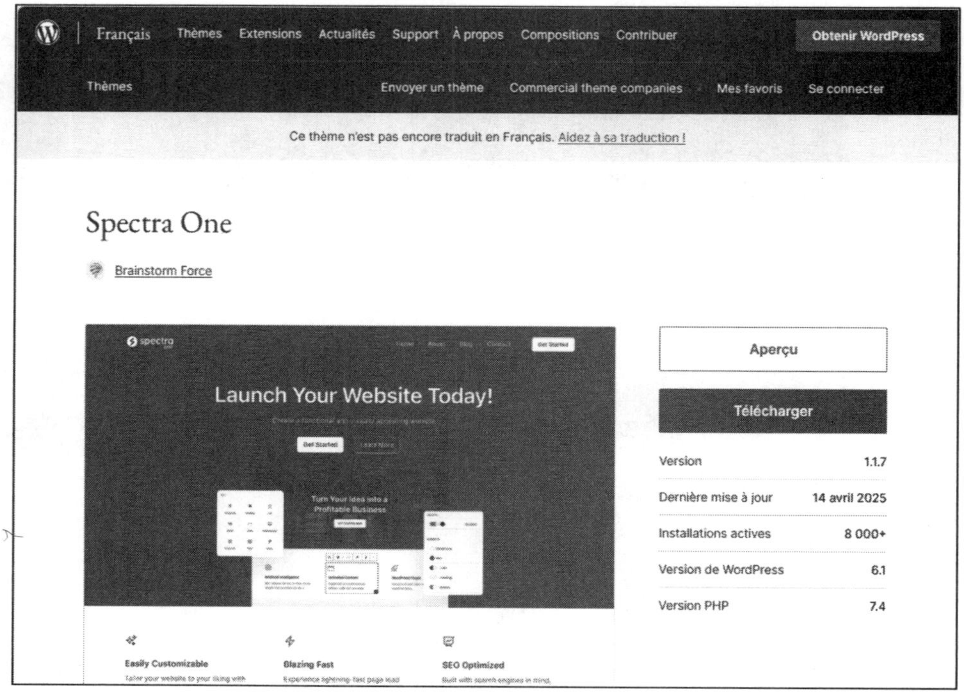

Figure 14.9 Spectra One, un thème WordPress polyvalent et moderne, pensé pour faire ressortir votre contenu dans un design élégant et professionnel.

Spectra One est entièrement gratuit et peut être installé directement depuis le répertoire officiel des thèmes WordPress sans frais supplémentaires.

Spectra One est une excellente option si vous recherchez un thème simple et moderne, il offre une base flexible et professionnelle pour créer différents types de sites sans code supplémentaire et utilisant la nouvelle approche de personnalisation offerte par WordPress.

Vermeer

Designer : Anders Norén

https://fr.wordpress.org/themes/vermeer/

Vermeer est un thème WordPress basé sur les blocs, pensé pour créer une page de profil personnelle ou professionnelle avec un design original et un effet visuel attractif. Il se distingue par un effet *marquee* (un défilement continu du contenu, généralement horizontal, comme un texte ou des images qui glissent automatiquement d'un côté à l'autre de l'écran) et une mise en page qui met en valeur une photo, une courte biographie et des liens vers vos profils ou contenus. Le thème intègre treize styles visuels différents et permet de modifier facilement les polices et les couleurs *via* l'éditeur du site WordPress. Il offre aussi des compositions de blocs, des styles personnalisés et supporte les images mises en avant.

Vermeer convient particulièrement aux personnes qui veulent présenter leur identité, leurs liens et leur activité en ligne de manière visuelle et moderne. Il est adapté à des freelances, créateurs de contenu, consultants, artistes, auteurs ou toute personne souhaitant une vitrine personnelle simple mais expressive. Il fonctionne bien pour une page de présentation, un CV en ligne, une page « À propos » ou un portfolio léger.

Le thème est entièrement gratuit et peut être téléchargé et installé directement depuis le répertoire officiel des thèmes WordPress

Figure 14.10 Vermeer, un thème moderne et personnalisable pour mettre en lumière votre identité.

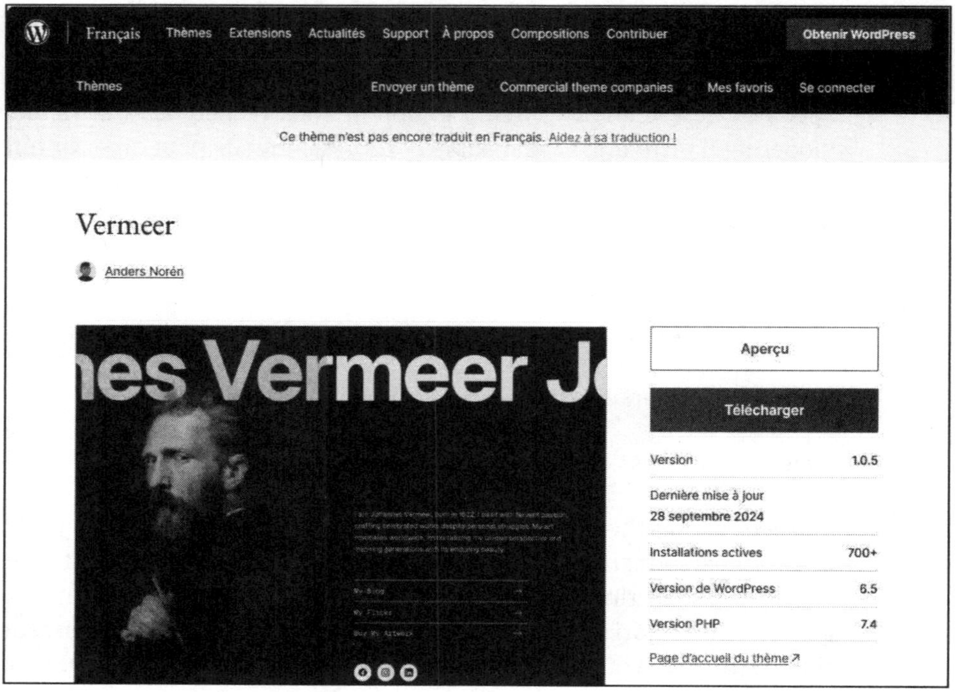

Index

A

Activer
  fonctionnalités réseau 392
  nouveau thème 285, 287
Aide en ligne 86
Akismet 184
Améliorer un thème avec CSS 353
Article
  antidater 177
  connaître l'identifiant 133
  enregistrer un brouillon 179
  insérer une bannière 193
  modifier 180
  options 175
  protéger par mot de passe 177
  publier 180
  visibilité 176
Askimet 252
Audio
  contenu embarqué 209
  insérer 208
Avatar 103

B

Base de données MySQL 55, 61
Bloc 135
  accordéon 141
  archives 144
  audio 140
  auteur ou autrice 146
  avatar 146
  bannière 140, 193
  boucle de requête 146, 168
  bouton 141
  calendrier 144
  catégorie 146
  citation 137, 138
  classique 139
  code 137
  code court 145, 268
  colonne 142, 192
  couplet 139
  date 146
  derniers articles 144
  derniers commentaires 144
  description du site 145
  détail 138
  empilement 142
  espacement 144
  étiquette 146
  galerie 140, 198
  grille 143
  groupe 142
  HTML personnalisé 144
  icône de réseau social 145
  image 140, 158
  image mise en avant 146
  insérer 147
  lire la suite 143
  liste 137
  liste de catégories 144

liste de termes 144
listes des pages 144
logo du site 145
maths 138
média et texte 140, 164
navigation 145
nom de l'auteur/autrice 146
nuage d'étiquettes 145
options 149
paragraphe 137, 150
paragraphe extensible 139
préformaté 138
rangée 142
recherche 145
RSS 145
saut de page 143
séparateur 143
tableau 138, 139
temps de lecture 146
texte 137
titre 137
titre de la publication 146
titre du site 145
titre extensible 139
vidéo 140, 203
Boucle de requête 168

C

Calque de la superposition 197
Catégorie 119
créer 121
renommer 124
supprimer 123
Changer le nom d'une catégorie 124
CHMOD 46
Choisir
hébergeur 41
nom de domaine 38
Clavier, raccourci 155
Client FTP 46
CMS 30
Code court 268
Commentaire 182
approuver 182
liste noire 103
modérer 183
notifier par e-mail 101
spam 29
Composition 153
Connexion à un serveur FTP 48
Consentement à l'enregistrement des données sur les formulaires 369
Cookies 369
Create Block Theme 377
Créer
catégorie 121
étiquette 125
menu de navigation 216
CSS 338
bases 342
bordure 341
code de couleur 339
image 348
!important 348
modifier la couleur des caractères 339
propriétés et valeurs 347
sélecteur de classe 343
sélecteur 342
sélecteur d'attribut 344
sélecteur d'ID 342
sélecteur de descendant et d'enfant 345
sélecteur de groupe 344
sélecteur de pseudo-classes 345
sélecteur de type 343
taille des caractères 340

D

Définir
options du panneau d'administration 89
politique de confidentialité 364
Déplacer un site vers un autre hébergeur 425
Déposer un nom de domaine 39
Désinstaller
extension 266
police Google Fonts 234
Différences
entre blog et site web 30

entre extensions et thèmes 247
Drop-in 249
Duotone 160

E

Écrire un article 134
Éditeur
de blocs 135
de code 168
En-tête 213
Épingler en haut du blog 177
État de santé du site 432
Étiquettes 125
Examen minutieux d'un thème WordPress classique 322
Explorer la page des extensions 248
Export
Blogger 430
Live Journal 430
Movable Type 430
par flux RSS 431
Tumblr 431
TypePad 430
WordPress 431
Extension 244
All-In-One Security 444
désinstaller 266
développer 274
droit d'accès 258
Elementor 440
et thème 246
formulaire de contact 236
galerie 200
gérer 248
gratuite 272
hors WordPress.org 270
Imagify Image Optimization 440
installation manuelle 260
JetFormBuilder 441
JetPack 442
Loco Translate 444
MailPoet 445
mise à jour 255
modifier les options 265
payante 272
podcast 211
police de caractères 235
Rank Math SEO 446
Sucuri 280
TablePress 446
WooCommerce 447
Yoast SEO 446

F

Fichier theme.json 318
FileZilla 47
Flux RSS 26, 132, 145
article 133
catégorie 133
commentaire 132
principal 132
Fonction, SUBDOMAIN_INSTALL 400
Formulaire 369
de contact 235
FSE 211
FTP
concept 45
connexion 48
éditer des fichiers 51
permissions des fichiers 52
Functions.php 376

G

Galerie
extensions WordPress 200
créer 197
GIF 351
Google Fonts 230, 341
Gutenberg 135

H

Hébergeur 41
bande passante 44
espace disque 44
Hello Dolly 251, 255
Htaccess 130

HTML 332
attributs 333
images 334
liens hypertexte 335
listes 336
listes numérotées ou à puces 336

I

Image
colonnes 192
galerie de photos 197
gérer avec CSS 348
insérer 188
insérer à partir de la médiathèque 190
miniatures 106
miniatures 189
mise en avant 176
!important 386
Insérer
fichier audio 208
fichier vidéo 201
galerie de photos 197
Installer
extension 258
extension via le fichier zip 264
police de caractères Google 230
police Google Fonts 231
réseau sur votre site 398
thème 282
WordPress 42, 54, 61

J

Jaquith, Mark 440
JPG 351

L

LaTeX 138

M

Méga menu 230
Menu
ajouter 226
Apparence 114
Articles 112
classique 216
Commentaires 113
Comptes 116
créer 216
Extensions 116
FSE 222
Médias 112
Outils 117
Pages 113
Réglages 89
Mettre à jour
extension 255
WordPress automatiquement 423
Migration d'un site vers WordPress 428
Mise à jour
automatique 423
notification 420
sauvegarde de la base de données 421
Modérer les commentaires et les rétroliens 183
Modifier
bordures 341
options d'une extension 265
permissions des fichiers 52
taille des caractères 340
Mod rewrite 132
Module
Activité 82
Bienvenue 79
Brouillon rapide 83
D'un coup d'œil 81
État de santé du site 80
Évènements et nouveautés 84
Mot de passe 177
Moteur de recherche
attribut alt 362
catégories 361
contenu des articles 360
mots-clés 359
titres des articles 359
Mullenweg, Matt 255, 269
Multisites 388
activer les fonctionnalités réseau 392
compte utilisateur 412

créer un nouveau site 409
DNS 394
extension 415
gérer le réseau de sites 403
hébergement Web 391
installer le réseau 398
mod_rewrite 395
nom de domaines banni 406
notification d'inscription 405
PHP 398
réglages 404
réglages des nouveaux sites 406
réglages d'inscription 404
réglages du menu Extensions 409
sites et blogs 390
sous-domaine 394
sous-répertoire 394
supprimer un site 411
tableau de bord 401
téléversements 408
thème 414
wp-config.php 392
Must-use 249
MySQL 23, 55, 61

N

Nom de domaine 38
coût 39
déposer 39
extension 38
Notifications d'article 97

O

Openverse 137
Optimiser un site WordPress 357
Options de flux RSS 132
OTF 231

P

Panneau d'administration
connexion 76
personnaliser 84
PDF 140
Permalien 126
embellir 127
htaccess 130
personnaliser 129
Permission, extension 258
Personnaliser
permalien 129
thème sans modifier theme.json 321
Photo libre de droit 350
PHP 23
PhpMyAdmin 422
Playground 73
PNG 351
Podcast 210
Politique de confidentialité 364
Profil 108
Publier un article 179

R

Raccourcis clavier 108, 155
Registrar 38
Réglages
commentaires 97
confidentialité 107
écriture 94
général 90
lecture 96
médias 105
permalien 106
Rendre les permaliens plus lisibles 127
Répertoire des thèmes 278
Responsive 135
Restaurer des versions précédentes de vos contenus 433
Rétrolien 28
gérer 182
RGPD 363
cookie 369
effacer 117
exporter 117
exporter les données 365
supprimer les données 367
Rôle
abonné 92

administrateur 93
auteur 93
contributeur 92
éditeur 93
utilisateurs 92

S

Santé du site 117
Sauvegarde de la base de données 421
S'entraîner sur WordPress 73
SEO 357
Serveur
dédié 392
mutualisé 392
Shortcode 145, 236, 267
Sitemaps 245
Slogan 91
Splog 416
Stopper les spams et les splogs 416
Style.css 375
Structure
fichier theme.json 318
site WordPress classique 326
thème classique 324
Synchroniser 153

T

Taxonomie 126
Thème
activer 285, 287
Astra 450
code malveillant 279
Create Block Theme 377
CSS personnalisé 384
enfant 373
Frost 452
gratuit 276
Hestia 455
hybride 213
Jadro 453
Kanso 454
Neve FSE 455
Ollie 456
premium 288
prévisualiser 281
Prime FSE 457
Raft 459
règle de priorité CSS 385
répertoire 278
sécurité 280
Spectra One 460
télécharger 282
Twenty Twenty-One 292, 307
Vermeer 461
Theme.json 213, 317, 354, 375

V

Versioning 433
Vidéo
contenu embarqué 206
image de couverture 205
insérer 201
insérer depuis le PC 203
insérer depuis un ordinateur 203
insérer un lien 202

W

Webhook 442
WebP 351
WOFF 231
WOFF2 231
WordPress 9
problèmes d'installation 72
script d'installation 65
transférer les fichiers 63
WordPress.com 17
WordPress.org 15, 18
se connecter 76
WordPress Playground 73
Wp-config.php 427
/wp-content/mu-plugins/ 249
/wp-content/plugins/ 257, 258, 265
/wp-contents/uploads/ 106
/wp-content/themes/ 285
WYSIWYG 268